JN106100

仲正昌樹

マルクス入門講義

Introductory Lectures on Karl Marx

作品社

［はじめに］ 鬱陶しいんだよ、マルクス。

私が学生になった一九八〇年代の前半は、学生運動全盛期に比べると、当時のキャンパスの左翼的な緊張感はかなり緩和されていたが、それでも日本の主だった大学では、まだ複数の左翼セクトが相互に対立しながら活動していたし、著名な文系学者の大部分、理系学者も無視できないくらいの割合が、「マルクス」と関わりを持っていた。経済学者はマルクス経済学、歴史学者は唯物史観、哲学者は弁証法や疎外・物象化論を一応知っておかないと、一人前扱いしてもらえないような雰囲気があった。ポストモダン系の思想を研究している人も、マルクスのことはマルクス主義者以上に知っている風を装わないといけなかった。

私が大学に就職し、某新左翼系雑誌の編集を手伝っていた二〇世紀末から二一世紀への移行期になると、大学や評論界におけるマルクス主義の影響はかなり減退し、「マルクスを知らない左翼学生」が当たり前になりつつあったし、年輩の大学教授も、あらゆる場所でマルクス自慢できる雰囲気ではなくなった。むしろ「私は今でも、マルクスを学ぶことには●●な意義があると……」、と言い訳しないといけない感じになった。

それでもまだ、思想論壇には、マルクスを特別視する雰囲気が残っていた。雑誌の編集関係の知り合いから、「吉本隆明にしろ、廣松渉にしろ、柄谷行人にしろ、戦後の日本の論壇の一時代を画した思想家には、何らかのマルクス論があった。仲正さんも、一人前の思想家になるには、独自のマルクス論が必要ですね」、と言われたことがある。当時は、そういう発想をしていた論壇人は少なくなかったろうが、正直、鬱陶しかった。

第一に、〝代表的な思想家〟になるには、思考・表現力以外にいくつかの条件が必要だが、私にそれが手に入るとは思えなかったし、第二に、そんなことのために本格的なマルクス論に取り組まねばならない、という発想自体がものすごく、実に、窮屈に感じられた。「マルクス」にデリダやニーチェ、フロイト、ヘーゲル、アリストテレス等を代入しても基本的に同じことだが、「マルクス」の名には、戦後の日本思想史の遺産（遺物）がベトベトたくさんくっついているので、他の名前以上に、想像するだけで重苦しい感じがしたのだ。

あれから更に十数年経って、〝マルクス研究〟している人自体が骨董品扱いされるようになった。今回マルクスの連続講義を本にしたのは、年をとってドン・キホーテ的な気分になったわけではない。こういうものを出して、急に私に対する注目度が上がるとは思っていない。マルクスにかこつけて、自分の思想を開陳したいわけでもない。

ただ、〝マルクス屋〟が商売として成り立たなくなった今こそ、十数年前にやってみたかったことをやってみたい、と思って、この本の元になった連続講義を構想した。

それは、マルクスのテクストを、鬱陶しい時代の雰囲気や、運動や政治とは全く関係なく、実直に、哲学的、思想史的に読み解くということである。さほど体系的な読みにはならなかったが、マルクス主義者が無視しがちな細かい点についていろいろ深掘りして考えることができたのではないかと思う。

マルクス入門講義

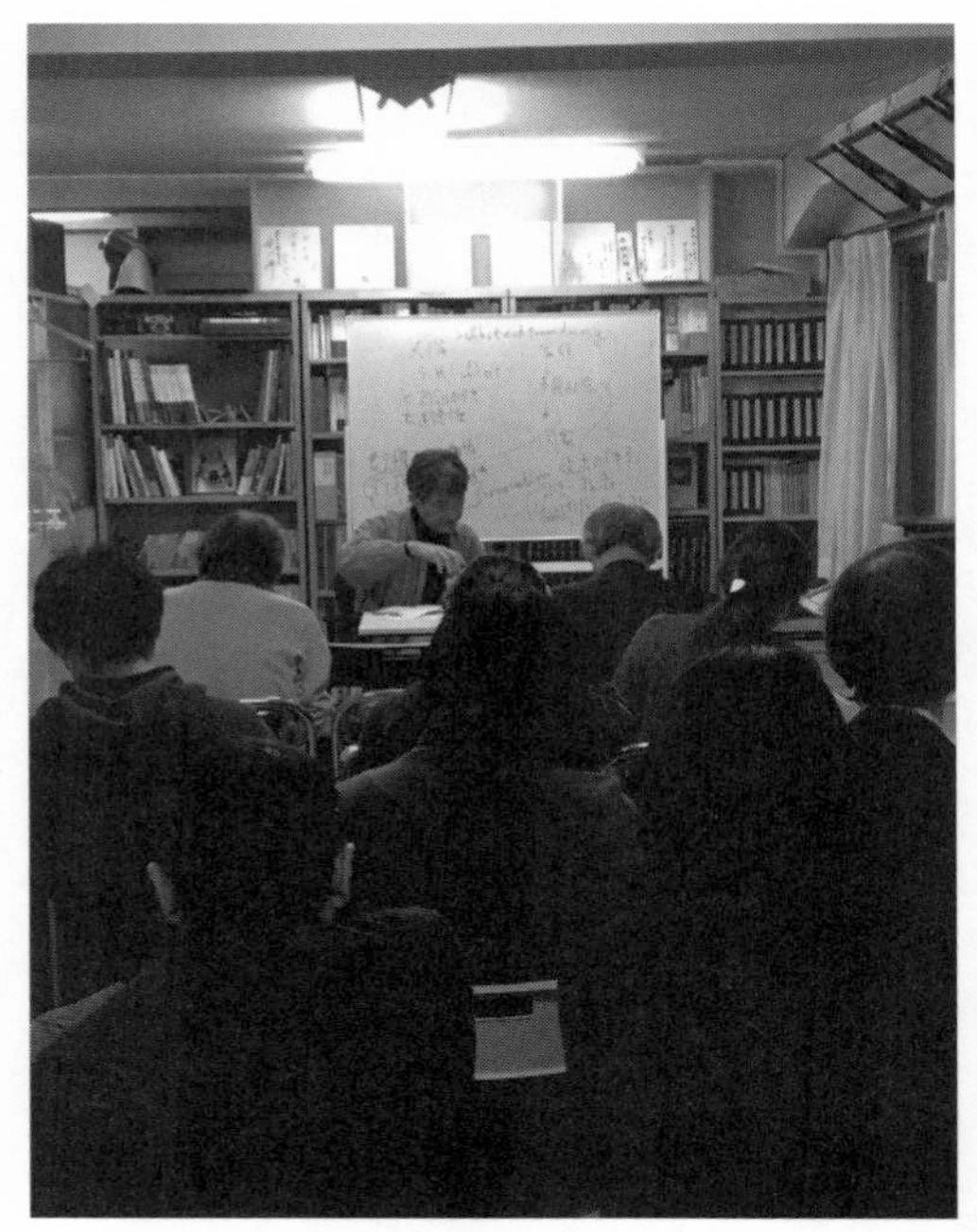

【2018 年 3 月 10 日の講義風景】

本書は、読書人スタジオで行われた全 7 回の連続講義（2017 年 12 月 9 日～ 2018 年 7 月 14 日）に、適宜見出しで区切り、文章化するにあたり正確を期するべく大幅に手を入れたものです。なお講義の雰囲気を再現するため話し言葉のままとしました。また講義内容に即した会場からの質問も、編集のうえ収録しました。

講義で、主に使用した邦訳テキストは、『ユダヤ人問題によせて　ヘーゲル法哲学批判序説』（岩波文庫）、『経済学・哲学草稿』（岩波文庫）、『ルイ・ボナパルトのブリュメール 18 日』（平凡社ライブラリー）、『資本論 I 』（岩波文庫）。

原書は、MEGA、新 MEGA などを主に引用・参照した。適宜変更した箇所もある。

本書は、テクストの精読を受講生と一緒に進めながら、読解し、その内容について考えていくという主旨で編集しています。決して“答え”が書いてあるわけではありません。きちんと本講義で取り上げられたテクストをご自分で手に取られ、自分自身で考えるための“道具”になるよう切に願っております。

最後に、来場していただいたみなさま並びにご協力いただいた「週刊読書人」のスタッフの方々に心より御礼申し上げます。【編集部】

目次

［講義］ 第1回 「ユダヤ人問題によせて」を読む

「ユダヤ人問題によせて」とは？

今回読むマルクス（一八一八－八三）の論文「ユダヤ人問題によせて」と次回読む「ヘーゲル法哲学批判序説」は、岩波文庫の訳では一冊にまとめられています。「訳者解説」にあるように、両方とも一八四四年二月末にパリで刊行された『独仏年誌』の第一－第二分冊合併号に掲載されたものです。次回読む「ヘーゲル法哲学批判序説」というテクストの位置付けについて、城塚登さん（一九二七－二〇〇三）による「訳者解説」を利用してあらかじめ説明しておきます。一七一頁をご覧下さい。

> ヘーゲル法哲学についてのマルクスの批判的検討は「ヘーゲル国法論批判」と後に編者により題された草稿として残されている。マルクスは四三年六月に長い間恋愛関係にあったイェニー・フォン・ヴェストファーレンと結婚しクロイツナハに住んだが、その夏にこの草稿を書いたのである。この草稿は三九ボーゲン（一ボーゲンは十六ページ分の全紙）からなっていたが、最初の一ボーゲンは紛失してしまっており、現存するのはヘーゲル『法の哲学』の第二六一節から第三一三節までの部分をかなり詳しく抜粋しながら、批判を書き込んだものである。『法の哲学』のこの部分はヘーゲルが国家の問題を取扱った章にあたっている。つまりマルクスはヘーゲルの「国法論」ないし「国家論」を綿密に検討しているのである。

ここでマルクスによる批判の対象として名指しされている「ヘーゲル国法論」は、「ヘーゲル法哲学」ある

ヘーゲル

いは「法の哲学」と同じものです。もう少し詳しく言うと、ヘーゲル（一七七〇－一八三一）の『法哲学要綱』（一八二一）というテクストがありますが、そのうちの「国法 Staatsrecht」――国家体制を規定する、憲法を中心とする法制度のことだと思って下さい――に関する部分です。

『法哲学要綱』は、対象を支配しようとする人間の「意志」からどのようにして「権利 Recht」が生じ、それが主体相互の間の決まり事、家族的な共同体の倫理、市民社会の「法 Recht」、国家の法へといかに発展していくかを論じた著作です――ドイツ語の〈Recht〉は、「(言い分の）正しさ」「正義」「権利」「法」などの意味を持っていて、ヘーゲルはそれらの意味の繋がりを哲学的・歴史的に解明しているわけです。当時のヘーゲルは、プロイセンの国策大学として創設されたベルリン大学の教授で、彼の法理論は国家の政策や知識人の意識に強い影響を与えていました。彼の思想は、君主による絶対主義的支配を維持しようとしていた当時のプロイセンにとってかなり自由主義的なものだったけど、徹底的な民主化を求める若い知識人たちには体制維持的に見えたので反発しました。「理性的なものは現実的であり、現実的なものは理性的である」という『法哲学批判要綱』の序文の有名なフレーズを、「理性的なもの（理想）を実現すべき」という意味に強引に解釈した人たちが、ヘーゲル左派と呼ばれるようになります。マルクスは、その最後の一人、もしくはその影響を強く受けた直後の世代に属するとされます。ヘーゲルの「法哲学」は、ヘーゲル左派や若きマルクスにとって、克服すべき重要なテクストだったわけです。

ここで言われているのは、「法哲学批判」の本論を書くための準備稿で、未完に終わったもののことです。

この草稿は、「ヘーゲル国法論批判」というタイトルで知られていたのですが、今の新しい『マルクス＝エンゲルス全集（MEGA）』では、同じ巻の中に、《Zur Kritik der Hegelschen Rechtsphilosophie（ヘーゲル法哲学の批判に向けて）》というタイトルが付いたこの草稿と、この岩波文庫で訳されている『ヘーゲル法哲学批判序説』、つまり《Zur Kritik der Hegelschen Rechtsphilosophie. Einleitung（ヘーゲル法哲学の批判に向けて：序論）》が収められています。〈Einleitung〉が付いているかいないかの違いで、しかも、付いていない方が先に出てくるので、紛らわしいです——MEGAをドイツ語で読まない人には関係ないでしょうが。無論、中身を見れば、国法論の一部を批判した草稿と、全体の序論になるはずだったものであることはすぐ分かります。

前々回の講義ではドゥルーズ（一九二五-九五）＋ガタリ（一九三〇-九二）の『アンチ・オイディプス』（一九七二）を読みましたが、その中で、「ヘーゲル国法学批判」に出てくる〈Geschlecht〉という言葉の解釈をめぐる問題が出てきます（『ドゥルーズ＋ガタリ〈アンチ・オイディプス〉入門講義』作品社、三三六-三七頁）。この言葉は、「性別」という意味と「氏族」「種族」といった意味があります。どういう文脈で出てくるかというと、ヘーゲルは、立法権力（議会）は、君主と各身分に属する臣民たち、あるいは市民社会の中間にあって、両者を媒介する役割を果たすと言っているのに対し、マルクスが疑問を呈している場面です。ヘーゲルは、君主と市民社会を媒介によって統一へともたらされる「両極」であるとしているが、それはおかしい、媒介されて、統一へともたらされる両極というのは、同じ範疇の中で対立関係にある場合だけであり、この場合はそれに該当しない、と言います。例えば、北極と南極は、地球という同一のものの二つの極なので、最初から統一されています。男性（männliches Geschlecht）と女性（weibliches Geschlecht）の場合は、「人間 der Mensch」という概念によって媒介され、統一されます。しかし、同じ〈Geschlecht〉という言葉でも、「人間という種族 menschliches Geschlecht」と「非人間の種族 unmenschliches Geschlecht」の対立の場合、異質な存在なので、統一にもたらされようがない。それが真の対立だ。君主と臣民の関係は、そのようなものだとマルクスは主張します。普通に考えれば、マルクスは単に言葉遊びをしているだけですが、ドゥルーズ＋ガタリはそれを深読みして、マルクスは「非人間的な性」について言及していると示唆します。〈unmenschliches Geschlecht〉は、普通のドイツ人はそんなことを考えませんが、そういう意味にも取れないこともないです。リオタール（一九二四-九八）も同じ箇所に引っかけて似たような議論をしています。

今回読む「ユダヤ人問題によせて」についても、読み始める前に大前提として言っておきたいことがあります。マルクスは冒頭で「ドイツのユダヤ人」と言っていますが、当時のドイツはユダヤ人の同化が西洋の中で最も進んでいた、ということを認識しておいて下さい。もっともこれが刊行された一八四四年にはまだドイツ帝国は存在せず、かつての神聖ローマ帝国の版図を中心にしたドイツ系の民族の領邦国家群があっただけです。ドイツ統一はまだ具体的な政治的日程に上っていません。ドイツ系の諸邦の中でもユダヤ人の同化が最も進んでいたのは、恐らくオーストリアでしょう。神聖ローマ帝国の皇帝だったハプスブルク朝が統治するオーストリアは、一八六七年以降オーストリア＝ハンガリー帝国という国名を持つようになったことに象徴されるように多民族国家です。ドイツ系は人口の四分の一以下で、ハンガリー人、チェコ人、スロヴァキア人、ポーランド人、ウクライナ人、ルーマニア人、スロヴェニア人などの様々な民族がいました。異なる民族の間のバランスを取るのが大変で、そのため最も大きなドイツ系の国家であったにもかかわらず、ドイツ統一のイニシアティヴを取れませんでした。そうした多民族共存を標榜する体制の中で、キリスト教とは異なる信仰を持ち、イエスを殺害した民の子孫とされるユダヤ人も比較的寛容な扱いを受けていました。世紀末から二〇世紀初頭のウィーンでは、大学教授や医者、法律家の四割以上がユダヤ系、ジャーナリストになると過半数を占めていた、という統計数値もあります。ユダヤ人の人口比率は精々一〇％程度でしたので、かなりの高い割合で知的職業に就いていたわけです。

このマルクスの論文でも話題になっているように、ドイツ語圏の国の多くではユダヤ教を捨てキリスト教の洗礼を受ければ、基本的にドイツ人扱いを受け、貴族や閣僚などになるのは結構ハードルが高かったけれど、知的エリートとしてそれなりに高い地位に就くことができました。無論、キリスト教に改宗しても偏見・差別はあったでしょうが、ナチス時代のように、人種理論に基づいて血統を遡って徹底的に迫害するということはありませんでした。

私は、ハンナ・アーレント（一九〇六－七五）とドラッカー（一九〇九－二〇〇五）についての本（『悪と全体主義』（NHK出版）、『思想家ドラッカーを読む』（NTT出版））でそれぞれ触れていますが、ご存知のように二人ともマルクスと同じようにユダヤ系で、二人ともやはり「ユダヤ人問題」を論じています。

アーレントの『全体主義の起原』（一九五一）の第一巻のタイトルが「反ユダヤ主義」で、その他、いろんなところで、西欧諸国におけるユダヤ人のアイデンティティの問題を論じているのはご存知でしょう。経営学者としてのドラッカーは民族問題を直接論じることはさほどなかったのですが、彼は元々法学者で、やはりユダヤ系である法哲学者ハンス・ケルゼン（一八八一－一九七三）の義理の甥に当たり、ケルゼンの影響を受けて、国際法の基礎付けに関する博士論文を書いています。彼はナチス政権の迫害を逃れてドイツを去る直前に、ドイツの法治国家論の元祖とされる法哲学者のフリードリヒ・ユリウス・シュタール（一八〇二－六一）についての論文を書いています。シュタールは、カール・シュミット（一八八八－一九八五）の著作でもしばしばこの名前がでてきます。シュタールはユダヤ系ですが、ギムナジウムの生徒だった一七歳の時に自発的にルター派プロテスタントの洗礼を受けます。キリスト教徒になったおかげで、法学者としてのキャリアを歩むことができ、ベルリン大学の教授になります。彼は法哲学、憲法の他、教会法を専門とし、ドイツの全プロテスタントの教会の憲法に相当するものを起草します。一九世紀のドイツの法学者は民族の精神的伝統に基づいた「法」の必要性を強調しますが、シュタールは特にルター派の信仰が、民族の絆を支えていることを強調しました。当然、血統ではなく、信仰によってドイツ民族の一員であるという彼自身の体験が背景にあるでしょう。キリスト教の信仰をベースに人々の意識を一つにまとめて、慣習的な規範に従わせることで、国家を保持していこうとするシュタールの姿勢をドラッカーは、ナチスに代わる健全な保守主義として高く評価しています。ドラッカーはこの他、『ドイツにおけるユダヤ人問題によせて』（一九三六）という論文を書き、ドイツ社会の同化によって、かえって、一部の民衆の間にユダヤ人が異分子であるという印象が強まったことが、反ユダヤ主義の高まりに繋がったのではないか、と分析しています。アーレントも基本的には同じ見方をしています。

マルクスは元々ラビの家系でしたが、父親の代にプロテスタントに改宗しています。社会的不利益を受けることを回避するためです。彼の父は弁護士でした。キリスト教になって知的エリートになれるけれど、周囲の偏見はなくなっていない、という微妙な雰囲気の中で育ったわけです。先ほど読み上げてきたところに出てくる、イエニー・フォン・ヴェストファーレン（一八一四－八一）は、「フォン」が付くことから分かるように貴族の家系の娘ですが、貴族の娘とユダヤ系の弁護士の息子では身分違いだったため、マルクスは周囲の反対を怖れて、イェニーとの婚約を公にすることをしばらくためらっていたとされます。

「ユダヤ人問題によせて」は、第一部でブルーノ・バウアー（一八〇九－八二）の『ユダヤ人問題』（一八四三）という論考についての批判、第二部ではバウアーの『現代のユダヤ人とキリスト教徒の自由になりうる能力』（一八四三）についての批判を通して、自説を展開しています。バウアーはヘーゲル左派です。ヘーゲル左派は、ヘーゲルの思想を革命的なものに転換するように解釈することが大きな括りですが、もう一点反キリスト教という共通点もあります。フォイエルバッハ（一八〇四－七二）が、神の属性を人間本性の投影だとしたのは有名ですね。バウアーも然りです。バウアーの立場はわりと単純で、宗教からの解放を唱えます。「ユダヤ人問題」は、ユダヤ人がユダヤ教に固執していることに起因している、という見解を示します。ではキリスト教に改宗すればいいのかというと、そうでもありません。宗教から解放されて、国家の普遍的法の庇護の下に入るべき、というのがバウアーの主張です。当時の左翼は、民主化された国家が自由を保障してくれるのであればそれでいいという発想だったのですが、マルクスはその先を考えました。「国家からの解放」です。

イェニー・フォン・ヴェストファーレン

ブルーノ・バウアー

フォイエルバッハ

　では、その場合の「国家」とはどのような存在として考えられているか。市民社会（ブルジョワ社会）から形式的に分離した国家です。人々の生活の実体はあくまで市民社会の経済的な現実にあるが、それとは別の次元に「国家」というものがあり、国家が万人を公平に保護しているかのような幻影が生じている、というのがマルクスの前提です。マルクスは、それが問題であり、それを打ち壊さないとならないと主張するわけです。この初期の論文ではまだ「上部構造／下部構造」とか「イデオロギー」といった言い方をしていませんが、「上部構造」的な上辺だけの平等性を保障している「国家からの解放」を結論として主張している

わけです。社会の経済的実体を明らかにするだけでは済ませず、経済的実体の中にある問題を追求していこうという姿勢を示しています。もう少し後の『経済学・哲学草稿』（一八四四）や『ドイツ・イデオロギー』（一八四五－四六）の段階になるとはっきりしてきますが、市民社会的な現実にどういう矛盾が潜んでいるか体系的に明らかにしようとするようになります。

「公民」〈Staatsbürger〉と「市民」あるいは「ブルジョワ」〈Bürger〉

先に結論を述べてしまいましたが、その結論にどのように辿り着くか、議論を見ていきましょう。

——ドイツのユダヤ人は解放を渇望している。どのような解放を渇望しているのか？　公民としての解放であり、政治的な解放である。

「公民」はドイツ語で〈Staatsbürger〉です。〈Bürger〉は「市民」あるいは「ブルジョワ」と訳されます。原義は勿論、ある市の住民ということですが、そこから「市民社会」を構成するメンバーという意味になり、更に、マルクス以降、「市民社会」の支配者である資本家階級に属する者という意味も持つようになりました。このテクストのもう少し先で、フランス語の〈citoyen〉と〈bourgeois〉も出てきます。〈citoyen〉は「市」を意味するラテン語〈civitas〉を語源とする〈cité〉の住民という意味で、〈bourgeois〉は〈Bürger〉と同様に、「城」という意味の〈bourg = Burg〉から来ています。中世の都市が城壁に取り囲まれていたことから、そこの住民という意味で、〈Bürger = bourgeois〉と言っていたわけです。つまり、〈citoyen〉も〈bourgeois〉も元は同じ意味のはずですが、〈civitas〉には、ギリシアの「ポリス」のように政治的共同体の意味もありました。ルソー（一七一二－七八）は『社会契約論』（一七六二）で、そこに着目して、「一般意志」の主体である「主権者」の一部としての個人のことを〈citoyen〉と呼び、単なる都市の住民である〈bourgeois〉と区別しました。その影響でフランスでは、フランス革命以降、主権を構成する能動的な個人という意味で〈citoyen〉という言い方をするようになりました。いわゆる「人権宣言」の正式呼称は、「人及び市民の諸権利宣言 Déclaration des Droits de l'Homme et du Citoyen」です。

	ドイツ語	フランス語	
「公民」	〈Staatsbürger〉	〈citoyen〉	「市」を意味するラテン語〈civitas〉を語源とする〈cité〉の住民。
「市民」「ブルジョワ」	〈Bürger〉	〈bourgeois〉	「城」という意味の〈bourg = Burg〉。

※〈civitas〉＝ギリシアの「ポリス」（政治的共同体の意味）。
例：ルソー『社会契約論』（1762）、「人権宣言」の正式呼称は、「人及び市民の諸権利宣言 Déclaration des Droits de l' Homme et du Citoyen」。
※※ドイツ語には、〈citoyen〉に当たる言葉がない。ドイツ語の〈Staatsbürger〉だと、国家公民でしかない。

ドイツ語には、〈citoyen〉に当たる言葉がないので、〈Bürger〉の上に「国家」を意味する〈Staat〉を付けて、〈Staatsbürger〉と言います。このドイツ語だと「国家」の構成員であることがより強調されますね。〈citoyen〉だと、元になった〈civitas〉がフランス語ではないので、必ずしも「国家」ではなく、市民社会とか都市共同体とかの構成員というニュアンスもなくはないのですが、ドイツ語の〈Staatsbürger〉だと、国家公民でしかありません。それを念頭に置いて下さい。

バウアーは、ユダヤ人は正式に「国家公民」になりさえすれば、国家から公民としての権利を保障されるので、問題は解決する、と言っているわけです。

> ブルーノ・バウアーは彼らにこう答える。ドイツでは、誰ひとり政治的に解放されていない。われわれ自身でさえ自由ではないのだ。どうしてわれわれが君たちを自由にすべきなのだろうか？ もし君たちがユダヤ人としての自分たちだけのために、何か特別な解放を要求しているのであれば、君たちユダヤ人は**利己主義者**である。君たちは、ドイツ人としてはドイツの政治的解放に、人間としては人間的解放に、従事してもらわねばならないし、君たちの受けている特別な迫害や恥辱を、原則からの例外としてではなく、むしろ原則の確証として感じとってもらわねばならない。

抽象的な言い方をしていますが、要するに、ユダヤ人だけが解放されていないわけではないということです。程度の差こそあれ、ドイツでは本当の意味で「公民」としての権利を獲得している者はいない、ということで

す。だからユダヤ人は、ユダヤ人だけの「解放 Emanzipation」を要求するのではなく、ドイツ全体の「政治的解放」を、ドイツに住む全ての人が人間としての権利を得られるように、一緒に闘うべきだ、と言っているわけです。

一八四三年という年は、ドイツ帝国が成立する二八年前であり、二月革命（ドイツでは三月革命）の五年前、マルクスとエンゲルスが『共産党宣言』（一八四八）を出す五年前でもあります。『共産党宣言』はたまたま、フランスで二月革命が勃発するのとほぼ同時に刊行されます。ドイツ統一の機運が現実の政治的日程に上るのは、三月革命の流れで五月に開かれたフランクフルト国民議会で、自由主義的なドイツ国家による統一の方針が打ち出されて以降です――議会と名乗っていますが、各領邦国家の君主たちに認められた代表者たちから成る正式の連邦議会ではありません。プロイセンは、自由主義的な国家を作ることには反対でしたが、一八六〇年代に入ってから、自らのイニシアティヴで統一することに関心を示し、ビスマルク（一八一五－九八）の下で具体的な戦略を展開するようになります。

つまり、当時のドイツには、公民の権利を守ってくれるちゃんとした国家が存在していない。一部で自由主義的な改革も行われていたけれど、ほとんどのドイツ系の国家は、封建制を残した君主国家です。中央集権的な統一国家を持ち、一度は共和制を経たことで、君主がかなり民衆に気を使っているフランスとは大分違う。フランスは一八三〇年の七月革命で、立憲君主制になっていました。裕福な中産階級（ブルジョワジー）を含めて、ほとんどの人がちゃんとした人権を保障されていないドイツ諸邦で、ユダヤ人だけが「公民」として解放されるというのは、考えにくい状況だったわけです。

> それともユダヤ人は、**キリスト教徒である臣民**と対等の地位を要求しているのか？　そうだとすると、彼らは**キリスト教国家**を正当なものだと承認していることになり、一般的な抑圧の統治を承認していることになる。なぜ彼らは、一般的な拘束は気にいるのに、彼らの特殊な拘束が気にいらないのか！　ユダヤ人がドイツ人の解放に関心をもっていないのに、なぜドイツ人はユダヤ人の解放に関心をもたねばならないのか？

先ほどは、人間に相応しい権利、いわば絶対的権利を要求するのであれば、ドイツ人全体がそんな権利を持っていない、という話でした。今度は、ユダヤ人が求めているのがそうした全面的な権利ではなくて、キリスト教である普通のドイツ人と対等であればそれで一応満足なのか、と問うているわけです。その場合、キリスト教国家の普通のドイツ人に対する抑圧は我慢するのか、というわけです。確かに筋論としては、平等は大事だけれど、キリスト教徒と同じ扱いにしてくれというだけであれば、キリスト教徒にはメリットはありません。現代日本の左派にも、頑強に少数派のための平等を主張する人がいますが、それだと、多数派の積極的支持を得られません。しかも、この場合、ユダヤ人は他のドイツ人から仲間だと思われていません。バウアーは、普通のドイツ人が支持してくれるような現実的な要求を掲げた方がいいと示唆しているわけですね。

バウアーは、ユダヤ人問題をドイツ人全体の問題から分離すべきではないと考えているわけですね。個々の民族の解放を目指すべきか、その国家に属する人全ての解放を同時に目指すべきか、という問いは、その後のマルクス主義の歴史で何度も繰り返し提起されます。当時、オーストリア、ロシア、プロイセンなどは、主要民族以外の複数の民族を支配する帝国で、三月革命の頃から民族独立運動が盛んになり、社会主義者の間でも、自分たちは各民族の独立の達成を目指すべきか、それとも、一つの帝国全体を革命によって権力奪取し、民族問題を含めた全面開放を目指すべきか、意見が分かれていました。例えばローザ・ルクセンブルク（一八七一－一九一九）は当時ロシア領だったポーランドに生まれましたが、少数民族が独立した場合、反動的な政権が生まれて対資本主義の革命にマイナスになる可能性があるといって、独立志向の強いポーランド社会党と対立しました。レーニン（一八七〇－一九二四）は、民族主義的対立に警戒は必要だが、それを抑止するためにも、民族自決権を認めるべきだとの見方を示しています。ただ、ロシア革命後は、レーニン自身が民族自決を抑圧する側に回り、ソ連がその路線を継承し続けた結果、一九八〇年代になって、民族独立運動を抑え切れなくなって

レーニン　ローザ・ルクセンブルク

崩壊するというのは、よく知られた話ですね。バウアーの問題提起とそれに対するマルクスの応答は、その後の一連の問題を暗示しているようにも思えます。

> **キリスト**教国家は、ただ**特権**だけを認知している。ユダヤ人はこの国家のなかで、ユダヤ人であるという特権を保持している。彼はユダヤ人として、キリスト教徒のもっていない権利をもっているのである。どうして彼は、自分がもっておらずキリスト教徒が享受している諸権利を、渇望するのであろうか！

「特権 Privilegien」というのは、ユダヤ教という異なる宗教の信仰を許されるとか、金融業をはじめとする商業活動の自由のことですが、ユダヤ人はキリスト教徒ではないので、キリスト教徒共同体の中で金貸し業を営むことが許されていました。『聖書』に、自分の同胞から利子を取って金を貸してはいけないという記述があり、トマス・アクウィナス（一二二五頃－七四）は、金貸しは教義上許されないことを明言しました。ただ、実際には金貸しができるようないろいろな抜け穴規定を作っていました。ユダヤ人は、同胞ではないということで、公に金貸しを許されていました。中には、財政面で王家を支え、国家運営の重責を担う人もいました。シェイクスピア（一五六四－一六一六）の『ヴェニスの商人』は、キリスト教社会がユダヤ人に対して抱いていた典型的なイメージを表しています。

「特権」というのは一見何か「権利」よりいいもののように聞こえますが、「権利」のように普遍的なものではなく、支配者の意向次第でどうにでもなるものです。部分的で不安定な特権を与えられているユダヤ人が、キリスト教徒の別の特権も与えてほしいと要求しても、キリスト教徒は支持しないだろうというわけです。そもそも、キリスト教の国家なのだから、キリスト教徒でないものにキリスト教徒以上の特権を与えるということはあり得ません。彼らがキリスト教徒をやめてくれるのなら話は別ですが、ユダヤ人が自分の宗教を捨てないで、キリスト教徒にそれを要求するとしたら、それは虫のいい話です。

> キリスト教国家は、ただキリスト教国家の仕方でだけ、すなわち特権を与えるという仕方でだけ、ユダヤ人を遇することができる。つまりこの国家は、他の臣民からみずからを分離することをユダヤ人に許すが、その代わりにその分離された他の勢力範囲からの圧迫をユダヤ人に感じさせ、しかもユダヤ人が支配

的宗教と宗教的に対立しているだけに、それだけ痛切に圧迫を感じさせるわけである。しかし、ユダヤ人もまた、国家にただユダヤ風にしか、すなわち国家に対して疎遠なものに対するような態度でしか、臨むことができない。すなわち、現実の国籍には自分の妄想的な国籍を対置し、現実の法律には自分の幻想的な律法を対置して、自分は人類から分離される権利があると錯覚し、歴史の運動に原則的にまったく参与せず、人間の一般的な未来と共通するところが全然ない未来を待ちこがれ、自分をユダヤ民族の一員と考え、しかもユダヤ民族を〔神に〕選ばれた民族と考える、という次第である。

この理屈は分かりますね。ユダヤ人は特権を与えられているというより、特別扱いされているわけですが、それは結局、多数派であるキリスト教徒のユダヤ教徒に対する反感を高め、ユダヤ教徒を生きづらくします。ユダヤ人はユダヤ人で、自分たちが架空のユダヤ教国家の臣民、それどころか神に選ばれた選民であるかのような幻想を抱いて、自分たちは、他の人類とは違うと考えている。つまり、ユダヤ人も、内的には、一つの宗教的国家に拘束されている、というわけです。ユダヤ人がかつて、宗教的国家を形成していたのは歴史的事実です。

それでは、君たちユダヤ人は、どのような権原にもとづいて、解放を渇望しているのか？　君たちの宗教のためなのか？　その宗教は国教の不倶戴天の敵である。公民としてであるか？　ドイツには公民など一人もいはしない。人間としてであるか？　君たちは、君たちの訴えかけている相手が人間ではないのと同様に、人間ではない。〔以上のようにバウアーは説いている〕。

今までの話のまとめですね。宗教的解放、つまり自分たちの宗教が抑圧されることなく、自由に信仰していい状態を求めているとしたら、キリスト教国家に対してそれを求めるのはお門違いだし、「(国家) 公民」としての同等を求めるのなら、ちゃんと権利を持った公民など、元々ドイツにはいない。「公民」と「人間」を区別して、公民権がなくても、人間としての権利に訴えるという戦略も考えられますが、バウアーは、誰も本当の意味で「公民」でない以上、「人間」としての資格など意味がない、と言っているわけです。

——バウアーは、ユダヤ人解放の問題についての従来の問題提起と解決に批判を加えた後で、この問題を新

> たに提起しなおした。彼は問う。解放されるべきユダヤ人とか、解放すべきキリスト教国家とかいうが、それらはどのような性質のものであろうか？　そして彼はユダヤ教を批判することによって答える。すなわち彼は、ユダヤ教とキリスト教との宗教的対立を分析し、キリスト教国家の本質について究明する。これらはすべて大胆で鋭く、才気にあふれ徹底しており、しかもその書き方は精確で適切で精力的である。

どのような「性質のもの beschaffen」という所が強調されていますね。マルクスは一応、バウアーを評価しているようだけど、バウアーが「ユダヤ人」とか「キリスト教国家」を自明のものであるかのように書いて、両者の対立を指摘しているけれど、この二つの項の実際の性質を分析してみないといけないと示唆しているわけです。更に、「宗教的 religiös」も強調しているということは、本当に「宗教的対立 der *religiöse* Gegensatz」なのか、疑問を呈しているということでもあるでしょう。

> 　では、バウアーはユダヤ人問題をどのように解決しているのか？　その結論はどのようなものか？　問題の定式化〔問題を明確に提起すること〕は、その問題の解決である。ユダヤ人問題への批判は、ユダヤ人問題への解答である。その要約は次のようになる。
>
> 　われわれは、他人を解放しうる以前に、自分自身を解放しなければならない。
>
> ユダヤ人とキリスト教徒とのあいだの対立のもっとも頑固な形態は、宗教上の対立である。一般にひとは対立をどのようにして解決するか？　対立を不可能にすることによってである。どうすれば宗教上の対立は不可能になるか？　宗教を揚棄することによってである。ユダヤ人とキリスト教徒が、お互いの宗教を、ただもう人間精神の別々の発展段階として、つまり歴史によって脱ぎすてられた別々の蛇の脱けがらとして認識し、そして人間をそれらの脱けがらを脱皮した蛇として認識しさえすれば、彼らはもはや宗教上の関係のなかにいるのではなく、ただ批判的で学問的な関係、すなわち人間的な関係のなかにいることになる。そのとき、学問は彼ら〔ユダヤ人とキリスト教徒〕の統一である。そして学問上の諸対立は、学問自身によって解決されることになる。

先ほど見たように、バウアーは問題の本質は、ユダヤ教とキリスト教の「宗教対立」にあると考えているわ

〈aufheben〉＝「揚棄」「止揚」とも訳される。基本的には「止める」という意味。
[上に auf- ＋揚げる heben]
ヘーゲル：弁証法的な事物の発展運動において、高いレベルに上昇させることによって、対立状態を解消するという意味で使う。

けですが、それがどのように解決され得るか、道筋を示しているわけです。カギになるのは、「止揚」とも訳される「揚棄」、つまり〈aufheben〉です。ヘーゲル用語ですね。〈aufheben〉というのは、基本的には「止める」という意味ですが、語の作りから、[上に auf- ＋揚げる heben] というニュアンスを読み取ることができます。ヘーゲルはそれを利用して、弁証法的な事物の発展運動において、高いレベルに上昇させることによって、対立状態を解消するという意味で使います。例えば、農夫AさんとBさんが、ある土地Xをどちらがそこを所有するかをめぐって対立しており、どちらも生活が懸かっているので、引くことができない状態にあるとします。しかし、ある時、Aさん、Bさん双方が、Pという共同体に包摂され、Xがこれまで未開拓だった近隣の土地の開拓に乗り出したとします。PのメンバーとしてAさん、Bさんが獲得し得る新しい土地Yが、Xを遥かに上回る価値を持っているとすれば、二人の間の対立を解決する可能性が見えてきます。そうやって上のレベルに上昇することで、解決が見えてくることが〈aufheben〉です。

バウアーの認識では、「宗教」というのは、人間の精神の低い発展段階で生じてくる態度にすぎません。精神が高い段階に発展していけば、もはや「宗教」に頼る必要はありません。人類はもはや、「宗教」に依存しなくていい状態に達しており、本当はもはや「宗教」などなくていい。その意味で、「脱けがらSchlangenhäute」だというわけです――〈Schlangenhäute〉は、字義通りには蛇の皮です。「学問」の原語は〈Wissenschaft〉で、確かに「学問」という意味なのですが、この場合は「知」と訳した方がいいかと思います。「精神」が発達して、自分や周囲の世界のことを理性的に把握している状態ということでしょう。この場合の「精神」というのは、個々人の精神というより、個々人の精神の根底にあり、歴史的プロセス全体を貫いて現れてくる、ヘーゲル的な意味での「精神」のことでしょう。こういう発想はまさにヘーゲル的ですね。宗教の本質は、人間自身の類的本質である愛を、外に投影したものだというフォイエルバッハの発想にも通じています。

> とくにドイツのユダヤ人の前には、政治的解放一般が欠けており国家がキリスト教を公認しているという事態が立ちはだかっている。だがしかし、バウアーの考えでは、ユダヤ人問題はドイツの特殊事情には依存しない一般的な意義をもっている。それは国家に対する宗教の関係の問題、宗教的偏執と政治的解放との矛盾の問題である。政治的に解放されるよう欲しているユダヤ人に対しても、また他のものを解放し自分も解放されるべき国家に対しても、宗教から解放されることが前提条件として出されるのである。

ドイツの特殊事情というのは、先ほどお話しした統一国家が存在しないということと、いくつかの領邦国家は、キリスト教と強く結び付いていたことでしょう。ドイツの領邦国家の多く、人口的には三分の二ほどがプロテスタントです。ケルンやボンなどウェストファーレン地方の一部と南部はカトリックですが、全般的にプロテスタント、特にルター派の勢力が強いです。ドイツでは一五五五年のアウグスブルクの和議で、それぞれの領邦国家がカトリックかルター派を選べるようになり、三十年戦争を終結させたウェストファリア条約（一六四八）で、この和議の内容を再確認したうえで、カルヴァン派（改革派）もその選択肢に入りました。これによって、ドイツの諸邦では、国家が「宗務局 Konsistorium」と呼ばれる官庁で教会を管理する「領邦教会制 Landesherrliches Kirchenregiment」と呼ばれる仕組みができあがりました。英国国教会やフランスのガリカニスム（フランスの利益優先）のカトリック教会のように、国教会化していたわけです。先ほど触れたベルリン大学の教授のシュタールが、国家の憲法の在り方について論じただけでなく、教会の憲法を起草したことの背景には、国家と教会が密接に繋がっていたということがあります。

国家の体制と、特定の宗教への信仰が対立していることに問題があると見て、その対立を解消するために後者、すなわち宗教を放棄したらいいというのがバウアーの提案です。ただし、宗教を放棄すべきはユダヤ人だけでなく、国家も宗教を放棄すべきだと考えているわけですね。それがあらゆる解放の前提だと見ているわけですね。一二～一五頁にかけて、バウアー自身の言葉が長々と引用されていますね。

一三頁ではフランスでは、ユダヤ人が自らの宗教的特権に拘っているせいで、普遍的自由が実現しないということが述べられていますね。マルクスの引用が部分的で、バウアーの元のテクストもあまり細かく説明していないので、どういう話か分かりにくいですね。歴史的事実に即して補足しながら説明します。フランスでは、フランス革命の初期、一七九一年一一月に、つまりまだ王制が廃止されていない時期に、ユダヤ人に市民権を認める法律が制定され、原則的に他のフランス人と平等になります。婚姻の承認の方式など、市民生活のうえでいくつかの差別的な扱いが残りますが、それも徐々に取り除かれていきます。三月革命後の一八三一年には、カトリック、プロテスタント、ユダヤ教を宗派として平等に扱い、ユダヤ教のラビも国庫から給与を受けるようになります。

バウアーが言及している一八四〇年一二月二六日の下院での議事録というのは、工場での子供の労働時間の制限に関するものです。日曜と他の法律で決めた祝日には、六歳以下の子供を働かせてはいけないというものですが、日曜というのはキリスト教の安息日ですし、祝日は事実上、カトリックの聖人に因んで決められます。土曜日を安息日とするユダヤ人は、キリスト教徒に合わせるしかありません。ユダヤ教の信仰に拘ると、不利益を被ることになります。こういうのは、現代のコミュニタリアンの哲学者サンデル（一九五三－　）であれば、国家の宗教的中立性という建前の下では解決できない問題であり、「共通善 common good」という観点から議論すべき問題だというでしょうが、バウアーは、宗教的慣習に拘るユダヤ人の方が悪いと言わんばかりの調子で、この問題を論じています。

フランスでは、マルクスがこの文章を書いたずっと後、一九〇五年に政教分離法が成立し、公共的な生活を宗教的に中立化させる方針が徹底されるようになりました。その結果、よくニュースで聞く、イスラムの女子生徒の教室でのスカーフ着用も許さないというようなことになったわけですが、ただ、依然として国民の大半はカトリックです。

> こうしてバウアーは、一方では、**公民として**解放されるためには、ユダヤ人はユダヤ教を廃棄し、一般に人間が宗教を廃棄することを要求している。他方では、彼は首尾一貫して、宗教の**政治的な**揚棄が宗教の揚棄そのものであると考えている。宗教を前提としている国家は、まだ真の国家でも、現実の国家でもない。

「廃棄」の原語は〈aufgeben〉で、これは普通のドイツ語の単語で、「放棄する」とか「諦める」という意味ですが、恐らくマルクスは、「揚棄＝止揚 aufheben」とかけているのでしょう。「宗教の政治的揚棄」が「宗教の揚棄」そのものだというのが、ピンと来にくいですね。「国家」が「宗教」と縁を切れば、人々が「宗教」への執着ゆえに不自由になり、敵対し合う関係が解消する、ということでしょう。一五頁に、バウアーからの直接の引用と、それに対するマルクスの批判がありますね。

> 「もちろん、宗教的観念は国家に対し保証を与えている。だが、それはどのような国家に対してであろうか？　どのような種類の国家に対してであろうか？」

> この点に、ユダヤ人問題の一面的なとらえ方があらわれている。
>
> 誰が解放するべきなのか？　誰が解放されるべきなのか？　これだけを究明するのでは、けっして十分ではなかったのだ。

バウアーの関心は、宗教的観念は、ある特定の種類の国家に対して「保証 Garantie」を与えているという前提の下に、それがどういう国家に対してかを明らかにしようとしました。つまり、キリスト教と既存の国家がどのように結び付いているのかを論じているわけですが、マルクスではその問いの立て方が一面的だと言っているわけです。しかも、誰が誰によって解放されるか、という問いでは不十分だという。いかにも常識的に見える問いの立て方が浅いとか一面的だといって批判して、本質に迫っていくような問いを提起するのは、ソクラテス（前四六九頃－三九九）以来哲学者がやってきたことですが、マルクスがこういう哲学者っぽい批判をするのは意外ですね。

> 批判がとりあつかうべきものが、もう一つあったのだ。それはこう問わねばならなかったのだ。どのような種類の解放が肝要なのだろうか？　どのような諸条件が、要求されている解放の本質にもとづいているのか？　政治的解放そのものの批判こそが、はじめてユダヤ人問題の最終的批判となるのであり、ユダヤ人問題を「時代の一般的問題」のなかへ真に解消するものとなるのである。

少しごちゃごちゃした書き方をしていますが、要は、「政治的解放」はどういうもので、それによってユダヤ人がどういう状態になるのかちゃんと考えていない、ということです。確かにバウアーは、世俗化した国家から公民としての権利さえ認められさえしたら、いいという、現代の自由主義者のような考え方をしているふしがあります。現代のリベラル左派系の人は、権利の上での平等にだけ拘る傾向があります。

> バウアーは問題をこの水準にまで高めないので、矛盾におちいることになる。彼は、政治的解放そのものの本質にもとづかないような諸条件を立てる。彼の提起する諸問題は彼の課題に含まれていないし、彼の解決する諸課題は彼の問題を未解決のままに残している。バウアーはユダヤ人解放に対する反対者について「彼らの誤りはただ、彼らがキリスト教国家を唯一の真の国家であると前提しており、ユダヤ教を考察するさいに加えたのと同じ批判を、キリスト教国家に加えなかったことにある」（三ページ）と述べているが、われわれから見れば、バウアーの誤りは、彼がただ「キリスト教国家」だけに批判を加えて「国家それ自体」に批判を加えていないこと、政治的解放の人間的解放に対する関係を究明せず、そのために、政治的解放と普遍的な人間的解放との無批判な混同ということからしか説明できないような諸条件を立てていることにある。バウアーはユダヤ人に対して、君たちは君たちの立場からいって政治的解放を渇望する権利をもっているのか、と問うているが、そこでわれわれは逆にこう反問する。政治的解放の立場は、ユダヤ人にユダヤ教を揚棄するよう要求し、人間一般に宗教を揚棄するよう要求する権利をもっているのか？

人間が人間らしく生きることを阻む「矛盾 Widerspruch」

いくつか重要なことを指摘していますね。抽象的なレベルで言うと、「問題」と「解決策」のズレということがあります。ユダヤ人が抱えている問題は、国家がキリスト教を放棄したら、ユダヤ人が直面する問題は全て解決するかのように言っているけれど、本当にそうか。確かに、国家がキリスト教との繋がりを断ち切り、ユダヤ人がユダヤ教を放棄したら、表面的には問題が解決した形になりますが、何かしっくりこないですね。

キリスト教徒はどうなるのか。彼らは、元ユダヤ教徒だった人に平等に接してくれるのか。彼らにも無理にキリスト教を放棄させるということも考えられますが、それは無理な感じがしますし、多数派に棄教を無理強いしたら余計におかしなことになりそうです。それで本当に「人間」として「解放」されたことになるのか。『ユダヤ人問題』を見る限り、キリスト教が最終的にどうなるべきかはっきりした考えは表明されていませんが、『イエス伝』（一八三五）や『暴かれたキリスト教』（一八四三）といった他のテクストでは、徹底的にキリスト教を批判し、人間のキリスト教からの解放を主張しているので、恐らく、とりあえずはユダヤ人を迫害するような教義上の排他性を放棄し、最終的には、人類の理性の発展によって歴史的に不要になったキリスト教自体を廃棄＝揚棄すべき、という戦略でしょう。

「政治的解放の立場は、ユダヤ人にユダヤ教を揚棄するよう要求し、人間一般に宗教を揚棄するよう要求する権利をもっているのか？」という言い方は、信教の自由を主張しているように聞こえますが、そうではなくて、何の名において、どういう資格で要求するのか、ということでしょう。何の権限も、正当化の根拠もない者が、どうやって要求するのか？ バウアーに言わせれば、「国家」による、その領域に住む全ての「政治的解放」が大義名分であるわけですが、マルクスはそれを疑問に思っているわけです。「国家」は本当に、ユダヤ人やキリスト教を「解放」してくれると言えるのか。

そういう疑問を呈することで、マルクスは、「キリスト教国家」だけを批判するのではなく、「国家それ自体」を批判する必要性を示唆しているわけです。この時点でのマルクスは共産主義者にはなっていませんし、国家は「支配階級の道具 das Instrument der herrschenden Klasse」だという見解もまだ確立していません。ただ、そういう前提が確立していないだけに、哲学的に問題を腑分けしようとする姿勢がより鮮明になっているように思えます。

ユダヤ人問題は、ユダヤ人が住んでいる国家が異なるにつれて、異なったとらえ方がなされる。政治的国家、つまり国家としての国家が実在していないドイツでは、ユダヤ人問題は純粋に神学的な問題である。ユダヤ人は、キリスト教をみずからの基礎であると公言している国家に対して、宗教的に対立している。

このような国家は本職の〔ex professo〕神学者である。ここでは批判は神学の批判であり、両刃の批判、つまりキリスト教神学の批判であるとともに、ユダヤ教神学の批判でもある。だがこの場合、われわれがそこでどれほど批判的に動きまわったとしても、なおつねに神学の内部を動きまわっているだけなのである。

「政治的国家＝国家としての国家が実在していないドイツ」というのは、先ほど説明したように、この時期はまだ「ドイツ」は国家としてまとまっていなかったことを指しています。オーストリアを中心として統一しようとする大ドイツ主義と、オーストリアを排除してプロイセンを中心として統一する小ドイツ主義のような対立もまだ顕在化しておらず、そうした対立が顕在化してくるのは三月革命以降です。

「神学」という言い方をしている理由は分かりますね。実在しない〝ドイツ国家〟の〝公民の権利〟についての議論であるし、ユダヤ人が自らの属する国家を想定しているかのように振る舞うということから来ているのでしょう。

分からないのは、国家が「神学者」であるという言い方、そして、「批判」が「神学の批判」だという主張です。まず、神学者であると言われているのは、キリスト教が自らの基礎だと公言している国家のことです。当時のほとんどのヨーロッパの君主国は、国教制度的なものを採用しているので、これに当たるでしょう。そういう国家は、何らかの形で、神学によって自分の権力を基礎付けており、その理屈を守ることが本業だということでしょう。そういう国家の在り方、キリスト教国家であることを批判するのは、その神学を批判することになるわけです。だとすると、神学批判をしているバウアーは、神学と同じ土俵に乗っている、自らも独自の神学を展開していることになります。それが、ここでマルクスが言いたいことでしょう。

ただ、バウアーの議論を神学的だとマルクスが揶揄する理由が私たちには今いちピンと来ないですね。「神学」を否定的な比喩として使うのは、多くの場合、実体とかけ離れた、建前的な議論をしている、ということですね。マルクスとしては、バウアーの議論が、「国家」とその「公民」の実体的な関係について論じるべきなのに、国家が自己を正当化するために利用しているキリスト教の教義の話をして、向こうの土俵に乗ってしまっている、神学論争に応じるのは有害でしかない、と言いたいのでしょう。

> フランスでは、すなわち立憲国家では、ユダヤ人問題は立憲制の問題であり、政治的解放の不徹底に関する問題である。フランスでも、国教という見かけが、とるに足らぬ自己矛盾した形式においてではあっても、多数派の宗教という形式で保持されているので、国家に対するユダヤ人の関係は、宗教的で神学的な対立という見かけを保っている。

フランスの方がドイツよりましだと言っているのは分かりますが、どういう意味でましなのか、すっきりしない書き方ですね。ましなのは、立憲王政のフランスでは憲法で、市民の諸権利が規定されていて、その中に市民権とか信教の自由の規定があるので、それがちゃんと守られているかどうかという、「解放」についての現実的な尺度がある、ということでしょう。ドイツではそういうものがないから、バウアーのようにキリスト教とユダヤ教の教義を持ち出して、それが国家の政策にどう反映しているか、というような神学的な議論をしないといけなくなる、ということでしょう。

因みに七月革命の時に採択された、「一八三〇年憲章 Charte constitutionnelle de 1830」では第五条で、信仰の告白や礼拝に対する平等な自由と保護、第六条は、先ほどお話しした聖職者に対する国家からの給与支払いの話で、フランス国民の多数が信仰するカトリック及び他のキリスト教の宗派の聖職者は国庫から給与を支払われるということが規定されています。翌年、それを拡大解釈して、ユダヤ教のラビもその範囲に入れたわけです。「国教という見かけ *Schein* einer Staatsreligion」と言っているのは、この第六条で、カトリックが「多数派の宗教 *Religion der Mehrheit*」と呼ばれていることを指しているのでしょう。正確には、「フランス人の多数によって告白されている、使徒的・ローマ的なカトリックの宗教 la religion catholique, apostolique et romaine, professée par la majorité des Français」という表現が使われています。

「見かけ Schein」という言葉をわざわざ挿入していることから分かるように、マルクスは宗派的な対立は、現実の社会的対立ではなく、それを歪んだ、中途半端な形で表象しているにすぎない、と考えているのでしょう。「国家」自体や「憲法」にも矛盾があるのだけれど、神学的な「見かけ」の下で論争するよりは、国家の法律や権利のレベルで議論する方が現実的な問題点がクリアになるのでまだましだ、ということでしょう。

> 北アメリカの自由諸州において――少なくともその一部において――はじめて、ユダヤ人問題はその神学的な意味を失い、実際に世俗的な問題となっている。政治的国家が十分に発達をとげて実在しているところでだけ、ユダヤ人の、また一般に宗教的人間の、政治的国家に対する関係は、したがって宗教の国家に対する関係は、その独自性において、その純粋性において、現われることができるのである。このような関係の批判は、国家が神学的な仕方で宗教に関与することをやめるやいなや、すなわち、国家が国家として、つまり政治的に宗教に関与するようになるやいなや、たちまち神学的な批判ではなくなる。こうして批判は、政治的国家の批判となる。問題が神学的ではなくなるこの点において、バウアーの批判は批判的ではなくなるのだ。

「自由諸州」というのは、恐らくアメリカ合衆国の奴隷制を廃止している、北部の進歩的な州のことでしょう。「政治的国家」が十分に発達しているというのは、この場合、宗教とか道徳に依拠しないで、各人の権利や義務に関する問題を、憲法をはじめとする法制度で処理するようになって、国家が神学的な問題に直接的に関与しないということでしょう。「国家が国家として、つまり政治的に宗教に関与するようになるやいなや」というのが分かりにくいですが、政教分離とか信教の自由のような原則が確立されて、教義の中身と関係なく、宗教団体の法的認可とか、布教活動とか婚姻や教育など市民の生活に対する影響を規制するようになった、ということでしょう。「国家」が「宗教」一般に対してどう距離を取るかという問題になったわけです。無論、現代のアメリカを見ていると、国家が宗教から分離しているとは言いにくいですが、当時のドイツやフランスと比べると、宗教から分離した政体が確立された、と考えてもいい状況になったのでしょう。もしアメリカの諸州が実際、そういう状態になっていたとしたら、国家と特定の宗教の繋がりを問題にするバウアーの議論は、通用しなくなるというわけです。

一八頁に、アメリカにおける政教分離の証言として、ギュスターヴ・ドゥ・ボーモン（一八〇二－六六）という人の言葉が引用されていますね。この人は、フランスの法律家で、トクヴィル（一八〇五－五九）と一緒に、アメリカの刑務所の実態調査のためにアメリカ旅行をしたことで知られています。このボーモンの他、トクヴィル自身、そしてスコットランドの軍人・作家で、『アメリカの人と習俗』（一八三三）という著作があるトーマス・ハミルトン（一七八九－一八四二）等の議論を引き合いに出して、アメリカは政治的解放が完成しているけれど、アメリカ人たちは依然として信心深いということが指摘されていますね。

問題は次のことにある。完成された政治的解放は、宗教に対してどのような態度をとるのか？　政治的解放が完成された国においてさえも、宗教がたんに実在しているばかりでなく、若々しく生気にあふれて実在していることが見いだされるとすれば、宗教の存在は国家の完成と矛盾しないことが立証されたことになる。

文章自体ははっきりしていますが、マルクスが何を問題にしているのかがピンと来にくいですね。バウアーは、歴史の進展に伴って政治的解放も進めば、人間の精神の低い段階に対応していた宗教は自然に必要でなくなるという前提で考え、ユダヤ教徒とキリスト教徒の双方に対して、そんな古いものを捨てて、共に解放されようと呼びかけていたわけです。ところがアメリカを見ると、政治的解放が達成されても、宗教は全然弱まっていない。だとすると、ユダヤ教徒もキリスト教徒も自分の宗派が命じる〝不自由な生活〟を、国家からの強制がなくても〝自発的〟に営み続けるかもしれませんし、多数派の宗教の少数派の宗教に対する抑圧も続く可能性があるわけです。宗派的に中立な国家が、各人に公民権を与えても、それで「ユダヤ人問題」が全面的に解決されるとは限らない。ユダヤ人であろうとキリスト教徒であろうと、「公民」でありさえすれば、自由だとは言えないかもしれない。

しかし、宗教が存在することは欠陥が存在することであるから、この欠陥の根源は、国家そのものの本質のなかに求められるほかはない。宗教はわれわれにとって、もはや世俗的な偏狭さの原因ではなく、ただそれの現象にすぎないように思われる。それゆえわれわれは、自由な公民たちの宗教的偏執を、彼らの世俗的な偏執から説明する。われわれは、自由な公民たちが彼らの世俗的な障壁を揚棄するために、彼らの宗教的な偏狭さを揚棄しなければならない、とは主張しない。われわれが主張するのは、彼らが世俗的な

――障壁を揚棄するやいなや、ただちに彼らの宗教的偏狭さを揚棄することになるということである。

これ、かなり主旨が分かりにくいですが、マルクスもまた、「宗教」が存在し続けるのは人類にとってマイナスだと考えていることだけは分かりますね。国家が中立化することで、信教の自由が保障されればそれでいいと考える、現代のリベラルと彼らは決定的に異なります。宗教はいつか消えるべきである、と彼らは考えます。違うのは、バウアーが、国家が宗教と縁を切り、反国家的な教義を持つ宗教が、その反国家的な部分を放棄し、その前提の下で公民権が保障されれば、宗教の揚棄（廃止）が成功すると思っているのに対し、マルクスはその見方は甘いと指摘しているわけです。

ただ、マルクスが問題の本質がどこにあると見て、それをどうしたいのかが分かりにくいですね。まず、「国家」の本質に問題があると見ていることが分かりますね。恐らく、「政治的解放」の達成とは関係なく、「宗教」を存続させるようなものが「国家」の本質に含まれている、と考えているのでしょう。だとすると、マルクスは、「国家」を単に法律によって人々を支配する統治機構であるだけでなく、人々の信仰や信条を含めた私生活にも影響を与える、より包括的なシステムと見ているということになりそうです。

「宗教的偏執 die religiöse Befangenheit」と「世俗的偏執 die weltliche Befangenheit」の関係が重要だということになりそうですね。〈Befangenheit〉は、直訳すれば「囚われていること」、となるでしょう。ほぼ同義語として使われている「偏狭さ」の原語は、〈Beschränktheit〉で、これはむしろ「制約性」と訳した方がいいでしょう。「障壁」の原語は、〈Schranke〉で、これは綴りを見れば分かるように、〈Beschränktheit〉の語根になっていて、「柵」という意味です。いずれにせよ、国家の法律や命令が自由への障害になっているのではなくて、各人が何かに囚われた生き方をしていることが障害になっている、というわけですね。もう少し後のマルクスなら、「イデオロギー」という言葉を使っているところでしょう。

「世俗的」というのは、「宗教」以外で、各人を捉えているものということでしょう。「世俗的な囚われ」というのがどういうものか現時点では分からないけど、その方が「宗教的囚われ」より根深い、ということでしょう。というより、マルクスは市民たちが根源的に囚われている何か、この世的、現実的な要素があり、その表面的な現れが「宗教」にすぎない、という見方をしているのでしょう。宗教的な囚われが主要な問題だと見ているバウアーは、「自由な公民たちが彼らの世俗的な障壁を揚棄するために、彼らの宗教的な偏狭さを揚棄しなければならない」、と主張する。恐らく、人々が宗教的な囚われを克服すれば、国家の公民として自由で平等になれる、ということでしょう。それに対してマルクスは、「世俗的な障壁を揚棄するやいなや、ただちに彼らの宗教的偏狭さを揚棄する」と主張するというのですが、これは、より根っこにある「世俗的な囚われ」を克服すれば、宗教的なものも自動的に消滅する、ということでしょう。

要は、表面的な問題にすぎない「宗教」に拘りすぎるバウアーはズレている、と言いたいわけです。その見当外れをバウアー自身の議論に即して明らかにしようとしているのはいいのですが、「国家」という基本概念の意味内容がズレているのに、マルクスがそれをちゃんと説明していないので、話の筋が分かりにくくなっているわけです。

> 歴史はこれまであまりにも長期にわたって迷信に解消されてきたが、いまやわれわれは迷信を歴史に解消するのである。宗教に対する政治的解放の関係という問題は、われわれにとっては、人間的解放に対する政治的解放の関係という問題となる。われわれは、政治的国家を、宗教的弱点とは切りはなして、その世俗的構造について批判することによって、政治的国家の宗教的弱点を批判する。われわれは、国家と、たとえばユダヤ教といった特定の宗教との矛盾を人間化して、国家と特定の世俗的諸要素との矛盾に変え、国家と宗教一般との矛盾を人間化して、国家と国家の諸前提一般との矛盾に変えるのである。

まず、「歴史 Geschichte」を「迷信 Aberglauben」に「解消 auflösen」するというのが分かりにくいですね。恐らく、従来の「歴史」観が神話と神学のような非合理的なものによって支えられていたし、ヘーゲルの歴史哲学も基本的に同じことだ、というような意味合いでしょう。ドイツ語の〈Geschichte〉はフランス語の〈histoire〉と同じように、「物語」という意味もあります。ちゃんとした「歴史」はなくて、「迷信」的な「物語」しかなかった、という意味にも取れます。「迷信」を「歴史」に「解消」するという場合の「歴史」は、当然、合理的に把握された「歴史」です。

「宗教に対する政治的解放の関係」というのは、「政治的解放」なるものを通して、人々を、過去の遺物である「宗教」から自由にするためにはどうしたらいいか、というバウアー的な問題設定でしょう。「人間的解放に対する政治的解放の関係」というのは、その「政治的解放」なるものによって「人間的解放」が達成されるのか、「政治的解放」によって、人間らしい生き方ができるようになるのか、という問題です。

「政治的国家を、宗教的弱点とは切りはなして、その世俗的構造について批判する」という言い方、あるいは、「国家と、たとえばユダヤ教といった特定の宗教との矛盾を人間化して、国家と特定の世俗的諸要素との矛盾に変え」る、という言い方から分かるように、マルクスは、「国家」が特定の宗教との縁を切りさえすれば、つまり政教分離すれば、「公民」の「政治的解放」の前提が整えられた、と思っていないようです。「国家」はたとえ、特定の宗教とは結び付いていないという意味で、世俗化されていても、アメリカの北部諸州のようになっていたとしても、それでも、深いところで人々の基本的な在り方を捉えているので、人間らしく生きられない、と見ているわけです。「国家」(というものの本来の在り方)と「宗教」の間に矛盾があるというより、「国家」を「国家」たらしめている「諸前提 Voraussetzungen」の中に、人間が人間らしく生きることを阻む「矛盾 Widerspruch」がある、というのがマルクスの見方である、ということが徐々に明らかになってきました。

ユダヤ人やキリスト教徒の政治的解放、一般に宗教的人間の政治的解放は、ユダヤ教やキリスト教からの国家の解放、一般に宗教からの国家の解放である。国家が国教からみずからを解放することによって、すなわち国家が国家としてはいかなる宗教も信奉しないで、むしろ国家がみずからを国家として信奉することによって、国家は自分の形式で、つまり自分の本質に固有の仕方で、国家としてみずからを宗教から解放するのである。宗教からの政治的解放は、宗教からの貫徹された、矛盾のない解放ではない。なぜなら、政治的解放は、人間的解放の貫徹された、矛盾のない仕方ではないからである。

最初の方は、「政教分離」を公民としての「政治的解放」の重要な大前提と見る、普通の自由主義的な議論ですが、マルクス自身が言いたいのは、それが「矛盾のない解放ではない」、ということですね。

政治的解放の限界は、ただちに次のことに現われてくる。すなわち、人間がある障壁から実際に自由になっていなくても、国家はその障壁から自由になりうるということ、人間が自由な人間になっていなくても、国家は自由国家〔共和国〕でありうるということである。バウアーが政治的解放の条件として次のことをあげるとき、彼自身もこのことを暗黙のうちに認めているのである。

「一般にどのような宗教的特権も、したがってまた特権を与えられた教会の独占も、廃棄されていなければならないであろう。そして幾人かの人たち、または多数の人たち、または大多数の人たちさえも、なお宗教的義務を果さなければならないと信じているとすれば、この義務の遂行はまったくの私事として、それらの人たち自身に委されていなければならないであろう。」

ここでマルクスの言いたいことがようやくはっきりしてきましたね。バウアーの言う意味での「政治的解放」が達成されても、人間が「自由」になるとは限らない、ということです。バウアーからの引用の部分にある、宗教的な義務の遂行は「私事 Privatsache」として本人たちに任せるというのは、普通の自由主義者の発想ですね。ただ、「信教の自由」ではなくて、「宗教的義務 religiöse Pflichten」と言っているところが気になりますね。つまり、宗教的特権を廃止しても結局、自分たちには○○する義務がある、という体質が残ってしまうというわけですね。バウアーは、人類の進歩のためには宗教がなくなるべきだが、本人たちがやりたいのなら、仕方ないという立場のようですね。マルクスからすれば、これはバウアー自身が、「政治的解放」だけでは不十分だと認めているようなものです。

現代の政治哲学では、宗教や民族などを基にする文化的共同体に自治を認めた場合、共同体の多数派が、その中の少数派に教えや慣習を強制しようとすることに対して、国家はどういう態度を取るべきかという問題がしばしば話題になります。コミュニタリアン（共同体主義者）は共同体ごとの自治をなるべく尊重しようとしますが、リベラルは文化への権利の主体はあくまで個人である、という立場を取ります。一九世紀の半ばに、ユダヤ教のような長い歴史があり、それなりに規模もネットワークもある共同体に全面的な自治を認めたら、メンバーへの圧力が強くなる可能性もあります。形式的な「政治的解放」で良しとし、後は共同体の自治に委ねれば、個々のメンバーの意志を無視して、宗教がいつまでも存続することになりかねない。元々ユダヤ人であったマルクスは、そうした問題も見据えていたのではないかと思います。

> だが、宗教に対する国家の態度、とくに自由国家の態度は、国家を形づくっている人間たちの宗教に対する態度にほかならない。そこからまず推論されるのは、人間は自分自身と矛盾しながら、つまり抽象的な制限された仕方、部分的な仕方で、ある障壁を乗り越えるということ、すなわち、国家という媒介物を通して、つまり政治的にみずからをその障壁から解放するということである。さらに次のことが推論される。人間は、自分を政治的に解放することによって、回り路をして、たとえ避けることのできない媒介物ではあっても一つの媒介物を通して、自分を解放するのである。最後に、次のことが結論される。人間は、国家の媒介によって自分を無神論者であると宣言する場合でさえも、すなわち国家を無神論者と宣言する場合でさえも、なお相変らず宗教的にとらわれている。なぜなら、彼はただ回り路によってだけ、一つの媒介物を通してだけ、自分自身を認知しているにすぎないからである。宗教は、まさに回り路による人間の認知にほかならない。つまり一つの媒介者を通じての人間の認知なのだ。国家は人間と人間の自由との媒介者である。ちょうどキリストが、人間のすべての神的性質、すべての宗教的偏執を人間から負わされている媒介者であるように、国家は、人間のすべての神的でない性質、すべての人間的な偏執のなさを押しつけられている媒介者なのである。

抽象的で、今まで以上に分かりにくい箇所ですが、国家が人間にとって「媒介物 Medium」「媒介 Vermittlung」あるいは「媒介者 Mittler」であるということを主張しているということは分かりますね。〈Medium〉はラテン語系の言葉ですが、「真ん中」という意味の〈Mitte〉という名詞から派生したドイツ語の「vermitteln – Vermittlung – Mittler」の系譜だと、「媒体（媒介物）」という意味をうまく出せないので、ここだけラテン語系の言葉にしたのでしょう。要は、人間は自分のことを直接知ることができず、そのため、直接自分をうまくコントロールできないということでしょう。こういう言い方をすると、抽象的な難しい議論のように聞こえますが、社会学や心理学、経済学、政治学、文化人類学などの人間科学の存在意義を考えてみて下さい。自分

「媒介」：ヘーゲルの重要な概念

「精神」は事物を感性的な刺激として知覚するだけでなく、概念を「媒介」として、それらの事物を把握する。

概念的な「媒介」がないと、私たちの認識は動物並みに原初的なレベルに留まる。

⇒　長い時間をかけて歴史的に「形成」された制度（「法」「慣習」「学問」「芸術」）を「媒介」にして、自分たちの行為の意味を把握することができる。

※ヘーゲルは、制度を介して、人間が自己形成（Bildung）することを、「教養 Bildung」と呼ぶ。

たちがやっていることをちゃんと把握できないから、学問的に探究しているわけですね。

慣習的なルールとか民法を中心とする私法は、私たちが普段やっていることを結晶化・体系化したもののはずですが、明文化されたものを目の当たりにすると、自分の生活とかけ離れた、天から押しつけられた話のように思えますね。特に民法の条文を見るとそういう感じがしますね。しかし、専門家から、この条文は○○のような問題を解決するために、庶民の△△という感覚を生かすべく作られたものだという説明を受けると、なるほどと納得することがありますね。そうした広い意味での「法」の体系が、「国家」だとすると、マルクスの言っていることも分かりますね。ヘーゲルは、法＝権利（Recht）や国家（Staat）を、各人の意識の根底にある「精神」の働きが具現されたものだと考えます。「法」や「国家」は、人間の意識が、外部に実体化して現れた「疎外態」だと主張しました。ここでのマルクスの議論は恐らく、ヘーゲルを念頭に置いているのでしょう。「媒介」というのは、ヘーゲルの重要な概念です。ヘーゲルによると、「精神」は事物を感性的な刺激として知覚するだけでなく、概念を「媒介」として、それらの事物を把握しようとします。逆に言うと、概念的な「媒介」がないと、私たちの認識は動物並みに原初的なレベルに留まります。長い時間をかけて歴史的に「形成」された、「法」とか、生活のための「慣習」とか、「学問」とか「芸術」とかを「媒介」にして私たちは、自分たちの行為の意味を把握することができます。ヘーゲルは、それらの制度を介して、人間が自己形成（Bildung）することを、「教養 Bildung」と呼びます。

「宗教」もまた、あるいは「宗教」こそ、そうした「媒介」の働きをしていると考えられます。ヘーゲルが既にそういう前提も議論をしていますし、フォイエルバッハによると、「神」は、人間の類的本質である「愛」の疎外態だと主張しました。いわば、「神」を介して、人間が自己を理解し、自己に働きかけていると言えます。各人がそのことを自覚していないにしても。フォイエルバッハの『キリスト教の本質』（一八四一）は既に刊行されていますから、マルクスは、宗教の「媒介」的な役割も意識していたのではないかと思います。「宗教は、まさに回り路による人間の認知にほかならない」というのは、そういうことでしょう。ヘーゲルやフォイエルバッハの前提で考えると、バウアーの言う「政治的解放」、「宗教」という媒介を排除して「国家」という媒介に一本化することで、人間が自由になるということを意味するはずです。そうした一本化によって、人間は負の「囚われ」から解放されるとバウアーは考えていることになりますが、マルクスは、「国家」という媒介も信用できないようですね。表面的に、宗教的／世俗的かに関わりない、根源的な「囚われ（偏執）」があると思っているようですね。それがどういう「囚われ」であるかは徐々に明らかになっていきます。

「類的生活」〈Gattungsleben〉と国家／市民社会の関係

二二～二三頁にかけて、国家が私有財産を「無効にする annullieren」という話が出てくるので、いきなり共産主義を主張し始めたかのような印象を受けますが、よく読んでみると、そういう話ではなく、国家が私有財産を参政権の条件にしないようにする、ということのようです。北アメリカの諸州では納税を有権者として承認する条件にしなくなった、ということですね。それを私有財産の「政治的無効化 die politische Annullation」と呼んでいるわけです。無論、マルクスの言う通り、それによって私有財産制がなくなるわけではありません。出生、身分、教養、職業による区別も政治的に無効化しているけれど、

> 国家は、私有財産や教養や職業がそれらなりの仕方で、つまり私有財産として、教養として、職業として、活動し、それぞれの特別な本質を発揮することを妨げはしない。国家は、これらの事実上の区別を廃棄するどころか、むしろそれらの区別を前提としてのみ実在し、みずからを政治的国家として感じとるのであり、これら自分の諸要素と対立することによってのみ、国家はみずからの普遍性を発揮するのである。そ

れゆえヘーゲルが次のように語るとき、彼は宗教に対する政治的国家の関係をまったく正しく規定しているのである。

> 「国家が精神の自覚的な人倫的現実態として現に存在するようになるには、国家を権威および信仰の形式から区別することが必要である。しかしこの区別は、教会の側がそれ自身のなかで分裂してくる場合にかぎり、現われてくる。このようにしてのみ国家は、特殊な諸教会を超越して、国家の形式の原理である思想の普遍性を獲得し、普遍性を実現させるにいたる。」（ヘーゲル『法哲学』第一版、三四六ページ）

マルクス自身の発言部分は分かりますね。国家がそれらの違いを、政治的な権利を付与する基準にするような措置は取らなくても、社会の中にそれらの区別が存在し続けることは否定しません。むしろ、当事者の社会的ステータスに関して中立的であるという意味での「普遍性」を標榜することで、それらの違いを温存します。むしろ私有財産や教養、官僚などの有利な職業的地位が一定の階層に集中することで、国家は支配体制をうまく機能させることができます。社会を維持するのに様々なことを私的活動に委ね、現状のバランスが維持されることを前提に国家が存続している、というわけです。

ヘーゲルからの引用の方が難しそうですね。ただ、国家が「自覚的な人倫的現実態 die sich wissende sittliche Wirklichkeit」になるには、宗教からの分離が必要であると言っていることは分かりますね。

「人倫的現実態」について説明しておきます。「人倫的」の原語は〈sittlich〉で、名詞形の〈Sitte〉は、共同体の中で通用している慣習や規則という意味です。現にそのようなことが行われているという意味での慣習と、そのように振る舞わねばならないと各人に命じる規範の双方を意味します。カント（一七二四－一八〇四）は、共同体的なニュアンスを一切抜きに、一般的に通用する規範という意味で〈Sitte〉という言葉を使っていますが、ヘーゲルは、人々の生活を規律している慣習が、歴史的な過程の中でより普遍性を持つ、つまりより広範に通用する規範へと発展していくと想定しています。従って、アプリオリに妥当する「人倫」が、経験の彼方にあるのではなく、歴史的にも地域的にもバリエーションのある共同体の慣習の中で、徐々に精緻なものになっていきます。『法哲学』では、人倫の体系として形成された共同体として、「家族」、「市民社会」、「国家」の三つを挙げています。「家族」が、そのメンバーにしか理解できない、通用しない一連の身体化した慣習によって成り立っているというのは分かりますね。身内ではない他人同士の間に結ばれる契約関係のルールの普遍性をベースにしてできあがったのが市民社会、私的利害を中心に構成される市民社会を、公共性の高い法と官僚機構によって統制するのが国家ということになります。

マルクスが引用している箇所は、『法哲学』の第二七〇節の後半部にあります。中公クラシックスの訳だと、第Ⅱ巻の二六九～二七〇頁になります。国家と教会が分離すべきでないとするシュライエルマッハー（一七六八－一八三四）や後期ロマン派に対抗して、国家は宗教から分離すべきだということを論証している節です――後期ロマン派の政治思想の特徴は、拙著『カール・シュミット入門講義』（作品社）にも出てきますので、そちらもご覧下さい。国家が「精神の自覚」に基づく人倫の形態であるというところがポイントで、宗教は儀礼的な側面が多く、教義について議論するというよりは、問答無用に信じることを強制し、時として感情の高まりによる狂信をもたらします。それは、ヘーゲルが考える、理性的な人々の思考と相互作用に基礎付けられた国家とは相容れません。

「教会の側がそれ自身のなかで分裂してくる in sich selbst zur Trennung kommt」というのが抽象的で分かりにくい感じがしますが、これは先ほどもお話ししたように、宗教改革からアウグスブルクの和議、ウェストファリア条約に至る過程で、キリスト教会が分裂し、人々の精神的な生活に対する絶対的権威を失い、教会と国家の繋がりが必然的なものではなくなった、という歴史的事実の指摘です。国家の側が教会を選択し、利用するようになりました。国家はキリスト教の教理をあまり気にしないで、自らを合理的に組織化できるようになったわけですが、ヘーゲルはそこでもう一歩進めて、完全に分離して、もはや宗教を利用する必要もない状態にまで進むべき、と言っているわけです。

これは反宗教的な態度に見えますが、裏を返して言えば、国家の公的領域と関係ないところにある人々の私生活における宗教的実践はそのままにしておく、ということでもあります。国家と宗教の間のそうした微妙な関係の分析に関しては、マルクスはヘーゲルを評価しているわけです。

完成された政治的国家は、その本質からいって、人間の類的生活であり、人間の物質的生活に対立している。この〔物質的生活という〕利己的な生活のあらゆる前提は、国家の領域の外部に、市民社会のなかに、しかも市民社会の特性として存続している。政治的国家が真に成熟をとげたところでは、人間は、ただたんに思想や意識においてばかりでなく、現実において、生活において、天上と地上との二重の生活を営む。天上の生活とは政治的共同体における生活であって、そのなかで人間は自分を共同的存在と考えている。地上の生活とは市民社会における生活であって、そのなかでは人間は私人として活動し、他の人間を手段とみなし、自分自身をも手段にまでおとしめ、疎遠な諸力の遊び道具となっている。政治的国家は市民社会に対して、ちょうど天上界が地上界に対するのと同様に、精神主義的にふるまう。政治的国家は市民社会に対して、宗教が世俗的世界の偏狭さに対立しそれを克服するのと同じように対立し、同じ仕方でそれを克服する。すなわち、政治的国家もまた、市民社会をふたたび是認し、再建し、みずから市民社会の支配を受けざるをえないのである。

「類的生活」の原語は〈Gattungsleben〉です。『経哲草稿』に出てくる「類的本質 Gattungswesen」を連想させますね。もう少し後で、「類的本質」という言葉が出てきます。『キリスト教の本質』に「類的本質」という言葉が出てくるので既にその影響を受けて、人間を人間たらしめている「類的本質」がある、という考え方をしていてもおかしくありません。ここで肝心なのは、その「類的生活」が「物質的生活」に対立しているということです。つまり他の動物と共通ではない部分をメインとする生活だということです。

その「類的生活」が営まれる場が「完成された政治的国家 der vollendete politische Staat」、「政治的共同体 das politische Gemeinwesen」だというわけですね。「政治的共同体」の中で、人は自分を「共同的存在 Gemeinwesen」と感じるということですが、「共同体」も「共同的存在」も同じ〈Gemeinwesen〉という言葉ですね。この単語は、「共同の gemein」+「存在（本質）Wesen」というのが原義ですが、カントやヘーゲルの時代には、「共和政」を意味するラテン語の〈res publica〉の訳語として用いられていました。〈res publica〉の原義は、「公共的な事物」です。因みに、ホッブズ（一五八八－一六七九）はこれの訳語として、〈Commonwealth〈共通の富〉という言葉を使っています。

政治的生活である「類的生活」、公共の場での生活に対立するのは、「市民社会 die bürgerliche Gesellschaft」での物質的、日常的な生活だということですね。ここでは先ほどもお話しした、ヘーゲルによる「国家」と「市民社会」の対比に準じているのでしょう。ヘーゲルは、市民社会の中にも司法があるが、民法のようなお互いの私的利害の関係を調整するものだし、職能団体によって過当競争を防ぎ、職人の質を保つ仕組みもあるけれど、これは当然団体の私的利益を守るためのものです。弱者を救済するための福祉行政の仕組みも備わっているとされていますが、それも国家的に組織された官僚機構の支えがないと機能しません。「市民社会」自体では、物質的な利己性を完全には克服できない、本当の公共性は市民社会の段階ではまだ現れていない、本当の公共性が実現されるには、公法の体系の下で統治に当たる官僚機構を備えた国家が必要だとしています。

「国家」が「市民社会」を上から指導すべき、それが理性的であるというヘーゲルの立場は別として、少なくとも、両者が公／私の役割分担をしている、という事実認識はマルクスも共有しているわけですね。物質的生活が営まれる場として「市民社会」を位置付けるというのは、「市民社会」を資本家階級が支配する社会という意味での「ブルジョワ社会」と見るマルクス主義の中心的なテーゼに通じているように思えます。ついでに言っておくと、公共性を担う政治的共同体と、物質的生活を担う「市民社会」を峻別する発想は、アーレントにも継承されます——拙著『ハンナ・アーレント「人間の条件」入門講義』(作品社)をご覧下さい。

あと、「他の人間を手段とみなし、自分自身をも手段にまでおとしめ」という表現はおそらく、「汝自身及び他の全ての人の人格における人間性を、常に同時に、単なる手段ではなく、目的それ自体として扱うよう行為せよ」、というカントの定言命法の第二定式を意識しているのでしょう。市民社会では、他人の人格それ自体に働きかけるどころか、もっぱら物質的利害のために利用する関係が支配的になっているわけです。その後の「疎遠な諸力の遊び道具となっている zum Spielball fremder Mächte wird」という言い方は、少し後の疎外論を連想させますね。市民社会で生活を営む人々は、人間自身が生み出したのだけど、もはや人間にはコントロールできなくなった、外化され、自動化した力、恐らく生産や労働を核として自己再生産する経済的・物質的な力によって翻弄されているわけです。

先ほどの箇所の最後のところで、「宗教」と「世俗世界 die profane Welt」の関係と同じような関係が、「政治的国家」と「市民社会」の間にあると言っているのは分かりますね。いずれも前者の方が後者よりも「精神主義的 spiritualistisch」な性質を持っているというのも分かりますね。分からないのは、前者が後者の偏狭さを「克服する überwinden」一方で、「ふたたび是認し、再建し wieder anerkennen, herstellen」、「みずから……(その) 支配を受けざるをえない sich selbst von ihr beherrschen lassen muß」という矛盾したように見える記述です。

まず「克服する」というのは、文字通り克服するということではなく、物質的なものに囚われている後者に対して、自己をその束縛から解き放ち、精神的に超越した位置に置く、ということでしょう。無論、世俗の世界がなくなったら宗教は存続できませんし、市民社会で物質的な生活が営まれていなかったら、政治的国家は存続できない。そこで自分はそうした物質的次元を超越していますよと宣言したうえで、その物質的生活の場を、教義や法律によって意義付けし、自分が都合よく距離を取り、利用できるようにする。キリスト教会は世俗的生活を神の摂理の視点から意義付けし、「外」からいろいろと各人が生活のうえで守るべき規則のガイドラインを与える。ヘーゲル的な国家は、物質的利害に囚われている市民社会の限界を指摘し、自らは市民社会の諸勢力から距離を取っているというスタンスを取りながら、各種の法律で市民が日常生活や取引において守るべき最低限のガイドラインを定め、納税や徴兵などの義務を課す。そうやって前者は後者を支配しているように見えるけど、実は、物質的に依存しているので支配されている。表面的には服従させているようで、実体的には自分の方が支配されている。

ヘーゲルの「主 Herr」と「僕 Knecht」の弁証法のようなメカニズムが働いているのでしょう。「主」は「僕」に物質的な生活資材を作り出す「労働 Arbeit」に従事させて、自分は精神的活動に専念しようとするけれど、そのおかげで「労働」する能力を失い、「僕」の働きに依存するようになる。「僕」の方はだんだんと、技術的能力を高めていって、知力の面でも「主」を上回るようになる。

―人間は、そのもっとも身近かな現実のなか、市民社会のなかでは、一つの世俗的な存在である。人間が自分にも他人にも現実的な個人だとみなされている市民社会のなかでは、人間は一つの**真実でない**現象である。それとは反対に、人間が類的存在だとみなされる国家のなかでは、人間は想像上の主権の空想上の構成員であり、その現実的な個人的生活を奪いとられ、非現実的な普遍性によってみたされている。

人間にとって「市民社会」が「もっとも身近な現実 nächste Wirklichkeit」であるというのは分かりますね。「人間が自分にも他人にも現実的な個人だとみなされている市民社会のなかでは、人間は一つの真実でない現象である」という文が分かりにくいですが、「一つの真実でない現象 eine unwahre Erscheinung」というのは、恐らく、人間の真実ではない姿、人間の本質を正しく表していない歪んだ現れ、といった意味でしょう。それに対して、「国家」の中でこそ「類的本質」――「類的存在」と訳されていますが、原語は〈Gattungswesen〉です――が現れる、と想定されているというわけですが、そう想定しているのはマルクス自身ではなく、ヘーゲルや、バウアーを含むヘーゲル的な国家観を持つ知識人です。だから、国家における市民＝公民の生活というのは、「想像上の主権の空想上の構成員 das imaginäre Glied einer eingebildeten Souveränität」としてのそれにすぎない、というわけです。「想像上の主権」というのは、フランス革命以降、政治の基本原理として想定されるようになった国民主権のことでしょう。近代の国民主権を標榜する政治的国家は、全ての人を公民として包摂するという普遍性を標榜したが、それは現実の生から遊離した「非現実的な普遍性 eine unwirkliche Allgemeinheit」にすぎないものである。ヘーゲル的な前提に基づく「国家／市民社会」の区別に関する説明と、それを観念論的な幻影だと批判するマルクス自身の議論の間に切れ目を入れていないので、分かりにくくなっているんですね。

ある**特殊な**宗教の信奉者としての人間が、彼の**公民**としてのあり方と、また**共同体**の構成員としての他の人間と、ひきおこす衝突は、結局のところ政治的国家と市民社会との**現世的な**分裂に帰着するのである。**ブルジョア**〔市民社会の構成員〕としての人間にとっては、「国家のなかの生活はたんなる見せかけか、本質や原則に対する一時的例外にすぎない。」たしかにその通りで、**ブルジョア**はユダヤ人と同様に、ただ詭弁的にのみ国家生活のなかにとどまるのであり、それはちょうど**シトワイアン**〔国家の構成員としての公民〕が、ただ詭弁的にのみユダヤ人またはブルジョアでありつづけるのと同じである。しかしこの詭弁は個人的なものではない。それは政治的国家そのものの詭弁なのだ。

ユダヤ人は、公民としては基本的に他の公民と平等のはずなのに、実際には社会的に様々な差別を受けているということがバウアーの出発点でした。バウアーは、ユダヤ教という宗教と、世俗化されたはずの国家の暗黙の前提になっているキリスト教の間の対立だと見て、宗教の完全な「止揚」を主張しましたが、マルクスは、問題は宗教にはなくて、表面的な理想としての「政治的国家」と、生々しい現実としての「市民社会」の間のギャップにある、と主張しているわけです。マルクスにとっては、「市民社会」の方が実体であるわけですから、市民社会の中に本当の問題があるということです。

「市民社会」の主要な構成員である「ブルジョワ」と、「ユダヤ人」の間に、利害の対立関係があるということのようですね。ここではまだ「ブルジョワ＝資本家」という見方は確立していないようですが、どうも、単に「市民社会」の構成員であるだけでなく、そのメインストリームになるような階層がいると見て、それを単なる「市民 Bürger」と区別する意味で、フランス語で〈bourgeois〉と言っているのでしょう。それに合わせて、「公民 Staatsbürger」も〈citoyen〉と言い換えているのでしょう。「ブルジョアはユダヤ人と同様に、ただ詭弁的にのみ国家生活のなかにとどまる」というのは、ブルジョワやユダヤ人の実体は、国家生活という観念的な形式の中にはないという意味だと分かりますね。「シトワイアン〔国家の構成員としての公民〕が、ただ詭弁的にのみユダヤ人またはブルジョアでありつづける」の方がどういう状態なのか想像しにくいですが、恐らく、ユダヤ人であろうとブルジョワであろうと、公民としては平等である、というような想定のことを言っているのでしょう。

宗教的人間と公民との相違は、個人と公民との相違、日雇人と公民との相違、土地所有者と公民との相違、生きている個人と公民との相違である。宗教的人間と政治的人間との間に存在する矛盾は、ブルジョアとシトワイアンとの間に存在する矛盾、市民社会の構成員とその政治的なライオンの皮〔立派な装い〕との間に存在する矛盾にほかならない。

いろいろな違いを出しているので何が焦点か分かりにくくなっていますが、要は、公民として平等であり自由であると政治的に想定しても、実際に「生きている個人 das lebendige Individuum」は、日雇い労働者か土地所有者か、主流派であるキリスト教か少数派であるユダヤ人であるかによって全く異なった生き方をしており、法律や国家の命令によって受ける生活への影響も異なる、みな同じ権利と義務を持っていると言われても、実体とかけ離れる、ということでしょう。

ユダヤ人問題が結局のところ行きつくこの現世的な衝突、私有財産などのような物質的要素であろうと教養や宗教のような精神的要素であろうと、ともかく国家の諸前提となっているものに対する国家の関係、普遍的利害と私的利害との衝突、政治的国家と市民社会との分裂、このようなさまざまの現世的諸対立をそのままにしておいて、バウアーは、それらの宗教的な表現に対して論難しているのである。

「まさに市民社会を基礎づけるもの、すなわち市民社会のためにその存立を確実にし、その必然性を保証するものである欲求こそが、かえって市民社会の存立をたえず危険にさらし、市民社会のなかに不安定な要素を存続させ、貧困と富、窮乏と繁栄とのたえず変転しつづける混在を、一般に変転をひきおこしている。」（八ページ）

「国家の諸前提となっているもの＝私的利害」と「国家の普遍的利害」が衝突しているというわけですね。その私的利害の中に宗教を含む精神的なものが含まれるといったん言った直後に、そうした市民社会の中の私的利害と国家の見せかけの普遍性の間のギャップが、「宗教的」な形で「表現」されると言っていて、宗教が二重になっているので混乱してしまうのですが、恐らく、最初の〝宗教〟というのは、教養とか財産などと並ぶ市民社会を動かすもろもろの利害関係の一つという位置付けで、教義としての宗教というよりライフスタイルのような意味合いで言っているのかもしれません。その後に出てくる〝宗教〟は、それらもろもろが観念的に抽象化された「表現 Ausdruck」ということでしょう。当然、実体は、宗教的な実践とか生き方というより、〝宗教〟という言葉で大づかみに表現されているもろもろの私的利害関係ということでしょう。「政治的国家」という抽象的・法的な観念と対置されることで、それと「宗教」というこれまた観念的な

「表現」が対立しているという偽りの二項図式ができあがっていると言いたいのでしょう。本当は、市民社会の中に対立があるのに、それが分かりにくくなっている。こういう風に説明すると、余計に分かりにくいかもしれませんが、国際政治の分野で、アラブやイスラム関係の報道で何でもかんでも、イスラムvs.キリスト教とか、スンニ派vs.シーア派の対立として描くのはおかしい、本当は地域的な対立とか民族的な対立とか経済的利害とかいろんな要素が、複雑に絡み合った複合的な対立構図になっている、というような批判をしばしば耳にしますね。三十年戦争だって、厳密に言うと、カトリックvs.プロテスタントではありません。マルクスが言いたいのは、「宗教」の教義の問題にしてしまうと、問題の実体が分からなくなる、ということでしょう。バウアーもそうした市民社会的利害の対立を見ていないわけではないが、結局、「宗教」に問題を集約してしまっていることを示すために引用しているのでしょう。

> 政治的解放は、たしかに一つの大きな進歩である。それはたしかに人間的解放一般の最終的な形態ではないが、しかし従来の世界秩序の内部における人間的解放の最終的な形態である。いうまでもなく、われわれがここで語っているのは、現実的な、実践的な解放のことである。

マルクスの言いたいことが少しずつ分かりやすくなってきましたね。ヘーゲル―バウアー路線の「政治的解放」がそれ自体としてマイナスと言っているわけではない、ただしそれは「従来の世界秩序 die bisherige Weltordnung」を壊さないこと、その「内部 innerhalb」に留まることを前提としての話です。その前提の下では、できる限り最善のことかもしれない。しかし、その秩序の内部に留まっていたのでは、現実的な「人間的解放」は達成されない。

> 人間は、宗教を公的権利から私的権利へと追いやることによって、みずからを宗教から政治的に解放する。宗教はもはや国家の精神ではない。すなわち人間がそこでは――たとえ制限された仕方で、特別な形態のもとで、特別な領域内においてであっても――他の人間と共同して類的存在としてふるまうような、国家の精神ではない。いまや宗教は、市民社会の精神、すなわち利己主義の領域、万人の万人に対する戦い〔bellum omnium contra omnes〕の領域の精神となった。宗教はもはや共同性の本質ではなく区別の本

> 質である。宗教は共同体からの、自分と他の人間とからの、人間の分離の表現となっている――宗教はもともとそのようなものだったのである。もはや宗教は、特殊な倒錯、私的妄想、気まぐれの抽象的な告白にすぎない。たとえば北アメリカにおいて宗教が限りなく分裂していることは、すでに外面的にも宗教がまったくの私事という形態をとっていることを示している。宗教は、私的利害の一つという地位へとつきおとされ、共同体としての共同体から追放されている。だが、政治的解放の限界について考え違いをしてはならない。公人と私人への人間の分裂、国家から市民社会への宗教の転位、これらは政治的解放の一段階なのではなく、その完成なのである。したがって政治的解放は、人間の実際の宗教心を揚棄するものでもないし、揚棄しようと努めるものでもない。

宗教が国家から分離されて、私的な問題になった、ということ自体はマルクスも認めているわけですね。しかし、彼は「宗教」を純粋に精神的な営みではなく、倒錯とか妄想の産物で、私的利害と絡んでいると見ているようですね。「万人の万人に対する戦い」は言うまでもなく、国家が誕生する以前の「自然状態」を表すホッブズの言葉です。ホッブズによると、政治的国家の形成に関する合意が成立した時点で、闘争は終わるわけですが、マルクスに言わせれば、国家とは関係なく、市民社会では私的利害間の闘争が続いていて、国家が専制君主支配から自由民主主義的なものに変わっても、市民社会の本質は変わらない。国家が宗教などの〝私事〟に関する中立を宣言すれば、かえって、市民社会の中の宗教に関連する闘争が激化するかもしれない。

これで国家／市民社会の関係については一応の結論が出たようにも思えますが、三〇～三五頁にかけて、バウアーの議論を参照しながら、彼の言うキリスト教国家とはどういうもので、それが、純粋な政治的国家とどう違うのか改めて検討しています。

> 完成された国家が、国家の普遍的な本質のなかに存在する欠陥のために、その諸前提の一つに宗教を数えいれているのか、それとも未完成の国家が、その特別なあり方のなかに存在する欠陥のために、欠陥のある国家として、宗教をみずからの基礎であると宣言しているのか、この二つの場合の間には大きな相違がある。後者の場合には、宗教は不完全な政治となる。前者の場合には、完成された政治でさえもっている

不完全さが宗教のなかに現われるのである。いわゆるキリスト教国家は、みずからを国家として完成するために、キリスト教を必要としている。民主的な国家、現実的な国家は、みずからの政治的完成のために、宗教を必要としない。この国家はむしろ宗教を度外視することができる。というのは、この国家においては、宗教の人間的基礎が現世的なかたちで仕上げられているからである。それとは反対に、いわゆるキリスト教国家は、宗教に対しては政治的な態度を、政治に対しては宗教的な態度を、とるのである。

ややこしい言い方をしていますが、要は、キリスト教国家は、宗教の存在を前提として成り立っていて、宗教と政治が一応分離されているけれど、相互に支え合っているということですね。先ほどお話しした、各種の国教会、あるいは準国教会的な制度を念頭に置けばいいでしょう。バウアーによると、キリスト教的国家＝ゲルマン的国家では、宗教的支配が行われていて、君主と臣民の関係も、宗教を媒介にしているということですね。三四頁に、キリスト教国家においては、「たしかに疎外が重んじられているが、しかし人間は重んじられていない」という謎めいたフレーズが唐突に出てきますね。この場合の「疎外 Entfremdung」とは、これは人間そのものではなく、人間の本質の一部を〝人間の本質〟として抽出したもの、というような意味でしょう。フォイエルバッハ風に言うと、「愛」でしょう。

では、キリスト教国家から世俗的な民主主義国家に移行したら、「疎外」が解消されて、真の人間的本質が国家によって保護されるようになるかというと、マルクスにとっては、どうもそうではないようです。むしろ、「疎外」が強化されるみたいです。

宗教的精神が現実化されうるのは、ただ宗教的精神によって表現されていた人間精神の発展段階が、その現世的な形態において現われ出て確立される場合だけである。このことは民主的国家において実現する。キリスト教ではなく、キリスト教の人間的基礎が、この国家の基礎である。ここでも宗教は、その国家の成員たちの観念的な非現世的な意識として存続する。というのは、宗教は、その国家において実現される人間的発展段階の観念的形態だからである。

難しい言い方をしていますが、要は、「宗教的精神」が完全に現実化するのは、「民主的国家」においてだということです。これは分かりますね。キリスト教それ自体は、教義と礼拝の体系にすぎないので、普通に生きる人間の生活をその理念通りに作り替えることなどできません。キリスト教の中核にある、神の前での平等、隣人愛、魂の自由・幸福などは民主的国家において、法の前での平等、連帯、精神的自由、幸福追求権などという形で実現されたと見ることができます。バウアーは、キリスト教的な理念が、世俗化されて現実されたのであれば、人間精神の発展段階が完成に向かって進んだので、それでいい、と見ているようですが、マルクスはそれではダメだと思っているようですね。

> 政治的国家の成員が宗教的であるのは、個人的生活と類的生活とが、すなわち市民社会の生活と政治的生活とが二元的であるためであり、人間が自分の現実的な個体性の彼岸にある国家生活に対して、それが自分の真の生活であるかのようにふるまうがためであり、そこで宗教が市民社会の精神であり、人間と人間との分離と疎隔の表現であるからである。政治的民主主義がキリスト教的であるのは、この民主主義において、人間が、ただ一人の人間ではなくそれぞれの人間が、至高の最高の存在とみなされるからである。しかもその人間は、教化されていない非社会的な現われ方をしている人間であり、偶然的なあり方における人間であり、日常あるがままの人間であり、現代社会の全機構のために堕落し、自分自身を失い、他に売り渡され、非人間的な諸関係や諸要素の支配のもとにおかれている人間であり、一言でいえば、まだけっして現実的な類的存在ではない人間なのであるが、そのような人間が至高の最高の存在とみなされるがゆえに、民主主義はキリスト教的なのである。キリスト教の幻想であり夢であり要請であった人間の至高さ、しかも現実の人間とは区別された別の存在としての人間の至高さが、民主主義においては感性的な現実性であり、現に存在するものであり、現世的な準則なのである。

「政治的国家の成員が宗教的であるのは、個人的生活と類的生活とが、すなわち市民社会の生活と政治的生活とが二元的であるため」という理屈が理解しにくいですが、ここで言う「宗教的」は、「キリスト教的」という意味だと考えて下さい。キリスト教は元々、世俗的国家による現実的支配と教会による霊的支配の二元的体制だったわけです。教会は、たとえ現世の生活は悲惨だけど、教会の教えに従って生きれば、霊の国では幸福になれる、と説きました。現世の問題は、世俗君主の支配する現実の権力のせいにされた——教会が現実に領土を獲得し、封建君主として振る舞っている地域があったし、教会は世俗権力にかなりの影響を与えていたので純粋に二元的だったとは言えませんが。

近代の民主国家は、教会とのもちつもたれつの関係を完全に解消し、「宗教」を私事化したわけですが、そのおかげで逆説的なことに、個人的生活＝市民社会の生活／類的生活＝政治的生活という新たな二項対立が生まれ、それが宗教／世俗の二項対立よりも徹底したものになった。その際、以前は、国家が現実的生活の支配者であったのに、今度は、国家が理想的生活を象徴するようになる、という国家の役割の逆転が生じたわけです。その意味で、国家がキリスト教の役割を継承した、と言えるわけです。

ただ、「宗教が市民社会の精神であり、人間と人間との分離の疎隔の表現であるからである」と言っている時の「宗教」は、これまで見てきたような、市民社会における物質的・現実的な利害関係・対立を、かなりいびつに抽象化した形で象徴する「宗教」、というより宗教の形を取った社会的表象ということでしょう。普通の意味での「宗教」の他に、現実の生活に対する理想の精神的生活という意味での「宗教」、社会的利害・対立関係の歪んだ表象としての「宗教」という三つの意味が、ちゃんと説明して整理されることなく使われているので、ものすごく分かりにくい文章になっているのだと思いますが、要は、キリスト教的な理想／現実の二元論が、近代の民主国家の本質でもある、というよく聞く話です。

現実の生活にはいろいろな困難があり、経済的な格差があるわけですが、「類的生活」を具現するものとして民主主義国家の法体系における建前では、各人は「至高の最高の存在 souveränes = höchstes Wesen」と見なされ、尊重されます。現実の人間とはものすごくギャップがある。それはまさにキリスト教が、人間はみな神の子だと言って、やってきたことではないか、と皮肉っているというわけです。というより、キリスト教は本当に言葉だけだったのに対し、民主的国家は、制度の上で形式的な平等を実現し、ある程度実体化しているので、余計に幻想が強められたとも言えます。私たちは日本の天皇制のように、神政的な要素を露骨に持ち込んでいる国家を宗教的と考えがちですが、マルクスの見方では、世俗化された民主的国家の方が宗教的な要素を多分に持っているわけですね。

> 完成された民主主義においては、宗教的で神学的な意識は、外見上政治的な意義も、現世的な目的ももたず、厭世的心情の事柄、偏狭な悟性の表現、気まぐれと空想の産物であることになり、実際には彼岸の生活であることになるから、宗教的で神学的な意識そのものは、自分がそれだけますます宗教的であり神学的であるように思うのである。ここでは、キリスト教はその世界宗教的意味の実際的な表現を獲得するが、それは、きわめて多様な世界観がキリスト教の形式のもとで相互に並んでグループをつくるからであり、さらにまたキリスト教は他の人びとに対しけっしてキリスト教の要求を出さず、ただ宗教一般の要求、つまり何らかの宗教の要求だけを出すからである［…］。宗教的意識は、豊富な宗教的対立と豊富な宗教的多様性とを満喫するのである。

「神学的」という言葉が使われているので、キリスト教の特定の宗派の教義のことを言っているように聞こえますが、実際には、神的なものに対する関心や志向性というような広い意味で言っているのでしょう。つまり、「宗教的で神学的な意識」というのは、現世での生活を否定し、「彼岸の生活 jenseitiges Leben」にそれとは違うものを求める意識ということでしょう。ですから、キリスト教以外の宗教的な世界観も包摂されますし、その背後に物質的な利害関係に起因する不満のようなものもあるかもしれません。

「エゴイスティックな財産追求」という問題

> こうしてわれわれは次のことを示した。すなわち、宗教からの政治的解放は、たとえ特権的な宗教をなくしたとしても、宗教を存続させるということである。ある特別の宗教の信者が自分の公民としてのあり方と矛盾をもつとき、その矛盾は、政治的国家と市民社会とのあいだの一般的で現世的な矛盾の一部にすぎない。完成されたキリスト教国家とは、自分を国家として信奉し、その成員たちの宗教を度外視する国家である。宗教からの国家の解放は、宗教からの現実的人間の解放ではない。

先ほど見たような、彼岸を志向する意識という意味での「宗教」が市民社会の中に残存していることを問題にしているわけです。その「宗教」は、市民社会で現実的な生活を送っている人々の様々な不満を象徴している。その意味で、「宗教」は「現世的な矛盾」のごく一部にすぎない。

> バウアーによれば、人間は、一般的な人権を受けとるためには「信仰の特権」を犠牲にしなければならない、というのである。ここでしばらく、いわゆる人権というもの、しかもその本来の姿のもとでの人権、つまり、その発見者である北アメリカ人とフランス人のところでもっている姿での人権を考察してみることにしよう。この人権の一部分は、政治的な権利、すなわち他の人たちと共同でしか行使されない権利である。共同体への参加、しかも政治的共同体すなわち国家制度への参加が、その内容となっている。それらは、政治的自由のカテゴリーに、公民権のカテゴリーに属するのであるが、それらの権利は、われわれが見たように、けっして宗教、したがってまたたとえばユダヤ教を矛盾なく積極的に廃棄することを前提するものではないのである。ところで、人権のなかの他の部分が、考察されるべきものとして残されている。それは、「公民の権利〔droits du citoyen〕とは区別される限りでの人間の権利〔droits de l'homme〕」である。

文章自体はそれほど難しくないですが、ポイントが分かりにくいですね。バウアーは、「一般的人権」が「信仰の特権」と排他的関係にあると見ているわけですが、これまで見てきたように、マルクスは本当にそうか、自らの「人権」理解に即して吟味しているわけです。バウアーの場合、「人間の権利≒公民権」であり、その「公民権」は国家制度への参加を含意していて、それが「信仰」と相容れないと言っているわけです。これまで見てきたように、マルクスは、後者は明確に否定し、公／私分離という形で、宗教と国家が相互補完的に共存している実態を否定します。前者についてもここまで何度か言及してきたわけですが、ここではっきりと、二つの権利の違いが話題になります。

先ほどもお話ししましたが、フランス革命時の「人権宣言」の正式名称は、「人及び市民の権利宣言」で、宣言の条文では、「市民（公民）の権利」と「人間の権利」ははっきり区別されています。この「人間の権利」の中には、良心の自由や祭祀の自由の権利も入っていると指摘しています。そのうえでボーモンの著作から、いくつかの祭祀の自由に関わる人権規定が引用されています。人権宣言の他、フランスの一七九一年の立憲君主制の下での憲法、一七九三年にジャコバン派支配の下で共和政憲法と共に発表された、新ヴァージョンの「人及び市民の権利宣言」、アメリカの「ペンシルヴァニア州憲法」、「ニュー・ハンプシャー州憲法」が引用されていますね。これらはいずれも、信教の自由や良心の自由に関する条項を含んでいます。

――宗教が人権と合致しえないなどということは、人権の概念のなかに含まれておらず、むしろ、宗教的であるという権利、任意の仕方である宗教的である権利、自分の特殊な宗教の祭祀を実行する権利が、はっきりと人権のなかに数えいれられているのである。信仰の特権は一般的な人権の一つなのである。

先ほどの条文に準拠してマルクスは、「人間の権利」を「公民の権利」と区別したうえで、「公民」と区別します。これはルソーなどの普通の自由主義者も言うことですが、マルクスは、「人間 Mensch」という概念にひねりを加えます。彼によると、「公民」と区別して「人間」と呼ばれているのは、「市民社会」の「メンバー Mitglied」だ、ということですね。「人権」と聞くと、私たちは、理想化された「人間」像を思い浮かべがちですが、マルクスはそこで実際に想定されている「市民社会」の現実の中に生きる「人間」だと見ているわけです。

――何よりまずわれわれは、次の事実を確認しよう。すなわち、いわゆる人権、つまり公民の権利〔droits du citoyen〕から区別された人間の権利〔droits de l'homme〕は、市民社会の成員の権利、つまり利己的人間の権利、人間および共同体から切り離された人間の権利にほかならないということである。

イメージを逆転させているわけです。普通は市民としての権利よりも人間の権利の方が高尚であるように思えますが、マルクスに言わせると、それは、市民社会において私人として物質的な利益を追求している利己的(egoistisch)な人間、類的生活(共同体的生活)とは関係なく、自分のためだけに生きているような人間にとっての権利です。現代の政治哲学、例えば国家の成り立ちを社会契約論で説明するロールズ(一九二一－二〇〇二)やノージック(一九三八－二〇〇二)の議論でも、利己的な個人の存在が起点になっています。基本的には利己的な個人が安全に生きていくためにどうするかということが、社会を作り、権利を設定するという壮

人間の権利

＝市民社会において私人として物質的な利益を追求している利己的（egoistisch）な人間、自分のためだけに生きているような人間にとっての権利。

⇕

類的生活（共同体的生活）〈Gattungsleben〉

＝他の動物と共通ではない部分をメインとする生活　⇒　営まれる場は「完成された政治的国家 der vollendete politische Staat」、「政治的共同体 das politische Gemeinwesen」。その中で、人は自分を「共同的存在 Gemeinwesen」と感じる。

※カントやヘーゲルの時代：「共和政」（ラテン語〈res publica〉）を意味する訳語。

〈res publica〉の原義⇒公共的な事物。

⇩

しかし、

「政治的共同体 das politische Gemeinwesen」における「公民的生活 Staatsbürgertum」が、市民社会における「ブルジョワ」の私的財産のための手段になっている。

各種の人権宣言の中に、エゴイスティックな財産追求のために国家を動員することを正当化すること、政治的生活を貶める内容がどうして盛り込まれたのか？

大なプロジェクトの起点になっているわけです。そういう想定は、ホッブズの自然状態にもあったので、マルクスは、社会契約論の原点に立ち返っているとも言えます。

「人権」が、社会とは関係ない利己的な人間を想定している例として、一七九三年のジャコバン憲法の第二条の「これらの権利（自然的で不滅の権利）は、平等、自由、安全、所有権である」という規定と、第六条の「自由は、他人の権利を害しないことはすべてなしうるという、人間の権能である」などが引用されていますね。安全、所有権と、他人に害を加えない限り何をやってもいい自由を並べると、いかにも、利己的な個人のための権利という印象を受けますね。

> したがって自由とは、他の誰にも害にならないことはすべて、行なったり行なわせたりできる権利である。各人が他人を害しないで行動できる限界は、ちょうど二つの畑の境界が垣根の杭できめられているように、法律によってきめられている。ここで問題とされているのは、孤立して自分のなかに閉じこもっているモナド〔単子〕としての人間の自由なのである。

自由権の基本についての教科書的な記述ですが、マルクスは民主的憲法の自由権を、モナドのように孤立して生きる権利として捉えているわけです。モナドというのは言うまでもなく、ライプニッツ（一六四六－一七一六）の概念です。

バウアーは、ユダヤ人に人権を受け取る資格はないのはユダヤ人が自分を他の人間から分離しているせいだと主張しているけれど、このマルクスの前提からすると、見当外れということになりますね。

> しかし、自由という人権は、人間と人間との結合にもとづくものではなく、むしろ人間と人間との分離にもとづいている。それは、このような分離の権利であり、局限された個人の権利、自己に局限された個人の権利である。

バウアーの言い分の真逆だということですね。更にマルクスは、自由権としての人権の本質は、「私的所有Privateigentum」だと断言し、一七九三年の憲法や一七九五年の総裁政府の時の憲法を引用していますね。一七九三年憲法の第一六条では、「所有権は、すべての公民が、自分の財産、自分の所得、自分の労働および労務の成果を、任意に享受し、また処分する権利である」と述べられているわけですが、マルクスは市民社会において各人が自分のものとして獲得した所有権を保障することを、人権の核心と見ているわけです。「平等」は、こうした私的所有物を処分する権利における平等、「安全」はそうした権利を警察権力で保護することである、というわけです。

> さらに、公民的性格、政治的共同体が、政治的解放者たちによって、これらのいわゆる人権の保持のための手段にまで格下げされ、したがって公民〔citoyen〕は利己的な人間〔homme〕の下僕であると宣言され、人間が共同的存在としてふるまう領域が、部分的存在としてふるまう領域の下に引きおとされ、結局のところ、公民〔citoyen〕としての人間ではなく、ブルジョア〔bourgeois〕としての人間が、本来のそして真の人間だと受けとられたことを見るとき、あの事実はますます謎を深める。

「政治的共同体 das politische Gemeinwesen」における「公民的生活 Staatsbürgertum」が、市民社会における「ブルジョワ」の私的財産のための手段になっている、つまり、後者の活動をいかに保護するかが政治の主要課題になったということです——これは、近代の政治の特徴としてアーレントも言っていることです。政治的国家が、私事の領域である市民社会を分離したというより、分離したという建前を取りながら、市民社会の構成員たちが自らの活動の自由を、国家に保護させる、といういわば、逆転した力関係が生じたわけです。

ここでマルクスが謎だと言っているのは、四七頁の後半以降で述べているように、フランス革命で公民としての「政治的生活 das politische Leben」の大事さがあれだけ熱狂的に喧伝され、市民の参加を促す様々な公的な事業が進んでいる時に、どうして、各種の人権宣言の中に、エゴイスティックな財産追求のために国家を動員することを正当化すること、言ってみれば、政治的生活を貶める内容がどうして盛り込まれたのか、ということです。一体何のための革命だったのか。

その答えは、四八～四九頁にかけて書かれています。

> 政治的解放は、同時にまた、人民から疎外された国家制度の基礎であり支配権力の基礎である古い社会の解体でもある。政治的革命は、市民社会の革命である。古い社会の性格はどのようなものであったか？　それは一言で特徴づけることができる。すなわち、封建制である。古い市民社会は直接に、政治的性格をもっていた。すなわち、たとえば財産とか家族とか労働の仕方とかという市民生活の諸要素は、領主権、身分、職業団体（コルポラツィオン）といったかたちで、国家生活の諸要素に高められていた。

要は、市民たちの私的財産を外側から支配する封建的国家制度を解体するための解放・革命だったということですね。市民生活の諸要素が、国家生活の諸要素に「高められていた erhoben」という言い方をしていますが、実際には、国家によって管理され、個人の利益が吸い上げられて、領主などの手にわたっていたわけです。市民革命以前の「国家生活 Staatsleben」というのは、普通の市民（ブルジョワ）にとっては支配される生活だったわけです。「職業団体 Korporation」というのは、その団体に属する親方や職人の利益を守る共同体ですが、逆に言うと、彼らの商売の範囲を限定し、一定の枠にはめ、国家の支配に適応させる仕組みであったわけです。従って、市民革命は、国家あるいは政治と市民社会の関係を変えるための革命と見ることができます。

> ［…］現実的な国家として確立した政治的革命は、共同体からの人民の分離をそれぞれ表現していたすべての身分、職業団体、同業組合（インヌング）、特権を必然的に粉砕した。それによって政治的革命は、市民社会の政治的性格を揚棄した。それは市民社会をその単純な構成諸部分にうち砕いたのであって、一方では諸個人に、他方ではこれらの個人の生活内容、市民的状況を形づくる物質的および精神的諸要素にうち砕いたのであ

> る。政治的革命は、いわば封建社会のさまざまな袋小路のなかへ分割され解体され分散していた政治的精神を、その拘束から解き放った。

ヘーゲルは、市民社会の中において、職業団体や同業組合等が各個人間のエゴイズムを克服して、国家における公共性へと高めていく媒介の役割を果たしていると見ていたわけですが、マルクスからすると、それらは、市民たちを職業、身分ごとの集合体に分離して、自分たちの活動範囲が制約され、絞り取られていることを分かりにくくしていたわけです。市民革命はそういう障害物を破壊して、諸身分に属していた人たちを、利己的でモナド（アトム）的な個人に分解した。各人の精神的、物質的な欲求はバラバラなので収拾がつかなくなるような気もしますが、各人の私的生活がむき出しになったことで、かえって、ブルジョワ共通の国家に対する要望、私的財産を保護してほしいという要望を可視化したと言えるわけです。「職業団体 Korporation」と「同業組合 Innung」の違いはあまりはっきりしないのですが、前者が中世から使われている言葉で、封建的身分制との結び付きが強いのに対し、後者の方がより近代的な概念で、独立の自営業者も加盟する可能性があったようです。第二帝政成立以降は、後者に法的ステータスが付与され、国家体制に組み込まれていったようです。

マルクスから見ると、バウアーは、「ユダヤ教 vs. キリスト教」の対抗関係に関心を集中させすぎて、国家と市民社会の関係が市民革命の前後で根本的に変化し、各人にとっては私的な個人としての生活の比重が多くなった。それに伴って、「宗教」の機能も、市民社会の方に移動していったことを見て取ることができないでいる、ということになるでしょう。

ただ、当然のことながらマルクスは、市民社会を構成する利己的な諸個人の欲望がむき出しになったことで、「人間の解放」が成就したとは考えません。アメリカ独立戦争やフランス革命によってもたらされた政治的解放を徹底するというだけでは不十分です。

> 政治的解放は人間を、一方では市民社会の成員、**利己的な独立した個人**へ、他方では**公民**、精神的人格へと還元することである。
>
> 現実の個体的な人間が、抽象的な公民を自分のなかに取り戻し、個体的な人間でありながら、その経験

ヘーゲル：市民社会、職業団体や同業組合等　⇒　各個人間のエゴイズムを克服して、国家における公共性へと高めていく媒介の役割を果たしている。
バウアー：[ユダヤ教 vs. キリスト教]の対抗関係に関心を集中。
※マルクスからすると、「宗教」の機能も、市民社会の方に移動していったことを分かっていない。
マルクス：市民革命はそういう障害物を破壊して、諸身分に属していた人たちを、利己的でモナド（アトム）的な個人に分解した。各人の私的生活がむき出しになったことで、かえって、ブルジョワ共通の国家に対する要望、私的財産を保護してほしいという要望を可視化⇒アメリカ独立戦争やフランス革命によってもたらされた政治的解放を徹底するというだけでは不十分。

> 的生活、その個人的労働、その個人的諸関係のなかで、類的存在となったとき、つまり人間が彼の「固有の力」(forces propres) を社会的な力として認識し組織し、したがって社会的な力をもはや政治的な力というかたちで自分から分離しないとき、そのときはじめて、人間的解放は完遂されたことになるのである。

「利己的な独立した個人 das egoistische unabhängige Individuum」と「公民＝精神的人格 (die moralische Person)」の分裂状態を克服しないといけないと考えているわけですね。抽象的な言い方なのでピンと来にくいですが、要は、物質的実体とかけ離れ、理想化された〝公民としての生活〟、建前の共同体が想定され、それが強制力を発揮しているせいで、市民たちがお互いに本当の意味で連帯し、みんなが生き生きと労働できる社会を形成することができなくなっている、ということでしょう。もう少し後のマルクスの用語で言えば、国家というイデオロギー的な上部構造に囚われているせいで、プロレタリアートとして連帯して、共産主義的生産体制を目指すことができない、ということでしょう。この時点でのマルクスは、まだ自分なりの社会観・人間観を確立していないので、ヘーゲル、バウアー、人権宣言などのテクストを批判的に読むことで、市民と公民の間の矛盾を暴き出すという手法を取るしかなかったわけです。まどろっこしいですが、その分、マルクスが、他人のテクストを内在的・哲学的に読み込む人であることがよく分かります。

　五四頁以降の第二部ではバウアーの「現代のユダヤ人とキリスト教徒の自由になりうる能力」という別の論文に対する批判が展開されます。批判の対象になっているバウアーの論文では、ユダヤ教、キリスト教双方ともに、啓蒙的契機を持っているけれど、自らの教義に囚われているため、「啓蒙」に徹することができず、むしろ現代における進歩の足かせになっている、特にユダヤ教の方に問題がある、という内容です。

金融――ユダヤ教の問題

最初の方では第一部と同様に、バウアーをなぞって、ユダヤ教とキリスト教の敵対関係を確認しているだけですが、新たにユダヤ人の経済生活の実体に関する議論も展開しています。五七頁で、バウアーはユダヤ教を、純粋な「宗教」の問題として、つまり教義や祭祀の問題と見ており、観念的に宗教に固執する傾向をユダヤ人の本質と見ているようだけれど、ここでユダヤ教の現実的・物質的な基盤について考えてみようと、新たな視点を呈示しています。

> ユダヤ教の現世的基礎は何か？　実際的な欲求、私利である。ユダヤ人の世俗的な祭祀は何か？　あくどい商売である。彼の世俗的な神は何か？　貨幣である。
> よろしい！　それではあくどい商売からの、そして貨幣からの解放が、したがって実際の現実的なユダヤ教からの解放が、現代の自己解放だということになろう。
> あくどい商売の諸前提を、したがってあくどい商売の可能性を廃棄するような社会が、もし組織されていたならば、ユダヤ人というあり方は不可能にされていたことであろう。ユダヤ人の宗教的意識は、気の抜けた水蒸気のように、社会の現実的な生活の息吹きのなかに消え去ることであろう。

この話は分かりやすいですね。ユダヤ人が金貸し業を重視しているということです。先ほどもお話ししたように、長い年月にわたってユダヤ人がキリスト教社会で金貸しの仕事を担ってきたことには、キリスト教の側から見た教義的な理由があります。金貸しは、商業のために必要だけど、教えに反するので、キリスト教徒にやらせるわけにはいかない。だから、元々罪人であるユダヤ人にやらせる。それは、異分子としてキリスト教社会に生きるユダヤ人にとっても、好都合です。いわば、前近代的な職業身分構造の中で、金融業と結び付く形でユダヤ的アイデンティティが保持されていたわけですが、マルクスは、「穢れた金貸し業」を、他の職業・身分から隔離している経済の仕組みを解体すれば、ユダヤ人は自然と、ユダヤ教に執着しなくなり、バウアーが重視している問題も解決するだろうと示唆しているわけです。資本主義を本格的に研究して以降のマルクスであれば、金融業の媒介が資本主義の発展に不可欠だということを指摘するところでしょうが、ここではまだ、「経済」全体の中に、金貸し業を位置付けるには至っていません。

したがって、われわれはユダヤ教のなかに、普遍的な現代的反社会的要素を認める。この要素は、ユダヤ人がこの下劣な関係のなかで熱心に力をかしている歴史的発展を通じて、現在の高さにまでたかめられたものであり、この高さのところで、この要素は必然的に解消せざるをえないのである。

ユダヤ人の解放は、その究極の意味において、ユダヤ教からの人類の解放である。

ユダヤ人は、すでにユダヤ的な仕方で自分を解放している。

ユダヤ人の「普遍的な現代的反社会的要素」というのは、金融業のことでしょう。金融業は、伝統的な生活形態を破壊し、多くの人を貧困に追い込むけど、結果的に進歩に貢献します。その意味では、バウアーの評価とは逆に、ユダヤ人は歴史の進歩に寄与している。しかし、経済がある段階まで発展すると、金貸しをユダヤ人という特定の集団に限定することは不可能になり、ユダヤ人の身分的な基盤は解体し、ユダヤ教とキリスト教を差別する理由も希薄になる。それをマルクスは、「ユダヤ人の解放」と言っているわけです。ユダヤ的なものの発展が、ユダヤ的なものの解体に転じるわけですから、まさに弁証法ですね。

五七～六二頁にかけて、ユダヤ教と金融の深い結び付きが指摘されています。

市民社会はそれ自身の内臓から、たえずユダヤ人を生みだすのだ。

もともとユダヤ教の基礎となっているものは何であったか。実際的な欲求、利己主義である。

それゆえユダヤの一神教は、現実においては多数の欲求の多神教であり、便所に行くことさえも神の律法の対象とするような多神教である。実際的な欲求、利己主義は市民社会の原理なのであり、市民社会が自分のなかから政治的国家をすっかり外へ生みだしてしまうやいなや、純粋にそういう原理として現れてくる。実際的な欲求と利己との神は貨幣である。

これはかなりパロディー化した言い方ですが、日常の様々な欲求や行為を細かく規制するユダヤ教は、裏を返せば、人間の利己主義的な欲求（Bedürfnisse）を基礎にしているわけです。ということは、ユダヤ教は転倒した形での、市民社会の縮図と言うことができます。精神分析的な言い方をすれば、市民社会を根底で動かしている無意識の欲望が、噴出してくるのを無理に抑え付けることで、かえって、その欲望の存在を際立たせる働きをしているのがユダヤ教ということになるでしょう。精神分析的な次元を想定すると、市民社会とユダヤ教の関係についてのマルクスの分析はそれなりに納得がいきます。

人々の行動を外的に規制する諸規則が、宗教ではなく、国家の法の管轄になり、国家と市民社会の役割分担がはっきりした時、後者を動かす原理としての「貨幣」、ユダヤ人たちの金融活動によって制度的に発展させられた「貨幣」が浮上してきたわけです。

> 貨幣はイスラエルの妬み深い神であって、その前にはどんな他の神も存在することが許されない。貨幣は人間のあらゆる神々をおとしめ、それらを商品に変える。貨幣はあらゆる事物の普遍的な、それ自身のために構成された価値である。だからそれは全世界から、つまり人間界からも自然からも、それらに固有の価値を奪ってしまった。貨幣は、人間の労働と人間の現存在とが人間から疎外されたものであり、この疎遠な存在が人間を支配し、人間はそれを礼拝するのである。

「貨幣」が、人間を含めた全ての事物の価値の基準であると同時に、その存在目的は、貨幣それ自体の増殖であるというようなことは、この連続講義の第三、第四回目に読む『経哲草稿』で展開される議論ですが、ここでは、それをイスラエルの神の排他性と関係付けているわけですね。旧約聖書には、イスラエルが、他の神々に対する信仰を徹底的に根絶したことがしつこく記述されています。神への信仰と、貨幣への固執は真逆のようですが、唯一的・純粋な価値への志向という点では共通していると言えなくはありません。因みに、マックス・ウェーバー（一八六四－一九二〇）の同時代人でライバル的な関係にあったヴェルナー・ゾンバルト（一八六三－一九四一）は、プロテスタント的な勤勉というより、厳密に計算してきっちり貨幣を蓄えていくユダヤ的なエートスこそが、資本主義を作ったと論じていますが、その議論の中で、ユダヤ人の徹底した一神教ゆえの抽象的に一元化された価値に拘るユダヤ的メンタリティに注目します。マルクスは、それを否定的に見ているわけですね。

六四頁を見ると、バウアーが「ユダヤ教のジェスイット主義」と呼んでいるものの、逆説的な機能が指摘されていますね。ジェスイットというのはイエズス会の信徒のことで、細かい規則によって生活を律する態度、というような意味でしょう。イエズス会が、国家主権に縛られない、国際的ネットワークを作り上げたことが、ユダヤ教と似ているという意味も含まれているかもしれません。マルクスに言わせれば、ユダヤ教の律法重視の姿勢が、かえって、戒律の網をかいくぐって商売する知恵を発達させた、ということですね。

> ユダヤ教は市民社会の完成とともにその頂点に達するが、しかし市民社会は**キリスト教**世界のなかではじめて完成する。**あらゆる**民族的、自然的、人倫的、理論的関係を人間にとって**外的な**ものとするキリスト教の支配のもとでのみ、市民社会は国家生活から自分を完全に切り離し、人間のすべての類的紐帯を引き裂き、利己主義と利己的欲求をこの類的紐帯の代わりにおき、人間世界を相互に敵対しあうアトム的個人たちの世界に解消することができたのである。

マルクスの見方では、ユダヤ教の本質は、普遍的な価値の結晶である「貨幣」に対する一神教的な崇拝ですが、ユダヤ人という特定の民族集団の歴史性・文化性を背負っている以上、不純さが残ります。ユダヤ人が独占していたのでは、金融の支配は真の意味で普遍的なものになりません。そこで、世俗的なものを国家へ集約させて、二元化するキリスト教が登場し、近代の市民革命でその分離が完成した。それによって、ユダヤ教の本質である、利己的な人間同士を等価交換の原理によって強制的に結び付ける「貨幣」が、市民社会の真の支配者として浮上してきたわけです。キリスト教は、市民革命を招来して、普遍的な人権を保障し、法の支配を確立したことで、ユダヤ教の存在する余地をなくしたかに見えたけれど、実際には、ユダヤ教の本質である「貨幣」の力を全面解放してしまい、貨幣によらない人間同士の「類的紐帯 Gattungsbande」をずたずたにしてしまった。マルクスにとって、近代の民主的国家という枠組みの下での、公共的な「類的生活」は真の、「類的生活」ではないのでしょう。

六六頁に見られるように、マルクスにとっては今や、宗教や国家という形での疎外よりも、「自分の生産物および活動」を「貨幣」という「疎遠な存在 ein fremdes Wesen」によって支配される状態の方がより差し迫った問題であるようです。貨幣という「幻想的 phantastisch」な存在の支配を打破しなければならない。

最後の部分を読みましょう。

> 社会がユダヤ教の経験的な本質であるあくどい商売とその諸前提を廃棄することに成功するやいなや、ユダヤ人というものはありえないことになる。というのは、もはやユダヤ人の意識は何らの対象ももたなくなるからであり、ユダヤ教の主観的基礎である実際的欲求が人間化されてしまうからであり、人間の個人的・感性的あり方とその類的あり方との衝突が揚棄されてしまうからである。
> ユダヤ人の社会的解放は、ユダヤ教からの社会の解放である。

「貨幣」を増殖することを至上目的とする営みを停止させれば、ユダヤ人が、従来の意味でユダヤ的な生き方をする理由も、キリスト教徒の間で孤立する現実的理由もなくなるし、それは同時に、人類が貨幣によって増幅された利己主義を克服し、生き生きした「類的紐帯」を回復することにもなるわけです。

こういう風にマルクスは、「ユダヤ人問題」の本質を、いわゆる民族性や教義の問題ではなく、貨幣の問題に集約させていったわけです。「ユダヤ性」の中身がかなり抽象化・哲学化されているわけですが、それでも、アーレント等が指摘するように、結果的に、ユダヤ性を克服すべきものとして設定しているので、反ユダヤ的な見方を増幅することに寄与することになったことは否めないでしょう。

■質疑応答

Q　今回は「アイデンティティ」というテーマでしたが、最後は経済、貨幣の問題にスライドさせて、そこからユダヤ人の解放を論じているわけです。マルクスは、本来的な人間像の解放のようなことを考えた末、貨幣問題にシフトしていったのかな、と感じました。そこから、マルクスの共産主義へのコミットメントが生まれたということでしょうか。

A　おっしゃる通りだと思います。今回読んだような議論が原点だとすると、マルクスは、いきなり「資本主義の克服」というような大上段な話から出発したわけではなく、ヘーゲル、バウアー、フォイエルバッハの問題意識の延長線上で、「宗教」が、人間の生き方、少なくともユダヤ人の生き方、アイデンティティを依然として強く規定しているように見えるのは何故か、民主的国家はキリスト教から本当に解放されたのか考えていくうちに、人間を抽象的な論理で支配する「貨幣」という現象に到達したということになります。マルクス主義経済学者や、構造主義的マルクス主義者であるアルチュセール（一九一八－九〇）は、「貨幣」の形而上学的な性格を中心に展開する初期マルクスの疎外論を軽視しますが、今日読んだところから分かるように、初期マルクスの考え方は確かに形而上学的ですが、独断的な決め付けによるものではなく、有力な思想家や人権宣言、キリスト教・ユダヤ教の教義の批判的な読解を通して論を展開しています。

ドイツに本格的に社会主義・共産主義が紹介されるのは、伊藤博文（一八四一－一九〇九）に憲法の講義をしたことで知られるローレンツ・フォン・シュタイン（一八一五－九〇）の『今日のフランスの社会主義と共産主義』（一八四二）以降のことなので、この時期のマルクスは「共産主義 Kommunismus」という概念をまだ自分のものにしていなかったのではないかと思います。それよりも「類的生活」「類的本質」「類的紐帯」に拘り、それは本当は何なのか批判的に探究していたのでしょう。『共産党宣言』からマルクスを読み始めると、どうしても、政治的闘争のスローガンとして、「共産主義」という大げさな概念を掲げているという印象を受けますが、そこに至る前に、いろいろ哲学的試行錯誤があったのでしょう。

「共産主義」というと、漢字から生産体制の話だと思ってしまいますが、初期のマルクスは、疎外されていない「類的生活」を探究していたわけです。ちなみに熊野純彦さん（一九五八－　）の『マルクス　資本論の哲学』（岩波新書、二〇一八）では、共産主義ではなく「コミューン主義」という言い方をしています。普仏戦争後の「パリ・

コミューン」のような、労働者の自発的な連帯による、生き生きした共同体というような意味合いを込めているのでしょう。『ゴータ綱領批判』（一八七五）とかを読むと、共産主義的生産体制を具体的にイメージして、それを目指しているように見えますが、初期のマルクスは、「貨幣」や「私的所有」に起因するエゴイズムをどうやって克服するか、というところに関心があったわけです。現代のリベラリズムの政治哲学は、人間のエゴイズム自体はどうしようもないということを前提にして議論をしますが、マルクスは、エゴイズムと貨幣の繋がりを徹底して考えようとしたわけです。

それからもう一つ注目すべきは、人権に関する主要なテクストを脱構築的に読んでいるということでしょう。人権宣言的なものを、ブルジョワのイデオロギー的なごまかしだと言って最初から無視するのではなく、私的所有をめぐる規定が「自由権」の根底にあり、それが「公民的生活」の目的として設定されている、という矛盾を指摘している。「人間の権利」は神聖なものであるように思っている人がいるけれど、テクストをよく読むとそうではない。アルチュセールによると、初期のマルクスは、観念論と通底する人間主義的なプロブレマティーク（問題系）に留まっていたということになるわけですが、少なくとも安易にそこに留まっていたわけではなく、それを内側から突き破ろうとしていた、と言うことはできそうです。

Q2　この論法に対する反響、あるいは下の世代にどのような影響を与えたのか、教えて下さい。

A2　その辺はあまり詳しくないですが、少なくとも、マルクス主義の主流派には、そうしたマルクスの哲学的苦闘はきちんと受け止められなかった、と思います。「ユダヤ人問題によせて」を、マルクスの真剣な哲学的な試みとして重視するマルクス主義者はほとんどいません。民族問題を歴史的に研究しているマルクス主義系歴史学者以外は、ユダヤ人問題の考察を通して「ブルジョワ社会」の矛盾を発見した、という雑な受け止め方しかしていないのではないでしょうか。結論は「見えている」ので、そこに至る思考の過程はすっ飛ばしてしまうのでしょう。議論の過程の方が重要だと思います。

Q2　ある意味アルチュセール―デリダ的な読み方の方が、この論文に関しては有効だということでしょうか。

A2　そう思います。アルチュセール自身は、この論文をそれほど大事なテクストだとは認めないだろうけれど、私はむしろアルチュセールの言う「兆候的読解」、そのテクストが属している問題系（problématique）を別の問題系に移して、その特徴を浮かび上がらせる読解を、マルクス自身が意識的に実践している優れた例だと思います。そのマルクスのテクストに対して、私たち自身が兆候的読解を加えることもできるでしょう。実際、この短いテクストでは、「国家」とか「自由」「公共性」「類的生活」について極めて抽象的に考察されているので、いろんなヒントが得られます。

Q3　ある意味リベラリズム批判ですね。

A3　リベラリズムが高尚なものとして扱う「権利」の、裏の面、エゴイズムがらみのドローっとした面を、宗教との絡みで描き出しているところは、鋭いと思います。リベラルがあまり触らないようにしている問題です。

Q3　日本の文脈ではリベラリズムは左派と分類されますが、マルクスを左派の標準とするならば、左派とリベラリズムが相容れないことが再確認できたように思います。

A3　リベラリズムは、ジョン・ロールズが典型的ですが、ドロッとした物質的な話を高尚な話に見えるようにするのが巧い。詳しくは、拙著『今こそロールズに学べ』（春秋社）などを読んでいただきたいのですが、ロールズの「無知のヴェール」を通すと、人間のエゴイズムがきれいにろ過されて、「正義の原理」へと構成される。後期のロールズは、自由主義の諸原理をそのままの形では受け容れてくれない諸宗派との間で、再分配的正義を核とする政治体制をめぐる合意を確立できる可能性を示唆していますが、宗教と経済の特殊歴史的な結び付きが、各人の生き方を規定しているとすると、経済は経済、政治は政治、宗教は宗教というようにきれいに分けることは難しいでしょう。

　共産主義を目指すかどうかよりも、人間の欲望に関する批判的分析を理論の中に組み込むかどうかが、マルクス主義哲学と、リベラルな政治哲学の決定的な違いだと思います。

［講義］第2回

「ヘーゲル法哲学批判序説」を読む

「ヘーゲル法哲学批判序説」とは？

「ヘーゲル法哲学批判序説」は、前回読んだ「ユダヤ人問題によせて」と同じ『独仏年誌』の合併号に掲載されたもので、内容的にも連続しています。分量的にも短い上、タイトルに「ヘーゲル法哲学批判序説」と謳っているわりには、ヘーゲルの名前自体もあまり登場せず、本当にヘーゲルの『法の哲学』を批判しているのか、という印象すら受けます。

第1回講義でも話しましたが、マルクスには『独仏年誌』に載ったこの論文とは別の「ヘーゲル法哲学批判」という草稿があります。これは、ヘーゲルの『法の哲学』第二六一〜第三一三節について論評したものです。この草稿は批判というより、ヘーゲルの議論の中で特に国法に関して重要だと思われる箇所を細かく註釈したものです。

通称「MEGA」（新メガ）と呼ばれる『マルクス＝エンゲルス全集』第一部第一巻での頁数で言うと、草稿で終わったこの原稿は五〜一三七頁まで、一三三頁分の分量です――間に、手稿の写真を掲載した頁が八頁分挿入されていますが、それを除いても一二五頁です。今回読む「ヘーゲル法哲学批判序説」は、同じ全集の一七〇〜一八三頁です。つまり一四頁しかありません。分量は圧倒的に違います。

ヘーゲルの『法の哲学』の全体構造を知っている人には当たり前のことですが、最初に個人の権利はどのように生成するかという議論が置かれています。家族が形成され、市民社会の段階へ移り、そして国家の形成へと議論が進みます。重要なのは当然、国法についての議論ですが、それ以前の個人の意思と権利の関係から論じているわけです。どのように人が物を支配しそれが権利になっていくのか、家族の中でどのように人倫的関係性が築かれるのか、市民社会の中で私法がどのように形成されるか等の議論があり、その上で国法論が展開されるという構成です。国法論が本体であるのは間違いないのですが、個人から始まって国家まで至る過程全体がセットになっているわけです。

ヘーゲルとマルクスとの関係について、この岩波文庫の訳者解説で大事な点を指摘しているので、掻い摘まんで見てみましょう。マルクスは「ボン大学とベルリン大学で法律学や哲学を学び」とあるように、マルクスは法学も学んでいます。ドイツの大学では、今でもそうですが、博士号を取るまでは主専攻と副専攻を持ち、それを途中で変える人も結構います。ですから、法学と哲学の両方を学ぶことは今聞いてもそれほど奇異なことではありません。

そしてマルクスは、当時のドイツ思想界で注目を集めていた「青年ヘーゲル派」の一員となりますが、そのメンバーには、『イエスの生涯』(一八三五–三六)でイエスを脱神秘化したダーフィト・シュトラウス(一八〇八–七四)、マルクスと共同で『独仏年誌』を創刊したアーノルト・ルーゲ(一八〇二–八〇)、前回話題になったブルーノ・バウアー、ルードヴィヒ・フォイエルバッハ等がいました。ルーゲは、この岩波文庫に収録されている「一八四三年の交換書簡」で多くの書簡が紹介されています。

ヘーゲル左派「宗教批判」の意味

第1回講義で見たように、「青年ヘーゲル派」は、「現実」と「理想」が歴史の中で一致していく過程を描いたヘーゲルの歴史哲学の影響を受けながら、ヘーゲルの現実肯定的な面を否定し、現実批判的な方向へと転換しようとしました。一五六頁をご覧下さい。

——ベルリン大学に学ぶうちに哲学への関心を急速に深めたマルクスは、「青年ヘーゲル学派」のベルリンヘーゲル：宗教を、歴史を動かす「絶対精神」の自己展開過程、世界の合理化の過程にそれなりに寄与するものとして、うまく取り込もうとしていた。
ヘーゲル左派
宗教批判は重要なテーマ。徹底的に宗教と対決。
バウアー：ユダヤ人の宗教への固執を批判し、完全に世俗化された国家による解放に期待を賭けた。
マルクス：バウアーを批判。「宗教」に対する理解が一面的だ、「市民社会」における「宗教」の現実的な存在基盤、「宗教」を存続させている条件をちゃんと見るべきだ。

での中心人物であったベルリン大学講師ブルーノー・バウアーの直接的影響のもとでヘーゲル哲学へと足を踏み入れたのであるが、そのバウアーは、シュトラウスの福音書批判の仕事を受けつぎ、さらに徹底していこうとしていた。また宗教批判の問題を原理的水準で遂行し、当時の若い人びとの熱狂的な共感をひき起こした『キリスト教の本質』（一八四一年刊）をフォイエルバッハは執筆しつつあった。

ヘーゲル左派にとって、宗教批判は重要なテーマでした。ヘーゲル自身は、宗教を、歴史を動かす「絶対精神」の自己展開過程、世界の合理化の過程にそれなりに寄与するものとして、うまく取り込もうとしていた感じですが、ヘーゲル左派は徹底的に宗教と対決します。バウアーは、ユダヤ人の宗教への固執を批判し、完全に世俗化された国家による解放に期待を賭けたわけですが、マルクスは、それでは「宗教」に対する理解が一面的だ、「市民社会」における「宗教」の現実的な存在基盤、「宗教」を存続させている条件をちゃんと見るべきだと言っているわけですね。

ベルリン大学在学中、バウアーを中心とする「ドクトル・クラブ」に参加したマルクスは、学位論文を書くころには、「青年ヘーゲル学派」の人たちと問題意識を共にし、人間の理性と自由を主張する「自己意識の哲学」の立場にたつようになっていた。そして学位をえたマルクスは、哲学教授への道を進もうと志していた。

しかし時代の変化によって進路を阻まれることになります。一八四〇年にプロイセン国王フリードリヒ・ヴィルヘルム三世（一七七〇－一八四〇）が没しますが、この国王の時代は様々な事が起こっています。有名なフリードリヒ大王として知られる、啓蒙専制君主のフリードリヒ二世（一七一二‐八六）の二代後の国王です。フリードリヒ二世には子供がなく、甥にあたるフリードリヒ・ヴィルヘルム二世（一七四四‐九七）が後を継ぎ、三世はその息子、後を継いだ四世（一七九五‐一八六一）は更にその息子にあたります。

まずフランス革命（一七八九）があり、その余波がドイツ諸邦を直撃します。ナポレオン（一七六九‐一八二一）率いるフランス軍とプロイセンを中心とするドイツ軍との戦争があり、ドイツは一八〇六年のイエナ・アウエルシュタットの戦いで決定的に敗れ、プロイセンは占領状態に置かれます。それを受けてフィヒテ（一七六二‐一八一七）が「ドイツ国民に告ぐ」（一八〇七‐〇八）という有名な講演を行い、ドイツ語教育を中心にした国民の愛国心の育成の必要を説きます。そうした問題提起を受けて、学問を通じて国威発揚する必要が認識されるようになり、ヴィルヘルム・フォン・フンボルト（一七六七‐一八三五）のイニシアティヴで一八一〇年にベルリン大学が創設されます。初代総長をフィヒテが務め、一八一八年にヘーゲルが哲学教授として招聘されました。そして、二一年に、国家のあるべき姿を論じる『法哲学要綱』を著します。

フリードリヒ・ヴィルヘルム三世の時代には、フランス革命の影響もあって、有名なシュタイン＝ハルデンベルクの改革という、プロイセンの国内政治の改革がありました。この改革では、王権は守るが、農奴解放、土地売買と職業選択の自由、都市における市民の自治など、経済を中心に自由主義化していくという政策が本格的に行われました。ハインリヒ・フリードリヒ・フォン・シュタイン（一七五七‐一八三一）は、ナポレオンに対する敗戦で領土が半減したプロイセンの宰相を務めた下級貴族出身の官僚で先ほどお話ししたような改革を主導しましたが、反フランス的な態度をナポレオンににらまれて失脚しますが、その後任のハルデンベルク（一七五〇‐一八二二）は改革路線を継承します。

ベルリン大学は、ローマ法学者のサヴィニー（一七七九‐一八六一）、地理学者のカール・リッター（一七七九‐一八五九）、神学者のシュライエルマッハーなど、当時ドイツ諸邦で第一級と見なされる学者を高い俸給で多く招聘し、自由にやらせるという方針を取りました。学問の自由な発展のための「大学の自治」の原型になったのが、この時代のベルリン大学です。国家が大学の運営に直接関与しない方が、学問が発展し、国家の為にもなるということを、シュライエルマッハーやフンボルトが論じました。

フリードリヒ・ヴィルヘルム三世は、ナポレオンが失脚した後のウィーン会議（一八一四）以降、それまでの改革路線を後退させて、反動的な政策に転じました。新国王フリードリヒ・ヴィルヘルム四世は、改革路線を復活させてくれるものと、自由主義者や青年ヘーゲル学派の人たちは期待しますが、そうならなかった、ということですね。

> ［…］この新国王は、自由主義的な人びとの期待を裏切って、「昔の骨化した臣僕国家」へと逆戻りする政策をとったのである（この間の事情についてマルクスはルーゲ宛ての手紙のなかで詳しく分析している。本訳書所収の「交換書簡」のなかの一八四三年五月付手紙を参照されたい）。ヘーゲル学派に好意的であったアルテンシュタインに代って新文相に就任したアイヒホルンは、大学から自由主義的・進歩的な教師を排除していく方針をとり、ヘーゲル哲学の影響を根絶すべく、ドイツ・ロマン主義の代表的哲学者シェリングをベルリン大学に招聘したのであった。「青年ヘーゲル学派」の人たちはこの反動の波をまともにかぶることになった。

フリードリヒ・ヴィルヘルム４世

フリードリヒ・ヴィルヘルム３世

カール・フォム・シュタイン・ツーム・アルテンシュタイン（一七七〇－一八四〇）とフリードリヒ・アイヒホルン（一七七九－一八五六）はドイツ高等教育史でよくセットで名前が出てきます。アルテンシュタインは一八一七年以降、プロイセンの文部行政のトップにいた人で、長年にわたって学校制度の改革に取り組みました。ヘーゲルがベルリン大学に招聘されたのは、アルテンシュタインが文部行政を取り仕切っていた時代です。アイヒホルンは元々文教政策とあまり関係ない、司法・外交畑の官僚で、当初は自由主義者と見なされていましたが、シェリングの他、前回話題にしたフリードリヒ・ユリウス・シュタールのような保守的な教授をベルリン大学に招聘します。講師だったバウアーは追放されます。

シェリング（一七七五－一八五四）は、フィヒテの影響を受けたドイツ観念論の代表的哲学者でヘーゲルより五歳若いですが、初期には彼の方がヘーゲルを哲学的にリードし、教えるような立場でした。『精神現象学』（一八〇七）でヘーゲルが有名になってから立場が逆転しました。元々、シェリングは形而上学的傾向が強かったのですが、ロマン主義のサークルの一員でしたし、『人間的自由の本質』（一八〇九）で「悪」の根拠を論じて以降、神秘主義的傾向を強めていきました。ヘーゲルよりもシェリングの方がより保守的な国家観を持っているとは必ずしも言えませんが、自由主義的なイメージがあるヘーゲルに対する最も強力なアンチですし、中世的な王権に憧れる新国王のロマン主義的な思想と相性が良さそうだということもあって、政治的な期待と共にベルリン大学に招聘されたのでしょう。後で詳しくお話ししますが、ヘーゲルの国法学、法哲学は、例えば、アダム・スミス（一七二三－九〇）等の英米の思想家の国家観と比べると大分保守的な印象ですが、それでも、当時のプロイセンにとっては危険だったのでしょう。

ウィーン会議があった一八一四年から、二月革命があった四八年までのヨーロッパは、世界史の教科書で「復古体制」と呼ばれる時期に当たります。それを指導していたのがオーストリアの宰相であったメッテルニヒ（一七七三－一八五九）です。このメッテルニヒの周辺で、初期のロマン派の中心人物で、ポストモダンにも影響を与えた文芸批評家のフリードリヒ・シュレーゲル（一七七二－一八二九）や政治的ロマン主義を代表する思想家アダム・ミュラー（一七七九－一八二六）が活躍しました――初期シュレーゲルの批評理論については拙著『増補新版　モデルネの葛藤』（作品社）、政治的ロマン主義については同じく拙著『カール・シュミット入門講義』（作品社）をご覧下さい。シュレーゲルは一八〇八年カトリックに改宗して、ウィーンに移住して、カトリック的・保守的な色彩が強い文芸雑誌を編集し、反自由主義的傾向を強め、中世的な身分制社会の復活を唱えます。彼は、外交官としてメッテルニヒの復古体制を支える仕事もしています。ミュラーもカトリックに改宗してから保守的国家観を持つようになり、メッテルニヒ体制の下で官僚としての仕事をし、国家を有機体と見なす国家論や貨幣論の著作を多数刊行しています。その他、保守的な思想家・ジャーナリストとして知られるフリードリヒ・フォン・ゲンツ（一七六四－一八三二）も、メッテルニヒに側近として仕えています。

プロイセンはプロテスタント系の国家ですが、「自由と統一」――自由主義的な国家体制の下でドイツを統一するということです――をスローガンとして掲げる若者や知識人の運動が高まる中、次第に反動政策を取るようになり、かつ、国王自身が中世的な身分秩序を理想としていたこともあって、青年ヘーゲル派のようなラディカルなグループに対する風当たりが強くなっていきます。そこに更に、社会主義や共産主義という新しい思想に対する警戒感が加わります。

一五八頁以降、大学に職を得られなかったマルクスは、青年ヘーゲル派の拠点となった『ライン新聞』に執筆するようになり、編集長にもなったということが述べられていますね。この紙上で州議会での出版の自由をめぐる議論を論評したり、有名な「木材窃盗問題」に関する一連の論考（一八四二）を発表したことが述べられていますね。「木材窃盗問題」というのは、森林の枯れ枝を薪として拾い集める農民を罰するための法律の制定をめぐる問題です。枯れ枝を集めるのは農民にとって慣習であり、日本で言うところの入会権の一種になっていたのですが、森林の所有者たちがそれを窃盗として罰したうえで、損害賠償させる法律の制定を求めたことから、問題が表面化したものです。この問題でマルクスは、所有権を保護する民法の原則よりも、土地に根ざした農民の慣習的権利を擁護しようとしました。それが彼の共産主義への関心のきっかけになったとされています。一六二頁を見ると、「ドクトル・クラブ」のメンバーには、社会主義や共産主義への関心を示す者がいて、『ライン新聞』の寄稿者にも、そうした人たちがいたと述べられていますね。

一六四頁を見ると、前回もお話しした、ローレンツ・フォン・シュタインの『今日のフランスの社会主義と共産主義』が一八四二年九月に刊行されたと述べられていますね。この時期のシュタインはかなりラディカルな自由主義者で、ルーゲなどのヘーゲル左派と交流していましたし、フランスに留学している間にルイ・ブラン（一八一一－八二）やエティエンヌ・カベー（一七八八－一八五六）などの社会主義者と友人になっています。『今日のフランスにおける社会主義と共産主義』では、サン＝シモン（一七六〇－一八二五）やシャルル・フーリエ（一七七二－一八三七）などの初期の社会主義者の思想を論評したうえで、友人になったより若い世代の社会主義者たちの動向も紹介しています。

一六七頁を見ると、「マルクスはフォイエルバッハの『キリスト教の本質』（一八四一年刊）を遅くとも四二年一月ごろまでに読み、かなり強い共感をもったことが推測される」と述べられていますね。ただし、前回、「ユダヤ人問題によせて」に即して見たように、マルクスは宗教問題をそれ自体として考察するのではなく、その政治的・経済的な基盤について考察することに関心を持つようになり、フォイエルバッハに対して次第に批判的になっていたということですね。

マルクスはなぜヘーゲル批判をしたのか？

一六九頁に、マルクスのヘーゲル批判の問題意識について述べられていますね。

> マルクスはすでに一八四二年三月五日付のルーゲ宛ての手紙のなかで、『ドイツ年誌』のために「国家の内部体制に関する限りでのヘーゲル自然法の批判」を準備していると語り、「その核心は、どこまでも自己と矛盾し自己を止揚する両性体としての立憲君主制に対する攻撃です」と書いていた。

法の歴史的発展を論じたヘーゲルが「自然法」論者と言えるのか微妙ですが、一八～一九世紀には、「法哲学」のことを「自然法」と呼んでいたので、恐らく、「法哲学」という意味でしょう。ヘーゲルの『法哲学要綱』で呈示されている国法論は、「立憲君主制」、つまり、憲法によって政治体制が規定された君主制を前提にしています。ヘーゲルの国家における君主は国家の方針について最終決定権を持ちますが、専制君主と違って、その権力は憲法によって根拠付けられていて、その意味で、制約を受けています。ここで「国家の内部体制」と訳されている表現は、ドイツ語原文では〈innere Verfassung〉です。〈Verfassung〉は英語の〈constitution〉に当たりますが、この言葉は、法典化された「憲法」だけでなく、国家体制、政治体制、あるいはもっと抽象化されて、（政治の）構成といった意味を持ちます。「内部体制」というのは、対外ではなく、国内の体制ということです。ヘーゲル―マルクスの時代の立憲君主というのは、現代のヨーロッパの君主のように、形式的・儀礼的な存在ではなく、主権行使の最終責任者として想定されていましたから、マルクスが言うように、矛盾した存在であるのは明らかでした。最終決定権者であるのに、その権限を憲法で制約することにどういう意味があるのか――この問題を突き詰めると、カール・シュミットの、法を超える「主権」という問題に行き着きます。

一六九頁に、ヘーゲルの法哲学の本格的な批判を試みたルーゲとの意見交換が、マルクスに影響を与えたということが述べられていますね。

――ヘーゲルが法哲学において「人倫的理念の現実態」であるとした国家は、国家の理念であるが、その内実を検討してみると、現存のプロイセン国家に原型を求めた立憲君主制国家であり、その限り、国家の現状を肯定し神聖化することになる、というのがルーゲの主要な論点であった。

フリートリヒ・ヴィルヘルム四世やその側近たちのような、専制君主制の人たちから見ると、自分たちの権力を縛る立憲君主制は望ましい体制であり、それを推奨するヘーゲルの影響は一掃すべきということでしょう。しかし、更なる改革が必要だと考えるルーゲやマルクスの側から見れば、そのヘーゲルの理論は、国家の現状に「立憲制」という名目を与えて神聖なものにしてしまう欺瞞に他ならないわけです。実際、ヘーゲルの『法哲学要綱』の記述を素直に読むと、最終決定権を持った君主の権力をいかに維持していくかというところに重点があって、それがどういう風に制約されるべきか、という書き方にはなっていません。これから見ていくように、他の権力機関の存在によって事実上、制約されている、と読めるような書き方にはなっています。東京帝大の憲法学教授であった美濃部達吉（一八七三－一九四八）と上杉慎吉（一八七八－一九二九）の間で展開された、天皇は憲法上の機関かをめぐる論争のようなものを引き起こしそうな、曖昧な書き方になっています。

「人倫」というのは前回見たように、慣習的なものから発展してくる倫理的な規範、あるいはそれに基づいて形成された共同体を指す言葉です。道徳はあくまでも個人の良心の自律的・理性的判断が基本なので、どの共同体に属しているかは関係ないというカント主義的な見方がある一方、共同体的な生活の枠組みがあり、その中で各自の振る舞いが調和していることが倫理の本質であるとする考え方もあります。日本語で「倫理」と言う時は、後者の方がニュアンスとして強そうですね。和辻哲郎（一八八九－一九六〇）等の言う「倫理」はそのような意味でしょう。ヘーゲルの「人倫」は、共同体的生活と自分の欲望が調和していることに主眼があるので、和辻の「倫理＝人・間」観に近いと言えるでしょう。

ヘーゲルの『法の哲学』によれば、直接的・実体的な人倫性（個人と共同体の全体性との統一）の現われである「家族」の分裂のなかから「市民社会」が登場し、自分だけの欲望充足を追求する諸個人の活動が体系をなしたものである「市民社会」は、そのままで放縦と悲惨、そして自然的人倫的な破滅に陥らざるをえないがゆえに、「国家」が「家族」と「市民社会」との両契機を揚棄するものとして登場するとされている。このヘーゲルにおける揚棄の仕方の抽象性と観念性にマルクスの批判は向けられる。

ヘーゲルの法哲学は、個人が個々のものをどのように占有しそれを支配するかというレベルの話から始まります。個人は自らの意志によって事物を支配し、占有しようとしますが、自らの意志だけだと極めて不安定です。人に認められなければならない。そこで人との交渉が始まり、互いの占有を、権利として認め合う必要がある。そこから「人倫」が生まれてくるわけですが、当初は、その場その場での偶然的な取り決めだったものが、特定のメンバー同士の間で権利に関する事実上の合意が成立し、生活形態を共有するようになる。それが、人倫の現実化した共同体です。まず「家族」というレベルでそれが実現する。家族の生活で、各人の利害がきちんと調和し、同じルールに従うことが、家族のレベルでの「人倫」ということになります。

その「家族」がある規模を超えて大きくなり、メンバーが独立したり、繋がりが緩くなっていくと、再び、利害の対立が際立ってきます。それが「市民社会 die bürgerliche Gesellschaft」です。因みに、「市民社会 civil society」という言葉を厳密に定義して使い始めたのはヘーゲルのようです。一八世紀のスコットランド啓蒙主義者の一人であるアダム・ファーガソン（一七二三－一八一六）は、「市民社会 civil society」の歴史について論じていますが、それほど明確な意味は与えておらず、〈civil〉な社会、つまり、「洗練された」、あるいは「文明的」な社会という程度の漠然とした意味でしか使っていません。ヘーゲルによると、「市民社会」は「欲求の体系」です。諸個人のバラバラで、対立し合う欲求が調整される場です。

「市民社会」の中には、欲求を調整し、対立を大きくしないために、私法を中心とした司法、そして福祉行政（Polizei）、職業団体（Korporation）などがあります。人々は基本的には同業者組合の何れかに属している。基本的に市場を中心に競争が行われますが、競争の敗者は「福祉行政」によって救済されます。ヘーゲルの時代、〈Polizei〉という言葉は、警察だけでなく、行政一般を意味していました。ヘーゲルは特に、弱者救済に重点を置いてこの言葉を使っています。「職業団体」は、職人の訓練をしたり、資格を制限することで、過当競争を防ぐ役割を果たしたりします。

アダム・スミスによって基本的な考え方が呈示され、リカード（一七七二－一八二三）によって完成された古典派経済学は、市場に政府が介入しない方が、「見えない手」による調整によって、分業による効率化が進むという前提に立ちます。カント―ヘーゲルの時代のドイツの思想家たちは、古典派経済学を一応勉強し、影響を受けています。その上で、「見えざる手」に全てを任せているだけだと、社会の統合が崩れていく、市場を補完する制度が必要だと考える人たちが登場してきます。

ヘーゲルは、「市民社会」には市場での競争の激化による社会の解体を緩和する、先ほどのような装置が備わっていると考えましたが、各人は基本的に利己的な動機で動いているので、対立は根本において解消されません。それに法的秩序を与え、市民を公民化して、公共的な性格を付与するのが、「国家」という人倫の完成態であるわけです。国家権力を構成するのは、君主権（die fürstliche Gewalt）、統治権（Regierungsgewalt）、立法権（die gesetzgebende Gewalt）の三つです。「統治権」とは、福祉行政権＋司法権を指します。司法は独立していません。議院内閣制ではなく、君主によって任命された官僚たちによって統治権が行使されます。実質的なことは官僚たちが決定します。「立法権」の主体である議会の下院は、自由選挙によるのではなく、職業団体と地方自治体（Gemeinde）によって選出されます。上院は、土地所有者の階級から構成されます。普通選挙についてヘーゲルは、ばらばらの価値観を持つ人間が深い政治的考えも持たずに投票するので、好ましくないと考えていました。まとまりを保つため、皆の生活状況等をちゃんと分かっている職業団体や地方自治体が議会を形成すべきと考えたわけです。議会は、公民―市民の生活を一般的に規定する法律を制定するわけです

アダム・スミス、リカード（古典派経済学）など：市場に政府が介入しない方が、「見えない手」による調整によって、分業による効率化が進むという前提。
⇕
ドイツの思想家たち：「見えざる手」に全てを任せているだけだと、社会の統合が崩れていく、市場を補完する制度が必要だと考える。
ヘーゲル：「市民社会」には市場での競争の激化による社会の解体を緩和するような「職業団体」「福祉行政」などの装置が備わっている。対立は根本において解消されない。それに法的秩序を与え、市民を公民化して、公共的な性格を付与するのが、「国家」という人倫の完成態。
※「市民社会 die bürgerliche Gesellschaft」という言葉を厳密に定義して使い始めたのはヘーゲル。

が、ヘーゲルは、議会が統治の全体的方針を定めるというより、法案をめぐる審理を通じて、よく分かっていない一般民衆の世論と、官僚の合理的な決定の間を仲介し、民衆にも分かるように法を可視化することをその使命とする、と見ています。ゼロから法律を作るのではなく、官僚の規定の方針を言語化するだけ、という感じです。

ヘーゲルによれば「国家」は「市民社会」における個体と特殊を普遍へと「包摂」するものであったが、その「包摂」の具体的機能は行政権に属するとされる。そしてヘーゲルは、国家行政が官庁の分業組織を必要とするということから、中間身分たる官吏による政治、つまり官僚政治を説くのである。彼は「官吏の属する中間身分には、国家の意識および最も卓越した教養が存在している。したがってこの中間身分は、また合法性と知性とについて国家の基柱をなしている」というように官吏を理想化し、「国家」と「市民社会」とを媒介するという重要な役割を官僚政治に求めている。

ヘーゲルは、官吏の「教養 Bildung」こそが、全体を見ることができず、自分の特殊な利益にだけ固執する無教養な一般民衆の欲望を、「国家」という全体の利益に繋げていくと見ているわけです。官僚制（Bürocratie）を憲法＝国家体制の中核に置いているわけですね。私たちが通常イメージする、「自由主義」とはかけ離れていますね。

それに対してマルクスは、『ライン新聞』時代から、官僚政治の実態を指摘し批判を加えたということですね。閉鎖的な職業団体で、権威主義であることを批判したということですね。

ヘーゲルにおいて「国家」と「市民社会」とを媒介するとされるもう一つの契機は身分ないし国会である。彼によれば、「市民社会」における欲望とこれの手段、および労働と欲望充足の仕方と労働からもたらされる理論的実践的教養は、身分という「特殊的体系」を形成する。そして国会はこうした諸身分の政治的表現にほかならないとされ、そこで国家の普遍的意思と市民社会での特殊な領域や個人の利己的意思とが結びつけられ総合されると説く。マルクスは、ヘーゲルが「市民社会」を私的身分として政治的国家に対置しながら、他方では立法権という国会の要素において市民的身分が政治的意義を獲得するとして、結局は市民社会を政治的社会だとするのは、矛盾であり不徹底であると主張する。マルクスは、近代国家においては市民的身分と政治的身分とが明確に分離されていること、「市民社会」と「国家」とが分離されていることを確認するのである。

訳者の城塚さんが、「ヘーゲル法哲学批判＝ヘーゲル国法論批判」の草稿に基づいて要約したマルクスのヘーゲル観です。「身分 Stand」というのは、具体的には職業団体とか地方自治体のことです。日本語にするとややこしいのですが、「国会」と訳されている〈Stände〉はその複数形です。これはヘーゲルが、議会に相当する立法機関を、諸〈Stand〉を代表する機関として構想しているからです。ヨーロッパ諸国では中世末期に、貴族、聖職者、自治都市などの特権身分の代表から成る「議会」が、国王の政策を承認する役割を果たすようになりました。フランスの三部会や神聖ローマ帝国の帝国議会、貴族・聖職者の代表から成る上院と、騎士や都市の代表から成る下院の二院制だった、中世末期のイングランドの議会などがそうです。ドイツ語ではそれを単に〈Stände〉と呼ぶことがあります。日本の歴史学用語で、身分制議会とか等族議会と訳されます。

ヘーゲルは封建的な階層を意味する「身分」は前提にしていませんが、先にお話ししたように、彼の立憲国家は職能団体別の代表制を前提にしています。「市民的身分が政治的意義を獲得する」というのは、そういうことです。ただしマルクスは、職業団体や地域団体のそれぞれが別個の利害関係を持っているだけでなく、「市民的身分 der bürgerliche Stand」――ヘーゲルあるいはマルクスは、「私的身分 Privatstand」という言い方もしています――に属する人々は一定の共通の利害関係を持っていると見ているようです。「ブルジョワジー」

としての共通の利益です。具体的には、経済を中心とする活動の自由、あるいはそれに対する国家の保護といったことでしょう。ヘーゲルの「議会」は、市民的諸身分（団体）の利害を代表する機関として想定されているけれど、それは彼らの私的利害であって、彼らの国家における政治的立場と矛盾するのではないか、というわけです。無論、市民たちが自分たちの利害のことだけを議会で頑強に主張すればよくて、それがそのまま彼らの政治的立ち位置であると考えていいのであれば、何の矛盾もありませんが、先に官僚制に即してお話ししたように、市民的諸団体は、官僚たちの説得を受けて、国家全体の公共的目的に適合することが求められます。

ヘーゲルの元々の〈Stand〉論によると、「市民社会」には、土地所有者たち「実体的身分 der substantielle Stand」と、商工業に従事して、職業団体に加入し、個別の利益と団体の利益を調整しようとする「反省的身分 der reflektiterende Stand」、官僚として全体の利益を考える「普遍的身分 der allgemeine Stand」の三つの〈Stand〉が存在し、主として「反省的身分」が〈Stände〉（議会）の下院で自分たちの代表を通して、立法に間接的に携わります。〈Privatstand〉というのは、主として商工業に従事している「反省的身分」の、特殊な利益を追求する、職業を中心とする私的な生活のことが念頭に置かれていると思われますが、他の身分の私的利害も含意されているようなので、すっきりとしません。〈Stand〉は必ずしも上下関係を意味するわけではないので、日本語の「身分」というより、「立場」に近いですね。

この「国家」と「市民社会」との分裂において、人間諸個人は不可避的に二重的な存在へと分裂せざるをえない。すなわち「市民社会」の成員であり、市民的組織において現実性をもつ「市民」〔Bürger〕と、「政治的国家」の成員であり、市民的現実性から離脱して裸の個別性としての個人にまで抽象された「公民」〔Staatsbürger〕へと分裂せざるをえないのである。この人間の分裂、類的生活と私的生活との分裂にマルクスは近代国家の基本的矛盾を見いだしたのであるが、そこにフォイエルバッハによる人間の自己疎外の指摘が生かされていることは明白である。

前回読んだ「ユダヤ人問題によせて」で出てきた「公民」と「市民」の分裂の問題です。市民社会に生きる人々は、それぞれの私的利害や価値観に固執し、追求しているので、ヘーゲルが言っているように、議会による媒介を試みたからといって、すんなりと「公民」として公共性を第一に念頭に置いて振る舞う人格にはなれるわけではありません。だからといって、国家（公的領域）と市民社会（私的領域）を分離したからといって、問題の解決にはならない。利害の深刻な対立ゆえに、充実した類的生活を送ることができない、平たく言うと、同じ国家の公民として連帯感を持てないという事態を追認することにしかならない。その辺で、「ユダヤ人問題によせて」と「ヘーゲル法哲学批判序説」は繋がっています。では本文に入りましょう。

宗教はアヘンだ！

ドイツにとって宗教の批判は本質的にはもう果されているのであり、そして宗教の批判はあらゆる批判の前提なのである。

これはシュトラウスとかバウアー、フォイエルバッハなどヘーゲル左派による宗教の批判によって、「宗教」に関する論点は出尽くしたので、それを前提に議論するつもりだということでしょう。

反宗教的批判の基礎は、人間が宗教をつくるのであり、宗教が人間をつくるのではない、ということにある。しかも宗教は、自分自身をまだ自分のものとしていない人間か、または一度は自分のものとしてもまた喪失してしまった人間か、いずれかの人間の自己意識であり自己感情なのである。しかし人間というものは、この世界の外部にうずくまっている抽象的な存在ではない。人間とはすなわち人間の世界であり、国家であり、社会的結合である。この国家、この社会的結合が倒錯した世界であるがゆえに、倒錯した世界意識である宗教を生みだすのである。

少し難しい言い方をしていますが、要は、「自分自身をまだ自分のものとしていない」、言い換えると、はっきりとした自己意識を持ち、自分の生き方を決めていない人間の意識が、「宗教」を生み出したというわけです。バウアーやフォイエルバッハも似たようなことを言っているわけですが、マルクスの独自性は、その原因が「社会的結合 Sozietät」にあるということです。「人間 Mensch」とは「人間の世界 die Welt des Menschen」であるという言い方は、人と人の間の関係性こそが「人間」であるという、和辻的というか、日本的な慣用句を思い出しますね。ただ、「社会的結合＝人間の世界」という言い方をすると、何かポジティヴな感じがしますが、マルクスはそれが「倒錯している verkehrt」と見ているわけです。つまり何らかの形で歪んだ社会的関係性があって、それによって本末転倒したものを理想として求める、宗教的な意識が生じるわけです。

> ―― 宗教は、人間的本質が真の現実性をもたないがために、人間的本質を空想的に実現したものである。それゆえ、宗教に対する闘争は、間接的には、宗教という精神的芳香をただよわせているこの世界に対する闘争なのである。

宗教を、「人間の本質＝類的本質」と見る見方はフォイエルバッハと同じですが、マルクスはそれが「現実性」を持たない、と言っています。つまり、人間の類的本質は本来あるべき形で、社会の中で現実化しておらず、それについての妄想が支配的になっている、ということです。少し卑近な例で言えば、現実の生活がリア充ではなく、周りの人から無視されているので、ヒーローアニメや恋愛漫画に浸りきって、その主人公のつもりになる、あるいは、主人公の生活を理想化し、憧れている、という感じでしょう。憧れているだけならまだいいけど、理想とギャップがありすぎる現状から目をそらそうとする。そういう状態が不健全なのでどうにかしてやりたいと思う人が、妄想を与える漫画やアニメを批判しても意味はないでしょう。その人の欲望は本来どこに向かっているのかを考えるべきでしょう。

> ―― 宗教上の悲惨は、現実的な悲惨の表現でもあるし、現実的な悲惨にたいする抗議でもある。宗教は、抑圧された生きものの嘆息であり、非情な世界の心情であるとともに、精神を失った状態の精神である。それは民衆の阿片である。

ここで有名な「民衆の阿片」という表現が出てくるわけです。「現実的な悲惨」から眼を背けるために人は宗教を作り出したわけです。ということは、宗教を求める人の現実に対する認識は歪んでいて、自分を取り巻く社会的関係性を見ていないということになります。では、現在の現実を見据えて、真の欲望充足に向かうにはどうすべきか。

> ―― 民衆の幻想的な幸福である宗教を揚棄することは、民衆の現実的な幸福を要求することである。民衆が

――自分の状態についてもつ幻想を棄てるよう要求することは、それらの幻想を必要とするような状態を棄てるよう要求することである。したがって、宗教への批判は、宗教を後光とする涙の谷〔現世〕への批判の萌しをはらんでいる。

ここはクリアですね。幻想である宗教の中身を批判するよりも、阿片としての宗教にすがらざるを得ないような民衆の現状を批判すべきだと主張しているわけです。「涙の谷 Jammertal」というのは、神の民が現世において通過しなければならない苦難を示す、『旧約聖書』の「詩篇」に由来する寓意的な表現です。

――それゆえ、真理の彼岸が消えうせた以上、さらに此岸の真理を確立することが、歴史の課題である。人間の自己疎外の聖像が仮面をはがされた以上、さらに聖ならざる形姿における自己疎外の仮面をはぐことが、何よりもまず、歴史に奉仕する哲学の課題である。こうして、天国の批判は地上の批判と化し、宗教への批判は法への批判に、神学への批判は政治への批判に変化する。

ヘーゲルは「疎外 Entfremdung」を自己の本質を「外化」する、外に現すというニュートラルな意味で使うこともありますが、ここで言われている「自己疎外 Selbstentfremdung」は明らかにネガティヴな意味ですね。厳しい現実の中で、自分の本質、自分がどういう人間で、何を本当に求めているのかを見失ってしまい、それを歪んだ形で外に投影している、ということですね。後光のように見える宗教の幻影をはぎ取っていくことが、「歴史」の課題、言い換えれば、「歴史」の必然だというわけです。その「歴史の課題」に参与することが、「哲学の課題」だというのは、まさにヘーゲルの歴史哲学の発想ですが、ヘーゲルが「歴史」のポジティヴな発展の中に「理性＝絶対精神」の働きを見出すのが「哲学」の仕事だと見ているのに対し、マルクスの「哲学」はむしろ、「歴史」の中に人間の社会的現実の歪みとそれと連動する意識の歪みをあぶり出し、治療・矯正することを役割としているようです。

「宗教への批判→法への批判」「神学への批判→政治への批判」という移行は、宗教それ自体に対する批判は一応済んだので、今度は、宗教を生み出している現実に直接関わる法・政

「疎外 Entfremdung」：自己の本質を「外化」する、外に現すというニュートラルな意味で使われる。
「自己疎外 Selbstentfremdung」：明らかにネガティヴな意味。厳しい現実の中で、自分の本質、自分がどういう人間で、何を本当に求めているのかを見失ってしまい、それを歪んだ形で外に投影している。

ヘーゲルの歴史哲学：「歴史」のポジティヴな発展の中に「理性≒絶対精神」の働きを見出すのが「哲学」の仕事。後光のように見える宗教の幻影をはぎ取っていくのが「歴史」の課題⇒「歴史」の必然。その「歴史の課題」に参与することが、「哲学の課題」だ。

マルクスの「哲学」：「歴史」の中に人間の社会的現実の歪みとそれと連動する意識の歪みをあぶり出し、治療・矯正する役割。

治制度の批判に移るべきだということでしょう。ヘーゲル左派は、ヘーゲル哲学、特に国家の在り方を論じた法哲学の影響を受け、ヘーゲルと批判的に取り組んだつもりだったけど、これまで主としてヘーゲルにとっては周辺的な問題である宗教の批判に取り組んできた。社会的な関係性こそが問題だと分かった以上、社会的関係性を規定する法や政治の問題、ヘーゲル哲学本丸の批判に取り組むべきだ、というマニフェストでしょう。これまでお話ししてきたように、ヘーゲルの法哲学は、狭義の「法」だけ扱っているわけではなく、慣習から生じる規範である「人倫」や国家体制も扱っています。無論、ヘーゲルの法哲学は、ドイツの法・政治の実体そのものではありませんが、ドイツの進歩的知識人の多くが支持している以上、ドイツの現実を何らかの形で反映している、一種の疎外形態だと見なせるでしょう。

この序説に続く詳論――右に述べた仕事への一寄与である――は、さしあたり原物ではなくて一つのコピーに関わり、ドイツの国家哲学や法哲学に関わるものであるが、その理由はほかでもなく、それがドイツに関わるものだからである。

「詳論」とは、先ほどお話しした、未完に終わった「ヘーゲル法哲学批判＝ヘーゲル国法論批判」のことです。「コピー Kopie」と言っているのは、つい先ほどお話ししたように、ヘーゲルの哲学はドイツの現実そのものではなく、それを模写したものにすぎないわけです。無論、人々の幻想を反映した形で歪んだ現実を描き出す偽りの哲学として告発しようとしているわけです。

もしもドイツの現状〔status quo〕そのものを問題としようとするならば、たとえ唯一の適切な仕方、つまり否定的な仕方でそれをやるとしても、その結果はつねに一つの時代錯誤であるだろう。わが国の政治的現在の否定でさえも、そのような否定はすでに、近代諸国民の歴史の物置小屋のなかに、埃をかぶった事実として見

> いだされるのである。髪粉をつけたかつらを否定したとしても、やはりまだ髪粉なしのかつらを身につけている。一八四三年のドイツの状態を否定したとしても、フランス暦からいえば、私はやっと一七八九年のところにいるかいないかであって、現在という時代の焦点に立っているどころではない。

ややこしそうな言い方をしていますが、要はマルクスがこれを書いている一八四三年時点のドイツの政治はものすごく遅れていて、まだフランスの大革命前の状態と同じだと言いたいわけです。五十数年のギャップがあるわけですね。だとすると、ヘーゲルの法哲学も、そうしたドイツのアナクロな現状を基準にした法哲学だということになります。これは実際そうでしょう。ドイツ自身は市民革命を経験していないのに、革命によって国家がかき回され、解体する危険を怖れて、自由主義的なものを抑え込むためにできあがったのがメッテルニヒの復古体制です。ヘーゲルは、それを知りながら、オーストリアと共に復古の道を歩んでいるドイツの現状を、国家によって市民社会の限界を乗り越えた新たな体制であるかのように言っているのですから、マルクスにこういう風に批判されるのも致し方ないでしょう。

> 　まったく、ドイツの歴史が自讃しているのは、歴史の領域でどんな国民もまだやったこともなく、今後も真似することもあるまいと思われるような動きである。すなわち、われわれは近代諸国民と革命を共にしないで、ただ復古だけを共にしたのであった。われわれのところで復古がおこなわれたのは、第一に、他の諸国民があえて革命をおこなったからであり、そして第二に、他の諸国民が反革命の厄にあったからであり、はじめはわが国の支配者たちが恐怖を感じたからであり、次にはわが国の支配者たちが恐怖を感じなかったからである。われわれは、われわれの牧者を先頭に立てて、ついにたった一度だけ自由の社会に加わったのであるが、それは自由の社会の埋葬の日にであった。

ここで「復古」とか「反革命」と言っているのが、ウィーン体制下の政治だと考えれば、すんなり理解できるでしょう。「わが国の支配者たちが恐怖を感じた」と「わが国の支配者たちが恐怖を感じなかった」と言っているのが矛盾しているように聞こえますが、最初の恐怖が、「他の諸国民があえて革命をおこなった」ことに関わっているのに対して、二つ目は、「他の諸国民が反革命の厄にあった」ことに関わっているのでしょう。

最初の方は、革命が自分たちの支配体制をも崩壊させてしまうかもしれないという単純な恐怖でしょう。二番目で問題になっている「反革命 eine Konterrevolution」というのは、フランスにおけるブルボン王家の復帰をはじめとする、フランス革命以前の政治状態に戻そうとする動向のことでしょう。マルクスからすると、そうした反動的な政策をごり押しすると、かえって、体制を危うくしかねないのに、支配者たちはその可能性はあまり考えず、自由主義の空気を元に戻せるかのように、復古政策を断行した、ということでしょう。

「牧者 Hirten」というのは、保護者然とした態度で、国民の知性や自立への意志を認めない、支配者たちのことでしょう。「たった一度だけ自由の社会に加わった」ことが、「自由の社会の埋葬」になったというのは、恐らく、ナポレオンからの解放戦争のことを言っているのでしょう。ヨーロッパ諸国民の真の自由の実現の契機になったかもしれないのに、逆に反動政策の原点になった。

初期のマルクスは、ドイツの特殊な状況を強く意識していました。この少し後に書かれる、未完に終わったエンゲルスとの共著『ドイツ・イデオロギー』という著作は、マルクス研究の専門家たちの間では、「唯物史観」や「イデオロギー」についてのマルクスの基本的な考え方が最初に打ち出された著作として知られていますが、表題通り、ドイツ社会の後進性ゆえのイデオロギーの特殊性もかなり意識しています。

ちなみに、マルクスがこれを書いた一八四三年の時点では、プロイセンはまだ憲法を制定していません。制定するのは、三月革命のあった一八四八年の一二月です。その後、プロイセンは次第に議会を重視する方針に転化していきます。

七五頁に、歴史的な経緯をそのまま正当化してしまう学派として、「歴史法学派」のことがやり玉に挙げられていますね。「歴史法学派」というのはサヴィニーを元祖とする学派で、文字通り、民族ごとに固有の歴史を持つ法の在り方を重視しました。普遍的な法の発展の道筋を哲学的に明らかにしようとするヘーゲルの影響を受けた学派とは対立してきましたが、マルクスから見れば、ドイツの現状を正当化している以上、同じ穴の貉ということでしょう。

――ドイツ人たちに自己欺瞞と諦観の余裕を瞬時も与えないことが肝要なのだ。彼らに抑圧を意識させるこ

> とによって現実の抑圧をさらに重苦しいものとし、屈辱をあからさまに曝すことによって、それをさらに屈辱にみちたものにしなければならない。ドイツ社会の各領域を、ドイツ社会の恥部〔partie honteuse〕として描きだされねばならず、これらの石化した状態にそれ独特のメロディを歌ってきかせることによって、むりにも踊らせなければならない。国民に勇気〔courage〕をおこさせるために、自分自身〔のみじめさ〕に驚愕することを教えねばならない。

かなり主観的な感じがしますが、後のマルクス主義のイデオロギー戦略の基本姿勢が現れていますね。ドイツ人は自分たちの「抑圧 Druck」を意識していないので、客観的に現状を教えてやっても受け付けない。だから、意図的にドイツの現状の悲惨さをいやというほど強調する形で描き出し、屈辱を感じさせないといけない。荒療治をしようというわけですね。現代のサヨクの人たちは、無自覚的に実際より悪いことばかりが目に入ってしまって、それを脊髄反射的に口にしてしまうのでしょうが（笑）。

> しかも近代的諸国民にとってさえ、ドイツの現状の偏狭な内容にたいするこの闘争は、無関心事ではありえない。なぜなら、ドイツの現状は旧体制〔ancien régime〕のあけすけな完成であり、そして旧体制は近代国家の隠された欠陥であるからだ。ドイツの政治的現在にたいする闘争は近代的諸国民の過去に対する闘争であって、この過去のなごりに近代的諸国民はいまだに悩まされているのである。近代諸国民のところで悲劇を体験した旧体制がドイツに亡霊として現われ喜劇を演じるのを見るのは、彼らにとって啓発的なことである。

ここの理屈は分かりやすいですね。ドイツの「現状」には、あらゆる近代国家が克服すべき「過去のなごり」が凝縮し、実体化しているので、ドイツの問題をもはや自分たちにとっては関係ない問題と見ることはできないはずだ、という理屈ですね。因みに、「諸国民」は、原文では、言語を中心とする文化共同体を意味する〈Nation〉ではなく、「民衆」「人民」「民族」などいろんな意味で使われる〈Volk〉という単語の複数形が使われています。また、「亡霊」の原語は、『共産党宣言』の冒頭で有名な〈Gespenst〉ではなく、「再び来るもの」というのが原義のフランス語の〈Revenant〉が使われています。レオナルド・ディカプリオ（一九七四ー）が主演の映画にこのタイトルのものがありましたね。デリダ（一九三〇－二〇〇四）にマルクスをめぐる「亡霊―妖怪」系の語彙の意味を分析した『マルクスの亡霊たち Spectres de Marx』（一九九三）で、〈Gespenst〉はもちろん、〈Revenant〉についても論じています。あと、マルクスはこの連続講義の第5回目に見る『ルイ・ボナパルトのブリュメール十八日』（一八五二）でヘーゲルを援用する形で、世界史の重要な出来事や人物は二度登場する、最初は悲劇として、二度目は笑劇（Farce）として、と述べています。「喜劇 Komödie」と「笑劇」は違いますが、主旨は同じですね。最初は犠牲を伴うものすごくショックなことでも、しばらく後になって、二匹目の泥鰌を狙ってそれと同じパターンのことを繰り返すものが出てくると、その間抜けっぷり、時代遅れ加減を笑ってしまう。フランス革命に見られる旧体制の没落は、旧体制下に生きる人にとって確かに「悲劇」だったけど、

> これに反して、現在のドイツの体制は一つの時代錯誤であり、一般に認められた諸原則にたいする明白な矛盾であり、衆目にさらされた旧体制の空しさなのであるが、それでもなお自分では、みずからが信頼にたると思いこみ、そして世間に対し同じように思いこむことを要求している。

これもイデオロギー批判的な話ですね。ドイツの体制はものすごく古くて、そのままではやっていけないのが第三者的には明白なのに、支配者たちは何とかうまくやっていけてるつもりでいる。そういう、今風に言うと、ゾンビのようなドイツの体制を批判することにどういう意味があるかというと、

> 近代の政治的・社会的現実そのものを批判に付すことになり、したがって批判を真に人間的な問題にまで高めることになるやいなや、たちまち批判はドイツの現状の外部に出てしまう。さもなければ、批判はその対象を対象以下のところでとらえることになろう。一例をあげよう。政治的世界に対する産業の、一般的にいって富の世界の関係は、近代の一つの主要問題である。この問題は、どういうかたちでドイツ人に取扱われはじめているか？　保護関税、禁止制度、国民経済というかたちである。ドイツ国粋主義は人間から物質に乗り移り、そしてある朝、わが国の木綿の騎士たちと鉄の英雄たちは、自分が愛国者となっているのを知ったのであった。だからドイツでは、独占に対外的な至上権を付与することによって、独占

の至上権を対内的に認めはじめるのである。したがって、フランスやイギリスで終末を迎えはじめていることが、ドイツではいまやっと始まりかけているのである。これらイギリスやフランスという国々では理論的に批判にさらされている状態、そしてこれらの国々がやっと鎖に耐えるように耐えている古びた腐敗した状態が、ドイツでは美しい未来をつげる曙光として迎えられ、しかも狡猾な理論からまったく仮借のない実践へと敢えて移行しようとはしないのである。フランスやイギリスでの問題は、政治経済かそれとも富にたいする社会の支配かということであるのに、ドイツでの問題は、国民経済かそれとも国民に対する私的所有の支配かということである。

「批判はドイツの現状の外部に出てしまう」とか「批判はその対象を対象以下のところでとらえることにな(る)」というのは難しそうな言い方ですが、要は、ドイツに残る旧体制の問題を掘り下げていくと、ドイツだけでなく、英仏など他の西欧諸国とも共通する問題に行きあたる、ということでしょう。それは経済の問題です。

フランスやイギリスでは、アダム・スミスが想定する自由主義的な経済政策を経て、本当に自由主義経済だけでいいのか、と論じられる段階になっている。弱肉強食だけでいいのか、貧民が増えてもいいのか等の議論をしている。英国では一八二〇年代から、全国レベルで労働組合が組織化されるようになり、ロバート・オーウェン(一七七一-一八五四)の社会主義思想が影響を与えるようになっていました。三〇年代から普通選挙の実現を求めるチャーティスト運動が盛んになりましたが、この運動は、労働者への教育、救貧法の改悪反対、労働環境の改善を目的とする工場法制定などを政策に掲げました。フランスでもシュタインが紹介しているように、社会主義思想が影響力を拡大している。

ところがドイツ諸邦では、保護関税制度に代表されるような重商主義的・自由主義以前的な経済政策が幅を利かしている。「木綿の騎士」とか「鉄の英雄」というのは、国家の保護を受けている繊維工業や鉄鋼業の事業者ということでしょう。ここで「狡猾な理論 die listige Theorie」と言われるものについて、訳注では、フリードリヒ・リスト(一七八九-一八四六)の保護関税論等を念頭に置いていると指摘されていますね。リス

フリードリヒ・リスト

トは、スミスやリカードのように普遍的な経済法則を発見してそれを政治に適用しようとするのではなく、国民ごとの歴史的な発展に適合した経済の在り方があるとする、経済学上の「歴史学派」の元祖ともされる人です。彼は、一八三三年にプロイセンを中心に形成されたドイツ関税同盟を、かねてから理論的に提唱し、その実現のための活動を続けた人です。関税同盟は、ドイツ諸邦の関係について見れば、自由貿易の推進を意味しますが、同盟外に対しては、保護主義的な性格を持ちます。現代のＥＵとか、○○経済圏構想と同じですね。無論、関税同盟を結成したうえで、外に向かっても開いていくという戦略も考えられますが、リストを閉ざしていくべきことを主張しました。「狡猾」というのは、そうした自由主義とも保護主義とも取れる両面性、あるいは、歴史的発展段階などを理由に、保護主義的政策を取ることを正当化していることを指しているのでしょう。リストは『ライン新聞』の編集長のポストを打診されたことがあり、彼が病気を理由に断ったので、マルクスが就任することになりました。そういう因縁がある人物です。

「政治経済 Politische Ökonomie」と「国民経済 National-Ökonomie」を使い分けているようですね。「政治経済」というのは、一八～一九世紀には今日の「経済学 economics（Ökonomie）」のことを指していました。〈economy〉の原義が、ギリシア語で言うところの〈oikos〉、つまり家の経営、つまり家政であったのに対し、ポリス（国家共同体）全体の経営という意味でこの言葉が使われるようになりました。その意味で、「政治経済」と「国民経済」は元々同じような意味合いの言葉で、マルクス自身も「政治経済」と「国民経済」をほぼ同義で使っていることが多いのですが、ここでは、リストのように「国民」という単位を囲い込むような経済思想のことを、「国民経済」と言っているのでしょう。

「富にたいする社会の支配 Herrschaft der Sozietät über den Reichtum」というのは、社会主義的な体制のことでしょう――ここでも〈Sozietät〉という言葉が使われていますが、この場合は、ポジティヴな意味での結合、社会的連帯のようなことでしょう。「国民に対する私的所有の支配 Herrschaft des Privateigentums über die Nationalität」というのは、純粋な資本主義的な所有体制ではなくて、「国民経済」が君主の私的財産であるかのように、恣意的に扱われている、というような皮肉な意味で言っているのでしょう。ヘーゲルの同時代人でドイツ国家学に強い影響を与え、この当時も存命であったスイスの国法学者ルートヴィヒ・フォン・ハラー（一七六八－一八五四）は、国家は君主の所有物であるとする「家産国家 Patrimonialstaat」論を展開しました。

ドイツの現状――近代的な「国家」そのものの抱える根源的矛盾

八〇～八一頁にかけて、ドイツの状態は、ドイツ人もバカにしているロシア人と同じレベルだという話が出てきます。比喩的に、古代ギリシア人に対するスキティア人の関係が引き合いに出されていますね。スキティア人というのは、ギリシアのかなり東方、黒海辺りに居たとされる蛮族で、地理的な関係から、ロシア人と結び付けられることが多いです。ギリシアの哲学者の中にスキティア人が混じっていたからといって、スキティア人が文明のうえで前進したことにならない、ということが述べられていますね――訳注によると、前六世紀のスキティア出身の哲学者アナカルシスが念頭に置かれているということですね。つまり、その国から先見の明がある優れた哲学者が出たとしても、それで国の政治的・経済的状況が変わるわけではない、というわけです。

で、マルクスがこれを書いていた当時のドイツ哲学の状況はどうかというと、

> ドイツ哲学はドイツ史の理念的な延長である。したがって、われわれの実際の歴史の未完成作品〔œuvres imcomplètes〕を批判する代わりに、われわれの観念的歴史の遺作〔œuvres posthumes〕である哲学を批判するとき、われわれの批判は、それこそ問題だ〔That is the question〕と現代が言っている諸問題のまっただなかに立つことになる。先進諸国民のもとでは近代的国家状態との実践的な対決であるものが、そうした国家状態そのものがまだ一度も存在したことのないドイツでは、まずそのような国家状態の哲学的反映との批判的な対決となる。

「ドイツ哲学」が、「ドイツ史」の現状を理念的に表現しているという前提で、「ドイツ哲学」を批判する、というマニフェストですね。それが、「近代的国家状態 Staatszustände」との実践的な対決でもある、というこ

領邦国家に分裂した状態の当時のドイツ（1815～66年）

とです。どういう理屈で、「ドイツ哲学」に対する批判が、何故ドイツの現状に対する批判になるのか？　現状を直接批判した方がいいのではないか、と普通は思いますね。ポイントは「近代的国家状態」です。何度も言っているように、ドイツにはまだ統一国家がなく、それぞれの領邦国家は家産国家的でフランス革命前的な状態にあるので、普通の意味での〝国家批判〟はできません。だから、今現在、統一された近代国家があるとしたら、という前提で議論をしなければならない。その仮想の国家のモデルを、それを先取りしているように思えるヘーゲルの法哲学を批判の標的にしよう、というわけです。

これでもまだ建前的でピンと来ないかもしれませんね。よく言われることですが、政治的・社会慣習的に進歩した国では、政治・社会思想がそのまま現実になる可能性があるので、あまり観念的な議論をする必要はさほどありません。トクヴィルも『アメリカの民主主義』（一八三五、四〇）で、アメリカ人は生まれつきのデカルト主義者として、他人に頼らない自立した生き方を実践しているので、哲学をあまり必要としないようだ、と述べています――これは二〇世紀後半までずっと言われ続けたことです。しかし政治的後進国では、基本的制度が遅れているので、すぐに変化が起こりません。しかし、先進国からの最先端の政治・社会思想は既に輸入され、知識人の間でそれなりに議論は行われる。というよりむしろ、現実の変化が少ないので、頭の中で変化を求める哲学的な議論だけどんどん先鋭化していく傾向がある。ドイツで観念論哲学や現象学、実存主義などが発達し、ロシアでマルクス主義やロシア正教の影響を受けた実存思想や文学が発展した理由として、よくそういうことが言われます。日本でマルクス主義の文献学的研究がものすごく高度に発展したのもそのためかもしれません。

「観念的歴史の遺作」という言い方には、単にヘーゲルの死後ドイツ観念論が衰退したということだけでなく、そういう頭でっかち傾向のことが含意されているのかもしれません。無論、そういう元も子もないドイツ哲学の現状をストレートに認めると、マルクス自身も頭でっかちの現実離れした論争に参戦したがっているイタイ奴になってしまいます。そこでマルクスは、ある意味格好をつけているわけです。自分は、ドイツの来るべき〝仮想の国家〟を描き出しているかに見えるヘーゲルなどの哲学を検討することを通して、そういう観念論的な乖離をめぐる問題も同時に批判の俎上に載せることにする。そういうことにしたいのでしょう。

因みに、マルクス主義系の学者、左翼知識人は、従来の支配的な哲学を論破することによって、現状も変えられると思っている人がわりと多いです。マルクスによれば、哲学なんて、上部構造に属するイデオロギーの一種にすぎないはずですから、哲学的論争ごときで世の中が変わると思い込むのは極めて非マルクス的な発想ですが、その肝心なところを理解しないで、延々と神学的な論争をしているマルクス主義者が昔はかなりいました。今でも、左翼であると否とに関わらず、その手の神学論争に拘り、論争で世界を変えるつもりの人が、一部の学問分野——法哲学とか理論経済学——に若干残っています。そういう意味で、マルクス主義は、キリスト教神学と深いところで、発想が似ているのかもしれません。神学的世界観が支配している時代や地域では、その支配的な教えを論破して新しい教えを立てたら、社会が変わると考えるのは、分からなくもありません。しかし、西欧＝近代化を通過した現代社会では、そんなに強力で包括的なイデオロギーは存在しませんし、先ほどの引用に見られるように、マルクスは「政治的現実」と、それに関する哲学的思考の間の観念論的ギャップを意識していたはずです。

あと、「それこそ問題だ」というのは、『ハムレット』からの引用です。マルクスはシェイクスピアからの引用が多いので有名です。『マルクスの亡霊たち』では、『ハムレット』の亡霊（ghost）と、「共産主義の亡霊＝妖怪（Gespenst）」が関係付けられています。

——ドイツの法哲学と国家哲学は、公的な近代的現在と同一水準〔al pari〕にある唯一のドイツ史である。

> それゆえドイツ国民は、自分のこの夢の歴史を自分の現存状態とひとまとめにして、この現存状態だけではなしに同時にそれの抽象的延長をも批判に付さねばならない。ドイツ国民の未来は、その国家と法の実在的状態を直接に否定することだけにも、またそれの観念的状態を直接に完成させることだけにも、限られることはできない。なぜなら、ドイツ国民は、その実在的状態の直接の否定をその観念的状態のなかに保持しており、そしてその観念的状態の直接の完成は、近隣諸国民の見解のなかにもうほとんど受けつがれてしまっているからである。したがって、ドイツにおける実践的な政治的党派が哲学の否定を要求するのは正当である。

「ドイツの法哲学と国家哲学」というのは具体的にはヘーゲル哲学のことでしょう。「公的な近代的現在 die offizielle moderne Gegenwart」というのは、これはドイツではなくヨーロッパの政治文化の先端、あるいはそこまで言わなくても、既に標準化しつつある水準、自由民主主義的な常識の水準というようなことでしょう。「公的」と言うと、何か普遍的な妥当性があるかのような響きがありますが、原語は〈offiziell〉です。どちらかというと、表面的に通用している、というようなニュアンスだと思います。「公式的な近代的現在」と訳した方がいいでしょう。その公式的な水準から見ても、ドイツの政治の「現存状態 bestehende Zustände」あるいは「実在的状態 reelle Zustände」は半世紀以上、遅れているけれど、ヘーゲルの法哲学で描かれている「(ドイツ)法」の「観念的状態」は、ヨーロッパの公式的な水準に一応見合うところまで行っている。その「観念的状態」は、実在的状態を「否定」しようとしている。ヘーゲルやその弟子であるガンス(一七九七―一八三九)などは、現状の「否定」が弁証法的な更なる発展の契機になると考えていたのでしょう。マルクスは、ヘーゲル法哲学が歴史的発展の正しい道筋を示しているとは思っていないけど、現実を「否定」してそれに代わる観念的な「理想」を示していることは認めているようです。

そういう前提の下で、ヘーゲルの法哲学を、「現存状態」の「抽象的延長 abstrakte Fortsetzung」、つまり現在の法状態に潜在的に含まれている理念的な部分を可視的に表象したものと見なし、それを含めた「批判」をしなければならない、とマルクスは言っているわけです。どうして、前者だけでなく後者も批判しないといけないのかと言うと、「批判」の目的が現状の問題を克服し、方向性を示すことであって、単に欠点をあげつらうことではないからです。ヘーゲルの法哲学がヨーロッパの公式的な現在に対応しているとすれば、頭から拒絶・無視するのではなく、ヘーゲル法哲学の中に表現されている、ドイツの法・国家体制がこれから向かっていきそうな方向性、あるいは、ヨーロッパの法の公式的な現状を批判的に検証することが必要ではないか、というわけです。

「ドイツにおける実践的な政治的党派」というのは、次第にヘーゲル哲学それ自体から離れるようになった「青年ヘーゲル学派」、あるいは、一八三七年にパリに亡命しているドイツ人活動家や遍歴職人によって結成された、共産主義を志向する「正義者同盟（義人同盟）Bund der Gerechten」のことを指しているのでしょう。これは後にマルクスとエンゲルスが指導権を握ることになる「共産主義者同盟」の前身です。マルクスは実践家の人たちが、現実離れした「哲学」を軽蔑しているのももっともだとしながら、彼らの姿勢の問題点も指摘します。

> 彼らの視野は狭く限られているので、哲学もまたドイツ的現実の域内に含まれているとはみず、あるいはまた哲学はドイツの実践やそれに仕える理論よりも下位にあるとさえ思いこんでいる。君たちは、現実的な生命の萌芽を問題にすべきだと要求するが、しかし君たちは、ドイツ国民の現実的な生命の萌芽がこれまではただ国民の頭蓋のなかだけで育ってきたことを忘れている。一言でいえば、君たちは哲学を実現することなしには、哲学を揚棄することができないのである。

「哲学」の中に、今の現実とは異なる観念的形態が形成され、それが一定の影響力を及ぼしていることも、ドイツの現実の一部であることを認めるべきだということですね。その「哲学」の中に、これからの現実の歴史の発展の方向性を示すものがあるはずなので、それを明らかにしたうえで、方向指示器である「哲学」がまともな方向に向かっていくよう軌道修正させたうえで、実現するよう持っていくべきだというわけです。マルクスは、ドイツの「哲学」の現状を批判しているけれど、少なくともこの時点では、「哲学」が歴史の戦いの最前線であるという、ヘーゲル的な発想をしていたと言えるでしょう。

> ドイツの国家哲学と法哲学は、ヘーゲルによってもっとも首尾一貫した、もっとも豊かな、もっとも徹底したかたちで示されたのであるが、これに対する批判は二面をもっており、近代国家とそれに連関する現実の批判的分析であるとともに、またドイツの政治的および法的意識の従来のあり方全体の決定的否定でもある。そしてこのドイツの政治的および法的意識のもっとも優れた、もっとも普遍的な、学にまで高められた表現こそ思弁的法哲学そのものにほかならない。この思弁的法哲学は近代国家の抽象的な途方もない思考なのであり、近代国家の現実性は、たとえただライン河の彼岸にすぎないとしても、どこまでも彼岸のものにとどまる。このような思弁的法哲学はただドイツでだけ可能であったとすれば、逆にまた現実的人間を捨象するドイツ的な近代国家の思想像が可能であったのも、ひとえにただ、近代国家そのものが現実的人間を捨象しているからであり、またその限りにおいてなのである。

これまで私が示唆していたように、マルクスはヘーゲルの法哲学を、ドイツ的な法的・政治的意識が、普遍的な学、「思弁的法哲学」へと高められていった、その最高峰として位置付け、評価したうえで、批判しようとしているわけですね。また、ヘーゲルの法哲学のそうした極度の思弁性と共に、ヘーゲルが想定している理想の市民社会や国家を、ある程度まで、プロイセン等の諸邦の現実を反映しているものと見ているわけですね。元々、かなりヘーゲルの影響を受けていたことが窺われます。そもそも強い影響を受けていなかったら、先輩のヘーゲル左派の論客たちがヘーゲル離れを起こしているのに、改めてヘーゲルを根本的に批判する著作を構想したりしないでしょう。その仕事は途中で放棄したわけですが。

「ライン河の彼岸」というのは、具体的にはフランスのことです。革命を通過して、政治的進歩の最先端にいるフランスです。ナポレオン時代、ライン河の左岸はフランス領に組み込まれ、〝先端地域〟になっていました。その「彼岸」に、精神世界、イデア的世界という意味での「彼岸」という意味を被せています。

マルクスは、ヘーゲルの法哲学の畏るべき観念性・思弁性をある意味評価しているわけですね。普通の法哲学や政治哲学は、むしろ現実に引っ張られがちです。現実の国家があって、それを改善するために思索しているのだから、いくら観念的になろうとしても、ついつい現実を基準に考えてしまう。というより、政治家に話を聞いてもらって、自分の意見を取り入れてほしいから。しかしヘーゲルは、現実を延長した思弁的抽象をどんどん先に進めていき、自己完結し、それなりに一貫性のある国法の体系を作り出した。今風の言い方をすると、ある意味、すごい！ということでしょう（笑）。日本の場合は、自分たちの言論が政治を動かすと勝手に思い込んで、観念的なことを言うので、評価できませんが（笑）。

マルクスは、そのように観念だけ先に進んでいくドイツの状況は確かに極端だけれど、近代国家における理念と現実の遊離を象徴している、とも言える、ドイツの遊離の仕方を分析することを通じて、近代的な「国家」そのものの抱える根源的矛盾を明らかにできるのではないか、そう考えているのでしょう。

ドイツは他の諸国民の理論的良心であった。ドイツの思考の抽象性や超越性は、他の諸国民の現実の一面性や矮小性といつも歩調を合わせていた。だから、ドイツの国家制度の現状が旧体制の完成、すなわち近代国家の肉のうちなる刺の完成をあらわしているとすれば、ドイツの国家認識の現状は近代国家の未完成、近代国家の肉そのものの腐敗をあらわしているのだ。

「諸国民の理論的良心」というのは、恐らく本心から言っているのではなく、アイロニカルな表現でしょう。他の近代国家は、自分たちは既に立派に完成したものと思ってタカをくくっているのに対し、ドイツの哲学は現状に抗して徹底的に観念的に思弁しようとするので、現状との違いが際立ち、結果的に、近代国家の問題をあぶり出すことになる。それは、ヨーロッパの良心の呵責のようなものだということでしょう。

批判の武器はもちろん武器の批判にとって代わることはできず、物質的な力は物質的な力によって倒されねばならぬ。しかし理論もまた、それが大衆をつかむやいなや、物質的な力となる。理論は、それが人間に即して〔ad hominem〕論証をおこなうやいなや、大衆をつかみうるものとなるのであり、理論がラディカル〔根本的〕になるやいなや、それは人間に即しての論証となる。ラディカルであるとは、事柄を根本において把握することである。だが、人間にとっての根本は、人間自身である。ドイツの理論がラディカリズムである明白な証明、したがってその理論の実践的エネルギーの明白な論証は、その理論が宗教の決定的な、積極的な揚棄から出発したところにある。宗教の批判は、人間が人間にとって最高の存在で

あるという教えでもって終る。したがって、人間が貶しめられ、隷属させられ、見捨てられ、蔑視された存在となっているような一切の諸関係——畜犬税の提案にさいして、或るフランス人が「あわれな犬よ、おまえたちを人間並みにしようというのだ!」と叫んだ言葉でもっともみごとに描きだされているような諸関係——をくつがえせという無条件的命令をもって終るのである。

「理論」がそれぞれの人間にとってしっくりくる論証を行ったら、大衆を動かし、社会を変える物質的な力になるというのは、それ自体としては、ものすごく普通の主張です。ただ、後のマルクスが、実際に社会を動かすのは下部構造であるという建前を前面に出して、自らの理論も含めて〝理論〟一般を過小評価せざるを得なくなっているのに比べると、この時期のマルクスは、「人間」自身についての真実を明らかにする「理論」は、「実践」へと転換し得ると確信を持っている感じですね。因みに、「人間に即して ad hominem」「論証をおこなう demonstrieren」というのは、文字通りにとれば、論理学で間違った論法の見本とされている「対人論証 argumentum ad hominem」です。通常の科学では、人間の主観に左右されない論理が要求されますが、当時のマルクスは社会・政治・経済の問題に関する「理論」は、むしろ、研究対象と研究する主体、書き手と読み手の、「人間性」という面での繋がりに依拠すると考えていたようですね。アルチュセールが初期マルクスを人間学主義だと言って切り捨てたくなる〝気持ち〟も分かりますね。

ドイツでヘーゲル左派が集中的に「宗教」と闘ったのは、現代人の感覚からすると、ドイツが遅れていて宗教による精神的支配がまだ強かったからだということでしょうし、同時代人もドイツの状況をシニカルに見ている人は、そう見ていたことでしょう。マルクスもそう言いそうなものですが、意外なことに、それを評価していますね。宗教との闘いを通して、特に宗教の本質は人間相互の愛であるとするフォイエルバッハなどの理論によって、「人間が人間にとって最高の存在 (das höchste Wesen) である」という認識に達したことを肯定的に評価している。「一切の諸関係をくつがえせという無条件的命令」というのは、神が人間を作ったという神学的認識を転倒すべきとするフォイエルバッハの主張を実践的に読み替えたものでしょう。「無条件的命令」の原語は〈der kategorische Imperativ〉、カントの定言命法ですね。

フランスのような、〝人権〟先進国だと、人間が第一なのは当たり前ということで深く考えもせず曖昧になりがちなところが、「宗教」を生み出さざるを得なかった人間的な価値の正体にまで考察を進めていくことに繋がった、ということでしょう。「畜犬税 Hundesteuer」の話は少し分かりにくいのですが、これは「犬」を飼っていることに対する税金で、直接的には、個々の犬に税金をかけることによって、犬を、納税の〝主体〟である人間並みに扱ってやるようにする、ということですが、言いたいのは、社会の上層にいないほとんどの人間は、犬のように何も考えないで、ただ主人に従属するだけの存在になっていて、ただ納税の義務だけ課されている、ということでしょう。

> 歴史の上でも理論的解放はドイツにとって特別の実践的意義をもっている。すなわち、ドイツの革命的過去も理論的なものであり、宗教改革がそれである。当時は僧侶の頭脳のなかで、現在は哲学者の頭脳のなかで、革命が始まるのだ。

これはちょっと意外ですね。「宗教改革」の革命的な意義を評価しているわけですね。唯物史観の立場を鮮明にした後のマルクスでは考えにくいことですね。因みに前回紹介した保守主義的な法哲学者シュタールも、「宗教改革」が法と政治の発展において特別な意味を持っていたことを強調します。マルクスはさすがに、彼の時代に「宗教」を中心とした革命が可能だと思ってはいないけれど、「哲学」がそれと同じような役割を果たし得ると見ているわけです。現実を突破する、ドイツ的な「宗教」のラディカルな思弁性を、ドイツ的な「哲学」が継承しているというわけですね。確かに、現実における改革がある程度うまく行って、人々が観念的に燃え上がっていないところよりも、宗教や哲学を舞台に激しい論争が行われているドイツの方が、「哲学」が実践的な力を発揮し得るという推測は成り立ちそうですね。

> ルターはたしかに献身による隷従を克服したが、それは確信による隷従をもってそれに代えたからであった。彼は権威への信仰を打破したが、それは信仰の権威を回復させたからであった。彼は僧侶を俗人に変えたが、それは俗人を僧侶に変えたからであった。彼は人間を外面的な信心深さから解放したが、それは信心を内面的な人間のものとしたからであった。彼は肉体を鎖から解放したが、それは心を鎖につない

――だからであった。

封建社会の解体とか商業の発達といった経済的な話ではなく、ルター（一四八三－一五四六）による信仰の徹底した内面化の試みにマルクスは注目したわけですね。先ほどからの徹底したドイツの観念性・思弁性に革命の契機を見ようとする発想と連続していますね。

しかし、プロテスタンティズムは課題の真の解決ではなかったにせよ、課題の真の提起ではあった。もはや問題は、俗人がその外なる僧侶と闘争するところにではなく、彼自身の内なる僧侶、自分の僧侶根性と闘争するところにあった。そして、プロテスタンティズムがドイツの俗人を僧侶に変えたことが、俗界の教皇たる君侯たちを、彼らの僧徒たる特権者や俗物たちと一緒に解放したとすれば、哲学が僧侶的なドイツ人を人間へと変えることは、国民を解放することになろう。だが、解放が君侯たちのところにとどまらないように、財貨の世俗化も、欺瞞的なプロイセンが他に先んじて着手したような教会財産の没収にとどまらないであろう。当時、ドイツ史のもっともラディカルな事実である農民戦争は、神学にぶつかって難破した。神学そのものが難破してしまった今日、ドイツ史のもっとも不自由な事実であるわれわれの現状は、哲学とぶつかって砕け散るであろう。宗教改革の前日には、公式のドイツはローマのまったく無条件的な奴隷であった。

ゴタゴタした書き方をしていますが、前半は、プロテスタンティズムが、外の僧侶階級よりも、「自身の内なる僧侶 eigene innere Pfaffen」との闘いを争点にしたことを評価している、ということは分かりますね。「内なる僧侶」というのは、恐らく、権威主義的メンタリティとか、自発的で自由な信仰の実践よりも、規則ばかり気にする姿勢というような意味でしょう。人々の関心を外的権威ではなく、内面的な問題に向けさせ、少なくとも精神的には解放したことをマルクスは評価しているようですね。

「ドイツ農民戦争」というのは、宗教改革に刺激を受けたドイツ各地の農民たちが教会や封建領主の支配に抗して立ち上がった、大規模な反乱です。一五二四年から二五年にかけて続きました。有名な指導者に、かつてルターの信奉者だったミュンツァー（一四八九－一五二五）がいます。彼は終末が近づいているという前提で、領主や聖職者の支配を打倒して、原初のキリスト教団に似た、素朴な農民たちの共同体を建設しようとしました。ルターは当初農民に同情的な態度を取っていましたが、戦争が本格化すると、はっきりと神の御心に反する行為だと非難し、領主たちに徹底的に弾圧するよう呼びかけました。これは、天上の王国と地上の王国をはっきり分けて考えるルターの二王国論の保守的な側面としてよく引き合いに出される話です。そういうこともあって、ルター派神学はプロテスタント系の諸邦に重宝がられ、国教会化していくことになります。「神学にぶつかって難破した」というのは、このことです。この戦争はマルクスとエンゲルスにとって来るべき共産主義革命の一つのモデルになったようです、エンゲルスは『ドイツ農民戦争』（一八五〇）という著作を著しています。岩波文庫に訳が入っています。

「財貨の世俗化 Säkularisation der Güter」というのは、具体的には、その後に述べられている「教会財産の没収 Kirchenraub」ということでしょう。ナポレオンによってライン左岸が併合されたことで領土を失い、戦争で大きな損害を受けたプロイセン等がそれを補うため、教会の土地、財産を接収し、各地のカトリックの司教領を解体して、埋め合わせにしました。そうやって、宗教自体の力は削がれたけれど、今度は国家が人々の精神を支配するようになった、ということを言外に示唆しているのでしょう。ルター派の教会に支えられたプロイセンは、ドイツ・ナショナリズムも利用しながら、国家への忠誠を尽くすことを人々に内面化させるよう誘導した。ヘーゲルの法哲学はそれに貢献しているわけですが、マルクスは、かつてプロテスタントが「宗教」の内部で成し遂げたような革命を、今度は、「哲学」で成し遂げ、「国民」――原語は〈Volk〉なので、「人民」とか「民衆」と訳した方がいいでしょう――を解放して、「人間」らしい生き方、類的生活ができるようにしよう、ということでしょう。

トマス・ミュンツァー

失うものがないからこそ、革命の主体になれる

　すなわち、およそ革命には**受動的**な要素が、**物質的**な基礎が必要である。理論はつねに、それが一国民の欲求の実現である限りにおいてのみ、その国

> 民のなかで実現される。ところで今、ドイツの思想の要求とドイツの現実の応答との間の途方もない分裂に対して、市民社会の、国家および自分自身との同じような分裂が対応しているであろうか？　理論的欲求はただちに実践的欲求となるであろうか？　思想が〔みずからの〕実現を迫るだけでは十分ではなく、現実がみずから思想となることを迫らねばならない。

理論が実践に移されるには物質的基礎が必要だ、という当たり前の話をしていることは分かりますね。ただ、その割にまどろっこしい言い方ですね。先ほどは「理論」における革命を一方的に表明したけれど、それが国民（人民）の「欲求 Bedürfnisse」に対応していないといけない、ということを改めて確認したのでしょう。前回の「ユダヤ人問題によせて」、そして先ほど見たところでも、「国家」と「市民社会」の間の分裂が話題になりましたが、それと同じような分裂が、マルクスが主戦場にしようとしている「理論」の領域と、市民社会に生きるドイツ人の現実の欲求の間にある、という認識を示しているのでしょう。

> だがドイツは、政治的解放の中間段階を、近代諸国民と同時によじ登りはしなかった。ドイツは、理論的に乗り越えた段階にさえ、実践的にはまだ到達していない。〔…〕ラディカルな革命はラディカルな欲求の革命でしかありえないのだが、そのような欲求の諸前提と産出される場とが、〔ドイツには〕まさに欠けているように見える。

要するにドイツの人民は、革命によって現実を変えたいというラディカルな欲求を感じていないので、「理論」が「実践」に至ることなく、今日まで来てしまった、ということです。この言い方からすると、マルクスは「革命」への「欲求」がないことを単に嘆くだけでなく、それが生じてくる前提条件や場を自分たちで作り出さねばならないと考えているようですね。

> しかしながら、ドイツは近代諸国民の発展の現実的闘争に活動的に参加することなく、ただ抽象的な思考活動だけによってこの発展につきそって進んだとすれば、他方ではドイツは、この発展の歓喜や部分的満足にあずかることなく、この発展の苦痛だけにあずかったのである。一方での抽象的な活動に、他方での抽象的苦痛が対応している。だからドイツは、まだ一度もヨーロッパ解放の水準に立たないうちに、い

つか或る朝、ヨーロッパ没落の水準に身を置くことになろう。ドイツは、キリスト教という病にかかって衰弱している物神崇拝者に似ているといえよう。

ドイツがもっぱら抽象的な思考活動に従事して、具体的な発展はほとんど見られなかった、というのはこれまで散々出てきた話ですが、「苦痛 Leiden」に与るというのがどういうことかすぐにはピンと来ないですね。英国やフランスが、労働者の貧困や政治参加といった問題に現に取り組んでいるのに対し、ドイツはまだ根本的に遅れていて、市民の権利がちゃんと認められているとは言えない段階にあるのだけれど、英仏のような問題の存在は既に理念的に知られている。そのため、実現の目途などずっと先の話のはずなのに、もう既に憂鬱に感じ始めている人たちがいる。そういうことなのではないかと思います。ヨーロッパの政治・経済は繋がっているので、他国の情勢はすぐに伝わります。だから、ドイツ自身はまだ全然、自由と民主主義を享受していないのに、ヨーロッパ全体として自由主義的な国家観を前提とした政治の破綻という危機に直面した時、ドイツも一緒に没落していくかもしれない。この五年後に起こる、二－三月革命はまさにそうした危機の現実化だったと言えるでしょう。

八九頁を見ると、ドイツ諸邦は全ヨーロッパ的な状況に押されて、自分の現状とは関係なく、あたかも立憲国家であるかのように振る舞おうとしているけれど、そのせいで矛盾がかえって露呈している、ということが述べられていますね。フリードリヒ・ヴィルヘルム四世は、自分が封建的、官僚的、絶対主義的、立憲的、専制的、そして民主的な、あらゆる王制を自らの人格（Person）で体現しているかのように演じているが、そうしたヘンテコな折衷主義こそが、ドイツの現状だというわけです。

ドイツにとっては、ラディカルな革命がユートピア的な夢なのではなく、普遍人間的な解放がユートピア的夢なのでもなくて、むしろ部分的な革命、たんに政治的なだけの革命、家の支柱をそのままに残す革命こそがユートピア的夢なのである。部分的な、たんに政治的なだけの革命は、何にもとづいているか？それは、市民社会の一部分が自分を解放して普遍的な支配に到達すること、或る特定の階級がその特殊な立場から社会の普遍的な解放を企てることにもとづいている。この階級は社会全体を解放するが、ただし

――それは、社会全体がこの階級の立場にあるという前提、したがって例えば金力と教養とをもっているか、それとも任意に獲得できるという前提のもとにおいてである。

「部分的な革命」あるいは「政治的なだけの革命」というのが、ポジティヴに評価されているのかネガティヴに評価されているのか分かりにくいですが、ネガティヴです。要するに、「金 Geld」と「教養 Bildung」を持った市民社会の一部、いわゆる「ブルジョワジー」の話です。少し後で、〈Bourgeiosie〉という言葉が出てきますが、この時期はまだ明確に「資本家階級」という意味で使っているわけではないようです。英仏では、市民社会を動かすブルジョワジーは商工業に従事し、経済活動の自由を求めて革命を起こすような人たちを指すのですが、経済と政治の発展が遅れたドイツの場合、「教養」、つまり大学などで受けた教育を資格として、官僚、法律家、学者、教師、医師、ジャーナリストなどの社会的地位を築いた人たちが、市民社会の中心的なメンバーになり、自由と統一を求める運動を指導し、特に三月革命後の、フランクフルト国民議会（一八四八―四九）――統一国家自体がないので、正式の議会ではありません――を結成します。ドイツ史では「教養市民層 Bildungsbürgertum」という言い方をします。

「その特殊な立場 ihre besondere Situation」からの［普遍的な解放（die allgemeine Emanzipation）→普遍的な支配（die allgemeinen Herrschaft）］というのが、抽象的で分かりにくいのですが、金と教養を持っており、その意味で、市民社会全体の代表とは言えない上層市民が、まるで市民社会全体を代表しているかのように、封建的諸侯からの社会の解放と、（自分たちを中心とした）新しい自由主義的原理による支配の確立を目指しているということでしょう。マルクスとしては、全く革命的な動きがないよりはましだけど、部分的な革命によって上層市民による支配が確立され、それが普遍的なものであるかのように思い込まれるのも望ましいことではない。「家の支柱 die Pfeiler des Hauses」というのは、彼らの社会的影響力の経済的・社会的基盤ということでしょう。

――市民社会のいずれの階級も、熱狂の一時機を自身の内部および大衆の内部に喚起することなしに、この役割を演じることはできない。この一時機こそ、その階級が社会全般と心から親しみあって合流し、社会

> 全般と取り違えられ、それの**普遍的代表者**と感じられ認められるような一時機であり、その階級の要求と権利とが真に社会そのものの権利と要求であるような一時機であり、その階級が実際に社会的頭脳、社会的心臓であるような一時機である。

これは「革命」と「階級」についての一般論です。実際に能動的に動いて、革命の動向を決めているのは社会の全体ではなくて、一階級であっても、それが社会全体の「普遍的代表 allgemeiner Repräsentant」と全人民に感じさせるようでないと、革命は成功しない。少なくとも、様々な異なった利害の人たちは、それぞれの欲求の実現のために相互依存の関係にある市民社会では、そうした「代表＝表象」の関係が必要です――これは、『ルイ・ボナパルトのブリュメール十八日』のテーマです。フランス革命の場合は、それまで三部会を牛耳っていた貴族と僧侶が普遍的代表としての地位を占めていたので、第三身分であるブルジョワジーがその役割を奪い取ることが、「普遍的解放→普遍的代表による普遍的支配」に見えていたわけです。シェイエス（一七四八－一八三六）の有名な『第三身分とは何か』（一七八九）には、そうした市民たちの代表する「普遍性 la généralité」が強く主張されています。この書き方を見る限り、マルクスは、一つの「階級 Klasse」の「要求と権利 Ansprüche und Rechte」が実際に、欺瞞ではなく「社会 Gesellschaft」それ自体の「要求と権利」になることもあり得ると見ているようですね。フランス革命の場合、上層市民が求める経済活動の自由と、貴族や僧侶との対等の立場は、社会全体の要求と言ってもおかしくはないでしょう。

> しかしドイツでは、いずれの特殊な階級にも、首尾一貫性、尖鋭さ、勇気、そして社会の否定的代表者であることを特徴づける仮借のなさが欠けているだけではない。いずれの階層にも、国民の心とたとえ一瞬でも一体化するようなあの心の広さ、物質的な力に活を入れて政治的な力になるよう勇気づけるあの天分、敵に向かって、**我は無なり、されば我は一切たるべし**、と不敵な言葉を投げつけるあの革命的勇敢さも、同様に欠けている。

これははっきりしていますね。ドイツのブルジョワジーには気概も能力もないので、自分たちが「人民」の代表だというふりをすることさえできない、ということですね。「我は無なり、されば我は一切たるべし Ich bin nichts, und ich müßte alles sein」というのは、恐らく、『第三身分とは何か』の冒頭に出てくる問いかけと答え、「第三身分とは何であるか。全て（一切）である」「それは今日まで政治秩序において何であったか。無である」をまとめたものでしょう。因みに「不適な言葉」と訳されている〈die trotzige Parole〉の〈Parole〉は、元々は話し言葉という意味のフランス語ですが、ドイツ語では、政治的モットーとか呼び声という意味で使われることが多いです。昔の日本の左翼が「パロール」と言っていたのは、ここから来ています。

　ドイツ中間階級の道徳的自負心でさえ、他のすべての階級の俗物的な中庸の一般的代表者であるという意識にもとづいているにすぎない。だから、**都合の悪い時に**〔mai-à-propos〕王位についたドイツ王たちだけでなく、市民社会のいずれの階級も、勝利を祝わないうちに敗北を喫し、立ちはだかる障壁を克服しないうちに自分自身の障壁をはりめぐらし、寛容ぶりを発揮できないうちに狭量ぶりを発揮するという有様で、そのために、大役を果す機会さえもまだやってこないうちにいつも過ぎ去ってしまうし、いずれの階級も自分より上層の階級との闘争を開始するやいなや、自分より下層の階級との闘争に巻きこまれてしまうのである。

　ここもクリアですね。ドイツの中間階級は、上に付いたり下を身に付けようとしたり、どっちつかずの態度を続けていて、いつまでもイニシアティヴを取れないということでしょう。いろんな階級がいるような感じの書き方になっているのは、ユンカーと呼ばれる地主層、商業ブルジョワジー、工業ブルジョワジー、官僚、知識人、職人層、カトリックの聖職者など、いろんな層があって、それぞれの要求がバラバラで、しかも地域的・民族的に分裂していることを念頭に置いているからでしょう。

　フランスでは、人は一切たらんとするためには、何ものかであれば足りる。ドイツでは、人は一切を放棄すべきでないとしたら、何ものかであることも許されない。フランスでは、部分的解放が全般的解放の基礎である。ドイツでは、全般的解放があらゆる部分的解放の**不可欠の条件**〔condito sine qua non〕である。フランスでは段階的解放の現実性が、ドイツでは**その不可能性**が、完全な自由を生みださねばならない。フランスでは、国民のいずれの階級も政治的理想主義者であって、まず自分を特殊な階級とは感ぜず、

> 社会的欲求一般の代表者と感じる。したがって、解放者の役割は、劇的な動きのなかでフランス国民のさまざまな階級に順次移っていき、ついには一つの階級の手に渡るにいたる。その階級とは、もはや人間の外部にありながら人間社会によってつくりだされた一定の諸条件を前提として社会的自由を実現するのではなく、むしろ反対に、人間生活のあらゆる条件を社会的自由の前提のもとで組織する階級である。

「人は一切たらんとするためには、何ものかであれば足りる daß einer etwas sei, damit er alles sein wolle」というのは、先ほどの『第三身分とは何か』の問いかけと答えの三番目、「それ（第三身分）は何を要求するのか。何か（quelque chose）であること」を受けているのでしょう。ここでマルクスが言わんとしていることは分かりますね。フランス人は思想を実践に速やかに移すので、たとえそれが元々特定の階級のための限定的な理想でも、他の階級にまで伝わりやすい。伝わっていく過程で、理想の中身も変わっていくでしょう。ところがドイツだと、全てを棄てる覚悟がないと、革命の中に身を投じられない。これ分かりますね。日本のように「小心者」が体制を占める社会だと、革命的な行動を実行するのは、清水の舞台から飛び降りるつもりにならないといけない。自分だけがやっているのではないか、と心配だから。フランスのように様々な政治的要求を出して、それを部分的に実現してきた実績があると、行動へのハードルが低くなり、理論と実践の相互作用が強まっていく。

フランスで登場しつつある「人間生活のあらゆる条件を社会的自由の前提のもとで組織する階級」というのは、この少し前の箇所で、「ブルジョワ」と敵対関係にある「プロレタリア Proletarier」と呼ばれている、労働者階級のことでしょう。いかなる身分も財産もないので、人間としての本性そのものに基づいて自由に連帯するしかない階級という意味で言っているのでしょう。「プロレタリア」については、少し後でもう少し詳しく論じられています。

> これに反してドイツでは、実践的生活が没精神的であり、精神的生活が非実践的であるため、市民社会のいずれの階級も、その直接的な状態、物質的な必然性、その鎖そのものによって強制されるまでは、全般的解放の欲求をもたず、その能力ももたないのである。

「実践的生活」が「没精神的」で、「精神的生活」が「没実践的」であるというのは、禅問答みたいで、これだけ見たのでは分からないですが、先ほどお話ししたように、ちょっとずつ革命で政治を変化させていくことに慣れていないので、理論と実践の間に具体的な繋がりがないということです。本当に物質的に追い詰められないと何もしない。では、ドイツにはどういう可能性があるのか。

> 答え。それはラディカルな鎖につながれた一階級の形成のうちにある。市民社会のいかなる階級でもないような市民社会の一階級、あらゆる身分の解消であるような一身分、その普遍的な苦難のゆえに普遍的な性格をもち、なにか特別の不正ではなく不正そのものを蒙っているがゆえにいかなる特別の権利をも要求しない一領域、もはや歴史的な権原ではなく、ただなお人間的な権原だけを拠点にすることができる一領域、ドイツの国家制度の諸帰結に一面的に対立するのではなく、それの諸前提に全面的に対立する一領域、そして結局のところ、社会の他のすべての領域から自分を解放し、それを通じて社会の他のすべての領域を解放することなしには、自分を解放することができない一領域、一言でいえば、人間の完全な喪失であり、それゆえにただ人間の完全な再獲得によってのみ自分自身を獲得することができる一領域、このような一階級、一身分、一領域の形成のうちにあるのだ。社会のこうした解消が一つの特殊な身分として存在しているもの、それがプロレタリアートなのである。

先ほどフランスについて述べていた「人間生活のあらゆる条件を社会的自由の前提のもとで組織する階級」が、「プロレタリア」に相当するわけです。ただ、先ほどがポジティヴで、抽象的な規定だったのに対し、こちらは、市民社会の中に存在するけれど、その一員として位置付けられておらず、その階級的な存在条件、いかなる権利もなく一方的にこき使われ、支配される立場ゆえ、人間らしい生き方が不可能になっている階級であることが強調されていますね。だから、市民社会の構造を根本から覆す以外に、「人間性」を回復することはできない。これは先ほど見たような、ドイツ的な停滞した状況だから、際立つことだとマルクスは考えているのでしょう。フランスのようにちょっとずつ政治的な改革が進み、経済的な状況も改善されると、現在の社会構造が根本的にひっくり返らないとどうにもならない人たちがいるとは想像しにくいけれど、ドイツは政治

「プロレタリア」：「人間生活のあらゆる条件を社会的自由の前提のもとで組織する階級」
市民社会の中に存在するけれど、その一員として位置付けられておらず、その階級的な存在条件、いかなる権利もなく一方的にこき使われ、支配される立場ゆえ、人間らしい生き方は不可能。⇒市民社会の構造を根本から覆す以外に、「人間性」を回復することはできない。
※「プロレタリア」の語源：古代ローマで奴隷ではないけれど、土地を持たず、賃金生活に依存していた貧民のことを指す〈proletarius〉というラテン語。

の表面的な変化さえほとんどないので、「プロレタリアート」のどうしようもなさ、追い詰められている感が際立つ。そうマルクスは考えているのでしょう。

因みに「プロレタリア」の語源は、古代ローマで奴隷ではないけれど、土地を持たず、賃金生活に依存していた貧民のことを指す〈proletarius〉というラテン語です。近代に入ってからも英仏で、そのローマの貧民のような状態にある貧しい階層という意味で使われるようになり、サン＝シモンが『社会的組織について』（一八二五）という論文で「プロレタリアート階級 classe des prolétaires」という言い方をしています。

プロレタリアートは失うものがないために革命の主体になれるという『共産党宣言』の基本思想は、このような文脈から来ているわけです。既に身分的特権を少しでも持っていたら、ラディカルな革命に加担したら自分もそのささやかなものを失うことになってしまうかもしれないと思ってしまいます。そう思ってしまうと、革命・実践の経験のないドイツ人的な人は動けなくなる。しかし、元々何も持っていないのであれば、失う恐れを一切感じる必要がない。むしろ社会が根本的に変わらない限り、生きる道はない。他の人たちは本気で革命しようとしないので、自分が動くしかない。そういう状態にあるのがプロレタリアートだとマルクスは言っているわけです。

> プロレタリアートは急に起ってきた*産業*の活動を通じて、ようやくドイツにとって生成しはじめつつある。なぜなら、*自然発生的*に生じてきた貧民ではなくて、*人為的につくりだされた*貧民が、社会の重圧によって機械的に抑えられた人間集団ではなくて、*社会の急激な解体*、ことに中間層の解体から出現する人間集団が、プロレタリアートを形成するからである。もっとも、自然発生的な貧民やキリスト教‐ゲルマン的農奴も、しだいにこの隊列に加わるのは自明のことであるが。

これは分かりますね。一九世紀の急速な工業化によって競争が激化し、それまで中間階級だった人たちの一部が、単独で生きるすべを持たないプロレタリアートになったわけです。それまでの、社会の中でどうしても生まれてくる貧乏とは違って、産業が高度化すればするほど「プロレタリアート」は増えていく。それが革命の物質的な必然性になっていくわけです。

> プロレタリアートは従来の世界秩序の解体を告げるのであるが、その際それはただ自分自身のあり方の秘密を表明しているだけである。なぜなら、プロレタリアートはこの世界秩序の事実上の解体であるからだ。プロレタリアートが私有財産の否定を要求するとき、それは社会がプロレタリアートの原理にまで高めたものを、すなわちプロレタリアートが手をかすまでもなくすでに社会の否定的帰結としてプロレタリアートのうちに体現されているものを、社会の原理にまで高めているにすぎない。この場合、プロレタリアが生成しつつある世界について〔自分たちの世界だとする〕権利をもっているのは、ちょうどドイツ国王が既成の世界について、国民を朕の国民、馬を朕の馬とよぶ権利をもっているのと同様である。国王は国民を彼の私有財産であると宣言することによって、私有財産所有者が王であることを表明しているだけなのだ。

「プロレタリアート」による革命、世界秩序の解体の焦点は、「私有財産の否定」であると主張しているわけですね。「私有財産がない」というのは、普通に考えるとネガティヴな状態ですが、発想を逆転させて、それを「社会の原理 Prinzip der Gesellschaft」にしてしまおう、というわけです。それが成就すれば、「プロレタリアート」は、新しい社会の創造主になるわけです。「共産主義」はまだ標榜していませんが、後一歩という感じですね。「ヘーゲル法哲学批判」という〝本題〟から大分離れた感じですが、否定的な契機を肯定へと転化させるという弁証法的な発想は、ヘーゲル的ですね。

> 哲学がプロレタリアートのうちにその物質的武器を見いだすように、プロレタリアートは哲学のうちにその精神的武器を見いだす。そして思想の稲妻がこの素朴な国民の地盤の根底まで貫くやいなや、ドイツ人の人間への解放は達成されるであろう。

これまで見てきたように、ドイツの「哲学」はどんどん現実から乖離して、「実践」の手がかりを見出せないまま「思弁」性を高めていったのだけれど、その思弁性ゆえに、まだ完全に姿を現していない「プロレタリアート」という階級が、ドイツという後進地域で、今までになかった、「私有財産の否定」を成し遂げる可能性を見抜き、今後の道筋を示すことができる、ということでしょう。現実に密着して、ちょっとずつ政治的要求を実現した実績がある国で、ある程度欲求を満たされている下層階級を相手にしていたら、「プロレタリアート」の革命的なポテンシャルを本当の意味で理論的に根拠付けられない、と言いたいのでしょう。このままだと生きていくことが困難な〝プロレタリアート〟にとっても、そういう非現実的な発想ができる「哲学」の方が、一緒にやっていけるはずだ、と示唆しているのでしょう。この時点でのマルクスは、ヘーゲル法哲学批判を徹底して行って、思弁的な法・政治理論を突き詰めれば、プロレタリアートによる革命へと突き抜けていける、と考えていたのでしょう。

マルクスの革命論の通常のイメージでは、私有財産の廃止とか資本主義的生産様式の克服とか〝経済〟の話ばかりしているような感じがしますが、この論文を読む限り、極めて思弁的な「哲学」が「実践」へと転換していく弁証法的可能性について本気で考えているし、政治・経済的後進地域でこそ、ラディカルな革命が起こりやすいというレーニン的な発想をしているし、あるいは、追い詰められた人々の思弁的な想像力が、新しい階級を登場させ、世界秩序を新しく作り出すというのは、ネグリ（一九三三－　）のマルチチュード（群衆＝多数性）論みたいですね。初期マルクスには、現代思想的な面白さがあります。

■質疑応答

Q　言葉の質問です。〈Sittlichkeit〉とは、共同体や市民社会の中での調和を重視する「人倫」ということでした。和辻の言う「倫理」は〈ethics〉の訳語として使っていたと思います。〈Sittlichkeit〉と〈ethics〉のニュアンスの違い、言葉の使われ方についてご説明いただければと思います。

A　〈Sittlichkeit〉は「習俗」とか「掟」を意味するドイツ語ですが、カントやヘーゲルは、アリストテレス（前三八四－三二二）的な意味での「倫理 ethos」の訳語としてこの言葉を使っていたはずです。〈ethos〉とはまさに、地域ごとの習慣に基づく決まり事、掟です。だから、本来、両者は同じ言葉です。カントやヘーゲルの時代には、既に、「人倫」と、狭義の「法」は別物になっていましたが、アリストテレスにあっては、「道徳」と、政治的な共同体の中での法や政治は分離していませんでした。和辻も『人間の学としての倫理学』（一九三四）でそうした関係を説明しています。ヘーゲルは「人倫」という言葉を使うことで、「道徳」と「法」の関係を明らかにしようとしたのだと思います。

しかし、今の英米の分析哲学系の〈ethics〉、特に、〈bioethics〉とか〈environmental ethics〉〈business ethics〉など、「○○倫理」と付いているものは、共同体的なニュアンスが皆無どころか、内面性を問題にする道徳でさえなくて、行動方針の決定のための指針みたいになっています。それでサンデルのようなコミュニタリアンがアリストテレス－ヘーゲル系の共同体的な感覚を背景にした「倫理」を復権させようとしているわけです。

Q2　プロレタリアートについてですがドイツとフランスの対比が出ていますが、まだこの「ヘーゲル法哲学批判序説」の段階では、民族や国家的なものを残しています。民族や国家を乗り越えていく「プロレタリアート」という発想は、この時点に萌芽があったと考えていいのでしょうか？

A2　『共産党宣言』では、「万国のプロレタリアート、団結せよ」になりますね。おっしゃるように、ここでは「万国 alle Länder」とは言っていませんね。明らかに国別で考えています。この後の五年の間にマルクスの中で大きな変化があったのでしょう。この時点ではドイツの歴史の特異性に非常に拘っています。この時期のマルクスはドイツの現状、ドイツの後進性を非常に意識して、ある意味、歴史学的な議論をしています。

先ほど見たように、「人間生活のあらゆる条件を社会的自由の前提のもとで組織する階級」という言い方をしているし、遅れたドイツの現状の分析が、近代諸国の国家体制の行く末の分析に繋がっていると示唆しているわけだから、「万国のプロレタリアート」の萌芽があるのは間違いないでしょうが、本当に萌芽だけだと思います。恐らく、これを書いた当時のマルクスには、「プロレタリアート」がどういう風に自分たちの階級性を意識するに至るのか、一国レベルで――厳密に言うと、ドイツはまだ一国でさえありません――さえよく見えていなかったので、万国の話はとてもできなかったのでしょう。

それにこの時点では、「共産主義」というゴールをはっきり設定していなかった。ゴールを決めると、それからの逆算で、自分たちの現状を把握できるようになるのかもしれませんが、まだそれが定まっていない。そこがこの論文の面白いところです。

プロレタリアートと共産主義を結び付けると話が分かりやすくなりますが、単純に結び付けてしまうと、人間が物を「所有する」と「使用する」ことの意味をめぐる考察がすっぽり抜けてしまうという気がします。私たちは、「物」に対してどのような欲望を抱き、関わり、また、「物」を介して、他者とどのように関わっているのか、関わるべきか。初期マルクスには、そうした主体と対象をめぐる興味深い考察がありました。最終ゴールを「共産主義」にはっきりと設定してしまって以降、マルクスの思想における「哲学」的な拘りが消えてしまいましたが、この論文をよく読むと、そうした失われたものが見えてきます。

Q2　共産主義思想の確立に至るまでの段階の方が面白い、発展途上だからこその試行錯誤が面白いということでしょうか。

A2　まさに、その通りです。

［講義］第3回

『経済学・哲学草稿』「疎外された労働」（第一草稿）／「私有財産と共産主義」・「貨幣」（第三草稿）を読む

『経済学・哲学草稿（経哲草稿）』とは？

『経済学・哲学草稿（経哲草稿）』は、「草稿」と付いているように、マルクス生前には出版されていません。このテクストが書かれたのは、前回、前々回読んだ『独仏年誌』に「ユダヤ人問題によせて」と「ヘーゲル法哲学批判序説」が掲載された翌年の一八四四年、パリで執筆されました。マルクス哲学に慣れ親しんでいる人の間では「パリ草稿」という言い方をされることもあります。

この草稿が初めて出版されたのが一九三二年です。一九二〇年代の終わり頃にドイツの政治学者ランツフート（一八九七－一九六八）とソ連の古文書収集家のリャザノフ（一八七〇－一九三八）によってマルクスの遺稿の中から発見されます。マルクスの疎外論、あるいは物象化論を論じる際によく引用される文献です。実際、「疎外」という概念について最もまとまって論じられているのは、このテクストです。マルクス主義の疎外論－物象化論の解説として、ジェルジ・ルカーチ（一八八五－一九七一）の『歴史と階級意識』（一九二三）が有名ですが、『経哲草稿』はその九年後に出版されているので参照されていません。そのため、ヘーゲルの「疎外 Entfremdung」概念と、『資本論』の第一巻（一八六七）の最初の方に出てくる「物象化 Verdinglichung」概念を繋ぐような形で「階級意識」の硬直性をめぐる議論が展開されています。「疎外」と「物象化」の区別が曖昧になり、ヘーゲルとマルクスの間の決定的な違いもどこにあるかよく分からない感じの書き方になって

廣松渉

います。今日では廣松渉（一九三三－九四）などの研究によって、「疎外」と「物象化」の違いがかなりクリアにされていますし、『経哲草稿』のおかげでヘーゲルの「疎外」概念との違いも一般的に知られるようになっています。

城塚さんによる訳者解説を見ると、この岩波文庫の訳は、一九三二年にソ連の哲学者アドラツキー（一八七八－一九四五）の責任編集で刊行された旧MEGAに基づいています。ただし岩波文庫の訳で、第四草稿とされている「ヘーゲル『精神現象学』最終章についてのノート」は旧MEGAでも新MEGAでも、第四稿ではなく、『経哲草稿』本体から独立の付属資料として収録されています。そもそもこれはマルクス自身の論考というより、ヘーゲルからの抜き書きにちょっとだけコメントしたという感じで、メモ的性格が強いのですが、旧MEGAで第三草稿の終わりに配置されている「ヘーゲル弁証法と哲学一般との批判」と内容的に繋がっているので、城塚さんたちの判断で第四草稿扱いにしたのでしょう。新MEGAでは、「ヘーゲル弁証法と哲学一般との批判」は、第三草稿の末尾には配置されていません。

新MEGAは旧MEGAと構成がかなり違います。草稿全体の並び方として、第一と第二の二つのヴァージョンが掲載されています。第一はマルクスが実際に書いた順番をできるだけ忠実に再現したものなので、当然、論理展開がかなり錯綜としていて、各草稿を構成するテクストのタイトルもありません。論理的な繋がりに従って再構成した第二ヴァージョンの方が、当然整然としていて、読みやすくなっています。ただ、第三草稿を構成する各テクストは、第二草稿の補足として性格付けられています。旧MEGAでも岩波文庫でも第三草稿に入っている「四　貨幣」の全体と、「三　欲求、生産、分業」の「分業」の部分が、新MEGAの第二ヴァージョンでは、三つの草稿群のいずれにも属さない独立の断片扱いになっています――「四」とか「三」という番号は、城塚さんたちが付けたもので、旧MEGAには付いていません。

熊野純彦さんの『マルクス　資本論の哲学』（岩波新書）では、最近は『経哲草稿』について「第〇草稿」等という言い方をしなくなっている、と述べられています。第〇草稿という言い方自体は新MEGAにも残っているのですが、テクストが複雑になりすぎているので、単純に一、二、三……と分けにくくなっているわけです。ただし、順序の変更や新旧ヴァージョンの並列といったことはありますが、内容が根本的に変わったわけではありません。マルクスの原稿を基にしているので、そんなに変わらないのは当然ですが。従来の訳のまま読んでもさほど支障はないと思います。文献学的な厳密さを追求していない分、旧MEGAの方がストレートに読みやすいです。この講義ではあまり文献学に拘らないことにします。

序文――書かれた背景

まず、この原稿が書かれた背景を知るために、「序文」を読んでおきましょう。

> すでに私は『独仏年誌』のなかで、ヘーゲル法哲学批判というかたちで、法律学および国家学の批判をおこなうことを予告しておいた。印刷にまわすため、その仕上げをすすめているうちに、〔ヘーゲル法哲学という〕思弁にたいしてだけ向けられている批判と、その〔ヘーゲル法哲学がとりあつかっている〕種々の素材そのものの批判とを混ぜあわすことは、まったく不適当であり、〔議論の〕展開をさまたげ、理解を困難にするものだということが明らかとなった。

言っていることは分かりますね。これまで確認したように、「ヘーゲル法哲学批判序説」は既に発表していますし、ヘーゲルの法哲学の国家体制に関する部分についての論評はある程度書き進めていました。「批判序説」では、ヘーゲル法哲学の「思弁」性が、近代国家が抱える普遍的問題を洗い出すのにかえって好都合であるという主旨のことを言っていましたが、ここでは個別の問題を掘り下げて論じるには、その思弁性が邪魔になるということが分かった、と言っているわけですね。で、具体的にどういうテーマについて論じようとしているのかというと、

> こういう理由から、本書では、国家、法律、道徳、市民生活などと国民経済との関連については、ただ国民経済学それ自身が職務上から〔ex professo〕これらの対象に触れている範囲だけしか触れられていない

ことに気づかれるであろう。

「国民経済 Nationalökonomie」をメインテーマにするというわけです。それをヘーゲル法哲学の批判と関連付けながら論じたので、「経済学・哲学」という内容になったわけです。前回お話ししたように、ヘーゲルは「市民社会」を純粋な自由競争の場ではなく、「職業団体」や「福祉行政」等を通して利害関係が調整される場と見なしています。それでも完全な公共性は実現されないので、「国家」が必要とされるというのがヘーゲルの国家論の骨子です。ヘーゲルの法哲学は、「国民」単位で調整された「(政治)経済」を前提にしていると言えます。

それで、これを書くにあたってマルクスがどういう文献を参照したのかというと、

私がフランスやイギリスの社会主義者のほか、ドイツの社会主義的諸労作を利用したことは、いうまでもない。しかし、この科学についての内容ゆたかで独創的なドイツの労作といえば——ヴァイトリングの諸著を別とすれば——結局のところ『二十一ボーゲン誌』にのったヘスの諸論文と、『独仏年誌』のなかのエンゲルスの「国民経済学批判大綱」とに集約されるのである。

ヴァイトリング

モーゼス・ヘス

ヴィルヘルム・ヴァイトリング（一八〇八－七一）というのは、ドイツの手工業者の職人の結社を組織した革命家で、前回お話しした正義者同盟の重要メンバーでした。直接的な革命的蜂起を主張して、段階的に革命を進めるべきとするカール・シャッパー（一八一二－七〇）の派閥と対立したことが知られています。一八五〇年以降、アメリカに活動拠点を移します。モーゼス・ヘス（一八一二－七五）というのは、青年ヘーゲル派出身のユダヤ系の社会主義者ですが、マルクスやエンゲルスが唯物論を志向したのに対し、ユダヤ教のメシア主義とかスピノザ（一六三二－七七）の汎神論、ヘーゲルの絶対精神論などを折衷した観念論的な道徳・宗教哲学をベースにしていました。シオニズム運動の先駆者でもあります。エンゲルスは一八四二年にマルクスと

知り合い、その直後、父親が経営する紡績工場の仕事の関係で、英国に派遣されます。その関係でマルクスよりも早くから、資本主義経済の研究を行っています。

> **実証的**な人間主義的および自然主義的批判は、まさに**フォイエルバッハ**からはじまる。ヘーゲルの『現象学』と『論理学』以来、真の理論的革命を内にふくんでいる唯一の著作である**フォイエルバッハ**の諸著の影響は、もの静かであるがそれだけまた、より確実、より深刻であり、より広汎、より持続的でもある。

経済学にだけ特化するのではなく、ヘーゲルが前提にしている哲学的人間観を批判する、しかも実証的に検討するうえで、愛による連帯を人間の類的本質だとするフォイエルバッハの議論を参照しているというわけですね。この『経哲草稿』で、フォイエルバッハが登場するのは、末尾の「ヘーゲル弁証法と哲学一般との批判」の部分だけですが、部分的には批判を加えながらも、ヘーゲル弁証法を、唯物論的・人間学的に捉え返した理論としています。この一～二年後にエンゲルスと共同執筆した『ドイツ・イデオロギー』や『フォイエルバッハ・テーゼ』では、克服すべき対象として厳しく批判されています。『ドイツ・イデオロギー』もマルクス、エンゲルスの生前は未刊行で、原稿が散逸していたのがリャザノフ等によって刊行されたものですが、『経哲草稿』以上に編集上の論争があります。『フォイエルバッハ・テーゼ』はマルクス個人が書いたメモ書き的な文章で、やはり生前未刊行だったのですが、エンゲルスが自分のフォイエルバッハ論である『ルートヴィヒ・フォイエルバッハとドイツ古典哲学の終焉』の改訂版（一八八八）を出した際、付録として収録したものです。

まとめると、この草稿は全体として、フォイエルバッハの議論を援用しながら、ヘーゲル哲学を根底から批判してその根底にある「人間―社会」観をあぶり出し、それに代わる真の「人間」像を呈示したうえで、それを、古典派経済学に代わる、社会主義的な経済理論の探求へと繋げていくことを意図したものだと言えるでしょう。現代人の感覚からすると、哲学と経済学を強引に統合しようとしているように見えてしまうわけですが。

第一草稿――「労働価値説」と「疎外された労働」

「第一草稿」の部分では主に、古典派経済学の前提になっている「労働価値説」について論じられています。今さら言うまでもありませんが、古典派の政治経済学は「労働価値説」に基づいています。ただし、アダム・スミスやリカードの「労働価値説」は、商品の価格に限定した話です。市場で流通している商品の価値は、投下労働時間によって決まる、ということです。「労働」が人間の生全体においてどういう意味を持つのか、労働によって生み出される「価値」とは何か、といった問題は扱わないわけです。この草稿以降、マルクスは、実際に価値を生み出しているはずの労働者は窮乏している、それは何故か？　という問いを追求します。労働によって（交換）価値が規定されるとしながら、労働者の窮乏に眼を向けない、「国民経済学」の欺瞞を告発するわけです。

因みに「国民経済学 Nationalökonomie」というのは、英国やフランスで当初、「政治経済学 political economy」と呼ばれていた「経済学」のドイツ化した呼称です。〈economy〉の語源のギリシア語の〈oikonomia〉は、「家 oikos」を運営する術、家政術という意味でしたが、近代になって国全体の経営に関する学という意味で、〈political economy〉という概念が生まれてきたわけです。

では、マルクス自身は、形式的に定式化された「労働価値説」を批判して、何をしたいのか？　商品の価値基準などそもそも無い、ということを言いたいのか。それとも、数量化される労働価値の根柢に、人間的価値の源泉のようなものがあり、それが労働という形で現れるのだ、ということを言いたいのか。ごく素朴なマルクス主義のイメージからすると、後者のようなことを言っていそうな気がします。しかし、『資本論』を見る限り、そのような議論はしていません。そうした哲学的な議論をすると、〝価値〟なるものを実体化する観念論的な話になってしまう、と考えたからかもしれません。

『資本論』で「価値 Wert」と呼ばれているのは「交換価値 Tauschwert」のことです。「使用価値 Gebrauchswert」も出てきますが、資本主義経済の交換過程で問題になるのは、あくまで「交換価値」です。「使用価値」は直接的に市場に現れてくるわけではありません。「交換価値」は偽の価値で、「使用価値」こそが本

マルクス「労働価値説」の批判（『資本論』）
「価値 Wert」＝「交換価値 Tauschwert」

「使用価値 Gebrauchswert」：直接的に市場に現われてくるわけではない。
元々はいずれもアダム・スミスの概念。

※資本主義経済の交換過程で問題＝あくまで「交換価値」。マルクス自身の「使用価値」論はそれほど明確ではない。
※※資本主義的な「生産」システムで、「（交換）価値」を生み出すには、「労働」を投下することが必要であることと、作り出された「価値」の一定の部分が「剰余価値 Mehrwert」として資本家のものになること、その割合を資本家がコントロールできることを指摘。

来の〝価値〟であり、それはもっぱら労働者の体を張った肉体労働を通して生み出されるものであり、だからこそ、〝(使用) 価値〟を労働者の手に取り戻さねばならない、とマルクスが主張しているのであれば、話は分かりやすいし、何となくそういう風に理解している人もいそうですが、マルクスはそういう風には言っていません。「使用価値」というのは、そもそもアダム・スミスの概念で、マルクス自身の「使用価値」論はそれほど明確ではありません。資本主義的な「生産」システムで、「(交換) 価値」を生み出すには、「労働」を投下することが必要であることと、作り出された「価値」の一定の部分が「剰余価値 Mehrwert」として資本家のものになること、その割合を資本家がコントロールできることは指摘しています。しかし、資本主義社会でなかったら、本当の意味での「類的生活」が実現する共産主義社会になったら、どういう性質の〝本来の価値〟がどういう形で産出されるのか、それは「使用価値」なのか、あるいは「使用価値」と関係する何か別のものなのか、といった哲学的な関心を持つ読者が知りたいことについて、具体的に論じているわけではありません。

『資本論』に取り組んでいた時期のマルクスは、「価値」の道徳的本質、あるいは人間学的本質のようなものについて語ってはいないので、本当のところ、マルクスが「労働」をどう哲学的に規定しようとしていたか、よく分かりません。強いて言えば、この草稿の「疎外」とか、「類的本質」としての「労働」といった考え方が、「価値」の道徳的本質に関わる議論だと言えるかもしれません。

昔のベタなマルクス主義者には、「労働」によって価値を生み出しているのは労働者であるのに、「労働」しない資本家がその価値を吸収しているのは搾取に他ならない、と単純に理解している人が多かったです。岩波文庫の『資本論』の訳者で、社会党の左派の理論集団である社会主義協会の代表だった向坂逸郎（一八九七－一九八五）の『資本論入門』（岩波新書、一九六七年）などを読むと、価値を生み出しているのは労働者の行為だけだと、わりと単純に断定しています。現代の専門的なマルクス研究者であれば、マルクス自身が、〝労働＝価値〟説を取っていたかのような言い方をする人はほとんどいないでしょう。感情的には、肉体労働で身体を酷使されている人こそ人間的な〝価値〟の創造主であり、社会の真の担い手だと言いたいところでしょうが、それを素朴にマルクスのテクストに投映すると、マルクス主義は哲学でも理論でもなくなってしまいます。

「第一草稿」の「労賃」や「資本の利潤」では、アダム・スミスや需要と供給の曲線で有名なジャン＝バティスト・セイ（一七六七－一八三二）などのテクストを元に、資本主義における商品価格の形成における「労賃」の「資本」が国民経済学（古典派経済学）でどのように規定されているかを叙述したうえで、そこで資本家と労働者の契約があたかも公正なものであるかのように想定されていることに対するフリードリヒ・ヴィルヘルム・シュルツ（一七九七－一八六〇）等の批判を紹介しています。シュルツは、無政府主義で有名なプルードン（一八〇九－六〇）の信奉者で、フランクフルト国民議会の議員に選ばれ、議会内の左派として活動しています。「地代」を論じたテクストもありますね。現代の経済学では、「地代」固有の議論はそれほど重きを成しませんが、農業の大規模経営化と、農業から工業への転換が進み、土地をどう利用すべきかが社会的に大きな問題になっていた、スミスからマルクスにかけての時代には、経済学にとって避けて通れない問題でした。一八二〇年代のリカードとトマス・ロバート・マルサス（一七六六－一八三四）の論争では、地代を地主による余計な取り分と見るか、経済活動から生まれる正当な富であるかが焦点になりました。『資本論』のマルクスの死後、エンゲルスの編集によって刊行された第三巻第六編では、「地代」と資本の平均「利潤」の関係をめぐる体系的な議論が展開されています。ただ、地代では、［資本家 vs. 労働者］の対立が前面に出ないので、そんなに非難めいた論調ではないですね。草稿のこの部分も、借地農の一部がプロレタリアートに転落するという話をしている程度で、それほど強烈な口調はないですね。

そうした考察を経て、第一草稿の終わりに配置されているのが、「疎外された労働」です。

> われわれは国民経済学の諸前提から出発した。われわれは国民経済学の諸用語や諸法則を受けいれてきた。われわれは、私有財産を、労働と資本と土地との分離を、同様に労賃と資本利潤と地代との分離を、また分業、競争、交換価値の概念などを、かりに認めたのであった。国民経済学そのものから、それに特有の言葉をもって、労働者が商品へ、しかももっとも惨めな商品へ転落すること、労働者の窮乏が彼の生産の強さと大きさとに反比例すること、競争の必然的な結果は、少数の手中への資本の蓄積であり、したがっていっそうおそるべき独占の再現であること、最後に**資本家**と**地主**との区別が、耕作農民とマニュファクチュア労働者との区別と同様に消滅して、全社会が有産者と無産の労働者という両階級へ分裂せざるをえないということを、われわれは示してきたのである。

これは難しくないですね。これまでのところでは主として国民経済学の議論の前提を再構成しながら、労働者の窮乏化が進み、他の諸階級も競争によって労働者階級へと没落し、有産者階級と無産の労働者の二大階級に社会全体が二分化しつつあることを示した、と言っているわけです。

マルクスがこのテクストを執筆したのは、まさにヨーロッパ社会が資本家と労働者との二大階級に大きく分かれ始める時期です。一九世紀前半は、まだ工場労働者ではなく職人たちが労働の主力でした。工場に人を集めて機械を使った単純作業をさせるタイプの労働は、必ずしも一般的ではありませんでした。工場労働が一般化してくるのは、産業革命が一段落した頃からです。イギリスでは一八三〇年代に大体一段落し、ドイツでは一八三四年のドイツ関税同盟の成立で、ようやく産業革命が本格化した感じです。

ですから、八五頁で触れられている、「同業組合 Korporation」のように競争を制限する仕組みが経済で大きな役割を果たしていました。これまで見てきたように、ヘーゲルは、同業組合を、市民社会における利害調整装置として極めて重視しています。

四〇頁で、資本は「労働とその生産物に対する支配権」と定義されていますが、その支配権が、労働者を使って生産することで次第に増大していくわけです。ここではそれほど明確に性格付けられていませんが、『資本論』では「資本」は常に自己増殖するための運動の中にある貨幣として性格付けられています。じっと静止しているものは資本とは見なしません。その運動に労働者が、あるいは、これから労働者になっていく人が否応なく巻き込まれていくわけです。同業組合的なネットワークによって救われることはもはやない。

八六頁を見て下さい。国民経済学に対する原理的な批判が展開されています。

> 国民経済学者が説明しようと思うときにするように、ある架空の原始状態にわが身をおくようなことは、われわれはしない。このような原始状態は、なにごとをも説明しない。それはただたんに問題を、漠然として霧のかかったかなたに追いやるだけなのである。国民経済学者は、論証すべき事柄、すなわち、たとえば分業と交換といった二つのもののあいだの必然的な関係を、事実とか出来事というかたちであらかじめ仮定しているのである。それは神学が悪の起源を堕罪によって説明するのと同様である。すなわち彼〔神学者〕は、説明すべき事柄を一つの事実として、歴史というかたちで、あらかじめ仮定しているのである。

この「原始状態 Urzustand」というのは、社会契約論の「自然状態」や、後のロールズの「原初状態 initial position」のように、既存の制度が全くなかったとしたら、人間はその本性に従ってどう振る舞うだろうかという仮想の状態です。自然科学の仮説と同じようなものだと考えることもできますし、実際、経済学者はそのつもりでやっているのでしょうが、マルクスから見ると、「分業と交換の必然的な関係」を事実（Tatsache）か出来事（Ereignis）あるいは歴史的なものとして想定し、そこから議論を始めるのは、キリスト教神学の失楽園みたいなものだというわけです。因みにこの「漠然として霧のかかったかなた graue, nebelhafte Ferne」の「霧」という比喩を、マルクスは『資本論』第一巻第一編第一章の「商品」の物神性（Fetischcharakter）をめぐる記述でも三回ほど使っています（第6回講義を参照）。国民経済学や市場での価値形成のメカニズムは、真偽が定かでない仮定によって機能している、と見ているのでしょう。因みに『資本論』のこの箇所では、「分業と交換」ではなく、何でも自分一人でやれてしまうロビンソン・クルーソー的な経済人を仮定すること

を批判しています。

これに続いて労働者が富を生産すればするほど彼は貧しくなり、彼自身の商品としての価値が下がってくるということが述べられていますね。労働を通して、労働者自身も「商品」として生産される、ということですね。それを受けて、

さらにこの事実は、労働が生産する対象、つまり労働の生産物が、ひとつの疎遠な存在として、生産者から独立した力として、労働に対立するということを表現するものにほかならない。労働の生産物は、対象のなかに固定化された、事物化された労働であり、労働の対象化である。労働の実現は労働の対象化である。国民経済的状態のなかでは、労働のこの実現が労働者の現実性剝奪として現われ、対象化が対象の喪失および対象の隷属として、〔対象の〕獲得が疎外として、外化として現われる。

「疎遠な存在 ein fremdes Wesen」の〈fremd〉は、少し後に出てくる「疎外」という意味の〈Entfremdung〉の核になっている形容詞です。「外化」の原語は〈Entäußerung〉です。見て分かるように、ここではほぼ同義語扱いですね。いずれもヘーゲル哲学でも、ヘーゲル用語です。〈ent-〉という接頭辞は、「剝奪されて」とか、「外へ」といった意味合いです。ヘーゲル哲学でも、「外化」と「疎外」はほぼ同義ですが、「外化」がもっぱら中立的に使われているのに対し、「疎外」の方が、「主体」と「対象」の間に距離ができて、「よそよそしくなっている」「自分に属するものではないような感がある」というニュアンスが伴っていることがあります。

ヘーゲル哲学では、「精神」が自己展開（実現）する際に、自己の内にある内容を「外化」する、つまり、自分の持つイメージに合わせて物質的世界に属する物を改造して対象にしていく、その結果、「精神」の本質が「対象」に現れるという構図が基本になります。この場合の「精神」というのは、歴史を動かしている人類全体の集合的な精神、及び、各種の共同体を支配している精神、更には人類や共同体に属している諸個人の精神を意味します――分析哲学をやっているような判明さを求める人には曖昧な話でしょうが、ヘーゲル・ファンにはそこが魅力です。

「精神」は、「外化」された「対象」を通して、自己自身の本質を知ることになり、それをきっかけに、より

・**「外化」**：もっぱら中立的に使われている。自己の内面にあるものを外に出して可視化すること。
・**「疎外」**：「主体」と「対象」の間に距離ができて、「よそよそしくなっている」「自分に属するものではないような感がある」。

※「疎遠な存在 ein fremdes Wesen」の〈fremd〉：「疎外」という意味の〈Entfremdung〉の核になっている形容詞。
※※ヘーゲル哲学：「精神」が自己展開（実現）する際に、自己の内にある内容を「外化」する➡自分の持つイメージに合わせて物質的世界に属する物を改造して対象にしていく⇒「精神」の本質が「対象」に現れるという構図。「精神」というのは、歴史を動かしている人類全体の集合的な精神、及び、各種の共同体を支配している精神、更には人類や共同体に属している諸個人の精神。

高次の自己実現へ導かれます。芸術の創作や文章の執筆に即して考えると分かりやすいでしょう。私たちは、自分の欲望が分かっていませんが、画家や彫刻家、作家などが、とにかく手を動かして作品化し、具体的な形を与えることで、ピンと来るところがあって、「ああ、こういう感じのものが欲しかったんだ」と分かってきて、その作品をどう仕上げていくべきか方向性が見えてきたり、その次にどういう作品を作るべきか分かったりします。天才的な芸術家であれば、理屈で制作のコンセプトを予め決めておかないでも、体を動かしているうちに、作品生成の仮定の中で、自分の欲しいものを見出す、というような話を聞いたことがありますね。特に天才でなくても、長めの文章を書くとかスピーチとかをやっていて、自分のやりたいことに気付く、ということがあります。長期的に見れば、勉強をやっていて自分の〝やりたかった〟仕事を見つけるとか、職場でいろいろ経験しているうちに、自分の〝やりたかった〟プロジェクトを見つけるというようなことがあります。集合的に言えば、会社とか団体が最初は手探りでやっていたのだけれど、成功失敗の体験を積み重ね、共有していくうちに、その団体固有の流儀、目指すべき方向を見出す。そういうのが「精神」だとすると、さほど神秘主義的な話でもないですね。そうやって、自己の内面にあるものを外に出して可視化することを、「外化」というわけです。

ヘーゲルは、「精神」が物質的世界に働きかけて加工し、様々な事物や制度を作り出すという形で、外化していくことを通し、自己の本質を知的に把握し、更なる発展を遂げていくと考えます。ヘーゲルの「歴史」の最

外化―疎外

・**シェリング**：芸術作品と神話に、主体の無意識の想像力が現れる。対象に現われるのは、進歩するかどうかよく分からない、自我の奥底の闇の中に潜む非合理的な力。
・**ヘーゲル**：「外化」するのは精神の理性的な部分であり、「理性」は外化しながら発展。
・**ドイツ・ロマン派**：［無意識→外化（表現）］論をベース。
・**マルクス**：労働者の現状を捉えるのに、ヘーゲルに由来する「外化―疎外」という用語を使っているのは、ドイツ観念論に由来する概念枠組みの中で思考しているから。
※アルチュセールや廣松渉の影響を受けた人たちが、初期マルクスをあまり評価しないのは、彼がドイツ観念論的な概念装置に頼っていたから。

後に姿を現す「絶対精神」はある意味神のような存在なわけですが、キリスト教の神のように最初から全知ではありません。運動が始まっている最初の段階では自分の本質を分かってない、自己を把握できていません。外化を通して、徐々に自己把握していくわけです。

ただ、そのプロセスは必ずしもスムーズではありません。「精神」自身が作り出した制度や事物がしばらく経つと、その時点での「精神」の状態と合わなくなり、「精神」自体がそれを壊して、新たな「外化」を行うということがあります。蛇の皮が次第に窮屈になって合わなくなり、脱皮するように。慣習とか法律、学問などの人間の知的・倫理的活動をサポートする外化形態――「教養＝形成物 Bildung」と言います――は、「精神」の発展に従って、改編されていきます。それらが適合しなくなると、「よそよそしく」感じられる。それが「疎外」です。「疎外」された「教養＝形成物」と、現時点での「精神」の運動状態の矛盾は、時として革命に至ります。ヘーゲルは、「歴史」全体が、「精神」が「絶対精神」としての自己の本質を露わにしていく、連続的な「外化―疎外」のプロセスと考えました。

これと似た図式を、シェリングに見ることができます。シェリングの場合、芸術作品と神話に、主体の無意識の想像力が現れると考えます。ヘーゲルの場合、「外化」するのは、精神の理性的な部分であり、「理性」は外化しながら発展していきますが、シェリングの場合、対象に現れるのは、進歩するかどうかよく分からない、自我の奥底の闇の中に潜む非合理的な力です。ドイツ・ロマン派もそういう［無意識→外化（表現）］論をベースにしています。マルクスが労働者の現状を捉えるのに、ヘーゲルに由来する「外化―疎外」という用語を使っているのは、ドイツ観念論に由来する概念枠組みの中で思考しているからだと見ることができます。アルチュセールや廣松渉の影響を受けた人たちが、初期マルクスをあまり評価しないのは、彼がドイツ観念論的な概念装置に頼っていたからです。

無論、ドイツ観念論と異なっている点もあります。「疎外」は、単に主体である労働者と作品である生産物＝商品の間の「距離が遠く」なったわけではなく、労働者自身の力では突破することが困難な、困窮した状況に追い込んでいることを含意します。芸術であれば、芸術家は自分の作品だと認識し、そこに自分の本質を見極めることができますが、交換を主とする経済過程の場合、作ったものはもはや自分のものではないので、ずっと「疎遠な」まま、それどころか先ほどの箇所にもあったように、疎遠化した作品である商品生産の増大は、労働者自身を更に追い込むことになります。

ヘーゲルの議論においても、法律などの制度は人間が自由になるために作り出したものだけど、人間から「外化」して疎遠になって、人々を従属させるようになる、ということが指摘されていますが、マルクスは、資本主義社会における「労働者」という立場の人に焦点を当てて問題提起しているわけです。資本主義経済の過程において、労働が市場における「商品」という形で「対象化」されると、労働者自身の「対象の喪失および対象の隷属」という結果になる。商品から成る「事物世界 Sachenwelt」の法則に、労働者が従属するようになるということです。

ヘーゲルでは全体的に見ると、ポジティヴな帰結に繋がる「外化」という現象が、「疎外」というもっぱら苦痛をもたらすだけの現象に転換するわけです。要は、労働者が働いて商品が大量生産されるようになるほど、個々人の労働の単価が安くなり、労働力が安く買いたたかれるようになり、労働者はたくさん働かなければならなくなり疲弊してしまう、というある意味当たり前な話です。法学・経済学の入門教科書的には、資本家と比べて労働者の方が契約交渉能力が劣るからだという話に落ち着いてしまいそうですが、マルクスは、その遠因を、自然物を素材として「対象」を産出する「労働」という営みの存在論的な性格に求めようとします。

――労働者は、自然がなければ、感性的な外界がなければ、なにものをも創造することができない。自然すなわち感性的な外界は、労働者の労働がそこにおいて実現され、そのなかで活動し、それをもとにしそれを介して生産する素材である。

――「自然」を「感性的な外界」と呼んでいるわけですね。「感性的」というからには、当然、感性的な知覚の主体である、身体を備えた「人間」を想定し、「人間」との関係で「自然」を捉えているわけです。初期マルクスのテクストでは、物理的な意味での「自然」それ自体というより、「感性的な自然」が話題にされることが多いです。

――しかし、労働の働きかける諸対象がなければ、労働は活動することができないという意味で、自然は労働に生活手段を提供するが、同様にまた他方では、自然は狭い意味での生活手段を、すなわち労働者自身の肉体的生存の手段をも提供する。

――「労働」するには働きかける対象としての「自然」が必要であり、その限りで、自然と人間の身体の関係に由来する物質的制約があるということは分かりますね。問題は、「労働」に提供される、広い意味での「生活手段 Lebensmittel」と、狭い意味での「生活手段」、つまり「労働者」自身のための「肉体的生存の手段」の区別です。広い方がよく分かりませんね。恐らく、生産・運搬のために必要な道具や素材、家族と一緒に家で生活するのに必要な諸々の家具など、人間が動物と同じような生き方をしているのであれば要らないものが含まれるのでしょう。それが人間の「生活」です。私たちは、広義の「生活手段」は、狭義のそれを補う二次的なものと考えがちですが、実際には、その〝補う〟部分の方が私たちの「生活」の大半を占めています。純粋に体を維持するための営みは私たちの「生活」のごく一部です。

――したがって労働者は、彼の労働を通じて、より多くの外界を、感性的自然を獲得すればするほど、二重の側面で生活手段をますます奪いさられていく。すなわち第一に、感性的外界はますます多く彼の労働に属する対象であることを、彼の労働の生活手段であることをやめるし、第二に、感性的外界はますます多く直接的な意味での生活手段、労働者の肉体的生存のための手段であることをやめるのである。

第二の方は、先ほど私が説明したことです。原始社会では、「自然」は「肉体的生存」であったはずですが、「労働」が高度に組織化されるほど、その割合が減るということです。第一の方がどうしてそういうことになるのかよく分からないのですが、「彼の労働に属する対象である ein seiner Arbeit angehöriger Gegenstand zu sein」というのを、個々の労働者が自分の生活のために自分の意志で自由に処分できる対象である、という意味に取ると、すっきりするでしょう。

したがって労働者は、これらの二重の側面に応じて彼の対象の奴隷となる。第一に、彼が労働の対象を、すなわち労働を〔対象から〕受けとるということにおいて、そして第二に、彼が生存手段を〔対象から〕受けとるということにおいて、対象の奴隷となる。それゆえ、第一に彼が労働者として、そして第二に肉体的主体として実存できるために、彼は彼の対象の奴隷となるのである。この奴隷状態の頂点は、彼がただひたすら労働者としてのみ、肉体的主体として自分を保つ（ことができる）、ということ、そして彼がただひたすら肉体的主体としてのみ、労働者であるということなのである。

ここで、形容詞抜きで単に「対象」と言っていることに注意して下さい。恐らく自然界に属する対象ではなく、「商品」のことを言っているのでしょう。いったん商品を対象として作るためのメカニズムができあがると、労働者の生活はその生産に依存するようになる、というわけです。「肉体的主体 physisches Subjekt」という言い方は、労働者は、本来は「対象」を作り、自分のために使用する「主体」であるということと、もはや精神的な自立性を喪失し、物理的（physisch）に存続するだけであることを示しています。

労働者がより多く生産すればするほど、それだけ彼はより少なく消費しなければならない。彼がより多くの価値を創造すればするほど、それだけ彼はますます無価値なもの、ますますつまらぬものとなる。

これは分かりやすいですね。労働者が、自然物を素材として作り出した「対象」が、何か独自の「価値」を持った「商品」として国民（市場）経済のサイクルに取り込まれる。市場での「商品」の価値の総体が増えるごとに、労働力の価値が低下し、労働力しか売るものがない労働者の取り分が減るので、消費を削らざるを得

ない。後のマルクスが「剰余価値」と呼んだものが、生産過程で生じ、「資本」のサイクルに取り込まれているわけです。

そして九〇頁でいよいよ、本格的な国民経済学批判を始めます。

国民経済学は、労働者（労働）と生産のあいだの直接的関係を考察しないことによって、労働の本質における疎外を隠蔽している。たしかに、労働は富者のためには驚異的な作品を生産する。だが労働は労働者には赤貧をつくりだす。それは宮殿を造営する、しかし労働者には穴ぐらをつくりだす。それは美を生産する、しかし労働者には不具をつくりだす。それは労働を機械に代えるが、しかしそれは、労働者の一部を野蛮な労働に逆戻りさせ、そして他の一部を機械とならせる。それは知能を生産するが、しかし労働者には低能を、クレチン病〔白痴〕をつくりだす。

「労働者（労働）と生産のあいだの直接的関係」というのがカギになりそうですね。古典派経済学では、労働を提供して賃金をもらうことを売買として捉えます。労働市場も市場であり、労働契約も契約と考えるのであれば、労働という商品を売る人がどのような状態かを特別に考慮する必要はありません。通常の経済学や法学はそういう発想をします。それに対してマルクスは、生産体制に組み込まれることが、労働者の「生活」「生存」「消費」にどのような影響を及ぼすかに注目するわけです。他の商品とは違って、〝労働力〟を商品にし、他人が所有し、管理する工場で長時間働けば、家での私生活を含めて生活全体を、生産体制に合わさねばなりません。工場での勤務の時間に合わせて出勤・帰宅し、ちゃんと働けるように体を作らないといけない。もらえる賃金の範囲内で家政のやりくりをしないといけない。更に言えば、フーコー（一九二六－八四）が、「規律権力 pouvoir disciplinaire」と呼ぶ、身体の動きを規則的・標準的にするよう躾ける権力が、工場の中には働いています。マルクスは、労働する主体と対象の間をよそよそしくする「疎外」現象が、そうした「肉体的主体」の窮乏化に繋がっていると見るわけです。

スミスやリカード、ミル（一八〇九－七三）等の古典派（国民）経済学者も、少なくとも建前のうえでは、国民の福祉の向上を目指します。スミスの『諸国民の富 The Wealth of Nations』（一七七六）は、封建領主や専制国家による規制を廃して、様々な国の民衆が共に豊かになる方法を提案したものです。功利主義者であるミルは『経済学原理』（一八四八）で、再分配政策によって、最大多数の福利を求めるべきことを説いています。しかし、マルクスに言わせれば、富の量の増減ではなく、人間の身体と「(感性的)自然」との接点としての「生活」こそが問題です。「生活」を見ないで、商品の価値の変動だけ観察しているから、「疎外」の帰結が見えないのだ、ということでしょう。

これまでわれわれは、ただ一つの側面、すなわち労働者の、彼の労働の諸生産物にたいする関係からだけ、労働者の疎外、外化を考察してきた。しかし疎外は、たんに生産の結果においてだけではなく、生産の行為のうちにも、生産的活動そのものの内部においても現われる。かりに労働者が生産の行為そのものにおいて自分自身を疎外されないとしたら、どのようにして彼は自分の活動の生産物に疎遠に対立することができるだろうか。

先ほどまでの「疎外」は、労働者と生産物の間の「疎外」と、その帰結が「生活」にどう現れてくるかという話でしたが、今回は、「生産」という「行為」そのものにおける「疎外」です。言い方は難しいですが、〝自分〟が労働しているのだ、という実感がなくなる、自分というものがなくなって、まるで機械の部品になって動いているだけ、という感じになることです。自分の手足が動いているのだけど、自分で動かしているように感じられない。ヘーゲル的に言えば、「労働」というのは、自己の本質を「外化」することですが、労働者にとっては、一連の動作がもはや自分の〝本質〟を表しているどころか、自分とは関係ない運動のように感じられる。

マルクスは、「労働の外化」とは実質的にどういうことか、という原理的な問題に遡って考えようとします。

第一に、労働が労働者にとって外的であること、すなわち、労働が労働者の本質に属していないこと、そのため彼は自分の労働において肯定されないでかえって否定され、幸福と感ぜずにかえって不幸と感じ、自由な肉体的および精神的エネルギーがまったく発展させられずに、かえって彼の肉体は消耗し、彼の精神は頽廃化する、ということにある。だから労働者は、労働の外部ではじめて自己のもとに〔bei sich〕あ

> ると感じ、労働のなかでは自己の外に〔außer sich〕あると感ずる。

労働者の意識が、「自己のもとに」あるとか「自己の外に」あるとかいうのは、日常のドイツ語でそれぞれ「落ち着いて」、「我を忘れて」という意味で使われる慣用的な表現ですが、意識が自閉的な状態を脱して、自己の外界に向かっていったり、そこから反転して、もう一度自己自身に意識を向ける、というような意識の反省の運動をめぐる、フィヒテ－ヘーゲル的な発想が働いているように見えます。純粋に唯物論的な発想の在り方をしているのであれば、意識と、身体の運動の分裂のような言い方はしないでしょう。

これに続けて、労働することそれ自体が労働者の「欲求 Bedürfnis」ではなく、労働以外の欲求を満たすための「手段 Mittel」にすぎないというのが現状になっている、ということですね。そのため「労働」は全て自発的なものではなく、「強制労働 Zwangsarbeit」であり、嫌われ、安らぎをもたらすことはないということが述べられていますね。

> 最後に、労働者にとっての労働の外在性は、労働が彼自身のものではなくて他人のものであること、それが彼に属していないこと、彼が労働において自己自身にではなく他人に従属するということに現われる。宗教において、人間的な想像力、人間的な脳髄、人間的な心情の自己活動が、個人から独立して、すなわち疎遠な、神的または悪魔的な活動として、個人の上に働きかけるように、労働者の活動は、彼の自己活動ではないのである。労働者の活動は他人に属しており、それは労働者自身の喪失なのである。

ポイントは、他人のための労働だということですね。それと、「宗教において」とか「神的または悪魔的な活動として」ということが、理屈としてうまく結び付いてない感じがしますね。これは、フォイエルバッハの疎外論との対比を試みているのでしょう。人間の「想像力 Phantasie」、「心情 Herz」における活動が「疎外」されて、神とか悪魔といった外の超越的な存在になった、正確には、そういう存在であるかのような様相を呈し、神とか悪魔に対する怖れが個々の人間に強制を加え、責めさいなむようになる。他人の所有に移行し、その結果、外化された「労働」についても似たようなことが起こる。他人名義でも、体を動かしているのは労働者自身であることに変わりはないのに、あたかも〝労働〟という観念が、労働者自身から遊離して、何か神とか悪魔のように幻想的な様相を呈して独り歩きし始め、その出所であり、担い手である労働者に強制を加え、責めさいなまれ続ける。

そうした疎外のせいで、人間に残されるのは、食う、飲む、産むといった動物と同じものになってしまう。九三頁で、そこまでの労働疎外の二つの側面を要約しています。「労働の生産物にたいする労働者の関係」における疎外＝「事物の疎外 die Entfremdung der Sache」（1）、「労働の内部における生産行為にたいする労働関係」における疎外＝「自己疎外 die Selbstentfremdung」（2）の二つですね。第二の側面に関して、「労働」と「生産」を分けていますね。個別の「労働」が、「生産」という社会的に組織化された制度に、取引・管理対象として抽象化され、無個性化した形で取り込まれる、という風に考えた方が、分かりやすいですね。

この二つを踏まえた、疎外の第三の意味が引き出されていますね。

> 人間は一つの類的存在である。というのは、人間は実践的にも理論的にも、彼自身の類をも他の事物の類をも彼の対象にするからであるが、それればかりではなくさらに――そしてそのことは同じ事柄にたいする別の表現にすぎないが――さらにまた、人間は自己自身にたいして、眼前にある生きている類にたいするようにふるまうからであり、彼が自己にたいして、一つの普遍的な、それゆえ自由な存在にたいするようにふるまうからである。

「類的存在」という言葉はこれまで何度か出てきましたね。原語は〈Gattungswesen〉です。〈Wesen〉というドイツ語は、哲学用語としては「本質」ですが、個々の「存在（しているもの）」とか「在り方」「制度」、「生き物」など、いろんな意味で使われます。だから「類的本質」とも訳せます。ここでは、「本質」と「存在」を両方兼ねた意味で使われていると見るべきでしょう。〈Gattungswesen〉には、人間という「類」を特徴付ける「本質」という意味と、人間が自らの「類」、つまり他の動物が自分が属する類について意識的に関わることがない、つまり「犬」が「犬」として、仲間の犬と一定の関係を結びながら生きていることを自覚したり、決意したりすることはないのに対し、人間はそうする存在であるという意味と、二重の意味があるのだと思いますが、訳者は後者の意味の方に軸があると考えて、「類的存在」と訳したのでしょう。「というのは～」以下は、後者の意味の説明です。

「一つの普遍的な、それゆえ自由な存在 ein universeller, darum freier Wesen」という言い回しが引っ掛かりますが、この「普遍的」を、未来永劫で不変で、あらゆる個体に絶対に内在する本質というようなイデア的な意味でなく、人間という類（種）の「一般的な性質を示している（だけ）」くらいの意味で捉えると、多少分かりやすくなるでしょう。つまり、個々の固定化した属性を持った人ではなく、「人間」という一般的で共通の属性だけを有していて、自己を自由に構成できる生き物としての人間ということでしょう。自分自身が、ドイツ人で男性のカールとか、英国人で女性のジェインとか、個としての具体的な属性が確定していて、それ以外の何者でもなく、一日中同じパターンの行動を繰り返し、変化しようがないというのであれば、「私は人間として○○すべきだ……」「人間である以上、私は▼▼したい」というような発想は出てきようがありません。「人間」という一般的な概念の枠内で、いろいろ自己変容・想像の可能性がないと、「自由」ではありません。

続いて出てくる、「類生活 Gattungsleben」というのは、今お話ししたことを人間が実践する「生活」だと考えればよさそうですが、マルクスはそれよりも広い意味で使っているようですね。

　類生活は、人間においても動物においても、物質的にはまずなにより、人間が（動物と同様に）非有機的自然によって生活するということを内容とする。そして人間が動物よりも普遍的であればあるほど、彼がそれによって生活する非有機的自然の範囲もまた、それだけいっそう普遍的である。植物、動物、岩石、空気、光などが、あるいは自然科学の諸対象として、あるいは芸術の諸対象として――人間が享受し消化するためには、まず第一に仕上げを加えなければならないところの、人間の精神的な非有機的自然、精神的な生活手段として――理論上において人間的意識の一部分を形成するように、それらは実践上においてもまた、人間的生活や人間的活動の一部分を形成する。

どうも、自然を改造して自分たちの類の生活に都合のよい自然環境を作り出すことを「類生活」と言っているようですね。確かに、蟻や蜂などは物理的環境を作り替えますし、狼や象や猿は、自分たちの間だけで通用する規則によって生活しています。猿のように道具とか、物を洗うというような習慣を作って、それを群れの中で継承していくものさえいますね。

ただ、動物は群れで生活しても、自身の「類」の本質（Wesen）について考えませんね――少なくとも、我々に認知できるような仕方では。「我々〇〇アリはどうあるべきか」とか「〇〇オオカミとはどうあるべきか」、などと蟻や狼は考えていそうにないですね。自分の類の「本質」について何らかの観念を持ち、それと現在の自分の在り方を対比して、前者に合わせて後者を変えていく、そのために実践することが、人間の精神的な生活において大きな比重を占めます。チンパンジーやゴリラのような類人猿でも今のところ、自分たちの「類」の特性を意識して、それを実現しようとするような習性がある、ということは知られていないですね。

人間は、「人間性」「人間らしさ」についての観念を持ち、それを自ら生きながら、その観念を変化させていき、次第に高度な形成物＝教養（Bildung）を築いていく。この辺の議論は明らかに、ヘーゲルの「精神」の自己発展論をベースにしているのですが、「観念」とか「概念」という言葉を使わないで、人間と動物に共通する「生活」という言葉で説明するので、分かりにくくなっているわけです。マルクス本人としては、ヘーゲル用語を唯物論的な言葉に置き換えてみることが重要だと考えているのでしょう。

ドイツのフランクフルト学派の代表格であるユルゲン・ハーバマス（一九二九－　）は初期の仕事で、初期マルクスの「労働－類的本質」概念に含まれる人間同士の「相互作用 Interaktion」に注目し、それをコミュニケーション的な行為をめぐる理論へと発展させていきました。「類的生活」は、「自然」を人間のために改造する「労働」という営みと不可分の関係にあるようです。

疎外された労働は人間から、（1）自然を疎外し、（2）自己自身を、人間に特有の活動的機能を、人間の生命活動を、疎外することによって、それは人間から類を疎外する。第一に疎外された労働は、類生活と個人生活とを疎外［たがいに疎遠なものに］し、第二にそれは、抽象のなかにある個人生活を、同様に抽象化され疎外されたかたちでの類生活の目的とならせるのだ。

無理やりコンパクトにしているので、かえって分かりにくいですね。（1）の「人間から自然を疎外する」というのは、人間にとっての自然、つまり人間と外界との生の関係＋人間が生きやすくするために作り出した環境（非有機的身体）を、労働者が自分のために活用できない状況を作り出した、ということでしょう。もう少し具体的に言うと、工場という狭い空間での作業と、食べて寝るためだけに家に帰る生活の連続で、自然との関係がものすごく狭く、感性的な喜びをあまり得られないということでしょう。（2）は非有機的身体を作り出して、類生活の形成に寄与する自らの能力、本来の意味で「労働する能力」を活用できない状況に置かれている、ということでしょう。

その後の（一）と（二）は、（1）と（2）の帰結ということでしょう。（一）の類生活と個人生活が相互に疎遠になるというのは、簡単に言うと、生活がアトム化するということでしょう。労働者は、工場に集まって肉体労働しますが、それは機械的に作業するだけであって、相互に人間的な繋がりを持ち、自分たちの生活を進歩させるものを作り出しているわけではありません。普通、自由主義の発想だと、私生活が、人間という共同体の一員としての生活、共同体の縛りから解放されるのは望ましいことですが、先ほどの「類的本質」論を前提にすると、みんなで〝人間らしさ〟を追求できないことになります。

（二）はその（一）の帰結として、社会的生活あるいは政治の目的が個人主義的なものになる、ということでしょう。共同体にとっての共通の利益ではなくて、個人のエゴイスティックな欲求を満たすことが目的になるわけです。これは経済的自由主義を前提とする近代的国家では当然ですが、そうなると、「ユダヤ人問題によせて」でマルクスが述べていたように、「公民 Citoyen」と「市民 Bourgeois」が分裂し、前者が形骸化して、後者のエゴイスティックな欲求だけで「市民社会」が動くようになり、競争の敗者は切り捨てられるようになるわけです。「ユダヤ人問題によせて」では、政治的生活という意味で「類（的）生活」という言葉が使われていたわけですが、それは、「労働」を通して人々が連帯して、「人間らしさ」を追求する生活という意味での、ここでの「類生活」と繋がっているわけです。無論、個人的な利害追求が優勢になれば、「類生活」は、経済的な実体としても、政治的意志決定の面でも、形骸していき、「類的」とは言えなくなるわけです。

> ―― 動物はその生命活動と直接的に一つである。動物はその生命活動から自分を区別しない。動物とは**生命活動**なのである。人間は自分の生命活動そのものを、自分の意欲や自分の意識の対象にする。彼は意識し

ている生命活動をもっている。〔人間は生命活動をもつものとして規定されるとしても〕それは人間が無媒介に融けあうような規定ではないのである。意識している生命活動は、動物的な生命活動から直接に人間を区別する。まさにこのことによってのみ、人間は一つの類的存在なのである。あるいは、人間がまさに一つの類的存在であるからこそ、彼は意識している存在なのである。すなわち彼自身の生活が彼にとって対象なのである。ただこのゆえにのみ、彼の活動は自由なる活動なのである。疎外された労働はこの関係を、人間が意識している存在であるからこそ、人間は彼の生命活動、彼の本質を、たんに彼の生存のための一手段とならせるというふうに、逆転させるのである。

先ほど、私が蟻や狼を例にとって説明したことですね。ここでは「意識」という言葉を使っているので、分かりやすいですね。私たちが自分自身のやっていることに意識を向ける時に、自分自身を「人間」という類に属する「存在」として意識します。単に人間としての自分の在り方を意識するだけでなく、「生命活動 Lebenstätigkeit」の一環として自分自身を作り上げていく。そこに人間の「自由」の余地があるわけです。

「人間」としての自分を作り上げていくこと、つまり「労働」が人間にとっての「類的本質」であって、単に生物として「生存」することはそのための「手段」にすぎません。芸術とかスポーツに励んだり、歴史に残るような大仕事をすることが生き甲斐であって、そのために生きながらえている、という人を思い浮かべればいいでしょう。それほど高尚なことではなくても、社会的に高く評価される立派な職人仕事をするとか、会社で必要な人材として認められるような仕事をするとか、物質的な利益をもたらすかどうかは別として、何らかの形で他者から認められ、記憶に残る仕事をしようとします。人間はそうした、人間の共同体の中でのみ意味を持つ価値を追求します。

「疎外」が生じると、そうした人間的価値が空洞化し、生存のための手段になります。分かりやすい例としては、学問が好きで学者になった人が食っていくために仕方なく論文を書く、芸術家が食っていくために意に沿わない作品を量産する、といったことが考えられます。

――それゆえ人間は、まさに対象的世界の加工において、はじめて現実的に一つの類的存在として確認されることになる。この生活が人間の制作活動的〔werktätig〕な類生活なのである。この生産を通じて自然は、人間の制作物および人間の現実性として現われる。それゆえ労働の対象は、人間の類生活の対象化である。というのは、人間は、たんに意識のなかでのように知的に自分を二重化するばかりでなく、制作活動的、現実的にも自分を二重化するからであり、またしたがって人間は、彼によって創造された世界のなかで自己自身を直観するからである。

古典派経済学のように、ロビンソン・クルーソー的な経済人を想定すれば、一人の人間が自分の周囲の「対象的世界 die gegenständliche Welt」を「加工」する様子を描くことができそうですが、マルクスは、「対象的世界」を「加工する」という営みが意味を持つのは、人間が類的存在であり、自分の類としての本質や、他者との関係性を意識しているからだと考えるわけですね。「制作物（作品）Werk」を作る活動としての「労働」は、「類生活」を前提にしているわけです。因みに、アーレントも『人間の条件』（一九五八）で、「仕事 work」は人と人の間の空間を作り出し、それが言語を中心とした活動（action）の基盤となる、と主張しています。そうした議論は初期マルクスの影響を受けているのかもしれません。細かいことを言うと、アーレントは、「労働」を人間固有の営みではなく他の動物と共通する生命維持活動として規定し、「仕事」の方にマルクスの「労働―制作」とほぼ同じ意味を与えています――拙著『ハンナ・アーレント「人間の条件」入門講義』をご覧下さい。

「創造された世界のなかで自己自身を直観する」というのは、おそらくシェリングや初期ロマン派の美的直観論の影響を受けた表現でしょう。芸術作品、あるいは神話の中に、それを産出した自己自身、あるいは私たち自身を「直観する anschauen」というのは、シェリング的な発想です。ヘーゲルの外化＝疎外論も、似たような発想ですが、ヘーゲルは「直観」ではなく、理性によって概念的に把握する（begreifen）という言い方をするでしょう。ヘーゲルは、概念による媒介を経ないで、芸術作品などの内に自己の本質を直観するというような発想を排除します。意識の中で「自己を二重化する sich verdoppeln」というのも、シェリングや初期ロマン派がよく使う言い方ですが、マルクスは意識の中だけでなく、現実の「二重化」にも言及しているわけです

――「直観」や「二重化」の問題については、拙著『増補新版　モデルネの葛藤』（作品社）をご覧下さい。シェリング・初期ロマン派でも、芸術的な創造活動における現実的な自己二重化に注目しますが、マルクスがここで言っている、労働による「自己二重化」は当然、芸術や文学に留まらず、人間の生活に関わる対象全般についての話です。

　それゆえ、疎外された労働は、人間から彼の生産の対象を奪いとることによって、人間から彼の類生活を、彼の現実的な類的対象性を奪いとり、そして動物にたいする人間の長所を、人間の非有機的身体すなわち自然が彼から取りさられるという短所へと変えてしまうのである。

「有機的身体」というのは、普通の意味での「身体」のことです。それに「非有機的身体 sein unorganischer Leib」というのは、身体組織に組み込まれていないけれど、身体の延長のように知覚し、常に改造している「自然」ということでしょう。人間らしさを追求する営みである「労働」を通して人間は、「自然」を自らの身体の延長として使うようになったわけですが、「疎外」が生じると、それがもはや自由に利用できるものではなくなり、先ほどから言われているように、労働者を酷使し、苦しめる装置になってしまうわけです。

　こうして疎外された労働は、

（3）人間の類的存在を、すなわち自然をも人間の精神的な類的能力をも、彼にとって疎遠な本質とし、彼の個人的生存の手段としてしまう。疎外された労働は、人間から彼自身の身体を、同様の彼の外にある自然を、また彼の精神的本質を、要するに人間的本質を疎外する。

（4）人間が彼の労働の生産物から、彼の生命活動から、彼の類的存在から、疎外されている、ということから生ずる直接の帰結の一つは、人間からの人間の疎外である。人間が自分自身と対立する場合、他の人間が彼と対立しているのである。人間が自分の労働にたいする、自分の労働の生産物にたいする、自分自身にたいする関係について妥当することは、人間が他の人間にたいする関係についても、人間が他の人間の労働および労働の対象にたいする関係についても妥当する。

番号の付け方が紛らわしいのですが、ここの（3）（4）は、九五頁の（1）（2）ではなく、九三頁の

4つの疎外

(1) **生産物からの疎外**：「事物の疎外」＝「労働の生産物にたいする労働者の関係」における疎外。労働と生産物の間が疎外されること。

(2) **生産過程からの疎外**：「自己疎外」＝「労働の内部における生産行為にたいする労働関係」における疎外。「生産」という「行為」そのものにおける疎外。

▼類的本質と類生活の説明

(1)「人間から自然を疎外する」：人間にとっての自然、つまり人間と外界との生の関係＋人間が生きやすくするために作り出した環境（非有機的身体）を、労働者が自分のために活用できない状況を作り出した。

(2) 非有機的身体を作り出して、類生活の形成に寄与する自らの能力、本来の意味で「労働する能力」を活用できない状況に置かれている。

⇩

（一）類生活と個人生活が相互に疎遠。
（二）は、（一）の帰結。社会的生活あるいは政治の目的が個人主義的なものになる。

(3) **疎外によって類的本質が失われる**：「人間的本質（存在）」からの疎外＝疎外によって類的本質が失われること。

(4) **人間（他人）と疎遠になること**：「人間からの人間の疎外」＝他の人間と疎遠になることが問題。「類生活」を営む能力が損なわれたので、他の人間から疎外され、連帯するのではなく、孤立化する方向に向かっていかざるを得ない。

※□で囲った中の（1）（2）は、この（3）（4）の前提になっている「類的本質」「類生活」の説明。

「類的存在」〈Gattungswesen〉:〈Wesen〉:哲学用語としては「本質」を意味する。個々の「存在（しているもの）」とか「在り方」「制度」、「生き物」など、いろんな意味。ここでは、「本質」と「存在」を両方兼ねた意味で使われている。

〈Gattungswesen〉：人間という「類」を特徴付ける二重の意味。
1、「本質」という意味。
2、人間が自らの「類」、仲間と一定の関係を結びながら生きていることを自覚、決意したりする存在であるという意味。

（1）（2）の続きです。草稿なので、番号の振り方がヘンなのは仕方ないのでしょう。労働者から労働生産物が疎外されること、生産行為から疎外されることに続いて、疎外によって類的本質が失われること（3）、および、他の人間と疎遠になること（4）が問題になっているわけです。九五頁の（1）（2）は、この（3）（4）の前提になっている「類的本質」「類生活」の説明として出てきたわけです。

（3）の「人間的本質（存在）sein menschliches Wesen」からの疎外は、（4）で「自分自身にたいする関係Verhältnis zu sich selbst」の疎外と言い換えられていますね。人間を人間たらしめている三つの要素、自らの身体、自然（非有機的身体）、精神的な類的能力（sein geistiges Gattungsvermögen）を統合し、労働を中心とする類生活を営む能力が失われてしまうわけです。「類的本質」を特徴付けるのに「精神的」という言葉を使っているところが、いかにも「初期」という感じがしますね。労働者は、肉体を動かしているだけで、感性的自然を享受できないですし、精神的な創造性も損なわれます。

（4）は「類生活」を営む能力が損なわれたので、他の人間から疎外され、連帯するのではなく、孤立化する方向に向かっていかざるを得ないということです。一緒に工場で作業していても、それは（3）のような人間的な本質を奪われた人たちが空間に集められているだけですから、機械の部品同士のような関係しかないわけです。

こうした疎外の現象は「国民経済的事実 ein nationalökonomisches Faktum」だとしたうえで、九九頁で、「私の活動」が「他の存在 ein anderes Wesen」に帰属するという現象の歴史的起源について述べていますね。

> 神々であろうか。たしかに古代には、たとえばエジプト、インド、メキシコにおける神殿造営などのように、主だった生産は神々への奉仕において出現してくるし、その生産物もまた神々に属している。しかし、神々だけがけっして労働の主人ではなかった。同様に自然もけっしてそうではなかった。そして人間が彼の労働を通して自然を征服すればするほど、また神々の奇蹟が産業の奇蹟によって余分なものになればなるほど、ますます人間がこれら産業の諸力のために生産のよろこびや生産物の享受を断念するようになるとしたら、それはなんという矛盾であろうか。

最初、生産活動は神々に召し上げられるものとして想定されていた、ということですね。無論、実際には神々を祀る神官や王に召し上げられ、彼らの命令で働かされていたのでしょう。これが人間の類的本質の疎外の原初形態だとすると、フォイエルバッハの言っている「疎外」とかぶってきますね。フォイエルバッハの場合は、人間を相互に結び付ける「愛」が「疎外」されて、神の愛になるわけですが、マルクスは、類的生活を可能にする「労働」が「疎外」されて、富を吸収する神の権威を生み出したと見ているようですね。恐らく、フォイエルバッハの言う「愛」は、「類的生活」に含まれている、ということになるでしょう。資本主義は、そうした「宗教的な自己疎外 die religiöse Selbstentfremdung」の物質的な基盤を露わにしたという面ではポジティヴな働きをしたのかもしれません。

疎外と私有財産

そして一〇二頁以降、「私有財産」と、「外化（疎外）された労働」の相関関係が論じられています。

たしかにわれわれは、外化された労働（外化された生活）という概念を、私有財産の運動からの結果として、国民経済学から獲得してきたにちがいない。しかしこの概念を分析すると、ちょうど神々が本来は人間の知性錯乱の原因ではなく、その結果であるのと同様に、私有財産は、それが外化された労働の根拠、原因として現われるとしても、むしろ外化された労働の一帰結にほかならないことが明らかになる。のちになってこの関係は、相互作用へと変化するのである。

抽象的な議論ですが、ポイントは簡単ですね。普通の経済学では、「私有財産」があるから、これまで見てきたような「労働」の外化が起こります。だとすると、「疎外」は「私有財産」制の派生現象ということになります。しかし、その逆に、労働を外化したことの「一帰結 eine Konsequenz」として、「私有財産」が生じた、と見ることもできるわけです。

人間は、自分の手を加えて作り出したものは、いわば、自分の類的本質を投影し、そこに創作者としての自己を見出すことのできる生産物は、「自分のものだ」と感じます。「財産」に当たるドイツ語は〈Eigentum〉で、

英語では〈property〉ですが、これらは自分に「固有の」とか「適合している」という意味の形容詞〈eigen〉、〈proper〉を基にしています。ロック（一六三二―一七〇四）は、自然物に自分の固有の性質を投入して、自分に特有の性質を示すものにすること、つまり「労働」が「所有」の根拠になるという、「労働＝所有」論を展開しました。古典派経済学の「労働価値説」はそれを前提にしているとされます。その一方、「労働」が「類生活」の基本であり、他人が存在することを前提とし、他人にとって価値あるものを作り出すことを目指して、対象を加工するのだとすると、自分の作ったものが何らかの形で、他人のものになる可能性が含意されているわけです。この二つを併せて考えると、「労働」という営みは、「財産」を生み出すと共に、それが、各種の交換過程を通して、他人のものになることを、予め含意されていると言えそうです。所有物を円滑に交換するには、この物は、誰のものか確定する「私有財産」制があった方が良さそうです。

ギュスターヴ・クールベ『プルードンとその子供たち』

無論、マルクスは、「私有財産」が固定化され、資本へと発展することを認めるつもりはないでしょう。一〇三頁を見ると、「国民経済学は生産の本来の心髄である労働から出発」するにもかかわらず、結局、「労働」それ自体はあまり大事にせず、労働の帰結である「私有財産」を擁護することだけを重視している、と指摘していますね。プルードンは、この矛盾に注目して、「労働を擁護し私有財産に反対する結論をひきだした」ということですね。近代の無政府主義の元祖とされるプルードンはこの当時、フランスの知識人の間で注目されていました。彼の主著『貧困の哲学』（一八四六）――マルクスは『哲学の貧困』（一八四七）という著作でこれを徹底的に批判することになります――はまだ刊行されていませんが、私有財産制を批判する『財産とは何か』（一八四〇）を刊行し、物議を醸していました。マルクスとしては、「私有財産」制を一方的に批判するのではなく、労働の産物である私有財産制が労働者を苦しめている、「疎外された労働の自己矛盾 der Widerspruch der entfremdeten Arbeit mit sich selbst」をちゃんと分析すべきだということのようですね。どうも、自己矛盾がネガティヴな状態を生み出したのだけど、その矛盾の中からそれを突破する契機が生まれてくる、というヘーゲル的な発想をしている感じですね。

具体的なポイントとして、先ほど私が少し先取り的に話題にした「労賃 Arbeitslohn」の問題に言及していますす。「労賃と私有財産が同一（identisch）である」とさえ言っていますね。この場合の「私有財産」というのは、労働者でもある程度持っている私物などのことではなく、「資本」として転化することが可能な、法的に保障された権利としての「財産」ということでしょう。プルードンの言うような「給料の平等」というのは根本的な解決ではなく、「労賃」という形で、資本家によって「労働」の価値が決められ、それによって人間相互の関係が規定されている、という事態が生じたのはどうしてか考えるべきだと言っていますね。

一〇四頁に、「労働者の解放 Arbeiteremanzipation」という言葉が出てきますね。ただマルクスは、政治的には「労働者の解放」という形を取るけれど、労働者だけの問題ではなく、そこには「一般的人間的な解放 die allgemein menschliche Emanzipation」が含まれている、ということですね。先ほどの理屈からするとそうなりますね。「労働者」を、労働者という経済的ステータスから解放することは、「労賃」を揚棄することであり、それはとりもなおさず、それと一体の「私有財産」を揚棄することになります。恐らくそれは、先ほどの「疎外された労働の自己矛盾」の止揚にも繫がるのでしょう。このテクストの最後の方では、労働者自身、彼の労働や労働生産物に対する「非労働者 Nichtarbeiter」、つまり「資本家」の関係を考察すべきだということを言っていますね。「労働」を通して他者と繫がることが「類的本質」だとすると、労働者だけでなく、資本家も望まずして、「類的本質」から疎外されているはずだからです。

第三草稿「私有財産と共産主義」——共産主義とは？

第三草稿の「私有財産と共産主義」のテクストを見ていきましょう。このテクストの前に「私有財産と労働」（第三草稿）という短いテクストが配置されていますね。これの概略だけ見ておきましょう。資本主義化した国民経済の下では、人間の類的本質が否定され、人間自身から疎外された「労働」が富の源泉として利用されるということが述べられていますね。スミス以前の経済学の主流であった、ケネー(一六九四－一七七四)等の重農学派では、土地とそこに住みついて働く農民の労働が富の唯一の源泉とされていたわけですが、古典派経済学では、特定の労働ではなく、個性をはぎ取られて、抽象化された「労働一般 die Arbeit überhaupt」が富の源泉と見なされるようになった、ということですね。土地所有は、「私有財産」の最初の段階ですが、工業労働が発達すると、土地との結び付きが解体されていくわけですね。「産業資本 das industrielle Kapital」こそ、私有財産の完成形態だということですね。

では「私有財産と共産主義」に入りましょう。一二六頁に、「自己疎外の止揚は自己疎外と同一の道程をたどっていく」という謎めいた言葉が出ていますが、これは先ほどお話ししたように、マルクスが、矛盾は弁証法的に自己展開して、自ずから「止揚」(問題の解決)へと至る、というヘーゲル的な発想で考えているということでしょう。「自己疎外」が進行していく中で、止揚への道が見出される、と考えているのでしょう。「私有財産」が止揚されたら、「共産主義」になるはずですが、マルクスはまずこの言葉の定義を問題にします。

> (…)共産主義は止揚された私有財産の積極的表現であるが、さしあたりは普遍的な私有財産である。

逆説的な言い方ですね。ただ、その原義からして、「共産主義 Kommunismus」は、従来「財産」と呼ばれていたものが個人ではなくて、「共同体 community」全体で所有される状態として理解できますね。マルクスはそれでは不十分だと思っているようです。まあ、これは直感的に分かりますね。何か無責任になりそうですね。

> (…)この共産主義は、私有財産として万人に占有されえないあらゆるものを否定しようとする。それは暴力的なやり方で、才能等々を無視しようとする。この共産主義にとっては肉体的な直接的な占有が、生活や生存の唯一の目的とみなされる。労働者の仕事〔Leistung〕は止揚されないで、万人のうえに拡大される。私有財産の関係は、物的世界にたいする共同体の関係としてそのまま残っている。最後に、私有財産にたいして普遍的な私有財産を対置しようとするこの運動は、結婚(それはたしかに排他的な私的財産の一形態である)にたいして女性共有が、したがって女性が共同体的な共通の財産になるところの女性共

> 有が、対置されるという動物的な形態でみずからを告白する。**女性共有**というこの思想こそ、まだまったく粗野で無思想なこの共産主義の**告白された秘密**だ、といえよう。

共同体による「私的所有」というのが説明不足でピンと来にくいですが、原始の部族社会が恐らくそうであったように、全てはみんなのもので、自分の労働も含めて、自分の意志だけで処理できるものはほとんどない、ということでしょう。働き方も共同体の規則によって決まっていて、〝プライベートな生活〟とか〝個性の発揮〟とかは許されない。「肉体的な直接的な占有が、生活や生存の唯一の目的」というのは、余裕がなくて、とにかくみんなが生きながらえることに、共同体全体が全力投入しているというような感じでしょう。「女性共有」というのは、やはり一夫一婦制が確立していない、原始共産制社会のイメージでしょう。ここでのマルクスは、共同体による「女性共有」という考え方を、粗野な共産主義として明らかに斥けていますね。

オランプ・ド・グージュ

社会主義・共産主義と、女性問題は微妙な関係にあります。フェミニズムの歴史はフランス革命時にまで遡ります。フランスの劇作家で女優のオランプ・ド・グージュ（一七四八－九三）は、「人及び市民の権利宣言」は男性を念頭に置いており、女性が排除されているとして、「女性及び女性市民の権利宣言 Déclaration des droits de la femme et de la citoyenne」（一七九一）という小冊子を著します。英語の〈man〉と同じように、「人」を意味するフランス語の〈homme〉には「男性」という意味もあり、フランス語の〈citoyen〉は男性名詞で、通常はこの形で女性も代表しますが、女性名詞として〈citoyenne〉という形もあります。今だったら、こういう言葉の問題に拘るのは、神経質のように感じられますが、当時は実際、女性の権利のことは念頭に置かないまま、市民権について語られていたわけです。『フランケンシュタイン』（一八一八）で知られるメアリ・シェリー（一七九七－一八五一）の母親であるメアリ・ウルストンクラフト（一七五九－九七）は、『女性の権利の擁護』（一七九二）で、女性解放のために女子教育が必要であることを説いていきます。一八三〇年代には、サン＝シモン主義者やフーリエ主義者が、恋愛の自由や従来的な意味での「家族」の解体を通しての、女性の解放を標榜しました。そうしたことから、共産主義は女性を共有する思想だというイメージが広がったのかもしれません。もっともプルードンは女性蔑視で、女性は家事しかできないように生まれついていると主張して、同時代の社会主義者やアナーキストから批判されていたようです。

『共産党宣言』でマルクスとエンゲルスは、共産主義社会における「女性共有 Weibergemeinschaft」というブルジョワジーの偏見を正し、女性を生産用具として利用しているブルジョワ社会こそ女性を共通の所有物にしていると批判し、生産用具としての女性の地位や売春制度を廃止することこそ、共産主義者の目指すところだとしています。ここで資本の消滅と共に、「ブルジョワの家族 Die Familie der Bourgeois」も消滅すると宣言されていますが、どういう感じになるのか具体的に述べられていません。晩年のマルクスは、アメリカの文化人類学者ルイス・ヘンリー・モーガン（一八一八–八一）の仕事に関心を持ち、家族と財産の関係の歴史的発展について考えていましたが、その仕事を引き継いだエンゲルスの『家族・私有財産・国家の起源』（一八八四）では、血縁家族→プナルア家族（同性の兄弟姉妹間で配偶者を共有する家族形態）→対偶婚家族（複数の兄弟姉妹間の集団婚だが、主たる配偶者をある程度固定する家族形態）→単婚家族という発展過程が描かれたうえで、資本主義と結び付いて成立した現在の父権的な一夫一婦制は、資本主義と共に消滅し、両性の自由な愛の関係が可能になるだろうと改めて予言されています。

一二八頁を見ると、粗野な共産主義について更に、「人間の人格性（Persönlichkeit）を否定する」とか、「妬み Neid」や「所有欲 Habsucht」を再生するとか、「貧困で寡欲な人間の不自然な単純さへと還帰する」とかネガティヴなイメージが書きつらねられていますね。これはひと昔前のソ連批判のような感じですね。マルクスとしては、疎外によって歪められた人間の類的本質をそのままにして、私有財産制を否定しても、エゴイズムむき出しの人々たちが互いに足の引っ張り合いをするので、選択の余地なく、共産制だった原始の状態へと逆戻りするだけだと考えたのでしょう。

——共同体はただ労働の共同体であるにすぎず、また共同体的資本、すなわち普遍的な資本家としての共同体が、支払う給料の平等であるにすぎない。この関係の両側面は頭のなかで考えられた普遍性にまで高め

> られている。すなわち労働は各人がそのなかに置かれている定めとして、資本は共同体の公認された普遍性および力としてある。

労働者が、（共同体から）指令された通りに働かされる、賃金生活者のままだと、たとえ賃金の平等は実現しても、「資本」がなくなったとは言えないというわけです。ソ連社会主義に関して、共産党が新しい搾取者になったので、労働者の地位は変わらないか、もっとひどくなった、ということがよく言われていました。「類的本質」を取り戻さないと仕方ないわけですね。

> 女性が共同体的な肉欲の餌食や下婢であるというような、女性にたいする関係のなかに、人間が自分自身にたいしてそのなかに実存している限りない堕落が語られている。というのは、この関係の秘密があいまいではなく、決定的に、公然と、むきだしに表現されるのは、男性の女性にたいする関係のなかであり、また直接的な、自然的な類関係がどのようにとらえられているかというその仕方のなかだからである。人間の人間にたいする直接的な、自然的な、必然的な関係は、男性の女性にたいする関係である。この自然的な類関係のなかでは、人間の自然にたいする関係は、直接に人間の人間にたいする関係であり、同様に、人間に対する〔人間の〕関係は、直接に人間の自然にたいする関係、すなわち人間自身の自然的規定である。したがってこの関係のなかには、人間にとってどの程度まで人間的本質が自然となったか、あるいは自然が人間の人間的本質となったかが、感性的に、すなわち直観的な事実にまで還元されて、現われる。それゆえ、この関係から、人間の全文化段階〔Bildungsstufe〕を判断することができる。

マルクス主義には女性に対する抑圧に鈍感だということがよく言われますが、この箇所を見る限り、初期マルクスはかなりフェミニストですね。難しい言い方をしていますが、ポイントははっきりしていますね。男性の女性に対する関係に、人間の「自然的な類関係 das natürliche Gattungsverhältnis」が凝縮されており、そのバロメーターになる、ということですね。男女の間で性交・生殖が行われるので、人間の最も生物学的な側面を表しており、夫婦は最も密な人間相互の関係なので、そこからその社会の文化段階の堕落度合が分かるという理屈は納得できますね。労働こそが、人間の類生活を示すはずですが、工場での労働では、先ほど見たように、人間関係が完全に破壊され、各労働者は孤立しています。「自然的な類関係」が残存しているとすれば、それは男女の関係ではないか、と類推しているわけです。プライベートな生活の方が、人間らしさがまだ残っているのではないか、という話です。プライベートな生活で、女性が肉欲の対象、下女として扱われているようだったら、それ以外の生活がどれだけひどいか分かるだろう、というわけです。

因みに、ハンナ・アーレントは、生物学的な要素が強く働き、暴力的な支配が行われている、「家 oikos」を中心とする私生活は、人間の生活の負の側面であると考えます。私生活の親密な関係性の中に、本来の人間性が残っていると思い込み、そこに癒しを求めるのは、「公／私」の区分が解体し、公的領域での「活動」を中心とした人間性の形成が困難になった近代社会の特徴です。アーレントも、私的な愛の関係を人間性のバロメーターと見ているわけですが、彼女の場合は人間性の崩壊のバロメーターなので、人間性が残っている度合いのバロメーターと見るマルクスとは真逆の立場です――拙著『ハンナ・アーレント「人間の条件」入門講義』をご覧下さい。

だから、どの程度まで人間の自然的態度が人間的となったか、あるいはどの程度まで人間的本質が人間にとって自然的本質となったか、どの程度まで人間の人間的自然が人間にとって自然となったかは、男性の女性にたいする関係のなかに示されている。また、どの程度まで人間の欲求が人間的欲求となったか、したがってどの程度まで他の人間が人間として欲求されるようになったか、どの程度まで人間がそのもっとも個別的な現存において同時に共同的存在〔Gemeinwesen〕であるか、ということも、この関係のなかに示されているのである。

「人間の自然的態度（das natürliche Verhalten）が人間的となった」とか、「人間的本質が人間にとって自然的本質（das natürliche Wesen）となった」「人間的自然（seine menschliche Natur）が人間にとって自然となった」、などというのが、禅問答みたいで分かりにくいですが、この場合の「自然」というのは、文字通りの意味での「自然」、生物学的な自然ではなく、類生活を続けていくうちに、慣習とか制度に支えられて人間の「本性 Natur」になったもののことです。

したがって、私有財産の最初の積極的止揚である粗野な共産主義は、積極的な共同的存在として自分を定立しようとする私有財産の下劣さが現われる一つの現象形態であるにすぎない。

「粗野」の原語は〈roh〉、英語の〈raw〉と同じ意味です。まだ粗削りに何とか外形を整えただけで、「類的本質」を取り戻しておらず、それどころか男女関係などで、私有財産制の悪い所を増幅してしまうかもしれない、と考えているわけですね。法的に誰が所有権者であるかではなく、人間同士の間に類的生活を復活させることができるかが問題です。

（2）　共産主義、（a）民主的にせよ専制的にせよ、まだ政治的な性質をもっている共産主義、（b）国家の止揚をともなうが、しかし同時にまだ不完全で、まだ相変らず私有財産すなわち人間の疎外に影響されている本質をもっている共産主義。両方の形態においてすでに共産主義は自分を、人間の自己への再統合または還帰として、人間の自己疎外の止揚として自覚しているが、しかしそれはまだ私有財産の積極的本質をとらえていないし、同様に欲求の人間的性質をほとんど理解していないので、やはりまだ私有財産にとらわれており感染されているのである。この共産主義はたしかに私有財産の概念をとらえてはいるが、しかしまだその本質をとらえてはいない。

（a）の「政治的な性質をもっている noch politischer Natur」というのが、ピンと来ないですが、これは国家の法的制度によって支えられている、という意味でしょう。マルクスは、「共産主義」は本来、国家の政策として実行するものではなく、人々の自然な本性に基づく、自発的な関係によって遂行・実現されるものと見ているのでしょう。肝心なのは、それよりも、私有財産を生み出した自己疎外の本質を、人間本性にまで遡って把握しておかねばならない、という点です。ちゃんと「疎外」を分かったうえで、〝私有財産〟を廃止しないと、表面的な革命に終わり、気付かないうちに、資本主義の矛盾を再生することになるということでしょう。

（3）　人間の自己疎外としての私有財産の積極的止揚としての共産主義、それゆえにまた人間による人間のための人間的本質の現実的な獲得としての共産主義。それゆえに、社会的すなわち人間的な人間としての人間の、意識的に生まれてきた、またいままでの発展の全成果の内部で生まれてきた完全な自己帰還としての共産主義。この共産主義は完成した自然主義として＝人間主義であり、完成した人間主義として＝自然主義である。それは人間と自然とのあいだの、また人間と人間とのあいだの抗争の真実の解決であり、現実的存在と本質との、対象化と自己確認との、自由と必然との、個と類とのあいだの争いの真の解決である。それは歴史の謎が解かれたものであり、自分をこの解決として自覚している。

彼が目指す本来の「共産主義」のイメージが描かれていますね。「いままでの発展の全成果の内部で」というのは分かりますね。原始共産制に戻るのではなく、これまでの人類の歴史の発展の成果を高次元で生かすことで、「疎外」を解消するのでなければならない。「完成した自然主義 vollendeter Naturalismus」が「人間主義」で、「完成した人間主義 vollendeter Humanismus」が「自然主義」だというのは、何だか神秘主義めいた言い方ですが、恐らくこの場合の「自然主義」というのは、自然界の一部としての人間、特に身体とか感性を重視する立場ということでしょう。それに対して、「人間主義」というのは、他の生き物とは違う、人間としての類的生活、精神的な営みを重視する立場ということでしょう。「私有財産」制の下で「疎外」が進行すると、両者は不可避的に分離します。身体の運動と、人間らしさに関する意識が遊離する。というより、後者はほとんど機能停止し、前者もフル稼働にほど遠い状態に置かれる。疎外が解決されると、両者は一致してくる、つまり、私たちが「人間らしい」と思う生き方と、自然環境に適応した身体の動きが一致してくるわけです。現実存在と本質、対象化と自己確認の間の争いの解決というのは、基本的にこれと同じことです。現に身体として実在している私（客体としての私）と、その私を認識する主体としての私が調和してくるわけです。身体を支配する自然界の必然性の法則と、精神の自由な働きも調和してきて、無理な生き方をしているという感じがしなくなる。それによって、類的本質が回復されれば。個と類の対立も解消する。

それゆえ、歴史の全運動は、共産主義を現実的に生み出す行為——その経験的現存を産出する行為——であるとともに、共産主義の思考する意識にとっては、共産主義の生成を概念的に把握し意識する運動でもある。

「共産主義」というのは、疎外を生み出した矛盾が弁証法的に展開され、止揚されるに至る過程の最終的な

「共産主義 Kommunismus」：従来「財産」と呼ばれていたものが個人ではなくて、「共同体 community」全体で所有される状態➡「女性の共有」などこれだけだと“粗野な共産主義”。

⇩

マルクスの本来の「共産主義」のイメージ：私たちが「人間らしい」と思う生き方と、自然環境に適応した身体の動きが一致してくる。疎外を生み出した矛盾が弁証法的に展開され、止揚されるに至る過程の最終的な帰結。

・国家の政策として実行するものではない。
・人々の自然な本性に基づく、自発的な関係によって遂行・実現される。
・私有財産を生み出した自己疎外の本質を、人間本性にまで遡って把握しておかねばならない。ちゃんと「疎外」を分かったうえで、“私有財産”を廃止しないと、表面的な革命に終わり、気付かないうちに、資本主義の矛盾を再生することになる。

帰結だということですね。ここで注目すべきは、「共産主義の思考する意識 sein denkendes Bewußtsein」とか、「概念的に把握し意識する運動 die begriffne und gewußte Bewegung」といった観念論的な、というよりヘーゲル的な表現でしょう。まるで、「共産主義」というものが、生成していく過程で徐々に自己意識と認識能力を獲得していったように聞こえますね。実際には、歴史の流れに巻き込まれ、「私有財産制」の下での「疎外」の進展を経験した人々が、「共産主義」的なものに期待し、イメージし、それを次第に中身のあるものにしていく、ということでしょうが、それでも、観念主導で歴史が動いていく感じですね。『資本論』に取り組むようになってからのマルクスは、こうした観念論の影響を思わせるような表現を避けて、「資本」運動の分析から、共産主義へ至る道を描こうと努力しました。それが唯物史観です。ルカーチの『歴史と階級意識』は、敢えて初期マルクスに回帰して、労働者の意識を核にする革命理論を展開したのですが、それはヘーゲル主義への後退だと共産党などマルクス主義の主流派から批判を受けることになります。

一三二～一三三頁にかけて、「私有財産」は「疎外された人間的生活の物質的感性的な表現」であるという視点から、「私有財産」(→資本)の運動、その社会的性格を分析する必要があることが述べられていますね。「私有財産」は、単なる有害な制度ではなく、人間が類的生活を営む際にほぼ不可避的に生じてくる矛盾の産物のはずなので、それがどのように生じてきて、どのように変化し、どういう方向に向かっているのか分析することは重要な意味を持つわけです。そこは、私有財産を諸悪の根源と考えて単純に廃絶しようとする、素朴な共産主義者とは違うわけです。

（4）私有財産は、人間が〔主体であると〕同時に自己にたいして対象的となり、そして同時にむしろ疎遠な非人間的な対象としての自己になるということ、人間の生命の発現がその生命の外化〔放棄〕であり、人間の現実化がその現実性剥奪、すなわち一つの疎遠な現実性であるということの感性的表現にすぎないが、それと同様に、私有財産の積極的止揚は、すなわち、人間的な本質と生命、対象的な人間、人間的な制作物を、人間のために人間によって感性的に自分のものとする獲得は、たんに直接的な一面的な享受という意味でだけとらえられてはならない。すなわち、たんに占有する〔Besitzen〕という意味、所有する〔Haben〕という意味でだけとらえられてはならないのである。

言い方は難しいけれど、これまで見てきたことを押さえておけば、ポイントは分かりますね。「私有財産」は、周囲の環境に働きかけ、対象＝制作物（Werk）へと加工することで、その対象の中に自己の本質を表現しようとする人間固有の生命活動の帰結です。自己表現のために「外化 Entäußerung」したものから生まれてきたわけです。

訳で〔 〕で補われているように、〈Entäußerung〉には「譲渡」とか「放棄」という意味もあります。というより、日常語としてはこっちが本来の意味です。英語の〈alienation〉も同じです。ホッブズの自然状態論で、人々が自己保存を最優先して国家に自らの自然権を譲渡する、と言う時の「譲渡する」は〈alienate〉です。言葉遊びですが、これは意味のある言葉遊びですね。各人は、自分の生命活動を吹き込んだ対象を「外化」することによって、自己を知ることができるわけですが、そのように「外化」された対象は、たとえ自分の手元に置いていたとしても、他人に譲渡可能です。〝自分の一部〟だったものを他人に譲渡したくないなら、他人に譲渡可能なものは何も作らず、食べて寝るだけの方がいいということになりますが、類的存在として生きていこうとすればそれは無理です。共同体の中で生きる以上、〝自己の生命活動〟を他者にも認識し得る形で「外化」し、その対象の所有権を、他者の内の誰かに「譲渡」する可能性を認めるしかありません。

「人間の生命の発現がその生命の外化〔放棄〕であり……」という箇所は、原文では、〈daß seine Lebensäußerung seine Lebensentäußerung ist,...〉となっていて、〈Äußerung〉と〈Enäußerung〉の言葉遊びになっています。いずれも基本的に「外に出す」という意味ですが、後者の方が、「分離して」とか「引き離して」という意味の〈ent-〉が付いている分だけ、「疎外」されているというニュアンスを伴っています。

人間は彼の全面的な本質を、全面的な仕方で、したがって一個の全体的人間〔ein totaler Mensch〕として自分のものとする。世界にたいする人間的諸関係のどれもみな、すなわち、見る、聞く、嗅ぐ、味わう、感ずる、思惟する、直観する、感じとる、意欲する、活動する、愛すること、要するに人間の個性のすべての諸器官は、その形態の上で直接に共同体的諸器官として存在する諸器官と同様に、それらの対象的な態度において、あるいは対象にたいするそれらの態度において、対象〔をわがものとする〕獲得なのである。人間的現実性の獲得、対象にたいするそれらの諸器官の態度は、人間的現実性の確証行為である。すなわち、人間的な能動性〔Wirksamkeit〕と人間的な受動的苦悩〔Leiden〕とである。なぜなら、受動的苦悩は、人間的に解すれば、人間の一つの自己享受だからである。

この箇所分かりにくいですね。恐らく、「共同体的諸器官 gemeinschaftliche Organe」という表現のせいで分かりにくくなっているのだと思います。その前の箇所で、「思惟する」とか「意欲する」「愛する」といった動詞が出てくることから分かるように、「器官」というのは、必ずしも臓器のことではなくて、人間を構成している様々な機能あるいは能力のことでしょう。ここに列挙されているのは、個々の人間が、個別の対象を知覚したり、働きかけたりするための能力で、それらとは別に、共同体的で他の人と関係するための能力も備わっている、ということでしょう。「対象的な態度 gegenständliches Verhalten」というのは抽象的な言い方ですが、「対象に関わる態度」、現象学っぽい言い方をすると、「対象への志向性」ということになるでしょう。

私たちは、例えば、「机」という対象に接する時、その色や形、触り心地、見た目からくる印象などを把握し、それが気に入ったか、そこに気持ちよく座り続けるか、といった態度を取ります。その際に、自分自身がその対象にどう向かい合うかというだけでなく、同じ社会に属する他者だったらどう評価するか、それはどれくらいの価値があるか、といった視点も加わってきます。「共同体的諸器官」というのは、ここでは、そういう他者の視点から物を見る能力を指すのではないかと思います。カントの用語だと、「共同体感覚」としての「共通感覚」です――これについてはアーレントが詳しく解説しているので、拙訳、アーレント著『完訳カント政治哲学講義録』（明月堂書店）をご覧下さい。

そうやっていろんな感覚＝器官を動員して、手前にある対象にはっきりと形を与え、自分にとって意味付けすることを、「人間的現実性の獲得 die Aneignung der menschlichen Wirklichkeit」＝「人間的現実性の確証行為 die Betätigung der menschlichen Wirklichkeit」と言っているのでしょう。そうした「確証」が、対象に積極的に関わる能動性と、刺激を受けとめる受動性の両面があるのは当然のことですね。

「受苦 Leiden」という言葉は、次回読む「ヘーゲル弁証法と哲学一般との批判」と「ヘーゲル『精神現象学』最終章についてのノート」のテクストで頻繁に登場し、重要な役割を果たします。ドイツ語の〈leiden〉という動詞は、基本的には「苦しむ」とか「患う」、あるいは、ネガティヴな事態に「襲われる」という意味ですが、それ以外に、その真逆で、「好ましいものとして受けとめる」、端的に言えば「好む」という意味、更に「耐える」とか「許容する」「認める」といった意味もあります。全般的に受動的な意味があるわけですが、これをそのまま名詞化した〈Leiden〉は、基本は「苦しみ」という意味ですが、哲学用語あるいは文法用語として、「受動」の意味で使われることがあります。英語の〈suffer〉も、「〜に苦しむ」の意味の他、ある状態に「耐える」とか「許容する」というような中立的に受動的な意味もあります。

それに加えて、ドイツ語では〈leiden〉に抽象名詞や集合名詞を作る語尾〈-schaft〉を加えた、〈Leidenschaft〉は「情念」という意味になります。これは、英語で言うと、「受動」を意味する〈passive〉と、「情念」「情動」を意味する〈passion〉が、ラテン語の〈passio〉を共通の語源にしていることに現れています。これに対応するギリシア語が、〈πάθος (pathos)〉です。〈pathos―passio〉は基本は「苦しむ」という意味ですが、「情念」「情動」という意味も持っています。日本語で「情念」と言うと、何か強く打ち込んでいるポジティヴなニュアンスもあるように聞こえますが、元々は、制御できない情動に襲われて、苦しんでいるという感じだったのでしょう。

あと、キリストの「受難」のことを〈passio〉と言います。肉体を持って生まれてきたがゆえにイエスは「苦しむ」わけですが、それが贖罪となり、人類の救いに繋がるわけです。このことからの類推で言えば、人間は肉体を持っているがゆえに生きることに苦しみ、制御不可能な情動によって翻弄されますが、それが感性的な喜びにもなるわけです。楽園＝原始共産制社会を追放された人間は、自ら額に汗して辛い労働をしなければならない（＝疎外）という苦難を受けるが、それはいつの日にか高度に発達した生産力を基盤とする共産主義社会の実現に至る、というようなキリスト教とマルクス主義を合わせたような歴史の法則を描くことができます。無論、疑似キリスト教の思想を展開するつもりはないでしょうが、初期マルクスが、古代思想やキリスト教にも通じる文学的語彙を使って思考していたのは間違いありません。

私有財産はわれわれをひどく愚かにし、一面的にしてしまったので、われわれが対象を所有するときにはじめて、したがって〈対象が〉資本としてわれわれにたいして実存するか、あるいはわれわれによって直接に占有され、食べられ、飲まれ、われわれの身につけられ、われわれによって住まわれる等々、要するに使用されるときにはじめて、対象はわれわれのものである、というようになっている。とはいっても、私有財産は占有そのもののこれらすべての直接的な諸実現を、ふたたびたんに生活手段としてのみとらえるのだけれども。そしてこれらの実現が手段として奉仕する生活とは、私有財産の生活であり、労働および資本化である。

マルクスは「使用価値」を重視しているイメージがありますが、どうもそうではないようですね。食べ、飲み、着るというような卑近な意味での「使用する gebrauchen」ということをそれほど肯定的に評価していないようですね。そうした単純な「使用」と、もっぱら「資本」として「実存する existieren」ことを並置して、いずれも、本来の対象との関わりではないと示唆している感じですね――〈existieren〉を「実存する」と訳したのは、この訳が刊行された一九六四年当時の実存主義ブームの影響でしょうが、「実存」というのは主として、人間が主語になる場合の言い方だし、ここでは即物的な意味で使われているのだから、「実在する」の方がいいでしょう。

では、愚かでない「対象」との関わり方とはどんなのかと言うと、これまでの話からして当然、物を単純に消費するのでも、「資本」としての流動性を持った「私有財産」として所有するのでもなく、共同体的関係性を豊かにし、人間性を開発するような創造的な形で共同利用・活用していく、ということになるでしょう。恐らくマルクスもまだ具体的なイメージは描けていないのでしょうが、少なくとも、「私有財産」を量的に増大させることを唯一の目的とし、衣食住の「生活手段」は全て、労働力の維持・補充のために動員されるというような状態はダメだ、と言っているわけですね。ここではまだ、それほど明確ではありませんが、「資本化Kapitalisierung」という言い方から分かるように、特定の個物、物件を保持するのではなく、絶えずお金に換えて、増殖させるべく投資するのが前提になっている「所有」の仕方を問題視しているようですね。増殖させるために、その都度、労働者の肉体の使用権――後のマルクスは、金銭購入される部分を「労働力」と呼んで、「労働」それ自体と区別するようになります――を購入するわけです。

　　だからすべての肉体的・精神的感覚〔Sinn〕にかわって、そうしたすべての感覚の単純な疎外、所有〔について〕の感覚が現われてきた。人間的存在は、彼の内面的な富を自分の外に生みだすためには、このような絶対的な貧困にまで還元されねばならなかったのである。

ここは難しい表現を使っていますが、「疎外」の話ですから、どういうことを言いたいのかは分かりますね。私有財産制の下で生活していると、事物を直接感性的に受けとめ、受苦する感覚が弱まって、これは〇〇円で買った、△△ドルで売れるというような観点でしか物を見なくなる、全て潜在的に商品になり、同じ価値のもので交換可能になる。フランクフルト学派のアドルノ（一九〇三－六九）は、貨幣経済の中核にある等価性の原理が、人々の認識の仕組みに影響を与え、パルメニデス（前五一五頃－？）以来の「哲学」の歴史にも浸透していることを論証することに力を入れました――拙著『現代ドイツ思想入門講義』（作品社）をご覧下さい。

この前提で考えると、「私有財産の止揚は、全ての人間的な感覚や特性の完全な解放」を意味することになります。逆に言うと、単に所有権を移すだけで、私たちの感覚が依然として、貨幣的に標準化した形でしか事物を知覚できないとすれば、〝私有財産の止揚〟は形だけのものに留まっていることになります。これまでの話から分かるように、この「解放 Emanzipation」は、社会的な性格のものであって、個々人がバラバラに解放されるということはないわけです。

だからどこでも、一方では、社会のなかにある人間にとって、対象的な現実が人間的な本質諸力〔Wesenskräfte〕の現実として、人間的な現実として、またそれゆえに人間固有の本質諸力の現実として生成することによって、あらゆる対象が人間にとって人間自身の対象化として、人間の個性を確証し実現している諸対象として、人間の諸対象として生成する。すなわち、人間自身が対象となるのである。どのようにして諸対象が人間にとって人間の諸対象として生成するかは、対象の性質とこの性質に対応している本質力の性質とに依存している。なぜなら、この関係の規定性こそまさに、肯定の特殊な現実的な仕方を形づくるからである。一つの対象が目にとっては耳にとってとはちがったものとなり、また目の対象は耳の対象とはちがったものなのである。それぞれの本質力の特質は、まさにその本質力の独特な本質であり、したがってまた本質力の対象化の独特な仕方、本質力という対象的で現実的な、生きた存在の独特なあり方でもある。だから人間は、たんに思惟のなかでばかりでなく、すべての感覚をもって、対象的世界において肯定されるのである。

ものすごく難しそうですが、ここで言われている「本質」というのが、「類的本質」のことだと確認すれば、分かりやすくなるでしょう。つまり、ここで言う「対象」は、人間の類的本質、共同体的性質を反映するような形で産出された対象です。恐らく、人が、自分が人間という共同体の一員であることを自覚しながら、作ったものは、そうした社会的性質を帯びるはずです。先ほど、机に関してお話ししたことを思い出して下さい。それが、「あらゆる対象が人間にとって人間自身の対象化として、人間の個性を確証し実現している諸対象として、人間の諸対象として生成する。すなわち、人間自身が対象となるのである」の意味です。「対象」の純粋に物質的な性質よりも、それが人間の共同体にとって、自らの人間としての類的本質を意識しながら生きる私にとってどういう意味を持っているかが、肝心です。「目の対象」と「耳の対象」が違うというのは、前後との繋がりが分かりにくいのですが、恐らく視覚や聴覚などの個別の感覚で捉えるのとは異なった関係が、本質的な諸力と、対象との間にある、ということを言いたいのでしょう。共同体感覚としての「共通感覚」に基づく、私と対象との関係があるということでしょうか。机、椅子、本、法制度、芸術作品……など、社会性を帯びて作られた対象の内に、私たちは類的存在である自らの本質を直観するわけです。

人間らしさとは？――「社会的人間の諸感覚 die Sinne des gesellschaftlichen Menschen」

一三九～四〇頁にかけて、音楽を例にとって、「社会的人間の諸感覚 die Sinne des gesellschaftlichen Menschen」は、非社会的な人間のそれとは違って、社会性が反映するような対象の形成に伴って、「完成」してくるということが述べられていますね。「完成する」の原語の〈ausbilden〉は、教育等によって訓練して仕上げていく、というのが主たる意味の言葉なので、「開発する」と訳した方がいいと思います。社会的性質を持った「感覚」を開発するというのは、分かりますね。どうもマルクスは、人間には動物とも共通する、身体的な特性にそのまま由来する感覚以外に、後天的に社会の中で発展していく能力、歴史性・文化性を帯びた能力と考えているようです。少なくともベタに唯物論ではないようですね。

> たんに五感だけではなく、いわゆる精神的諸感覚、実践的諸感覚（意思、愛など）、一言でいえば、人間的感覚、諸感覚の人間性は、感覚の対象の現存によって、人間化された自然によって、はじめて生成するからである。五感の形成はいままでの全世界史の一つの労作である。粗野な実際的な欲求にとらわれている感覚は、また偏狭な感覚しかもっていない。

「人間的感覚 der menschliche Sinn」とか「人間化された自然 die vermenschlichte Natur」という言い方から分かるように、マルクスは「人間」に固有の能力や本性は、社会の中で形成されるものだと思っているわけですね。これは結構意外かもしれません。ただ、「人間化 vermenschlichen」の過程を、自然のプロセスから独立の人為的なもの、自然と対立する意味で「歴史的」なものとは考えないで、「全世界史 Weltgeschichte」の一部と見ているようですね。少し後で、「自然史 Naturgeschichte」という言い方をしています。普通の動物の場合と同じような仕方で、自然の歴史の通常の流れに即して発展してきた感覚、つまり「粗野な実際的な欲求にとら

「全世界史 Weltgeschichte」——「自然史 Naturgeschichte」
「人間化 vermenschlichen」の過程

・「自然史 Naturgeschichte」
普通の動物の場合と同じような仕方で、自然の歴史の通常の流れに即して発展してきた感覚、つまり「粗野な実際的な欲求にとらわれている感覚」＝「偏狭な感覚」のうえに、人間固有の社会化された感覚が発達してきた歴史
⇩
・「人間化 vermenschlichen」の過程
※マルクスは「人間」に固有の能力や本性は、社会の中で形成されるものだと思っている

われている感覚 der unter dem rohen praktischen Bedürfnis befangene Sinn」＝「偏狭な感覚 ein bornierter Sinn」のうえに、人間固有の社会化された感覚が発達してきた歴史がある、というようにイメージしているのでしょう。

一四二頁で自然科学批判を行っています。この時代、一九世紀半ばにこういう議論をするのは意外な感じがします。二〇世紀初頭に行われていてもおかしくない議論です。

自然諸科学は途方もなく大きい活動を展開し、たえず増大する材料をわがものとしてきた。自然諸科学が哲学に疎遠なままにとどまっているのと同様に、哲学はその間、自然諸科学にたいして疎遠なままにとどまってきた。〔哲学と自然科学との〕一時的な結合もたんなる空想的な幻影にすぎなかった。意志は現にあったのだが、しかし能力が欠けていた。歴史叙述でさえも自然科学にたいしては、啓蒙の、有用性の、個別的な大発見の契機として、ただついでに顧慮するだけなのである。しかし、自然科学は産業を介してますます実践的に人間生活のなかに入りこみ、それを改造し、そして人間的解放を準備したのであるが、それだけますます直接的には自然科学は、非人間化を完成させずにはやまなかった。産業は、人間にたいする自然の、したがって自然科学の現実的な歴史的関係である。だから、もし産業が人間的な本質諸力の公開的な露出としてとらえられるならば、自然の人間的本質あるいは人間の自然的本質もまた理解されるであろうし、したがって自然科学は、その抽象的に物質的な、あるいはむしろ観念的な傾向を失って、それが現在すでに——たとえ疎外された形態においてであれ——実際の人間生活の基礎となって

いるように、人間的な科学の基礎となるであろう。そして、生活のためのそれ以外の基礎とか、科学のためのそれ以外の基礎とかは、そもそものはじめから嘘なのである。

「自然科学」と「哲学」が互いに対して「疎遠 fremd」になっているということですね。現代では、「哲学」と「自然科学」が対立するのは当たり前みたいになっていますが、近代初期の「哲学」には「数学」や「自然科学」が含まれていました。ガリレオ（一五六四－一六四二）やニュートン（一六四三－一七二七）は、「哲学者」と呼ばれていました。日本では『プリンキピア』（一六八七）という呼称で知られているニュートンの主著の正式のタイトルは、《Philosophia Naturalis Principia Mathematica》、つまり『自然哲学の数学的諸原理』です。その同時代人のライプニッツも、微積分を開拓した数学者でもあったように、科学と哲学には親和性がありました。ご存知のようにデカルト（一五九六－一六五〇）は数学者・物理学者・生理学者だったし、パスカル（一六二三－六二）も数学者でした。一八世紀になると、数学、物理学、化学、医学などが次第にディシプリンとして発達し、一人の人間が哲学や文学と自然科学・数学の双方で専門家になるのは困難になりますが、カントやヘーゲルは初期の仕事として、天文学の論文も書いています。

一九世紀になって、大学や研究機関が制度的に確立すると、哲学と自然科学の分離が大前提になってきます。特に産業革命以降、産業のための技術と自然科学が結び付き、工業的なニーズに合わせる形で高度に発展し始めると、哲学が自然科学に対して直接的な影響力を与えることは困難になります。サン＝シモンやフーリエは、物理学などの自然科学と結び付いた哲学が、労働者のユートピア的な共同体の建設に寄与すると考えました。しかし実際には、そうならなかった。一八世紀のフランスの啓蒙主義の思想家たち、百科全書学派等は、科学が人々を無知から解放させると素直に信じることができましたが、資本主義的な生産体制がシステム的に確立され、労働者階級が形成され、格差が鮮明になると、そう楽観的なことばかり言ってはいられない。サン＝シモンやフーリエは、そうした現状を見て、哲学と自然科学のより深い結合によって、産業の人間化が可能になると主張したのだけれど、かけ声倒れに終わってしまった。それがここでマルクスの言う、「空想的幻影 eine phantastische Illusion」でしょう。その逆に、産業と結び付いた自然科学は、疎外を強化する方向に働くようになった。それをマルクスは「非人間化 die Entmenschung」を「完成させる vervollständigen」と言っているのでしょう。現代だったら、そうした科学技術批判は、ＳＦとか文明論でよく見かけますが、マルクスが既に自然科学の非人間化作用の問題を指摘しているのは意外ですね。一九八〇年代以降、社会主義諸国が、科学＋産業至上主義を偏重し、資本主義諸国以上に環境破壊を進めたことが批判されるようになったことを考えると、なおさら意外です。

しかもマルクスは、「非人間化」を進める「自然科学」を一方的に悪ものにしているわけではなく、むしろ哲学や哲学的な歴史叙述が「自然科学」の発展をきっちりと捉えていないことを問題視しているようですね。そのうえで、「産業」における「人間的な本質諸力の公開的な露出 exoterische Enthüllung der menschlichen Wesenskräfte」をきっちり捉えることのできる「人間的な科学 die menschlichen Wissenschaft」の登場に期待しているようですね。自分がやろうとしていることがそうだと言いそうですが、それはこの時点でどういう性質の学問として構想されていたのか。先ほどの箇所の少し前に、「感性的に提示されている人間的な心理学 die sinnlich vorliegende menschliche Psychologie」という言い方をしていますね。そして、一四三頁を見ると、

> 感性（フォイエルバッハをみよ）は、あらゆる科学の基礎でなければならない。ただ科学が感性的意識と感性的欲求という二重の形態において感性から出発する場合にのみ——だから科学が自然から出発する場合にのみ——それは現実的な科学である。

「感性 Sinnlichkeit」を「意識」と身体的「欲求」の両面から探究する学が必要だということですね。「意識」の方を担当するのが、先ほどの「心理学」に相当するのでしょう。「経済学」を軸に据えるようになった後期のマルクスと大分印象が違いますね。こういう広義の「心理学」を軸として、現実的な人間に即した学の体系を打ちたてようというマルクスの発想は、心理学や生理学によって把握される主観と、物理学や化学によって把握される客観の双方を直接的に経験される感覚的諸要素に還元することで、世界を一元的に理解しようとしたエルンスト・マッハ（一八三八－一九一六）の科学哲学や、自らの原点となった探究の目的を喪失したまま専門分化し、相互の関係も見えなくなっている諸科学の危機状況を克服すべく、あらゆる経験の根底にある純

粋意識の分析を試みたフッサール（一八五九－一九三八）の現象学に通じているように思えます。

> すべての歴史は、「人間」が感性的意識の対象となり、そして「人間としての人間」の欲求が〔普通の〕欲求となるための準備の歴史である。歴史そのものが自然史の、人間への自然の生成の、現実的な一部分である。人間についての科学が自然科学を自分のうちに包みこむのと同様に、自然科学は後には人間についての科学を包みこむであろう。すなわち一つの科学が存在することになるであろう。

「人間としての人間」というのが分かりにくいですが、これはこれまで見てきたように、「人間らしさ」、「人間らしい在り方」を念頭に置き、それを目指しながら生きている状態を指しているのでしょう。そういう人間の類的本質を実現する方向に、歴史が進んでいくわけですね。そういう「人間化」のプロセスを含んだ、「自然史」にマルクスは注目しているわけです。「自然科学」も、その「自然史」の一部だということですね。つまり、人間が類的存在としての自分たち自身を把握するために、制度化された器官だということです。自然科学は元々人間がたまたま生み出したものではなく、「自然史」の必然的な帰結であり。類的生活を完成していくうえで不可欠の役割を担うことが本来できるはずです。今、それができないで行き詰まっているので、それを突破するために、現状の自然科学を本来の役割に引き戻すための、感性の科学が求められている。

ただ、そこを突き詰めて考えると、ここで一つの循環が生じていることが分かります。どういう循環かというと、人間が「類的本質」を完成するには、そうした感性の科学を含めた、様々な制度化された知を媒介とした、正しい自己認識が必要だということになります。しかし、その自己認識が正しいと、どうして言えるのか？　言い換えると、その自己認識のためにマルクスが提案しようとしている知が、正統なものだとどうして言えるのか？　今の分析哲学者なら、それを論理的に突き詰めて考えて、それは不毛な形而上学的な問いだという結論を出すでしょうが、ヘーゲル的、歴史哲学的な発想をしていた初期マルクスは、ここまでの流れから読み取れるように、それが「自然史」の流れから見て必然だという形で証明しようとしているように見えます。しかし、その線でいくと、今度は、その「自然史」把握が正しいとどうして言えるのか、という疑問が生じます。マルクスは「自然史」を超越して、歴史の終点を見据えているのか？　神のように？　マルクスではなくて、真の共産主義を目指す革命家たちとか、プロレタリアートとしての自覚を持った労働者群とかであっても、同じことです。どうして、その集団は、自分が歴史の最終的な帰結を見抜いていると言えるのか？　それでは、ヘーゲルによる「絶対精神」の視点からの世界史に対して寄せられた批判が、そっくりマルクスにも降りかかってくることになります。一四五〜四七頁にかけて、「循環運動 Kreisbewegung」について、あまり話の筋がよく見えない、「人間」と「自然」の始まりをめぐる仮想問答が続いていますが、この問題、「歴史」の最後に現れるはずの正しい「人間性」を予見できる資格は誰にあるかをめぐる「循環」です。

このテクストの〝結論〟に当たる部分を見ておきましょう。一四七頁の後半をご覧下さい。

> しかし社会主義的人間にとって、いわゆる世界史の全体は、人間的労働による人間の産出、人間のための自然の生成以外のなにものでもないのであるから、したがって彼は、自己自身による自己の出生について、自己の発生過程について直観的な、反対できない証明をもっているのである。人間および自然が本質をそなえていること〔Wesenhaftigkeit〕、すなわち人間が人間にとって自然の現存として、また自然が人間にとって人間の現存として、実践的、感性的、直観的となったことによって、疎遠な一本質についての、自然および人間を超越する一本質についての問い――自然と人間との非本質性についての告白をふくんでいる問い――は、実践的に不可能となった。

難しそうですが、要は、「神にとって」とか「絶対精神」にとって、あるいは、「(哲学する主体である)私たちにとって」ということではなく、「社会主義的人間にとって für den sozialistischen Menschen」ということです。この「社会主義的人間」というのは、既に完成された共産主義社会に生きていて、労働がそのまま人間性の発露であり、労働を通して同胞と結び付き、労働に現れる、真の「人間性（類的本質）」を体現し、自覚している人間のことでしょう。そういう人間にとっては、自分の存在自体が、「自然史」の帰結として、類的本質が完成していること、そして、そのことが人間的諸科学によって証明されていることの生きた証のはずです。そんな人間がいれば、さっき言ったような論理的な循環は克服できます。

無論、そういう人間が実在する、あるいは現れてくる、という想定自体が、形而上学的ではないか、という疑問が出てきます。社会主義の実験が失敗するたびに、「いや、それは真の社会主義的人間がいないせいだ」という言い訳を聞かされてきた現代人は、当然、「社会主義的人間」という言い方の方が、よっぽど眉唾だと感じるでしょう。無論、マルクスも自分が論理的に飛躍しているのは分かっているでしょう。だから「実践的 praktisch」「感性的 sinnlich」という点を強調しているのでしょう。「神にとって」や「絶対精神にとって」だったら、永遠に実証しようがありませんし、「私たちにとって」だったら、哲学者の主観で何とでも言えてしまいますが、社会主義的な人間の実際の生き方で示される、と言われたら、現実に即しているし、どういう状況で労働している人のことか特定できるでしょうし、実証性は高くなるような気がしますね。無論、それでも誤魔化しの余地がある、と疑えますが。

「疎遠な一本質 ein fremdes Wesen」「自然および人間を超越する一本質 eine Wesen über der Natur und dem Menschen」というのが、抽象的でピンと来ないですが、これは、「神」とか「絶対精神」のことでしょう。この場合の〈Wesen〉はむしろ、「存在するもの」という意味なので、「疎遠な存在」「自然および人間を超越する存在」と訳した方がよかったでしょう。

その後、「無神論 Atheismus」の話が出てきます。唐突な感じがしますが、先ほどお話ししたように、歴史を超えた「疎遠な存在」あるいは「自然および人間を超越する存在」の話をしているのだとすると、それほど突飛ではありません。キリスト教神学とかヘーゲル主義は、そうした超越論的な視点をとって、むしろ封建社会や王権神授説とか資本主義社会を正当化してきたわけです。反体制、被抑圧階級の側に立つ人たち、特に現代の社会主義は、そのため無神論の立場を取り、現状肯定の哲学に対抗しようとしてきたわけですが、

> しかし*社会主義としての社会主義*は、もはやこのような媒介を*必要としない*。それは*本質*としての人間および*自然の*、理論的にも実践的にも感性的な意識から出発する。現実的生活が、もはや私有財産の止揚つまり共産主義によって媒介されない、*積極的な*人間の現実性であるように、社会主義としての社会主義は、もはや宗教の止揚によって媒介されない、*積極的な*人間の自己意識である。

「媒介 Vermittlung」を必要としない、という意味は分かりますね。現実にそうなっているので、架空の状態

を設定して概念操作することによって正当化しなくてもいい、ということです。「共産主義によって媒介されない」という言い方は逆説的に聞こえますが、ここで言っている「共産主義」は、単に私有財産を法概念として否定しただけで、感性的な実体を伴わない、「粗野な共産主義」の理想ということでしょう。それに対して、人間の「類的本質」を完成した本来の共産主義、感性的な現実を伴った共産主義を、「社会主義としての社会主義」と言っているのでしょう。ここで「宗教の止揚」と言う時の「宗教」というのは、狭義の宗教だけではなく、歴史や人間の本質をめぐる従来の形而上学的思想全てを指していると考えた方がいいでしょう。「社会主義としての社会主義」は、形而上学的な支えを必要としないわけです。

ただ、とは言っても、

> 共産主義は否定の否定としての肯定であり、それゆえに人間的な解放と回復との、つぎの歴史的発展にとって必然的な、現実的契機である。共産主義はもっとも近い将来の必然的形態であり、エネルギッシュな原理［das energische Prinzip］である。しかし共産主義は、そのようなものとして、人間的発展の到達目標――人間的な社会の形姿――ではない。

「つぎの歴史的発展にとって必然的な、現実的契機 das wirkliche, für die nächste geschichtliche Entwicklung notwendige Moment」という言い方は、「共産主義」の実在性を確信しているようにも聞こえますが、「必然的な」とか「つぎの歴史的発展」といった言葉は、あくまでも推測であって、現時点で、「社会主義的人間」の視点に立てているわけではないことを暗に認めているようにも思えますね。「共産主義は、そのようなものとして、人間的発展の到達目標ではない」という言い方が少し意外ですが、恐らく、この場合の「到達目標」というのは、一定の決まった形をしたゴールということでしょう。キリスト教の終末論のように、歴史の終わりがどういう状態か神の意志によって予め、厳密に定まっていて、歴史がどう展開しようと、そこに行き着くというような議論と一線を画したいのでしょう。「エネルギッシュな原理」というのは、物理の法則のように時間の経過に影響を受けない不変の原理ではなく、その時々の現実に生きている人間の意識や生活、実践に即して能動的に変化する原理、具体的な人間の活動を方向付けながら、前者からのフィードバックによってそれ自体も変化していく原理、というような意味でしょう。「共産主義」というのは、決まった中身を持っているわけではなく、「類的生活」を発展させていくべく人々を刺激し、方向性を指し示す理念という感じなのでしょう。ただ、そうは言っても、私有財産制ではなくて、「共産主義」的な状態に向かっていくということは預言者的に断言しているので、終末論的な発想と全く異質とは言い切れません。

第三草稿「貨幣」——キラキラ光る、お金とは？

最後に、この訳書では第三草稿に属するものとして扱われている「四　貨幣」のテクストについて少し見ておきましょう。アダム・スミスや、『資本論』に集約されていく後期マルクスの議論では、生産体制における「分業」化と「交換」に関する議論を前提とし、交換価値がどのような形で表現されるかという、価値形態論を経たうえで、交換価値から抽出され、結晶化してきた「貨幣」の機能を論じるという段取りになりますし、その方が普通の読者には分かりやすいのですが、『経哲草稿』では、そうした説明の順序になっていなくて、いきなり「貨幣」の話が出てくる感じになっています。無論、この訳書では、「貨幣」の直前に、アドラツキー版の配置に従って、同じく第三草稿に属するとされている「欲求、生産、分業」というテクストの後に、「貨幣」が配置されているので、繋がっているような印象を一瞬受けますが、「欲求、生産、分業」では、私有財産の形成に、分業と交換が不可欠の役割を果たしたことが述べられているけれど、「価値」がどのように表現されるかという話は出てきませんし、「貨幣」の方でも、「価値」についての議論がなくて、いきなり「貨幣」について語り始めているので、中身的に連続していません。ただ、穿った見方をすれば、二つのテクストの間の飛躍は、交換の体系の中からの「貨幣」の誕生には、論理的な飛躍がある、柄谷行人（一九四一－　）が愛用する言い方で言えば、「命がけの飛躍 salto mortale」があり、それを埋めることはマルクスにも困難だったことを象徴しているのかもしれません——『資本論』では、「商品」が実際に売れて、貨幣表示される価値を持つことをそう呼んでいます。それでも「貨幣」の神秘に対するマルクスの哲学的直観が明確に出ているテクストなので興味深いです。

最初に人間の「諸感受性 Empfindungen」や「諸情熱 Leidenschaften」が対象として現存するということについて、少しごちゃごちゃと書かれていますね――〈Leidenschaft〉と「受苦」の関係については先ほどお話ししましたね。これは、人間にとっての対象は、何らかの形で感性的に捉えられ、身体に影響を与えるものである必要があるという話です。それと「貨幣」がどう関係あるのか説明がないので、話の繋がりが見えにくいですが、恐らく、生産に投入されていろいろ形を変えながら存在している私有財産は、それが人間の類的本質の外化したものとして存在する以上、何らかの知覚可能な形を持たないといけない、それが「貨幣 Geld」だ、と考えているのではないかと思います。形がないと、誰が所有しているのか分かりません。現代だと、電子マネーのような形のないものがあると言い出す人がいるでしょうが、電子マネーだって、記録媒体の中に何らかの形で各人にその存在を認知できるように書き込まれているわけであって、人間の想像力とか記憶の中にだけヴァーチャルに存在しているわけではありません。

人間界には法律とか文化的慣習とか地位・名誉とか、物質的に固定した実在性はないけれど、認知可能で実生活に直接影響を与える関係性があり、私たちはそれをいろんな意味で「対象」として扱います。「貨幣」はその最も典型的なものかもしれません。ちなみに、「貨幣」という意味のドイツ語〈Geld〉は、「妥当する」とか「通用する」という意味の動詞〈gelten〉と同じ語源です。「貨幣」とは、「△△には◇◇の価値があると見なされる」という「通用性」の結晶であるわけです。

> 貨幣は、すべてのものを買うという属性をもち、すべての対象を我がものにするという属性をもっているから、したがって貨幣は優れた意味における対象である。貨幣の属性の普遍性は、それの本質が全能だということである。だから貨幣は全能な存在として通用する……貨幣は人間の欲求と対象とのあいだの、人間の生活と生活手段とのあいだの取りもち役である。しかし、私に私の生活を媒介してくれるものは、また私にたいする他の人間の現存をも私に媒介してくれる。それは私にとっては他の人間なのである。

「貨幣」を、他のあらゆる「対象」を所有することを可能にする媒体、普遍的媒体として捉えているわけで

すね。これ自体は、貨幣の定義としてそれほど斬新ではありませんが、肝心なのは、そうした交換媒体であることによって同時に、私の欲求を充足させるための対象を入手する媒体、更には、私の生活と他者の生活を繋げる、取りもち役（Kuppler）であるということです。英語やフランス語の〈couple〉の語源でもある、ラテン語〈copula（結合）〉から派生した言葉です。人と人をペアにする働きをするわけです。異なる欲求を抱いている人たち、例えば、食糧を欲しがっている人と着物を欲しがっている人、同じ食糧を求めている人でも、肉を欲しがっている人と魚を欲しがっている人の間を取り持って、社会的な繋がりを形成するのが、「貨幣」です。「類的生活」それ自体を可視化し、対象化する働きをしている、あるいは、「類的生活」を支えているとさえ言えるでしょう。

ゲーテ（一七四九－一八三二）の『ファウスト』（一八〇八、三三）からの引用がありますね。主人公ファウストのモデルになったのは、ドイツの錬金術師、占星術師、心霊治療師ヨハン・ゲオルク・ファウスト（一四八〇頃－一五四一）です。彼が悪魔と契約を結んで様々な不思議な術を行ったという伝説が生まれ、彼についての伝説を集めた民衆本が出回り、エリザベス朝時代の英国の劇作家クリストファー・マーロウ（一五六四－九三）など、多くの文学者が彼を主人公とする作品を作っています。その内、一番有名なのがゲーテの戯曲『ファウスト』ですが、この作品のファウストは、伝説のファウストの他に、スコットランド出身で主としてフランスで活躍した実業家・経済思想家のジョン・ロー（一六七一－一七二九）がモデルになったとされています。ローはフランスが当時フランス領だったルイジアナのミシシッピ川流域の開発のために設立したミシシッピ会社の株を担保にして、不換紙幣を大量に発行し、財政赤字を解消しようとしました。ミシシッピ会社への過大評価によるバブル状態が生じて、一時はうまく行きましたが、バブル崩壊で、フランスの財政は完全に破綻し、それがフランス革命の遠因になったとされています。ゲーテはローを近代の錬金術師と見て、ファウストと彼を重ね合わせたとされています。主人公のファウスト博士は、伝説のファウストの息子という設定です。メフィストフェレスと契約して、若返り、地上の生活

ジョン・ロー

の様々な喜びを味わうことになりますが、その一環として、帝国の皇帝に仕え、紙幣によって財政危機を解消することで、重臣として取り立てられることになります――詳しくは、拙著『教養としてのゲーテ入門』（新潮社）をご覧下さい。

引用は、契約前のファウスト博士が、書斎でメフィストと交わす会話からです。

べらぼうな。もちろん、手とか足とか、
頭とかおしりとかはあなたのものです。
だが自分が新規に享有したものは、
だからといって自分のものでないとはいえない。
たとえば私が馬六匹の代を払ったとしましょう。
すると奴らの力は私のものではないでしょうか。
私はどんどん駆けられる、まるで足が、
二十四本あるような堂々たる男だ。

「貨幣」は、単に物の所有権を移転させるだけでなく、それを通して、人間の能力を増大させることもある、ということですね。他の人間の力を自分のために動員し、あたかも自分自身の能力を増大させたかのような状態を作り出す。

次いでシェイクスピアの『アテネのタイモン』からの引用があります。元々太っ腹な金持ちであったタイモンという人が、あまりにも気前よく金を使ったため落ちぶれ、今までよくしてやっていた友人に借金を頼むけど、あっさりと断られ、人間不信に陥り、人類と貨幣を呪う言葉を発します。

「黄金か。貴い、キラキラ光る、黄色い黄金か。いや、神さま！
私はだてにお祈りしてるんじゃないよ。
こいつがこのくらいあれば黒も白に、醜も美に、
悪も善に、老も若に、臆病も勇敢に、卑賤も高貴にかえる。

こいつは……司祭を誘惑して祭壇からひっぱりだし、
なおりかけの病人から枕をひっこぬく。
そうだ、この黄色い奴隷めは、
信仰の絆を解きもすれば結びもするし、呪われたやつを祝福もする。
こいつは癩病やみを好きにさせ、泥棒を栄位につけ
地位をやり、他人を膝まずかせ、元老院なみの勢力をもたせる。［…］

こちらは、「貨幣」が人間を変化させる、という話ですね。豊かになったり貧しくなったりすることで、実際に身体的に変化する、ということもあるでしょうが、金を持っていること、持っていないことによって、他者からの扱われ方が全然違ってくる、という点がポイントです。「貨幣」が人間相互の関係性を変化させるわけです。

「信仰の絆 Geweihte Bande」という表現が示唆的ですね。この箇所を引用しているのは、先ほどの「取りもち役」という表現と関連付けるためではないかと思います。マルクスが使っているドイツ語訳は、ドイツ・ロマン派の作家ルートヴィヒ・ティーク（一七七三－一八五三）の娘で翻訳家のドロテーア・ティーク（一七九九－一八四一）です。この本の訳注では父親のティークとロマン派の批評家アウグスト・ヴィルヘルム・シュレーゲル（一七六七－一八四五）の共訳とされていますが、これは不正確で、この二人の編集したシェイクスピア全集に、ドロテーアの訳した『アテネのタイモン』も収められているわけです。シェイクスピアの原文では、〈Religions〉という言葉が使われています。通常、「宗教」と訳される〈religion〉の語源についてはいくつかの説がありますが、その一つに、接頭辞の〈re-〉は「しっかり」とか、「強く」という意味で、それに「結び付ける」という意味のラテン語の動詞〈ligare〉から合成されたのだというのがあります。神と人、そして信者同士の間を取り持っているわけです。

一九八〇年代以降、ゲーテやロマン派の著作をポストモダン的・記号論的に再解釈する仕事に取り組んだ、ヨッヘン・ヘーリッシュ（一九五一－　）は、「貨幣」と「信仰」の意味論的な繋がりを指摘しています。先

ほど見たように、いずれも、人と人の間の結び付きを生み出します。紙幣や電子マネーのような近代的な貨幣は、実体的な物の価値に対応しているわけではなく、「信用 credit」を創造し、「信用」に依拠することで機能しますが、〈credit〉というのは、「信仰」という意味のラテン語〈credo〉から派生した言葉です。ドイツ語ではこの他、金の貸し手のことを〈Gläubiger〉と言いますが、これは「信仰」を意味する〈Glauben〉から派生した言葉です。「罪」を意味する〈Schuld〉には「負債」という意味もあり、借り手、債務者のことを〈Schuldner〉と言います。信仰の儀礼（記号）体系によって結ばれる絆を、貨幣による絆へと変換されたのかもしれません。

［…］
目に見える神よ、
おまえは**もろもろのできないこと**をぴったり親睦させて
無理やりに接吻させるのだ！　おまえはあらゆる言葉で語り、
あらゆることを仕出かすために語る！
おおおまえ、心の試金石よ！
忘れるな！　おまえの奴隷が、人間がおまえに反抗するのを！
おまえの力でやつらをみんなメチャメチャに**滅ぼしてしまえ**、
動物どもがこの世界の支配者となるまで！

「貨幣」は相互に全く関係ないもの同士を結合し、生身の個人にはできないことを可能にする。あたかも神のようです。「試金石 Prüfstein ＝ touch」は、文字通りで金であるかどうかを見定めるために使われた金属で、貨幣とは縁が深いものです。「貨幣」は人間を豊かにするために生み出された媒体ですが、人間を欲望むき出しの状態に堕落させ、相互に反発させせます。そのため「貨幣」を憎む者が出てくるけれど、なかなかその支配から逃れられない。

まずゲーテの章句が解説されていますね。

> 貨幣によって私のためにあるようになるもの、私が代金を支払うもの、すなわち貨幣が買うことのできるもの、それは、貨幣そのものの所有者たる私である。貨幣の力が大きければ、それだけ私の力も大きい。貨幣の諸属性は私の――貨幣所有者の――諸属性であり、本質諸力である。したがって、私がそうでありまたそうなしうるところのものは、けっして私の個性によって規定されているのではない。私はみにくい男である。しかし私は自分のためにもっとも美しい女性を買うことができる。だから私はみにくくない。

先ほど私が説明したのとほぼ同じですね。注目しておくべきは、「貨幣」が「本質諸力 Wesenskräfte」を発揮するという言い方をしていることでしょう。これは人間の「類的本質」に関わる力、他の人間との関係で社会的に発揮し得るということでしょう。「貨幣」は、個々の人間の身体的な個（別）性（Individualität）を超えて、対人関係における、新たな「属性」を作り出します。つまり、その人が周囲の人にとってどういう人かというアイデンティティを形成するわけです。

> 貨幣が、私を人間的生活に、社会を私に、私を自然と人間とに結びつける紐帯であるとすれば、貨幣は一切の紐帯のなかの紐帯ではないか！　それは一切の紐帯を解きはなしたり、結びつけたりできるのではないか！　だからそれはまた、一切の縁切りの手段ではないか！　それは社会の真の結合手段、電気化学的な力であるのと同様に、真の分離貨幣〔補助貨幣〕でもある。

「貨幣」は一人の人間を、同じ社会に属する他者、そして自然の対象に結び付ける媒体になっているわけです。〈紐帯〉の原語は〈Band〉、先ほど、「絆」と訳されていたのと同じ単語です。「貨幣」が人と人の間を取り持つだけでなく、かえってぎくしゃくさせ、疎遠にするというのは納得いきますね。金銭的利害が対立すれば、それまでの信仰や血縁・地縁で結ばれた人間関係は破壊されます。分離貨幣（補助貨幣）の原語は〈Scheidemünze〉で、額面の価格より低い価値の貴金属しか含んでいない、ドイツ語圏で使われていた補助貨幣のことです。現代では、ほとんどの国の貨幣は補助貨幣ですね。金貨、銀貨は小銭の硬貨にしにくいですが、貴金属の分量が少ない貨幣だと、小さい単位に分割（scheiden）できます。それで〈Scheidemünze（分割硬貨）〉というわけです。その前の「縁切りの手段」の原語は、〈Scheidungsmittel〉で、言葉遊びになっています。

「貨幣 Geld」： ドイツ語〈Geld〉：「妥当する」とか「通用する」という意味の動詞〈gelten〉と同じ語源。「貨幣」とは、「△△には◇◇の価値があると見なされる」という「通用性」の結晶。
・取りもち役（Kuppler）：他のあらゆる「対象」を所有することを可能にする媒体、普遍的媒体＝交換媒体⇒私の欲求を充足させるための対象を入手する媒体、私の生活と他者の生活を繋げる、社会的な繋がりを形成する。
・「類的生活」それ自体を可視化し、対象化する働きをしている、あるいは、「類的生活」を支えている。
・単に物の所有権を移転させるだけでなく、それを通して、人間の能力を増大させることもある。他の人間の力を自分のために動員し、あたかも自分自身の能力を増大させたかのような状態を作り出す。
・人間相互の関係性を変化させる。
「貨幣」は相互に全く関係ないもの同士を結合し、生身の個人にはできないことを可能にする。あたかも神。
・個々の人間の身体的な個（別）性（Individualität）を超えて、対人関係における、新たな「属性」を作り出す。その人が周囲の人にとってどういう人かというアイデンティティを形成。
・人間の「類的本質」が「外化＝疎外」され、譲渡可能になったもの。⇒人間には他者と関係を結ぶことで、自分単独ではできないことをできるようになったり、その関係性の中で自分のアイデンティティを形成し、変容させる。⇒本人の身体に備わった能力ではなく、外的な対象として分離されたのが貨幣であり、貨幣の媒介力・通用力はそれに由来。

「貨幣」は、人間関係を結晶化し、非個人化するもの
・**ゲオルク・ジンメル**（1858 － 1918）
「貨幣」が諸個人を人的な紐帯から解き放って自由にするという、主体の在り方に即した、ポジティヴな視点。
・**アルフレート・ゾーン＝レーテル**（1899 － 1990）
「貨幣」が階級支配の結晶であり、物象化を強化していくという、間主観的でネガティヴな視点から。自己に対する覚醒の契機にもなる。

〈scheiden〉を名詞化した〈Scheidung〉は第一義的には、「離婚」という意味です。

> シェークスピアは貨幣についてとくに二つの属性をうきぼりにしている。
> （1）貨幣は目に見える神であり、一切の人間的なまた自然的な諸属性をその反対のものへと変ずるものであり、諸事物の全般的な倒錯と転倒とである。それはできないことごとを兄弟のように親しくする。
> （2）貨幣は一般的な娼婦であり、人間と諸国民との一般的な取りもち役である。

ここもそんなに難しくありませんが、（1）は諸事物の基本的性質を変質させる、作り替えるという意味で神だということですね。（2）は、娼婦のように節操もなく、いろんなものと関係し、かつ、取り持ち役のように何でもかんでも節操なくくっつけてしまう。

> 貨幣が一切の人間的および自然的な性質を転倒させまた倒錯させること、できないことごとを兄弟のように親しくさせること——神的な力——は、人間の疎外された類的本質、外化されつつあり自己を譲渡しつつある類的本質としての、貨幣の本質のなかに存している。貨幣は人類の外化された能力である。

やはり「貨幣」は、人間の「類的本質」が「外化＝疎外」され、譲渡可能になったものだったわけです。ということは、人間には他者と関係を結ぶことで、自分単独ではできないことをできるようになったり、その関係性の中で自分のアイデンティティを形成し、変容させることができるわけです。それが、本人の身体に備わった能力ではなく、外的な対象として分離されたのが貨幣であり、貨幣の媒介力・通用力はそれに由来するわけです。

「貨幣」が、人間関係を結晶化し、非個人化するものであるという見方は、その後、新カント学派と縁の深い社会哲学者で、形式社会学の創始者とされるゲオルク・ジンメル（一八五八－一九一八）や、フランクフルト学派に近い経済学者アルフレート・ゾーン＝レーテル（一八九九－一九九〇）によって本格的に展開されることになります。ジンメルは、「貨幣」が諸個人を人的な紐帯から解き放って自由にするという、主体の在り方に即した、ポジティヴな視点から、ゾーン＝レーテルは、「貨幣」が階級支配の結晶であり、物象化を強化していくという、間主観的でネガティヴな視点から。

> 貨幣は私の望みを、その考えられ表象され欲せられたあり方から、その感性的な現実的なあり方へ、表象から生活へ、表象された存在から現実的な存在へと翻訳するのである。このような媒介をするものとして、貨幣は真に創造的な力なのである。

ここは極めて哲学的ですね。「私の望み meine Wünsche」、私の願望というのはそれ自体としては、本人の意識の中で「考えられ表象され欲せられ」るだけ、つまり具体的な形を持っていなかったわけですが、「貨幣」によって「感性的な現実的なあり方 ihr sinnliches, wirkliches Dasein」へと変換されるわけです。可視化されることで、定量的に比較したり、相互に組み合わせたり、妥協・調和させることが可能になるわけです。無論、それは記号レベルの操作で、身体的な欲望自体は記号レベルの操作と必ずしも一致していないので、その齟齬が「疎外」という負の現象になるわけですが、マルクスは記号という概念を使っていないので、うまく表現されていません。それで、柄谷行人は、『マルクス その可能性の中心』（一九七八）で、マルクスの価値論を、ソシュール（一八五七－一九一三）の記号学で読み替えることを試みたのでしょう。

> むろん需要（demande）は、まったく貨幣をもたない者にとってもまた実存する。しかし彼の需要は、たんなる表象上の存在であって、私にたいして、第三者にたいして、〈……〉にたいしては、なんらの実効、なんらの現実的存在をももたず、したがって私自身にとっては、非現実的な無対象的なものにとどまっている。貨幣にもとづいた有効な需要と、私の欲求、私の情熱、私の願望等々にもとづいた無効な需要との区別は、存在と思惟とのあいだの区別、私の内部に実存するたんなる表象と、現実的な対象として私の外部に私にたいして存在するような表象とのあいだの区別である。

先ほどの「表象的な存在」から「現実的な存在」への変換の話を、経済学における需要と供給をめぐる議論に繋げているわけです。〈demande〉は元々「要求」とか「願い」「必要」といった意味ですが、通常は他人にとっては不確かで、ないに等しいものです。恐らく自分にとっても、非常な欠乏状態以外は、自分がそれを本当に必要としているか、どの程度が必要か、よく分からないでしょう。しかし、市場に出された商品に貨幣表示される「需要」が生じると、それに対する人々の欲求が顕在化し、供給とマッチして取引が成立すると、具体的な量として、貨幣で表示される形で、現れます。

それだけではありません。市場での「需要」が貨幣表示されることによって、それまでその物をさして熱烈に欲しがっていなかった人、その物にさほど関心を持っていなかった人も、潜在的にそれに対する欲求を持っていると見なされる可能性が出てきます。商人は「需要」を見て、何パーセントくらいの人にどのくらいのニーズがあるのか判断しますし、個人的にはその商品を必要としない人が、利益確保のために「需要」の高い商品を買っておくということがあります。「需要」が高いものを買うという行為によって、その人自身にもニーズが生じますし、少なくとも、社会的にそのように見なされます。そういう意味では、価格操作によって、「需要」を創出するということも可能になるわけです。本来は、「要求」があってそれが市場での「需要」になるはずなのに、「貨幣」の介在によって、因果関係が部分的に逆転し得るわけです。

> 貨幣は、表象を現実にし、現実を一つのたんなる表象にするところの一般的手段および能力、人間としての人間からも社会としての人間的社会からも由来するのではない外的な一般的手段および能力として、一方では、現実的な人間的および自然的本質諸力をたんに抽象的な表象へ、それゆえ不完全なものへ、悩みにみちた妄想へと変じ、また他方では、現実的な不完全性や妄想を、つまり実際上では無力でただ個人の想像のなかでのみ実存するような本質諸力を、現実的な本質諸力や能力へと変ずるのである。

個々の人間や社会の意志から相対的に独立した実在である「貨幣」が、「表象 Vorstellung」と「現実 Wirklichkeit」を相互に変換するというのは、これまでの議論から納得できる話ですね。「現実」→「表象」という方向、つまり、「現実的な人間的および自然的本質諸力」を「悩みにみちた妄想 qualvolle Hirngespinste」へと変換するというのがピンと来ないかもしれませんが、学問的・文化的な論議とか友情・愛情、伝統芸能、何か特定の習慣の拘りなど、金銭に換算されて市場での取引にのらないものは、「貨幣」の支配する世界では、実体のない単なる観念扱いされる、ということでしょう。

このテクストの末尾に当たる、一八六～八七頁にかけて、「貨幣」が必要になる理由を、「貨幣」が存在しない状況の不自由さを想像することで論証する、背理法的な論法が使われています。「人間を人間として」、「世界にたいする人間の関係を人間的な関係」として前提してみよ、というのがそれです。「貨幣」として外化されていない、直接的な人間同士、人間と自然物との関係がある、という前提で考えてみよう、というわけです。その場合、「愛」を「愛」とだけ、「信頼」を「信頼」とだけ交換しなければならない。抽象的でピンと来にくいですが、「芸術」を楽しむのに、「芸術的教養」が必要だという話は分かりますね。本当はそうあるべきだ、と思っている人は少なくないでしょうが、それを厳格に言い出したら、私たちが芸術鑑賞と称しているものはほとんど成り立たなくなるし、芸術家は食っていけなくなり、芸術の存続自体が難しくなるでしょう。他者の内に愛を生み出すことのできる愛だけが本当の愛であり、そうでないのは愛でなく、ただのエゴで無価値と言い出したら、人間関係を結ぶのがかなり困難になり、夫婦愛によるとされる家族が成立しなくなるでしょう。本当は、媒介抜きのストレートな関係がいいと思っていても、純粋にそれだけだと、少なくとも私たちが知っている〝人間〟には生きづらい世界になるでしょう。

このように、初期のマルクスは、「経済」の仕組みだけでは説明がつかない、「人間」の「本質」と、「貨幣」の存在性格を絡めた、高度に哲学的な議論を展開していたわけですが、『資本論』に至る過程で、そうした哲学性は切り捨てられ、「資本」を中心とした経済的循環の問題へと再編されていくことになるわけです。

■質疑応答

Q　先ほど先生ご自身も言及されたように、先生は以前の連続講義でハンナ・アーレントの『人間の条件』を精読されましたが、アーレントの人間論では、「労働」「仕事」「活動」の区別が重要です。それが、アーレントがマルクスを批判する際の重要なポイントになると思います。アーレントと深い関係にあるというハーバマスの名前も先ほど少し出ましたが、この二人とマルクスの関係を、復習としてまとめて説明していただければと思います。

A　アーレントは、「労働」という言葉を、生きるために体を動かすというような生物的な意味に限定し、それと、社会的な関係性の中でのみ意味を持つ「仕事」を区別することで、マルクスの想定する「自然史」を、「自然」と「歴史」にはっきり分け、人間の本質を生物的な「自然」とは異なるところ、政治の領域に置こうとします。そのうえで、言論を中心とする「活動」を人間の最も中心的な条件にします。アーレントは、「労働」――アーレントの分類では「仕事」――の社会的性格をめぐる議論や、疎外をめぐる議論では、マルクスの影響を強く受けていますが、人間の自然な本性への回帰によって問題が解決するわけではない、むしろ、更なる人間性の喪失に繋がると考えて、マルクス主義と距離を取ることにしたのでしょう。

そうやって、公共圏での活動を重視するアーレントの仕事を継承した初期のハーバマスは、初期マルクスから、労働をめぐる人間同士の「相互作用」を読み取り、それを次第にコミュニケーション的行為の理論へと発展させていきます。ハーバマスは、初期マルクスの影響を強く受けたフランクフルト学派の一員として出発しますが、マルクスの唯物論的な側面、労働疎外から生じる人間性の破壊、貨幣による世界の一元的支配といった面を継承するアドルノたちとは次第に距離を取り、その過程で、人間観を、労働中心的なものからコミュニケーション中心的なものに移していきます。

理想的な対話状況における規範の成立条件を重視するハーバマスは、ヘーゲルよりもカントに近いと言う人がいますが、彼は、コミュニケーションが物理的な真空の中で進展すると考えているわけではなく、経済的な問題を含む現実の社会的な問題を解決しようとする試みの中で、コミュニケーションの形式とそれを規制する規範が歴史的に発展してきたという見方をし、常にコミュニケーション的理性をめぐる哲学的議論を、資本主義の発展に伴う疎外や福祉国家の問題など、社会学・経済学的問題と関係付けます。その意味では、ヘーゲル＝マルクス的です。ただ、生産体制の問題とか、人間の自然本性の歪みといったような、左翼が好むようなところに問題を落とし込みたくない。

今回の講義でも何度か強調しましたが、初期マルクスは、類的本質をめぐる人間の「意識」を重視しています。この時代のマルクスは、「意識という言葉を使うと観念論になってしまう」、というような教条的な見方をしていなかったし、そういう点からマルクスを占める活動家もあまりいなかったのでしょう。「労働」と人間の「意識」発達をめぐる複雑な関係を視野に入れているところが初期マルクスの魅力なのだと思います。しかしヘーゲル、プルードン、フォイエルバッハなどの議論の観念性を批判し、本格的に距離を取るようになったことと、経済学を本格的に勉強するようになったことで、「意識」や「主観」の生成変化を論じにくくなったのでしょう。そのため、廣松渉等が「相互主観性」と呼んでいる、社会的関係性をめぐる問題の次元も含めて、マルクスの理論の中から、「意識」の問題が消えていった。

Q　先生は、後期マルクスにもまだ「意識」的なものがあったかもしれないと見ているのでしょうか。

A　人間相互の関係性を抽出したものである「資本」や「価値」を論じている以上、相互主観性に相当するものは、おそらく想定していたのでしょう。けれど、「意識」や「主体」という側面からそれを語ることは避けるようになった。その結果、「意識」と聞けば、脊髄反射的に、「観念論への退行だ」、とよく分からないまま叫ぶ、レベルの低いマルクス主義者を生み出してしまった。そうして、相互主観性やコミュニケーションをめぐる議論もやりにくくなってしまった。

病的な観念論敵視を克服して、マルクスの哲学性を回復するために、初期フランクフルト学派や廣松は後期フッサールの「間主観性」という概念を導入したし、柄谷は記号論を導入したのでしょう。ハーバマスは、フッサールが間主観性の基盤として想定していた「生活世界 Lebenswelt」の概念を、様々なディスコミュニケーション＝疎外状況を説明するために援用しますが、これも、「生活世界」というのは、類的本質が働いている世界と考えてもいいかもしれません。

Q　「受苦 Leiden」の話が出てきました。先生はアントニオ・ネグリの『ヨブ　奴隷の力』（一九九〇）を翻訳されていますね。ネグリは、〈帝国〉に対抗する世界的な連帯の集合的主体として「マルチチュード（群衆＝多数性）」という概念を出していますが、現実に苦しみながら働く「労働者」に拘っていて、「マルチチュード」論にもその痕跡が見えると思います。『ヨブ』は聖書の「ヨブ記」を、労働者の苦しみに重ねて読んだものだと思いますが、ネグリの読みは、初期マルクスの影響を受けているのでしょうか。

A　ネグリはマルクス主義の理論家・活動家として出発したわけですから、初期マルクスの影響も受けていることは自明でしょう。彼は初期マルクスの「受苦」論の原型を、「ヨブ記」に求めたのでしょう。先ほどもお話ししたように、失楽園の物語に始まる『聖書』の物語は、身体を持ったがゆえの「受苦」と不可分です。弟アベルを殺害したカインは、苦しい労働を通して生き抜くことを余儀なくされました。ただ、キリスト教の神学において、キリストの受難と、労働の間に関係があるかと言うと、さほど明確ではありません。そこでヨブは、身体を持っているがゆえに様々な情念に襲われ、自己自身を制御しきれなくなることもある、人間の基本的な存在性格と、労働をもう一度深く結び付け、なおかつ、それの受苦的な労働を、キリストの生涯の雛型とされるヨブの人生の内に読み取ろうとしたわけです。

ネグリはヨブの試練と克服を、労働を通しての苦しみの克服、受苦する自らの身体を、ポジティヴに捉え返し、生の喜びへと転換していくプロセスと見ているのでしょう。苦しみの絶頂で、それが生の喜びに変わる、というのは一見マゾヒズム的ですが、もっと普遍的な現象と見ることもできるでしょう。「受苦」がないと、私たちは生きているという実感を得ることはできません。生きている限り、自分の自由にならない身体とその情念に苦しめられる。「労働」というのは、それを制御し、苦しみを他者と分かち合う営みなのかもしれません。森岡正博さん（一九五八－　）の『無痛文明社会』（二〇〇三）は、そういう問題提起だと思います。

自傷行為的なものを推奨するかのような言い方はしたくないのですが、「痛い」と感じることを通して、私たちが自分の身体を意識し、同時に、「痛くない」状態に戻るべく、努力し始めるのは確かです。身体にかかる負荷、運動に対する抵抗が、私たちに自己を意識させるというのは、フィヒテやデューイ（一八五九－一九四五）、ハイデガー（一八八九－一九七六）の議論でも言われていることです。うまく行っている時は、人は自分が身体を介して、対象と関わっているという感覚は持ちにくい。うまく行かないことが起こって初めて、自分の身体的現前性を自覚し、能動的になる。「受苦」は、通常意識されていないレベルで外部に通じていると同時に、自己に対する覚醒の契機にもなるわけです。

［講義］第4回

『経済学・哲学草稿』「ヘーゲル弁証法と哲学一般との批判」（第三草稿）／「ヘーゲル『精神現象学』最終章についてのノート」（第四草稿）を読む

「ヘーゲル弁証法と哲学一般との批判」とは？

今回は第三草稿の「ヘーゲル弁証法と哲学一般との批判」を中心に読んでいきます。

――（6）おそらくここは、ヘーゲル弁証法一般について、またとくに現象学と論理学とにおけるヘーゲル弁証法の詳しい記述について、そして最後に最近の批判的運動の〔ヘーゲル弁証法にたいする〕関係について、理解をもち、よりどころをもつために、いくらかの示唆をあたえるべき場所であろう。

前回、『経哲草稿』は未完の原稿なのでどう配置すべきかをめぐって編集上の問題があるというお話をしましたが、ここにその痕跡がはっきり出ていますね。いきなり（6）が出てくる。訳者解説によると、この（6）は元々、第三草稿の「私有財産と共産主義」の（2）～（5）に続く、（6）として書かれたもののようです。ただ、「私有財産と共産主義」自体に（1）がないし、（2）～（5）と（6）の間に話題の飛躍がありますね。しかも文献学的問題それだけにとどまらず、この（6）と、「欲求、生産、分業」の中のヘーゲルについて論じた部分が二カ所あって、ＭＥＧＡの編集者がそれらを合わせて一つのテクストにしたということです。この解説の説明だけ読むと、何でそんなおかしなことをするんだという気がしますが、内容を見れば納得すると思います。「私有財産と共産主義」も「欲求、生産、分業」も基本的には、労働を軸とする経済学の話です。ヘーゲルが出てきたら、唐突ですね。経済的な現象を分析するための理論的な基礎として、ヘーゲルの弁証法について掘り下げて考えてみた、ということかもしれませんが、どう経済と繋がっているのか、この「ヘーゲル弁証法と哲学一般との批判」自体ではちゃんと説明していません。つまり、マルクスの手稿の順番通りにすると、かえって意味不明になってしまうので、ヘーゲルについての関連する箇所を抜き出し、ひとまとめにしたということでしょう。

第1回から何度もお話ししたように、初期マルクスの仕事で主として参照されていたのは、法や政治の制度について論じた『法哲学要綱』でしたが、ここでは、「弁証法」、いわゆる［正（These）→反（Antithese）→合（Synthese）］の運動・発展法則を扱うテクストに焦点を当てたいということですね――［正→反→合］という表現は、ヘーゲル自身が使っているわけではありませんが、ここではあまり拘る必要はないでしょう。「現象学」が、初期の著作『精神現象学』であるのはいいとして、ヘーゲルの「論理学」は、専門家の間で「大論理学」と呼ばれる、単著の『論理学』（一八一二―一六）と、学問相互の関係を論じた『エンチュクロペディー（百科全書）』（一八一七）と呼ばれる著作の一部を構成する「小論理学」の二つがありますが、後者の方が、知の体系の一部であるだけ、「論理学」と、「精神」の発展法則を論じる「精神哲学」や、自然科学の基礎としての「自然哲学」との関係が分かりやすいです。ここでマルクスが参照しているのも、「小論理学」の方です。

最近のドイツ人の批判は古代世界の内容に没頭しており、資料にとらわれた展開をしているのであるが、それはまったく強引なものだったので、そのため批判の方法については完全に無批判な態度をとることになり、われわれはヘーゲル弁証法にいったいどのような関わりをもつのかという部分的には形式的であっても、実際には本質的な問題を、まったく意識していないという事態が生じた。

「古代世界」というので、ドイツのアカデミズムでギリシアやローマに関する古典文献学ばかり流行っているという話かなと思ってしまいますが、原文では〈die alte Welt〉、単に「古い世界」という意味です。通常は、この表現に「古代」という含意はありません。「古代世界」と訳したのは、少し後で出てくるように、ヘーゲル左派の主要メンバーが、ヘーゲルの哲学そのものを批判するのではなく、キリスト教の起源に関する議論に集中していたので、そのことを言っているのでしょう。つまり「最近のドイツ人の批判 die modernen deutsche Kritik」——正確に訳すと、「最近のドイツでの批判」——というのは、当時のドイツ語圏での、ヘーゲルに影響を受けた学者たちによる、社会規範や政治・法制度、あるいは当時支配的だった（ヘーゲル自身のそれを含めた）哲学に対する批判、ということでしょう。同時代ではなく、キリスト教が誕生した「古代世界」に拘っていることを揶揄している文なので、訳者が気をきかせたつもりで、「古代世界」と訳したのでしょうが、補足説明がないと、かえって余計な連想を生みそうですね。

「資料にとらわれた展開 die von dem Stoff befangne Entwicklung」というのは、弁証法的な方法に即して、自分たちの社会や思想の現状を批判的に分析するのではなくて、史料を探してきて、本当はこうだったはず、と示すだけということでしょう。それだと、そういう批判を行っている自分のやり方が妥当なのか、自分の視点が正しいのか、問うことはできない。

ヘーゲル哲学一般、またとりわけ弁証法にたいする最近の批判の関係が意識されていないことは、まったくひどいもので、シュトラウスやブルーノー・バウアーのような批判家すら、まだ完全にヘーゲル論理学の枠にとらわれているほどである。シュトラウスは徹頭徹尾とらわれており、バウアーは彼の『共観福音史家』（この著書で彼はシュトラウスに反対して「抽象的自然」という実体のかわりに抽象的人間たる「自己意識」をおいている）において、さらにまた『あばかれたキリスト教』においてさえも、少なくとも傾向としてはまだ完全にヘーゲル論理学の枠にとらわれている。たとえば、『あばかれたキリスト教』では、こう語られている、「〔フランス唯物論者にあっては〕まるで自己意識は、それが世界を措定することによって区別を措定したり、自分の産出するもののなかで自己自身を産出したりする——というのは、自己意識はその産出されたものと自分自身との区別をふたたび止揚するからであり、またもっぱら産出することにおいてのみ、つまり運動においてのみ、自己自身であるのだから——ことがないかのようであり、まるで自己意識が、〔自己自身である〕この運動のなかで、自分の目的をもっていないかのようである、」云々。あるいはまた「彼ら（フランスの唯物論者たち）は、宇宙の運動が自己意識の運動として、はじめ

て実際に対自的となったのであり、それ自身との統一へと到達したのだということを、まだ見とることができなかった。」これらの表現は、言葉づかいの上でさえもヘーゲルの見解との差異を少しも示していないし、むしろそれを一語一語くりかえしている。

バウアーの『共観福音史家』というのは、正式タイトル『共観福音史家による福音史批判』（一八四一）という著作です。『新約聖書』の冒頭は、イエスの伝記を描いたマタイ、マルコ、ルカ、ヨハネの四つの福音書ですが、終末論的なトーンが強いヨハネを除いた三つは、同じ材料に基づいていて、同じような表現が使われているので、共観福音書と呼ばれています。この著作でバウアーは、これらの福音書における、様々な奇蹟と栄光に満ちたイエスの伝記が作られたものであることを文献学的考証に基づいて明らかにしています。そのうえで、非合理的な要素を取り除いた後に残る、キリスト教の本質としての自由や自己意識の高まりを高く評価しています。『あばかれたキリスト教』はそれを、更に展開して、制度としてのキリスト教そのものを批判する著作です。

シュトラウスとバウアーはどちらも、イエスの生涯をめぐる初期キリスト教の歴史を研究テーマにしているので、同じようなイメージで見られがちなのですが、バウアーやフォイエルバッハなど、他のヘーゲル左派のメンバーが実際にベルリン大学でヘーゲルの授業を受けているのに対し、バウアーは生前のヘーゲルの授業を受けていないので、外様的な扱いを受けていたようです。イエスをめぐる奇蹟は全て神話であるとして切り捨てると共に、神の子＝メシアスというのは本来特定の個人ではなく、「人類」という理念そのものを指すと主張したシュトラウスの『イエスの生涯』は、当時の神学界の主流や保守的なフリードリヒ・ヴィルヘルム四世から危険視されると共に、ヘーゲル左派からも、ヘーゲルの名前を出しているけれど、実際にはヘーゲルの哲学に基づいていない、という批判を受けることになります。その急先鋒がバウアーです。シュトラウスが、イエスをめぐる物語は、原始キリスト教共同体の共同の想像力の産物であるという見方を示していたのに対し、バウアーは、共同体が、共観福音書に見られるような一つの統一的な語りを生み出すというのはナンセンスだとして、文献学的な考証によって、マルコによる福音書の中にその痕跡が認められる「原マルコ」のテクストこそが原点であるとしたうえで、その著者の思想には、セネカ（前四頃－六五）などストア派の見解が含まれていると論じています。

バウアーからの引用部は主旨が分かりにくいですが、〔　〕内で「フランスの唯物論者たち」と言われているのは、キリスト教を過激批判したフランスの唯物論系哲学者のことでしょう。「あばかれたキリスト教 Das Entdeckte Christenthum」というタイトル自体、ドルバック（ホルバッハ）（一七二三－八九）というドイツ生まれで、フランスで活躍した思想家の、これと同じ意味の《Le Christianisme dévoilé》（一七六一）という著作から取ったものです。ドルバックは、ディドロ（一七一三－八四）とダランベール（一七一七－八三）を中心にした『百科全書』（一七五一－七二）の企画に参加し、冶金や地質学、医学などの項目を担当します。当時は理神論が有力になっていましたが、彼は理神論を排して、はっきりした無神論・唯物論の視点から反キリスト教的な文書を書き、物議をかもしました。『自然の体系』（一七七〇）という著作は、高等法院の命令で焚書になりました。この他、同じく百科全書系の唯物論者で、功利主義の先駆的な思想を説いたエルヴェティウス（一七一五－七一）、ノアの大洪水が迷信であることを地質学的資料で論証したブランジェ（一七二二－五九）、「人間＝機械」論を唱えたラメトリー（一七〇九－五一）などを参照しています。

バウアーはドルバックのようなフランスの唯物論者たちの宗教批判を評価する一方で、彼らの思考は、宗教の根底にある人間の自己意識の把握の仕方に問題があると言って、それを克服するためにヘーゲルを引き合いに出しているわけです。どういう問題かというと、宗教批判はいいとしても、徹底した唯物論の立場を取った場合、人間の自己意識を否定せざるを得なくなる、ということです。現に、ドルバックやラメトリーたちは、「精神」を、霊＝妖怪（Gespenst）に対する迷信として否定する方向に向かっています。それに対してバウアーは、ヘーゲルのように、宗教を人間の自己意識の発展の一つの様式として見るべきではないか、と示唆しているわけです。そこでマルクスですが、彼はそのバウアーによるヘーゲルの参照が「ヘーゲル論理学」を忠実に再現していると言っているのですが、一方で、それだけでは不十分で、「ヘーゲルの弁証法」のレベルに達していない、と言っているわけです。関係がややこしいですね。

ヘーゲルの論理学：「自己意識」が自らの対象として、「世界」を「産出 hervorbringen」もしくは「措定 setzen」し、それと同時に「世界」と向き合っている自己自身をも「産出」「措定」し、自己自身を認識するに至る＝対自的に存在するに至る、という思考図式。

⇩

向かい合って立つ「自己」と「世界」が根底において同一であることを知る。それで両者の対立は止揚される。

※フィヒテ、シェリングなどドイツ観念論、ドイツロマン派に共通の思考図式。

※※「自己意識」：個々の人間の自己意識、あるいは／及び、その根底で働いている「精神」、あるいは「絶対者」。

ここで、バウアーが依拠する「ヘーゲルの論理学」と言われているのは、「自己意識」が自らの対象として、「世界」を「産出 hervorbringen」もしくは「措定 setzen」し、それと同時に「世界」と向き合っている自己自身をも「産出」「措定」し、自己自身を認識するに至る、言い換えれば、対自的に存在するに至る、という思考図式です。その次の段階では、向かい合って立つ「自己」と「世界」が根底において同一であることを知る。それで両者の対立は止揚される。これは、ヘーゲルに限らず、フィヒテ、シェリングなどドイツ観念論に共通の思考図式です。ロマン派もこのような発想をします。前回お話しした対象を通しての自己直観というのは、「世界」を、個別の「対象」、特に芸術作品に置き換えた話だと考えればいいでしょう。「自己意識」というのは、個々の人間の自己意識、あるいは／及び、その根底で働いている「精神」、あるいは「絶対者」と考えて下さい。

フランスの唯物論者は当然、そういう実体が知覚できないものの存在は認めません。バウアーは、宗教には迷信が多く含まれているけれど、そうした「自己意識」の発展の現われとしての側面もある、と――ヘーゲルの〝論理学〟の図式を借りて――主張しているわけです。無論、バウアーの言っている「自己意識 Selbstbewußtsein」は、人類の自己意識であって、人類を超えた、神のような絶対者ではありません。

バウアーにしてみれば、「彼ら（フランスの唯物論者）は人間をあまりにも人類学的に、つまり規定された主体、自然によって規定された主体（von der Natur bestimmtes Subjekt）としてのみ観察し、民族精神としての高次の規定、そして歴史、芸術、学問におけるその自由な自己規定（seine freie Selbstbestimmung）を見逃している」というわけです。『暴かれたキリスト教』は今では原文を入手しにくいのですが、ワイマール時代のドイツの神学者エルンスト・バルニコル（一八九二－一九六八）の解説付きで、『三月（革命）前の暴かれたキリスト教』（一九二七）という本に再録されています。この本には、バウアーが自らの先駆者と見ていた、初期啓蒙主義時代のドイツの宗教思想家で、敬虔派でありながら、スピノザの影響を受けて、理神論者になったヨハン・クリスチアン・エーデルマン（一六九八－一七六七）の小論考『信条・告白 Glaunbens-Bekenntis』（一七四六）も収められています。念のために言っておきますと、バウアー自身はヘーゲルの名前を出していません。先ほどの件が、ヘーゲルを意識しているのは明らかだ、とマルクスは言っているわけです。私もそう思います。ただ、先ほど言ったように、バウアーは「自己意識」と、世界史全体を見通す神の視点を結び付けてはいません。

　では、ヘーゲルの「論理学」と「弁証法」はどう違うのか？　少し後で一応の説明が出てきますが、「論理学」というのは、字義的に、思考の中での概念操作とか、思考を規制するメタレベルの法則といったもののことで、ヘーゲルの「論理学」も基本的に、（個人の）意識の中での思考の運動です。従って、「論理学」における「存在」とか「定在」「絶対者」「物質」「力」「生命」「三角形」などは、論理的に操作される概念です。無論、ヘーゲルの「論理学」の諸概念は、実在する世界の諸対象に潜んでいる「理念 Idee」と対応しているものとして想定されていますが、やはり「論理」自体は、概念的に構築された空間で作用するものでしょう。それに対して「弁証法」は、現実の世界で作用し、現実を変化させる法則であるようです。

　しかもいまや、フォイエルバッハが『アネクドータ』誌上の彼の「提言」において、また詳しくは『将来の哲学』において、古い弁証法と哲学とを萌芽的にはくつがえしてしまった後でも、――それとは反対に、あの〔バウアーらの〕批判が、この仕事を遂行するすべを知らなかったのに、それにもかかわらずこの仕事が完遂されてしまったものと見なし、純粋な、決定的な、絶対的な、一点の疑いもない批判であるとふれまわった後でも、またその批判が、唯心論的な高慢さで、歴史の全運動を批判自身とその他の世間（この世間は批判に対立するものとして「大衆」という範疇にはいる）との関係に還元し、そして一切の

独断的な諸対立を、批判自身の賢明と世間の愚鈍との対立、批判的キリストと人類との対立という一つの独断的対立へと「ひとからげ」に解消してしまった後でも、さらに批判が毎日毎時のように自分自身の優越性を大衆の知恵のなさをだしにして証明した後でも、そして最後に批判が、滅びつつある全人類が批判の前に群らがり集まり、批判によってグループごとに探査され、それぞれの特殊な群に貧困証明書〔testimonium paupertatis〕が交付される日が近づいているぞ、といったぐあいに批判的な最後の審判を予告した後でも、また批判は、世間を超越して高尚な孤独のうちに王座を占め、ただ時々その皮肉たっぷりな唇からオリュンポスの神々のような哄笑をひびかせるばかりなのであるが、世間や人間的感情にたいする自分のそうした超絶性を批判が活字に印刷させた後でも、——こういうあらゆる滑稽なふるまいを、批判という形式のもとで死にかけている観念論（青年ヘーゲル派）がした後でも、この観念論は、いまこそ自分の生みの親であるヘーゲル弁証法と批判的に対決しなければならぬという予感をただの一度も表明しなかったし、それどころか、フォイエルバッハ的な弁証法にたいして批判的な態度をもつと自称することさえ知らなかった。自分自身にたいする完全な無批判的態度である。

ここかなり錯綜としていて、分かりにくいですね。すぐに分かるのは、フォイエルバッハについて、ヘーゲル弁証法に対抗する新たな弁証法を提案した点を評価していること、それはバウアーのそれのように観念論なものではないということです。因みに、ここではフォイエルバッハのヘーゲル批判を高く評価しているのですが、これからほぼ一年後に書かれることになる『ドイツ・イデオロギー』や「フォイエルバッハ・テーゼ」では、フォイエルバッハをむしろ克服すべき対象にしています。

一番気になるのは「批判」という言葉の使い方です。これは、バウアー等、その他のヘーゲル左派による宗教批判、あるいは、宗教批判を通しての哲学批判、社会批判を指していると考えられますね。そういう〝批判〟を行う彼ら自身の理論的・思想的立ち位置や基本姿勢という意味で使われている箇所もありますね。そうした〝批判〟があまりにも観念論的で、現実離れしていることを問題にしていますね。加えて、〝批判〟している自らの方法を批判的に吟味していない、ヘーゲル的な方法をそのまま使っているのか、それともヘーゲルの方法を批判的に克服しようとしているのか自覚しておらず、ヘーゲルの影響を受けた学徒として恥ずかしい、と言いたいようですね。

「貧困証明書が交付される日が近づいている」という譬えは、現代の日本人には理解しにくいですね。「貧困証明書」というのは元々文字通り、その人が貧困であり、国家による経済的援助が必要であることを公的に証明するものです。一九世紀以降、個人の精神的・道徳的・人格的な弱さや、集団的・技術的な脆弱さを示す言葉として比喩的に用いられるようになったようです。ここでは、「貧困証明書」の交付と、キリスト教の「最後の審判 das jüngste Gericht」の判決に重ねた比喩になっているわけですね。恐らく、フォイエルバッハ以外のヘーゲル左派が、様々な社会的集団、階級に対して、その知的無能力を宣告して、それを受け容れるものだけは救ってやるぞ、というような傲慢な態度を示していることを皮肉っているのでしょう。そういう態度をまるでオリュンポスの十二神にでもなったつもりのようだ、と皮肉っているわけです。

オリュンポスの神々のような態度は、「世間 Welt」や「大衆 Masse」を蔑視する態度の裏返しでもあるわけです。「世間や人間的感情にたいする自分のそうした超絶性（Erhabenheit）」を誇示するかのような態度を問題視していますね。少なくともヘーゲルくらいまでの哲学は、大衆の感情とは関係なく、理性によって事物の本質を見抜き、その思考プロセスを論理的に説明することを目指していましたが、「哲学」による社会の変革を目指すヘーゲル左派やマルクスは、「大衆」や「世間」を無視できなくなったわけですね。少なくとも、「大衆」と自分とは関係ないかのようなスタンスを取り、「貧困証明」を一方的に押し付けるような真似はすべきでない、とマルクスは示唆しているわけです。革命的な「哲学」は、大衆の「人間的な感情 menschliche Empfindungen」に寄り添う必要がある。どこかで聞いたような話になってきますね。

余談ですが、哲学は庶民の日々の生活における悩みを解決しなければダメだ、と思われ始めたのはいつ頃からでしょう？　それほど昔の話ではないと思います。カント、ヘーゲルやショーペンハウアー（一七八八－一八六〇）、ニーチェ（一八四四－一九〇〇）の本を素直に読んで、人生訓を得られる人はいないでしょう――現代日本の出版業界には無理に教訓本に仕立て上げる名人ならいますが。ヘーゲル左派やマルクス主義が、社会変革のための哲学という方向を打ち出したのが、一つの転換点だったかもしれません。庶民に実践への参加を促すには、庶民の感情に訴える言葉で哲学しなければならない。二〇世紀前半のヤスパース（一八八三－一九六九）やハイデガーなどの実存主義の哲学が、普遍的真理ではなく、個人ごとに異なる生、偶然性を含んだ生の意味を問うことに重点を置いたことが、哲学には人生相談的な役割があるという印象を与えたかもしれません。出版社は、売らないといけないので、勘違いを利用せざるを得ないのでしょう。日本の場合、それに、元々西欧的な意味での「哲学」の伝統が薄いことや、仏教や儒教、神道、国学のように西欧的な意味での宗教／哲学／文学のいずれかにきれいに分類できない思考の体系が複数あったこと、そのせいもあって、「哲学」という言葉が戦略とか方針とほぼ同義のかなり緩い意味で使われるということが相まって、お説教っぽいイメージで〝哲学書〟を売ってもさほど違和感がない、ということがあるのでしょう。

「否定の否定 die Negation der Negation」

フォイエルバッハは、ヘーゲル弁証法にたいして真剣な批判的な態度をとって、この領域で真の発見をした唯一の人であり、一般的にいって古い哲学を真に克服した人である。この業績の偉大さと、フォイエルバッハがそれを世に問うた際のもの静かな素朴さとは、〔あの批判家たちの〕これと正反対の態度にたいして驚くべき対照をなしている。

フォイエルバッハの偉業とは、つぎのようなものである。（1）哲学は、思想のなかにもたらされ思惟によって遂行された宗教にほかならず、したがって、人間的本質の疎外のもう一つの形式、現存様式として〔宗教と〕同様に断罪されるべきだ、ということを証明したこと。

（2）真の唯物論と実在的な科学とを基礎づけたこと。しかもこれをフォイエルバッハは「人間の人間にたいする」社会的な関係を同様に理論の根本原理とすることによっておこなったのである。

（3）彼は、絶対的に肯定的なものであると主張されている否定の否定にたいして、自分自身の上にやすらぎ、積極的に自分自身を根拠とする肯定的なものを対置することによって〔上記の基礎づけを〕おこ

――なったのである。

この時点のマルクスが、ヘーゲル弁証法の限界を突破した哲学者としてフォイエルバッハをかなり高く評価していたことが分かりますね。(1)は、「哲学」を「宗教」と同様に、「人間的本質の疎外」の一つの形態と見ているということですね。つまり、自分たちがやっていることを例外扱いして、高見に立とうとしているわけではない、ということでしょう。(2)の「真の唯物論」というのが意味ありげですが、恐らく、単に口先で神とか霊の存在を否定するだけでなく、きちんとした学問的な方法に則った、一貫性のある唯物論を展開したということでしょう。ただ、フォイエルバッハの議論の中心にあるのはあくまで人間です。ホッブズとかラメトリーのように、自然界の物理の法則を強引に人間に適用するのではなく、社会的関係の中で具体的に生きている人間の欲望や活動を観察し、その法則を明らかにすることを「唯物論」と言っているのでしょう。

「否定の否定 die Negation der Negation」というのは、ヘーゲル弁証法の「正→反→合」に関連した話です。いったん「反(アンチテーゼ)」の登場によって「否定」され、新たな在り方へと移行したものが、もう一度「否定」されることによって、「合(ジュンテーゼ)」、つまり「正」と「反」の対立関係を克服した状態が生じてくる、ということです。例えば、「家族」という最初の人倫の共同体はメンバーが助け合い、愛し合うことを特徴としますが、各メンバーが自立して自己の利益を追求するようになると、解体します。つまり「否定」されますが、代わって、各人が自分の利益をエゴイスティックに追求しながら、互いの利益のために取り引きし、私法を介してお互いの関係を調整する「市民社会」に移行します。しかし、「市民社会」では、市民相互の利害対立を克服しきれないので、公益のための真の連帯が求められるようになり、「欲求の体系」としての「市民社会」が「否定」され、「国家」が生成します。

こうした「否定の否定」によって生成してくるものは、それ自体として価値があるというより、それ以前の発展段階にあったもの、あるいは、それと隣接するものとの関係において相対的な価値しか持っていない、と言えます。「市民社会」においてエゴイズムが噴出していなかったとしたら、法によって人々の公的な意識を統制する「国家」は、単なる強制装置でしかないかもしれません。また、「否定」の「否定」の

「否定」……が続く中で事実上消滅してしまうものもあるでしょう。古代の宗教や慣習はほぼ消滅し、芸術もごく少数その作品が残っているだけです。ギリシア・ローマは、その基本的な精神が発展した形で近代のヨーロッパの中に存続していると見られるのでまあいいとして、世界史の発展の過程で、完全に滅びていった民族もいます。ヘーゲルの「否定の否定……の否定」の中で、不動の価値を付与されているものは、あまり多くなさそうです。

それに対してフォイエルバッハは、「自分自身の上にやすらぎ、積極的に自分自身を根拠とする肯定的なもの das auf sich selbst ruhende und positiv auf sich selbst begründete Positive」を出しているわけです。「自分自身の上にやすらぎ」という表現が引っかかりますが、これは訳がまずいです。〈ruhen〉という動詞は、確かに、辞書的には「安らぐ」という意味があり、それに「自分自身の上に」という意味の〈auf sich〉という前置詞句が付いているので、こういう訳になったのでしょうが、辞書をよく見ると、〈auf ~ ruhen〉で、「~を基礎にしている」「~の上に立っている」という意味も出ています。こちらの意味でしょう。それだと、その後の「自分自身を根拠とする sich begründen」とほぼ同じになってしまいますが、敢えて違いを言うとすれば、ドイツ語の名詞〈Grund〉には「地面」とか「基盤」という意味の他に、「理由」とか「根拠」という意味があり、その動詞形の〈begründen〉は「根拠付ける」とか「理由を与える」という意味になります。

フォイエルバッハはヘーゲル弁証法をつぎのように説明する――（またそれによって、肯定的なものからの、感性的な＝確実なものからの出発を基礎づけている）――

ヘーゲルは疎外態（論理的には、無限なもの、抽象的な一般者）から、すなわち実体から、絶対的な固定した抽象物から出発する。――すなわち、平易に表現すれば、彼は宗教と神学とから出発する。

第二に、ヘーゲルは無限なものを止揚し、現実的なもの、感性的なもの、実在的なもの、有限なもの、特殊なものを措定する（哲学、すなわち〔それは〕宗教と神学との止揚）。

第三に、ヘーゲルは肯定的なものをふたたび止揚し、抽象的、無限なものを再興する。宗教と神学の再興。

「肯定的 positiv」:「置く」という意味のラテン語〈ponere〉の過去分詞形〈positivus〉から派生した語で、「そこにちゃんと置かれている」とか「実在している」というのが本来の意味⇒「実証的」という意味。

ヘーゲル:「否定」の運動による絶えざる変化を強調。
シェリング:自らの立場を「積極哲学」と呼ぶ。この場合の〈positiv〉は、人間の意識の状態に依存せず、その意味で、否定されることがなく常に実在するもの、主体と客体の分裂を超えたものとしての「絶対者」、つまり神を起点としている。
フォイエルバッハ:〈positiv〉=「肯定的」「積極的」「実定的」の三つを合わせた意味。
⇩
フォイエルバッハ=マルクス:確実に実在しているのは、「感性的なもの」。抽象物ではなく、直接感性的に知覚できるもの、そこにあると確信できるものが起点。

「肯定的 positiv」という言葉が少し引っ掛かりますね。無論、ここでは「否定」の対比として「肯定的」と訳したのでしょうが、この〈positiv〉という言葉には、英語の場合と同様に、「完全な」とか「積極的」「確実な」「確信した」「実証的な」「正の値の」といったいろいろな意味があります。「否定」の運動による絶えざる変化を強調するヘーゲルに対抗して、ベルリン大学の教授に就任して以降のシェリングは、自らの立場を「積極哲学」と呼びましたが、この場合の〈positiv〉は、人間の意識の状態に依存せず、その意味で、否定されることがなく常に実在するもの、主体と客体の分裂を超えたものとしての「絶対者」、つまり神を起点としている、という意味です。〈positiv〉は、「置く」という意味のラテン語〈ponere〉の過去分詞形〈positivus〉から派生した語で、「そこにちゃんと置かれている」とか「実在している」というのが本来の意味です。そこから「実証的」という意味が出てきたわけだし、法学で「実定法」を〈Positives Recht〉〈positive law〉と言いますが、これは実在しているという意味ですね。マルクスが、フォイエルバッハの哲学を〈positiv〉と形容しているのも、「肯定的」「積極的」「実定的」の三つを合わせた意味でしょう。

( )内が少し紛らわしいですが、これはフォイエルバッハではなくて、ヘーゲルの話です。つまり、「肯定的なもの das Positive」=「感性的な=確実なもの das Sinnlich-Gewisse」から出発するというのは、フォイエルバッハの立場です。確実に実在しているのは、「感性的なもの」だというのが、フォイエルバッハ=マルクスの立場です。

それに対してヘーゲルは、「疎外態 Entfremdung」である「抽象的な一般者 das abstrakt Allgemeine」＝「無限者なもの das Unendliche」から出発する、というわけです。「抽象的な一般者」で「無限者」であるというのは、例えば、ヘーゲルの論理学が、いかなる限定、概念による規定も受けない、「存在」という最も抽象的なものから出発する、というようなことを指しているのでしょう。ヘーゲルの弁証法は基本的に、〝一番単純なもの〟から始まって、複雑なものへと展開していく過程を追っていくという建前を取っていますが、その〝一番単純なもの〟こそ、実は現実に具体的に存在するものから、いろんな要素を取り除いた、抽象的な概念論理的構築物にすぎない、という見方をすることもできますね。自然界に、「存在」とか「精神」とか「意識」とか「物質」とか「概念」とかを見つけることはできません。そういう抽象物を、「疎外態」と言っているわけです。この場合の「疎外」というのは、自然な在り方からかけ離れた抽象物ということでしょう。

フォイエルバッハ＝マルクスは、そういう抽象物ではなく、直接感性的に知覚できるもの、そこにあると確信できるものを起点にするというわけです。

第二の、「無限なもの」を止揚して、「現実的なもの、感性的なもの、実在的なもの、有限なもの、特殊なもの das Wirkliche, Sinnliche, Reale, Endliche, Besondre」を「措定する setzen」というのは、先ほどお話ししたように、元々いかなる限定もなかったものに、限定を加えて、具体的に個物として規定していく、ということです。スピノザは、「全ての規定は否定である Omnis determinatio est negatio」と言っていますが、ヘーゲルはそれを応用して、「〜でない」という限定が付与されることで、事物は規定されていくと主張します。例えば、「生物」という概念に、「植物ではない」という否定＝規定を加えると、「動物」というより限定した概念が得られ、それに更に「無脊椎動物ではない」とか「爬虫類ではない」「鳥類ではない」という限定を加えることで、私たちが日常的に知覚しているものが現れてくるわけです。こういう風に言うと、いかにもヘーゲルの論理は、私たちの現実の感性的な知覚のプロセスと順序が逆だという気がしますね。

それが「宗教と神学との止揚」だというのが、唐突で戸惑いますが、恐らく、通常の「宗教」や「神学」は、神という「無限なもの」、つまり「無限定なもの」――日本語だと「定」という字を入れるか入れないかで大分意味が違いますが、「無限」という意味のドイツ語の〈unendlich〉や英語の〈infinite〉は、「限定Ende (fin)」がないという意味に取ることもできます——を批判的に検討することなくそのまま大前提として、その神との関係で諸事物の存在秩序を考えたが、ヘーゲルは「無限なもの＝存在」をそのまま神と見なして、その神にいろんな形而上学的規定を最初から詰め込むのではなく、それが現実世界の中でどのように規定され、それがどのように生成変化するかを観察し、その帰結として現れてくる——と予想される——ものの内に、弁証法的な運動を引き起こしている法則の本質を見ようとしたわけです。

しかし、その最終的に現れてくるものは、「精神」、しかも、「絶対知」の状態に達した「絶対精神」です。「絶対精神」の最終的な自己認識という視点から、「宗教」や「神学」における神の表象、キリスト教の神における神の子イエスの受肉に意味を付与します。そうやって、「宗教」や「神学」を最後に容認していることを、

したがって、フォイエルバッハは、否定の否定を、もっぱら哲学の自己矛盾としてのみ把握している。すなわち、神学（超越者など）を否定した後でそれを肯定する哲学、したがって自分自身に対立して肯定している哲学としてのみ、把握しているのだ。

否定の否定のうちに存している肯定〔Position〕、あるいは自己肯定と自己確証は、まだ自己自身に確信のない肯定、それゆえ自分との対立物をになっている肯定、自分自身を疑っており、それゆえ証明を必要とする肯定であり、したがって自分の現存によって自分自身を証明してもいないし承認されもしない肯定であると解されている。それだから、そうした肯定にたいして、感性的に確実な肯定、自分自身の上に基礎をもつ肯定が、直接にまた無媒介に対置されるのである。

最初の段落で言っていることは分かりますね。ヘーゲルの弁証法の「否定の否定」は、感性的に知覚できる現実の運動ではなく、現実を観察する哲学者の頭の中での概念の処理だ、というわけです。つまり現実を分析する時に、哲学者は最初にある単純な概念Aで対象を把握するけれど、次の段階で、その対象にそれと対立する性格Bを見つけてしまう。そこでAとBをどう調整するか考えて、AとBを止揚・総合する概念Cに至るという感じで人間を「理性的な存在者」という概念把握をしたとすると、人間の感情的な側面が見えてきます。

そこで哲学者は、AとBを超えるCを考え出すわけです。

哲学者はそうやって自分が措定した概念を操作して、少しずつ概念の肯定＝実在性を高めていって、現実へ近付いていこうとするわけですが、フォイエルバッハ＝マルクスからしてみれば、彼らの理論の各段階において肯定＝実定された「概念」は、まだ確証されていないものです。今は確実に見えても、より高い見地から反省すれば、また否定的な要素が出てくるかもしれない。どこまで行ったら、最終的に肯定されるのか分からない。「否定の否定」という方法を取っている哲学者自身が、そのことを自覚しているはずです。だから彼は、「否定の否定」という形を自らの「肯定＝実定化」に自信を持てない。それに対してフォイエルバッハは、概念によって媒介されていない、感性的に確実なものを自らの思考の起点にしようとしている。そこをマルクスは評価しているわけです。

だがヘーゲルは、否定の否定を、――そのうちに存している肯定的な関係からいえば、真実の唯一の肯定的なものとしてとらえ、――そのうちに存している否定的な関係からいえば、一切の存在の唯一の真なる行為および自己確証行為としてとらえたのであるが、そうすることによって彼は、たんに抽象的、論理的、思弁的な表現にすぎなかったが、歴史の運動にたいする表現を見つけだしたのであった。

フォイエルバッハ＝マルクスの視点から見ると、ヘーゲルの「否定の否定」によって概念的に媒介された対象把握は、「抽象的、論理的、思弁的な」ものにすぎないわけですが、ヘーゲル本人は、「精神」が歴史の中で自己を様々に外化＝疎外しながら自己展開していく過程を、リアルに描き出したつもりでした。フィヒテやシェリングには見られなかったヘーゲルの特徴は、「精神」を抽象的なレベルだけで考えるのではなく、リアルな歴史と不可分のものと考えるところにあります。「精神」が現実世界に働きかけて、自らを外化し、その外化された対象からのフィードバックによって「精神」は自己の本質をより深く知り、更に発展していく。マルクスは、歴史との接点を見出したことは評価するけれど、ヘーゲルが弁証法的発展の要にしている概念は、抽象的で現実から遊離しているというスタンスのようですね。

――だがこの歴史はまだ、一つの前提された主体としての人間の現実的な歴史ではなく、ただやっと人間の産

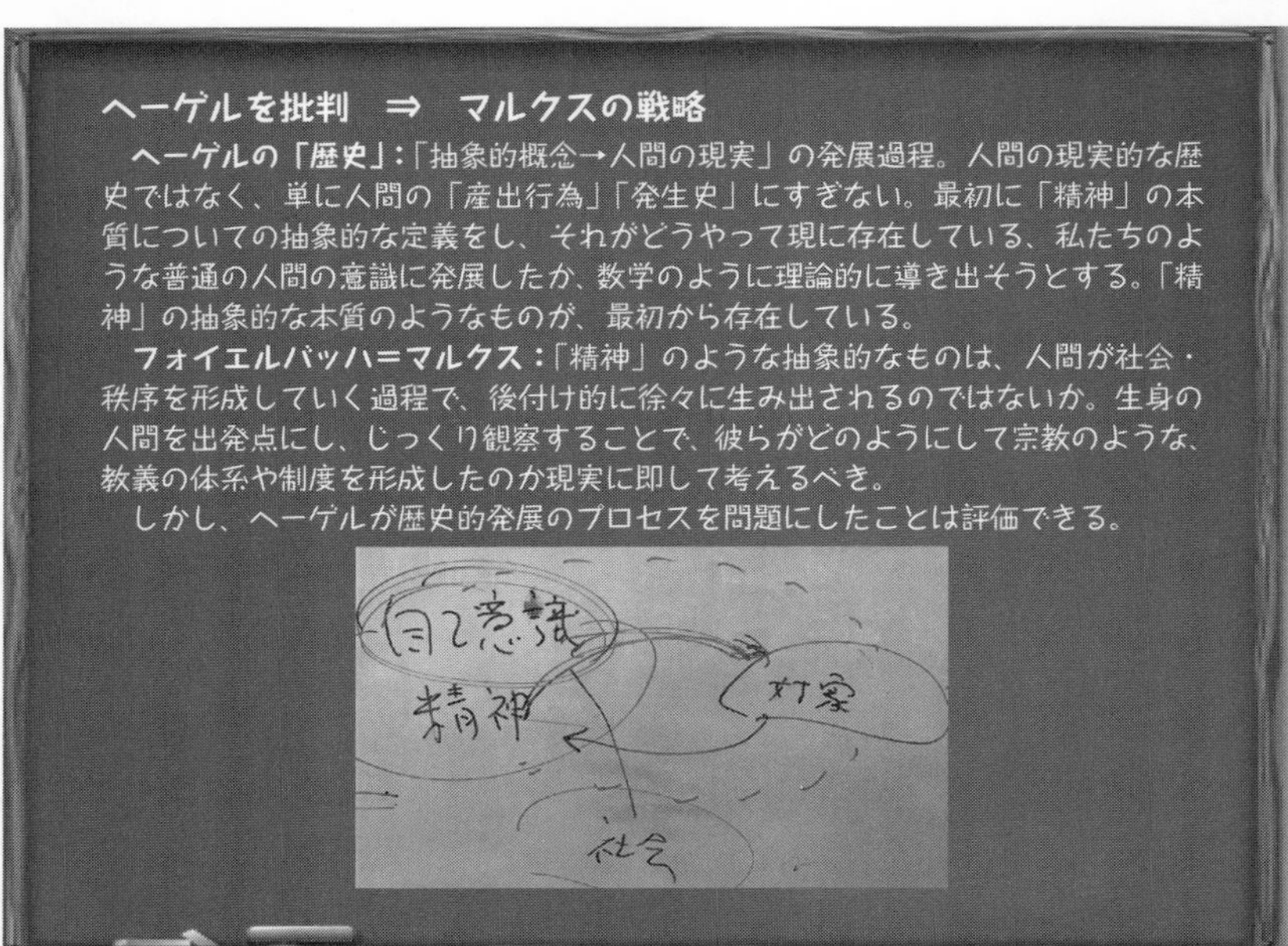
ヘーゲルを批判　⇒　マルクスの戦略
ヘーゲルの「歴史」：「抽象的概念→人間の現実」の発展過程。人間の現実的な歴史ではなく、単に人間の「産出行為」「発生史」にすぎない。最初に「精神」の本質についての抽象的な定義をし、それがどうやって現に存在している、私たちのような普通の人間の意識に発展したか、数学のように理論的に導き出そうとする。「精神」の抽象的な本質のようなものが、最初から存在している。
フォイエルバッハ＝マルクス：「精神」のような抽象的なものは、人間が社会・秩序を形成していく過程で、後付け的に徐々に生み出されるのではないか。生身の人間を出発点にし、じっくり観察することで、彼らがどのようにして宗教のような、教義の体系や制度を形成したのか現実に即して考えるべき。
しかし、ヘーゲルが歴史的発展のプロセスを問題にしたことは評価できる。
自己意識
精神
対象
社会

出行為、発生史であるにすぎない。われわれは、この抽象的形式を解明するとともに、ヘーゲルにおけるこの〔歴史の〕運動が、最近の批判とは対照的に、フォイエルバッハの『キリスト教の本質』における同じ過程にたいしてもっている相違を、というよりむしろ、ヘーゲルにおいてはまだ無批判的であったこの運動の批判的な形態を、解明することにしよう。

ヘーゲルの「歴史」は、人間の現実的な歴史ではなく、単に人間の「産出行為」「発生史」にすぎないと言っているわけですが、「産出行為」と「発生史」の意味が分からないですね。この場合の「産出 Erzeugung」とか「発生 Entstehung」というのは、話の流れからして、人間という生き物がこの地球上に生まれてくるということではなく、ヘーゲルの理論、ヘーゲルの描く弁証法的な「精神」の発展をめぐる理論的なシミュレーションの中で、フォイエルバッハ＝マルクスの視点から見て、「現実の人間」と呼べそうなものが、いつどのようにして生じてくるのか、という話でしょう。フォイエルバッハ＝マルクスからすれば、本当は、生身の人間を出発点にし、じっくり観察することで、彼らがどのようにして宗教のような、教義の体系や制度を形成したのか現実に即して

考えるべきです。しかしヘーゲルの思考の方向はその逆です。最初に「精神」の本質についての抽象的な定義をし、それがどうやって現に存在している、私たちのような普通の人間の意識に発展したか、数学のように理論的に導き出そうとする。「精神」の抽象的な本質のようなものが、最初から存在しているはずではないか、そういう抽象的なものは、人間が社会・秩序を形成していく過程で、後付け的に徐々に生み出されるのではないか、と言いたいのでしょう。ただ、最初と最後が逆だけど、歴史的発展のプロセスを問題にしたことは評価できる、というところでしょうか。

〝うまくできている〟――本当の現実を見ないで、辻褄を合わせるインチキ

こうした、ヘーゲルにおける「抽象的概念→人間の現実」の発展過程に対するマルクスの評価や、それを逆転させようとするマルクスの戦略は、この次に出てくる、ヘーゲルの『精神現象学』の目次を見ていると、もう少しピンと来るでしょう。黒板を見てください。

全部解説しているとものすごく膨大な内容になりますし、『精神現象学』の概説は、講談社現代新書に長谷川宏さん（一九四〇－　）のや、竹田青嗣さん（一九四七－　）と西研さん（一九五七－　）の共著の解説がありますので、詳しくはそういうものを見ていただくとして、最低限のことだけお話ししておきます。人間の意識が、物心のついていない子供の〝意識〟、あるいは意識以前の、混沌とした状態から、自己の存在の意識→理性の目覚め→人倫を中心に共同体を形成する「精神」の多段階的な歩み→宗教的な意識→絶対知、という風に発展していく図式が描かれているわけです。個人の意識・知性の発達史と、人類の精神の発展史を重ね合わせるように叙述が進んでいくので、どっちの話をしているのかはっきり分からなかったり、歴史的出来事の配置が前後したり、抽象的な議論の中に急に具体的な例を持ち込んできたりするので、ものすごく読みにくい。

最初の「感覚的確信 sinnliche Gewißheit」というのは、対象に関してはっきりと自覚的に意識を向けている、何となくそこにあるという感覚だけがあり、対象に接しても、漠然と、こういう感じという「思い込み＝憶測 Meinen」だけがある状態です。フッサールの用語で言えば、「志向性 Intentionalität」が一番原初的なレベルで

現象学

(A) 自己意識

I 意識

(1) 感覚的確信、または「このもの」と「思いこみ」

(2) 知覚、または諸属性をもっている物と錯覚

(3) 力と悟性、現象と超感覚的世界

II 自己意識、自己確信の真理

(1) 自己意識の自立性と非自立性、主人と奴隷

(2) 自己意識の自由、ストア主義とスケプシス主義と不幸な意識

III 理性、理性の確信と理性の真理

(1) 観察する理性、自然と自己意識との観察

(2) 理性的自己意識の自己自身による実現。快楽と必然性。心の法則と自負の妄想。徳と世俗

(3) 即自的・対自的に実在的である個人。精神的な動物の国と欺瞞、または事そのもの。立法的理性。査法的理性

(B) 精神

I 真の精神、人倫

II 自己から疎外された精神、教養

III 自己自身を確信している精神、道徳性

(C) 宗教。自然宗教・芸術宗教・啓示宗教

(D) 絶対知

働いているということでしょう。そこから次第に自分の意識の向け方に自覚的になり、そして、自分の認識の仕方を客観的に吟味する「理性」が生まれ、更に、社会の中で共存している他者の目で、自分の意識／自己意識、理性の働きを見つめ、制御する「精神」が、意識の諸主体を横断する形で現れてくる。フッサール用語だと、「間主観性 Intentionalität」が備わってきます。唯物論者や、意識はあくまで個人レベルの成立するものと見る、現代の主観的な——よく言えば、現実的・常識的な——観念論者であれば、「精神」というのは、個人の意識に生じる共同幻想もしくは社会的構築物だと言うでしょう。ただ、この「精神」は純粋に観念的な抽象物ではなく、人々の行動を縛る「人倫 Sittlichkeit」と不可分の関係にあり、「人倫」の共同体を生み出します。人倫によって結束している共同体を、一つの身体のように動かしているのが「精神」です。

「教養」という言葉に若干違和感がありますね。これは、学問の基礎とか、人格形成という狭い意味での「教養」ではありません。ヘーゲ

ル研究の業界で「教養」と訳されている言葉の原語は〈Bildung〉です。「形成」「構築」というのが原義で、これが人格形成という意味に転用されるようになりました。古代ローマ末期からの市民のための基礎教養としてリストアップされていた自由七科や、大学での基礎教育のことを、〈humanitas（人としてのたしなみ＝人文）〉と言いますが、それの訳語としてこの〈Bildung〉が使われるようになりました。ヘーゲルの場合、人間の「精神」の形成、あるいは個々の人間を超えて歴史を動かす「精神」の「形成」という意味の他に、その「精神」による諸事物や制度の「形成」活動、及び、「形成物」という意味でも使われます。「精神」の自己「外化＝疎外」によって生まれた慣習とか法制度、道具、芸術・工芸品、都市構造などが、「精神」にフィードバック的に働きかけ、「精神」の更なる「形成」を促します。従って、〈Bildung〉には、精神や人格の「形成」、精神や人格による形成行為、形成物という、少なくとも三つの意味が含まれています。その中に、個人の人格の形成過程、及びそのための教育制度という意味での「教養」も含まれるわけですが、「精神」の「形成」全般を意味する〈Bildung〉全般を、「教養」という日本語で表すのはかなり無理があります。

いずれにせよ、マルクスが言いたいのは、現実の人間の感性ではなく、抽象化された「感覚的確信」から出発した、次第に発展していく「精神」の歩みが、「人倫」の「形成物」の中で次第に肉付けされてきて、ようやく終わりの方で、フォイエルバッハの出発点である、現実に社会に生きている人間に似てくる、ということでしょう。無論、最後まで来て、「宗教」や「絶対知」が出てくることには同意していないでしょうが。

ヘーゲルの『エンチュクロペディー』が論理学から、すなわち純粋で思弁的な思想から始まり、絶対知をもって、すなわち自己意識的な、自己自身を把握する哲学的な精神をもって、いいかえれば絶対的な、すなわち超人間的な抽象的精神をもって終っているように、『エンチュクロペディー』全体は哲学的精神の拡張されたもの、その自己対象化にほかならない。

『エンチュクロペディー Enzyklopädie』とは、字面的には英語の〈encyclopedia〉、つまり百科事典に対応しますが、一八世紀にフランスの啓蒙主義昔たちが編纂した〈encyclopédie〉は、国語的なこととか人物紹介とか地理・歴史とか、難しめの基礎知識的なもののもろもろを詰め込んでいるわけではなく、先ほどもお話ししたよ

うに、その当時の科学技術の最先端の成果を集めて、アルファベット順に配置したものです。ヘーゲルの『エンチュクロペディー』のタイトルは正確には《Enzyklopädie der philosophischen Wissenschaften im Grundrisse》、『哲学的諸学の百科全書体系の要綱』です。哲学を中心に諸学を体系化してみせた著作です。「(小)論理学」「自然哲学」「精神哲学」の三部構成になっています。「論理学」には、存在論、本質論、概念論が、「自然哲学」には力学、物理学、有機体学が含まれていて、「精神哲学」は、『精神現象学』を縮小したような内容になっています。論理学で学問的な思考の基礎を明確にし、それに基づいて自然の法則を明らかにし、更に、そこから人間の意識がどのように立ち上がってくるかを論じる、その人間の自己意識によって、遡及的に「論理学」を基礎付けて、円環を閉じて体系を完成するという構想です。

『エンチュクロペディー』は、「精神」が自らの思考の対象とする抽象的な概念から始まって、精神の究極の本質としての「絶対知」で終わる。そこにマルクスは注目しているわけです。論理学的な基礎概念で始まって、論理に基づく知の体系の完成＝「精神を主体とする絶対知」という形で終わる。言い換えれば、『精神現象学』の歴史的発展の図式は、論理学的な体系の中にすっぽり回収されてしまう。歴史がどのように発展するかは、論理学に従って考えれば予め予期できるのであって、現実の歴史を観察する必要はないと言わんばかりです。マルクスに言わせれば、『精神現象学』では、多少なりとも、現実の歴史を観察することの必要性を認めているように見えたのに、そうした弁証法的思考を、「論理学」を核とする『エンチュクロペディー』の中の「精神哲学」に押し込めたことによって、余計に現実から遠ざかり、純粋に抽象的な概念思考の中に閉じこもってしまった。

歴史を論理学に還元するというのは、ピンと来ないかもしれませんが、これを物理学に置き換えると多少はイメージしやすくなるでしょう。不確定性原理とか相対性理論のようなものは無視して、宇宙で起こる全ての事象は、素粒子の運動によって完全に規定されており、ラプラスの悪魔はそれを全て見通していると想定すれば、世界史の発展経路も完全に予見可能なはずです。その物理学の法則は数学によって基礎付けられており、数学は論理学によって基礎付けられているとすれば、論理学を押さえておけば、全ては予見可能である、ということになりそうです。マルクスには、ヘーゲルがそういう、汎論理主義的な発想をしているように見えているわけです。無論、ヘーゲルを擁護する立場の人であれば、ヘーゲルの「論理」というのは、ごく少数の公理に還元できる機械的な体系ではない、「論理」を駆使する「精神」という主体の現実的な振る舞いがそこに関与しているではないか、と反論するでしょう。ただ、そう言われても、マルクスは、いや、その「精神」自体が抽象的な哲学的論理の産物じゃないか、と言い返すでしょう。そこに対立点があるわけです。

一九五頁の終わりで、「ヘーゲルにおける二重の誤り」ということが述べられていますね。

> 第一の誤りは、ヘーゲル哲学の誕生地としての現象学においてもっとも明瞭に現われている。ヘーゲルがたとえば富とか国家権力などを、人間的本質にとって疎外された存在としてとらえる場合、これはいつでもただそれらの思想形式のなかでおこなわれるだけなのである。……それらは思想のなかの存在〔Gedankenwesen〕である。――したがって、〔疎外といっても、それは〕たんに純粋な、つまり抽象的な哲学的思惟の疎外にすぎない。だから、運動の全体は絶対知をもって終るのである。これらの諸対象がそれから疎外されているもの、また諸対象が現実性をもつと自負してそれに対抗しているもの、それはまさしく抽象的思惟なのである。哲学者は自分を――したがってそれ自身疎外された人間の抽象的形態であるものを――疎外された世界の尺度としてあてがう。したがって、外化の歴史全体と外在態の奪回全体とは、抽象的すなわち絶対的な思惟の、論理的で思弁的な思惟の産出史にほかならない。

『精神現象学』の中に、「精神」の疎外態として「富」や「国家権力」について論じている部分があります。普通に考えると、極めてリアルな対象ですが、マルクスに言わせれば、ヘーゲルの「国家」や「富」は、抽象的で実体がない、ということでしょう。ヘーゲルからしてみれば、「精神」は自己を外化することを通して物質世界にも影響を与えるものであり、決して観念だけの存在とは考えていないでしょう。しかし、マルクスの見地では、「精神」などというものが自立的に存在しているのではなく、実際には人間の、というより哲学者の抽象的な思考の中にしか存在しないものであり、その思考の一部が〝外化〟した〝国家〟とか〝富〟にすぎないのではないか、と言っているわけです。〝外化〟といっても、実際には、哲学者の頭の中での弁証法的思

考のプロセスに出てくる概念をあたかも、外界の現実に対応しているかのように、ある程度具体性を与えて可視化しているもの、それらしく名付けているものにすぎません。そういう風に言ってしまえば分かりやすいのですが、マルクスはヘーゲル的な概念装置を変形する形で、それを表現しようとしているので、ややこしそうに見えるわけです。

> したがって、諸対象に、しかも疎遠な諸対象になった人間の本質諸力を獲得するということは、第一に、意識のなかで、純粋思惟のなかで、つまり抽象のなかでそれらを獲得するということにすぎず、これらの諸対象を思想および思想の運動として獲得するということにすぎない。

言っていることは分かりますね。ヘーゲルは、疎遠になった諸対象を「精神」——マルクスから言わせれば、人間の思惟のことです——が、もう一度自己と同一化していくプロセスと捉えました。「精神」の疎外によって生じてきた富とか権力とか法、慣習、教養などは本来、「精神」にポジティヴなフィードバックをして、更なる発展を促進するための装置のはずです。しかし、その機能が硬直化することによって、かえって「精神」の発展を妨げるようになる場面が生じます。「精神」の担い手である人間の間に争いを起こしたり、更なる発展を阻害したりする。そこで「精神」は、それらの古くなった仕組みに働きかけ、自らの発展を促すものへと解体、再編していくというわけです。しかしマルクスに言わせれば、それは哲学者の頭の中での辻褄合わせにすぎないわけです。

> 第二に、対象的世界を人間のために返還請求すること——たとえば、感性的意識は、けっして抽象的に感性的な意識ではなく、人間的に感性的な意識だということの認識とか、また宗教や富その他は、人間的な対象化の、外へ製作物として産出された人間的な本質諸力の、疎外された現実にすぎないのであって、それゆえ真の人間的な現実にいたる道にすぎないということの認識——このような獲得、あるいはこのような過程への洞察は、ヘーゲルにおいては、感性、宗教、国家権力等々が精神的な存在であるというかたちで現われる。——なぜなら、ただ精神だけが人間の真の本質であり、そして精神の真の形態は、思惟する精神、論理的で思弁的な精神だからである。自然の人間的性質（Menschlichkeit）、および歴史によって産

みだされた自然すなわち人間の諸生産物の人間的性質は、それらが抽象的精神の産物であり、したがってその限りでは精神的な諸契機であり思想のなかの存在である、ということのなかに現われる。

対象的世界というのは、人間が自らの対象として作り上げた世界のことです。マルクスとしても、対象的世界は人間が作り出したものなのに、それが人間にとって疎遠なものになっているので、取り戻すというのはいいのですが、あくまでも人間の感性的直観に基づいて取り戻すべきなのですが、ヘーゲルは、宗教や国家権力、更には人間の「感性」そのものまでが、その本質は「精神」であり、「精神」の産物だということにしてしまう、と言って問題にしているわけです。「感性」も実は「精神」の働きが外に現れたものだということにすれば、フォイエルバッハ＝マルクスがやっているような、それは「感性的直観」が捉える現実とは違うという批判を、いや、それは「感性」が「精神」の低い段階の現れだからそう見えるのであって、「感性」レベルよりも上の次元の発展段階に立つにつれて、だんだん分かるようになってくる、という答えで回避できてしまいます。そうやって、目に見える対象や制度全てが直接的に視覚では捉えられない「精神」の現れだということになれば、先ほど出てきた、哲学者の頭の中での抽象的な操作と辻褄を合わせやすくなります。

〝うまくできている〟わけですが、マルクスにしてみれば、それは、本当の現実を見ないで、抽象的な観念のレベルで辻褄を合わせるインチキだということでしょう。

「労働」を通しての「歴史」の生成

ヘーゲルの『現象学』とその最終的成果とにおいて——運動し産出する原理としての否定性の弁証法において——偉大なるものは、なんといっても、ヘーゲルが人間の自己産出を一つの過程としてとらえ、対象化〔Vergegenständlichung〕と対象剥離〔Entgegenständlichung〕として、外化として、およびこの外化の止揚としてとらえているということ、こうして彼が労働の本質をとらえ、対象的な人間を、現実的であるゆえに真なる人間を、人間自身の労働の成果として概念的に把握しているということである。類的存在としての自己にたいする人間の現実的な活動的態度、あるいは一つの現実的な類的存在としての、すなわち人間的存在としての実を示す彼の活動は、ただ人間が実際に彼のあらゆる類的諸力を創りだし——このことはまた人間たちの働きの総体によってのみ、歴史の結果としてのみ可能なのであるが——この類的諸力にたいして対象にたいするようにふるまうことによってのみ可能なのである。だがこのことはさしあたり、またもや疎外の形態においてのみ可能なのであるが。

ここはマルクスがヘーゲルを評価している部分ですね。「精神」という言葉を使っているものの、「人間の自己産出」、つまり「対象化⇔対象剝奪」を「一つの（歴史的）過程としてとらえ」ていることを評価しているわけです。この「自己産出 Selbsterzeugung」が「労働 Arbeit」です。マルクス自身が「労働」という言葉を使っているわけです。歴史的な過程を主導しているのは「精神」かもしれませんが、直接的に「労働」するのは人間です。人間の「労働」を歴史的プロセスとして把握しているところを、マルクスは評価したいのでしょう。前回お話ししたように、シェリングも芸術や神話を通しての［自己産出－自己直観］を論じているのですが、シェリングは「労働」という言葉を使いませんし、産出の形態の歴史的発展のようなことはそれほどはっきりとは強調しません。

「対象剝離〔Entgegenständlichung〕」の〈ent-〉という接頭辞は、「疎外 Entfremdung」や「外化 Entäußerung」の〈ent-〉と同じで、「引き離されて」とか「疎遠な」といった意味合いです。〈Entgegenständlichung〉は基本的には、「外化」と同じことですが、「対象 Gegenstand」に、「～化」という意味の〈ver-〉という接頭辞を付加した〈Vergegenständlichung〉とセットにして、「対象化」したと思ったら、その「対象」を自分から引き離し、「脱対象化」するという往復運動を示唆していることがここでのポイントです。「対象」として産出されたものは、既に外化されていて、それ固有の法則に従って運動するようになるので、もはやその主体である人間、あるいは、「精神」が自由に操作できる「対象」ではなくなっています。

ヘーゲルが「労働」について語っているのは意外な感じがするかもしれませんが、これは「承認 Anerkennung」を巡る「主 Herr」と「僕 Knecht」の闘争の文脈で出てきます。東浩紀氏（一九七一－　）の人間の動物化論に影響を与えたアレクサンドル・コジェーヴ（一九〇二－六八）のヘーゲル解釈のカギになったことで有名な箇所ですね。人間は、社会の中で、自由で自立した「主体」となるには、他者から認められる必要がある。他者から認められないと、社会の中で自由に振る舞うことができない。お互いに同時に認め合ったらいいのだけど、最初は得体のしれない相手を自分と対等な主体と認めることなどできない。お互いに一方的に認めさせようとするので、争いになる。勝った方は「主」になり、敗れた方を「僕」にして、強制的に自分が「主」であることを「承認」させる。そして、「主」は「僕」を「労働」させて、それによって自分の物質的ニーズを充足し、自由に活動できるようになり、自分の名誉などを追求します。「僕」は、「主」のための「労働」を強いられますが、それは裏を返して言えば、「主」が生活の面で「僕」に依存している、ということでもあります。「労働」を続けるうちに、「僕」は次第にいろんな技能を身に付け、知恵を身に付けます。実力では、「主」を上回るようになります。そこまではヘーゲル自身が言っているのですが、コジェーヴはそこから更に、「主」と「僕」の間の転倒、革命が起こると主張します。革命的転倒を通して、人々の間の関係は次第に平等になり、世界史は自由民主主義の勝利で終わるというのが、コジェーヴのヘーゲル解釈の特徴です。コジェーヴ的な見方をすれば、『精神現象学』という書物は、「僕」の「労働」によって「世界」が形成され、「労働」を軸として歴史が弁証法的に発展していく様子を描いたものであり、それがマルクスの「労働」を中心とした歴史哲学の発想の源泉になったわけです。

アレクサンドル・コジェーヴ

この「労働」との関連で、また「類的存在」が出てきましたね。「労働」は一人の人が単独で体を動かして、何かを獲得したり、作り出したりするということではなく、人間たちから成る共同体の中で意味を持つものを作り出す営みだということですね。人間社会が、「労働」のために動員する人々の力が、「類的諸力 Gattungskräfte」です。しかも、この「類的諸力」は人間が何人か集まりさえすれば瞬間的に発動するというものではなく、「労働」とその成果に基づく物質文明、社会的諸制度が歴史的に十分に発展し、労働者たちを組織化しないと、発揮されないものです。「形成＝教養」が必要です。ヘーゲルの記述から、「労働」のそうした歴史的・社会的性質が読み取れるこ

ヘーゲルの「労働」： 自己を「対象」として「外化」し、それを通して自己自身と向き合うこと。
「対自 für sich」： 自分の状態を意識して、自己自身を対象としている状態。
「即自 an sich」：「意識」の素のままの状態、自分自身の状態を意識しないで、対象と直接関わっている状態。

⇩

自分自身を意識すれば、当然、自分の状態を意識していない時と同じではいられず、意識は変化する。それで意識の中で対立が生じ、弁証法に変化することに。

ヘーゲルの「労働」は、外化という形で物質的なモノを生み出すことよりも、それを通しての意識、精神の在り方の変化、「対自化」に重点。

ヘーゲル： 人間の本質は「自己意識」であり、「疎外」も「自己意識」の中での分裂でしかない。

⇅

マルクス：「現実的な人間本質 das wirkliche menschliche Wesen」を見るべきである。現実的疎外が、自己意識における「疎外」に反映しているのであって、その逆ではない。

とを評価しているわけです。

なおあらかじめ、ヘーゲルは近代国民経済学の立場にたっている、ということだけは示しておこう。ヘーゲルは、労働を人間の本質として、自己を確証しつつある人間の本質としてとらえる。彼は労働の肯定的な側面を見るだけで、その否定的な側面を見ない。労働は、人間が外化の内部で、つまり外化された人間として、対自的になること〔Fürsichwerden〕である。ヘーゲルがそれだけを知り承認している労働というものは、抽象的に精神的な労働である。こうして一般に哲学の本質をなしているもの、自己を知りつつある人間の外化、あるいは自己を思惟しつつある外化された学問、こうしたものをヘーゲルは労働の本質としてとらえている。だから彼は、先行の哲学に対抗してそれの個々の契機を総括し、こうして自分の哲学を哲学そのもの〔*die* Philosophie〕として述べることができるのである。

第3回講義で確認したように、第一草稿でマルクスは、スミスなどによって創始された「国民経済学」の本質が「労働価値説」であることを強調したうえで、「労働」が「資本」に転化する仕組みを批判しました。先ほど見たように、マルクスはヘーゲル哲学の中心的なテーマに「労働」があるという見方をしています。その意味で、ヘーゲルは「国民経済

学」と同じ立場に立っています。実際、ヘーゲルはスミスの他、『市民社会史論』（一七六七）を著したアダム・ファーガソン、穏健な重商主義者でスコットランド啓蒙主義者としては初めて「政治経済学」を体系的に論じたジェイムズ・スチュアート（一七〇七－八〇）などの著作をよく読み、『法哲学要綱』の「市民社会」論に生かしています。

ヘーゲルにとっての「労働」は、自己を「対象」として「外化」し、それを通して自己自身と向き合うことです。「対自 für sich」という有名なヘーゲル用語がここで出てきましたね。これと対になっている「即自 an sich」というのは、「意識」の素のままの状態、自分自身の状態を意識しないで、対象と直接関わっている状態です。「対自」は、そうした自分の状態を意識して、自己自身を対象としている状態です。自分自身を意識すれば、当然、自分の状態を意識していない時と同じではいられず、意識は変化します。それで意識の中で対立が生じ、弁証法に変化することになります。物心ついていない子供は自分のやっていることが分かっていないので、傍若無人に振る舞いますが、物心がつくと、逆に、自分のやっていることをいちいち意識し、ぎこちなくなります。

ヘーゲルの「労働」は、外化という形で物質的なモノを生み出すことよりも、それを通しての意識、精神の在り方の変化、「対自化」に重点があります。物質的な対象も、精神が自己自身を知るための媒体にすぎないわけです。その意味では、自己の本質を探究する「哲学」は「労働」だということになります。ヘーゲル自身はそこまではっきり言っていませんが、「労働」を通して、「精神」の発展の基盤になる「教養」の世界が発展していくと指摘しているので、そういう風に理解することは全く不当ではないでしょう。

ここでマルクスは、『精神現象学』の最終章のタイトルが「絶対知」であることに注意を向けていますね。「絶対知 absolutes Wissen」というのは、自己展開してきた「精神」が、自己自身を「対象」として完全に把握するに至った状態です。これは、「精神」による「労働」、その最高形態としての「哲学」が到達する最高点と考えることもできます。

—— 主要なことは、意識の対象は自己意識以外のなにものでもないということ、あるいは、対象とはただ対

――象化された自己意識、対象としての自己意識にすぎないということである。（人間の措定＝自己意識）「人間」の歴史を動かしていく契機となる「労働」という問題に注目したものの、結局、その「労働」の「対象」は、人間の「自己意識」を対象として外化したものにすぎない、ということを問題視しているわけです。

――ヘーゲルにあっては、人間的本質、人間は、自己意識に等しいと見なされる。したがって、人間的本質の一切の疎外は自己意識の疎外にほかならないのである。自己意識の疎外は、人間的本質の現実的な疎外の表現、その現実的な疎外が知識と思惟のうちに自分を映しだしている表現とは見なされていない。それどころか、実在的なものとして現われる現実的疎外は、そのもっとも奥深くにかくされた――そして哲学によってはじめて明るみにだされる――本質からすれば、現実的な人間本質つまり自己意識の疎外の現象にほかならぬとされる。

ヘーゲルにとっては、人間の本質は「自己意識」であり、「疎外」も「自己意識」の中での分裂でしかないわけですが、マルクスは「現実的な人間本質 das wirkliche menschliche Wesen」をそこに見るべきであると言っているわけです。現実的疎外が、自己意識における「疎外」に反映しているのであって、その逆ではない、ということでしょう。現実的な疎外というのは、労働の現実的なやり方とか労働者同士の現実の関係性とかのことだと考えればいいでしょう。それが、本来の姿から外れていることが疎外であって、それが意識にも反映するということでしょう。

ヘーゲルにとって疎外は、「意識」の自己疎外であり、対象をもう一度意識の中に取り込むことが、対象の再獲得だということを、（1）から（8）の八つの側面に分けて細かく記述していますね。対象が意識に対してのみ存在する、極めて否定的な存在として性格付けられているということのようです。特に（2）の論拠について詳述していますね。

――（2）について。自己意識の外化が物性を措定する。人間＝自己意識であるから、人間の外化された対象的本質あるいは物性――（人間にとって対象であるところのもの、そして対象は、本当は人間にたいし

> てのみあり、人間にとって本質的な対象たるものであり、したがって人間の対象的本質たるものである。ところで現実的な人間が、それゆえまた自然が——人間は人間的な自然である——そのままで主体にされるのではなく、ただ人間の抽象態、自己意識だけが主体にされるのであるから、物性はただ外化された自己意識でしかありえないわけである）は、外化された自己意識と等しいことになる。そして物性は、こうした外化によって措定されるのである。対象的すなわち物質的な本質諸力を装備され付与された生きた自然的な存在が、その本質の現実的な自然的な諸対象をもっているとともに、それの自己外化が現実的な対象的世界を、ただし外在性という形式のものでの、したがって自分の本質に属さないところの強大な対象的世界を、ただ外在性という形式のものでの、したがって自分の本質に属さないところの強大な対象的世界を措定することでもある、というのはまったく当然のことである。そこには理解できないものや謎めいたものは何ひとつない。むしろその反対であったら不思議であろう。しかし、自己意識は、すなわちその外化は、ただ物性だけを、つまりそれ自身抽象的でしかない物を、抽象化による物を措定できるだけであって、現実的な物はけっして措定することができない、ということは同様に明白である。

かなり難しそうなことを書いていますが、要は、ヘーゲルにとっての「物性 Dingheit」は、「外化された自己意識 das entäußerte Selbstbewußtsein」だということにマルクスは引っ掛かっているわけです。ヘーゲルにおいては、何か〝実在する物質〟のようなものが出てくるとしても、それは実際には、意識の中に措定された「対象」にすぎません。意識の外に実在する「机」ではなくて、意識の中の〝机〟という観念がヘーゲルの言う「対象」です。従って、「外化」というのは、人間の意識の中で、主体それ自身（という観念）から、対象（の観念）が分離して、主体とは異なる、主体にとって自由に扱えない観念になるということです。そういう状態の観念になることが、その対象の物性の「措定」であるわけです。主体の〝外〟に広がる広大な「対象的世界」も、実際には、その主体の意識の中で措定されているものにすぎないわけです。それをマルクスは、「抽象的」と言っているわけです。ヘーゲル的な自己意識は、「物性」という観念を措定しているだけであって、「現実的な物 ein wirkliches Ding」を措定しているのではないし、そんなことなどできるわけはない。

さらにまた明らかなことは、それゆえ物性は、あくまでも自己意識に対して自立的なものでも本質的なものでもなく、一つのたんなる被造物であり、自己意識によって措定されたものであるということ、そして措定されたものは、自己自身を確証してみせるのではなく、ただ措定するという行為を確証してみせるにすぎず、しかもこの行為が一瞬のあいだは自分のエネルギーを生産物として固定し、仮象としてそれに一つの自立的な現実的なものという役割を——ただしほんの一瞬のあいだにすぎないが——与えるということである。

ヘーゲルは「精神」が自己を〝現実〟化する運動を描き出したつもりになっているけれど、マルクスからしてみれば、それは、自己意識の内部での行為にすぎず、その対象は、意識の中で、〝現実〟として一瞬固定された「仮象 Schein」にすぎないわけです。観念として措定された〝机〟に対して意識の中でいろいろ操作を加えることはできるけれど、それが〝対象〟として固定された状態はあまり長くは続きません。

しっかりした、よく仕上がった大地の上に立ち、あらゆる自然力を呼吸している、現実的で肉体をもった人間が、彼の現実的で対象的な本質諸力を自分の外化を通じて疎遠な諸対象として措定するとしても、この措定が主体であるわけではない。この措定が対象的な本質諸力のもつ主体性であり、したがってこれら本質諸力の活動もまた一つの対象的なものであらざるをえない。対象的な本質は対象的に作用する。そしてもしそれの本質諸規定のうちに対象的なものが存しないとすれば、それは対象的には作用しないであろう。対象的な本質は、諸対象によって措定されているからこそ、その生まれからいえば自然であるからこそ、諸対象を創造し措定するのである。したがって、対象的な本質は、措定するという行為においてその「純粋活動」から対象の創造へとはいりこむのではなくて、その対象的生産物がもっぱらそれの対象的な活動を、一つの対象的な自然的本質の活動としてのそれの活動を、確証するのである。

「しっかりした、よく仕上がった大地 die feste wohlgerundete Erde」の上にしっかり立つ「現実的で肉体をもった人間 der wirkliche, leibliche (…) Mensch」という言い方は、ニーチェやハイデガーのような、文学的な感じがしますね。はっきり意味が取りにくい表現が続いていますが、マルクスが言いたいのは、人間による「措とです。

「この措定が主体であるわけではない」というのが一番謎めいていますが、これは、人間による「措定」が対象を存在せしめる中心的・主導的な力になっているわけではない、ということでしょう。しかし、認識主体としての人間による「措定」はあまり関係ないとしても、対象は現に存在し、人間に現実的に影響を及ぼす。それは、対象に「対象的な本質諸力 gegenständliche Wesenskräfte」が備わっていて、それが発動するからです。「対象的な本質諸力」というのは恐らく、それぞれの対象に「自然」に備わっている物理・化学的、あるいは、生物学的な作用のことでしょう。では何故そういう分かりやすい言い方をしないのかと言うと、恐らく、通常の哲学の「主体／哲学」という言葉で言えば、認識の「主体」の側ではなく、「対象」の側にこそ力があり、それに依拠しているからこそ、「主体」による〝措定〟が可能になる、という点を強調したいのでしょう。人間の意識が、好き勝手に自然界の事象の間に境界線を引き、「対象」として把握し、性格付与しているのではなく、物理・化学的、生物学的な諸力が「主体」に作用し、影響を与え、主体が個々の「対象」の存在を認定するという意味での、「措定」へと動機付けられるわけです。これは当たり前の話ですし、カントもフィヒテもヘーゲルもよく読めば、別に主体の意志次第でどのようにでも「対象」を措定できるというような、いわゆる〝観念論的〟な議論はしてないのですが、マルクスからはそう見えるわけです。「主体」ではなくて、「対象」自体から生じてくる力を見ろ、と言っているわけです。

ここにおいて、貫徹された自然主義あるいは人間主義が、観念論とも唯物論とも異っていること、また同時に、それがこれら両者を統一する真理であるということをわれわれは見いだす。同時にわれわれは、〔このような〕自然主義だけが世界史の行為を概念的に把握する能力をもつということも見いだすのである。

この「貫徹された自然主義あるいは人間主義」という言い方は前回も、フォイエルバッハの理論の意義と「共産主義」の到来の歴史的必然性を説明する文脈で出てきましたね。ここでは、「対象」の「本質諸力」を重

視することが、「貫徹された自然主義あるいは人間主義」だというわけですね。恐らく、精神的な存在としての人間が対象を措定するというより、対象から自然な諸力を人間が受け取って、それを変形してアウトプットするということです。これが「観念論」でないというのは文脈的に当然ですが、「唯物論」でもないと明言しているのは少し意外ですが、先ほどのフランスの唯物論者に対する批判からも見てとれるように、少なくともベタな唯物論とは距離を置きたいのでしょう。ここでは恐らく、純粋な「唯物論」であれば、物が一方的に意識を規定し、人間は物の刺激に反応するだけの機械のようなものと見なすのではないか、という前提で考えているのでしょう。人間はただの機械ではなく、現実の「労働」を通して「世界史」を産出する主体です。

「自然」と「歴史」——人間は、「受苦している leidend」ということ

《人間は直接的には自然存在である。自然存在として、しかも生きている自然存在として、人間は一方では自然的な諸力を、生命諸力をそなえており、一つの活動的な自然存在である。これらの力は、人間のなかに諸々の素質、能力として、衝動として実存している。他方では、人間は自然的な肉体的な感性的な対象的な本質として、動物や植物がそうであるように、一つの受苦している〔leidend〕制約をうけ制限されている本質である。

《 》が少し気になりますが、訳注（30）にあるように、マルクスが縦線で消した箇所であることを示しているだけです。テクスト全体が草稿なので、それほど気にすることはないと思います。

「受苦している leidend」という言葉がカギです。「苦しむ」という意味の〈leiden〉の現在分詞形です。前回見たように、受動性を表す言葉、「〜される」状態を表すとしても使われます。イエスの「受難 Passio ＝ Leiden」も、皮肉を込めて、いや、意外とポジティヴな意味で暗示されているような気がします。イエスの「受難」が「苦しみ」とか「受け身」とどう関係しているかというと、「肉体」を持っているがゆえに、周囲からいろいろな影響を受けて苦しむということがあります。イエスの本質が実際に神あるいは神の子であるとすると、身体を持ったこと＝受肉で、人間と同様に苦しむことが可能な存在になったと言えます。精神だけの世界

に存在するのであれば、私たちと同じ意味で「苦しみ」を受けることはないでしょう。フロイト（一八五六－一九三九）は、人間は母親の胎内にいる状態が、外界から受けるストレスがなくて、一番楽だけど、胎外に出ると、自分の身体で外界に触れ、様々なストレスを受け、それを減らすことが快楽になる、その究極の状態が、生命活動のない状態、死であると指摘しました。それが、「死への欲動＝タナトス」であるというわけです。そういう意味で、生は必然的に「苦しみ」の連続です。初期マルクスを研究している人の間で、人間の身体性と不可分の関係にある「受苦」という言葉がよく取り上げられていました。山之内靖さん（一九三三－　）の『受苦者のまなざし』（二〇〇四）が有名です。

すなわち、人間の衝動の諸対象は、彼の外部に、彼から独立している諸対象として実存している。にもかかわらず、これらの対象は、人間の欲求の対象であって、彼の本質諸力が活動し自己を確証するためには欠くことのできない本質的な諸対象である。人間が肉体的で自然力のある、生きた、現実的で感性的で対象的な存在であるということは、人間が現実的な感性的な諸対象を、自分の本質の対象として、自分の生命発現の対象としてもっているということ、あるいは、人間がただ現実的な感性的な諸対象によってのみ自分の生命を発現できるということを意味するのである。対象的、自然的、感性的であるということと、自己の外部に対象、自然、感性をもつということ、あるいは第三者に対してみずからが対象、自然、感性であるということは、同一のことである。》

また「感性的」という言葉が出てきましたね。このテクストでは、ヘーゲルの「精神」や「意識」を中心とした人間観と対比する形で使われている感じですね。ここでは、人間は身体を持って自然の中で生きているがゆえに「受苦」している、もう少し具体的に言うと、自然から様々な影響を受けて「欲求 Bedürfnis」を形成し、その「欲求」に従って彼の「感性」が動き、対象を獲得し、生命を維持しようとする。ヘーゲルの議論で、能動的な「精神」が主導権を握っているのと対照的です。マルクスにおいては、［対象―自然―感性］が常にセットで作用していて、このセットが人間の在り方を規定し、人間と外部の関係を規定しているというわけです。

「受苦 Leiden」： ドイツ語「受苦している leidend」。動詞：基本的には「苦しむ」とか「患う」、あるいは、ネガティヴな事態に「襲われる」という意味。それ以外に、その真逆で、「好ましいものとして受けとめる」、「好む」という意味、更に「耐える」とか「許容する」「認める」といった意味もある。

> ドイツ語
> ・名詞化した〈Leiden〉：基本は「苦しみ」という意味。哲学用語あるいは文法用語として、「受動」の意味で使われることがある。
> ・形容詞〈leidenschaftlich〉が「情熱」「情熱的」という意味。
> 〈Leidenschaft〉「情念」：〈leiden〉に抽象名詞や集合名詞を作る語尾〈-schaft〉を加えた。

・英語：〈passive〉（受動）、〈passion〉「情念」「情動」。
・ラテン語：〈passio〉、ギリシア語：〈πάθος（pathos）〉。
〈pathos—passio〉：基本は「苦しむ」という意味だが、「情念」「情動」という意味も。
⇒元々は、制御できない情動に襲われて、苦しんでいるという感じ。あたかも外部からやって来るかのように身体に生じ、本人の理性的な意志に反して荒れ狂う情念、「激情」というニュアンス。

※イエスの「受難 Passio = Leiden」
「苦しみ」あるいは「受け身」⇒「肉体」を持っているがゆえに、周囲からいろいろな影響を受けて苦しむ。イエスの本質＝神の子⇒身体を持ったこと＝受肉で、人間と同様に苦しむことが可能な存在になった。精神だけの世界に存在するのであれば、私たちと同じ意味で「苦しみ」を受けることはない。

> 飢えは自然的な欲求である。したがって、それを満足させ鎮めるためには、自分の外部にある自然、自分の外部にある対象を必要とする。飢えは、肉体の外にあって肉体の保全と本質発現のために不可欠である対象を求める、肉体の対象的な欲求である。

「受肉」による「受苦」は、「飢え Hunger」において最も極端な形で現れますね。「飢え」のために人間は、自分の「外部」にある現実的な対象を「必要とする bedürfen」。この「必要とする」という動詞を、名詞化したのが「欲求」を意味する〈Bedürfnis〉です。つまり、人間の「欲求」は、肉を持って生きるがゆえに生じてくる「必要」、自分の意志ではどうしようもできないものに起因するわけです。その意味で、人間は「受け身＝受苦的 leidend」です。

「労働」は、人間がそうした意味で受苦する存在であることと深く結び付いています。楽園を追われたアダムとエバの子孫は、身体的な生命を維持すべく、額に汗して必死で「労働」することを余儀なくされました。西欧の歴史では、「労働」は基本的に、生ゆえの苦痛として意味付けられてきました。アーレントは、「労働labor」を、人と人を結び付ける事物を作り出す「仕事work」と区別して、生命維持の営みとして規定しています。そうした否定的な〈labor〉観は、「飢え」や「必要性＝欲求」に注目する、「受苦」的な人間観と結び付いているのかもしれません。

自分の外部にその自然をもたない存在は、なんら自然的な存在ではなく、自然の存在に関与しない。自分の外部にいかなる対象をももたない存在は、けっして対象的な存在ではない。それ自身が第三者にとって対象ではない存在は、いかなる存在をも自分の対象としてもたない。すなわち、対象的にふるまわない。それの有〔Sein〕は、けっして対象的なものではないのである。

非対象的な存在とは一つの非存在である。

これはヘーゲルに対する皮肉ですね。ヘーゲルの「意識」や「精神」は、そもそも自分の「外部außer」を持っていないように見える。全てが自分の「意識」の中にあるかのように振る舞う。赤ん坊は全てが自分であるかのように振る舞いますね。そうした外部を持たない意識が「対象的な存在gegenständliches Wesen」ではない、というわけですが、この場合の「対象的な存在」というのは、自分自身が、他の誰か、あるいは他の動物などにとって「対象」として存在していることを自覚していない、自分とそれらの対象がどのような関係にあるのか把握していないので、赤ん坊並みに、外に何もないに等しい、ということでしょう。「対象的にふるまう sich gegenständlich verhalten」ことがないというのも、そういう意味でしょう。自己の対象性を知らない意識にとっての「存在＝有」は、マルクスにとってはあまりにも空虚で、意識の〝内〟の「存在」にすぎないわけですから、それは「非存在」です。

そうしたヘーゲル批判と「対象的な存在」論を踏まえたうえで、二〇八頁で「受苦」論が展開されます。自らの外部の感性的な対象と積極的・意識的な関わりを持つという意味で「対象的」であることが「受苦的」であることだと規定したうえで、

それゆえ、対象的な感性的な存在としての人間は、一つの受苦的〔leidend〕な存在であり、自分の苦悩〔Leiden〕を感受する存在であるから、一つの情熱的〔leidenschaftlich〕な存在である。情熱、激情は、自

一分の対象にむかってエネルギッシュに努力をかたむける人間の本質力である。

「苦悩」と訳していますが、これも原語は〈Leiden〉です。「受ける」という意味ではなく、「苦しみ」という意味で使われている〈Leiden〉なので、訳し分けたのでしょう。面白いのは、これから派生した抽象名詞〈Leidenschaft〉、及びそれから更に派生した形容詞〈leidenschaftlich〉が「情熱」「情熱的」という意味になることです。ラテン語の〈passio〉やギリシア語の〈pathos〉が、「苦しみ」と「情念」という二通りの意味を持っているのに対応していると思います。「激情」の原語が、〈passio〉のドイツ語形である〈Passion〉です。日本語で「情熱的」と訳すと、熱心に何かに取り組むいい姿勢のように聞こえますが、〈pathos〉や〈passio〉は、あたかも外部からやって来るかのように身体に生じ、本人の理性的な意志に反して荒れ狂う情念、まさに「激情」です。「努力をかたむける」はポジティヴに聞こえますが、原語の〈strebend〉という現在分詞の元になっている動詞〈streben〉は、人間のひたむきな努力を意味する場合もありますが、本能に突き動かされる生物や、無生物が何かに向かって激しく突き進んでいく様とか、人間が欲望のままに権力とか暴力を渇望して荒れ狂っている様を表すこともあります。いずれにしても、人間の身体は自分ではどうにもならない自然のエネルギーに揺り動かされ、生きること自体が大変そうです。

《しかし人間は、ただ自然存在であるばかりではなく、人間的な自然存在でもある。すなわち、人間は自己自身にたいしてあるところの存在であり、それゆえ類的存在であって、人間は、その有においても、その知識においても、自己をそのような存在として確証し、そのような存在としての実を示さなければならない。したがって、人間的な諸対象は、直接にあたえられたままの自然諸対象ではないし、人間の感覚は、それが直接にあるがままで、つまり対象的にあるがままで、人間的感性、人間的対象性であるのでもない。自然は――客体的にも――主体的にも、直接に人間的本質に適合するように存在してはいない。》そして、あらゆる自然的なものが生成してこねばならないのと同様に、人間もまた自分の生成行為、歴史をもっているが、しかしこの歴史は人間にとっては一つの意識された生成行為であり、またそれゆえに意識をともなう生成行為として、自己を止揚してゆく生成行為なのである。歴史は人間の真の自然史である。

ここでまた「類的存在」が出てきましたね。人間はあるがままの「自然」を感性で受けとめ、翻弄されるがままになるという意味での「受苦的」存在者であるだけでなく、「自然」を、人間という「類」にとって、「類」としての生活にとって特定の意味を持つような仕方で、つまり社会的な仕方で加工する。自らの対象を作り出しているわけです。カントは、主体が自らが認識できるように、悟性や感性の形式に合わせて対象を構成すると論じましたが、ヘーゲルは、「労働」という形で、人間たちが対象を現実に生産すると論じました。その点では、マルクスから見て、ヘーゲルは望ましい方向に進んだと言えるでしょう。更にヘーゲルは、人類が「労働」を通して「歴史」を生成させることを明らかにしました。人間は、文化的に意味のある──類的生活にとって有用な──様々な「形成物 Bildung」を生み出し、お互いの「教養 Bildung」を高め、「歴史」を発展させていく。そういう後の唯物史観の基礎になるような見方を、マルクスがヘーゲルから学んだのは確かでしょう。だからこそ、ヘーゲルがその「歴史」を、あくまでも「精神」の広い意味での〝内部〟での運動として描いた点を執拗に批判するわけです。

前回も出てきた、「自然史」という言い方が出てきますね。何だか、地球の気候や地殻の変動や生物進化の歴史のようなことを連想しそうですが、そうではなくて、「自然」によって、肉体的に弱く、情動が不安定という意味で他の動物以上に「受苦的」、かつ、その弱さを補うために「類的」に生活する存在として生み出された人間が、今度は自らの主体的な働きかけ＝労働によって、「自然」環境を作り替えていく、というフィードバック関係をこの言葉で表現しています。マルクスは、「自然」と「歴史」の間にスムーズな移行関係があると見ているようですが、ベンヤミン（一八九二－一九四〇）はハイフンで繋いで「自然－史 Natur-Geschichte」と書くべきだと言っています。ベンヤミンによると、「自然」が死に絶えた廃墟に「歴史」が生じ、「歴史」がもはや及ばず、死滅する地点に「歴史」が生じてくる。つまり両者はお互いの負の鏡だということです──これについては、拙著『ポストモダン・ニヒリズム』（作品社）所収の「〈死〉の歴史と弁証法」をご覧下さい。

自己意識にとって「疎外」の克服とは何か

二〇九頁に、二〇二～三頁の（1）～（8）の内の（3）（4）（5）（6）を再び取り上げ、ヘーゲルの弁証法において、自己意識にとって「疎外」の克服とは何かという、恐らくマルクスにとって最も肝心な問題が論じられています。

> われわれはすでに見た。疎外された対象的本質をわがものとする獲得、あるいは疎外――それはどうでもよいような疎遠性から現実的な敵対的疎外にまで進まざるをえないのだが――の規定のもとでの対象性の止揚は、ヘーゲルにとっては、同時に、あるいはむしろ主として、対象性を止揚するという意味をもっている。というのは、自己意識にとって疎外における障害となるものは、対象の特定の性質ではなくて、その対象的な性質だからである。だから対象は、否定的なもの、自己自身を止揚しつつあるもの、虚無性なのである。対象のこの虚無性は、意識にとって否定的な意味をもつばかりではなく、肯定的な意味をももっている。というのは、対象のあのような虚無性こそ、対象そのものの非対象性の、抽象の自己確証だからである。意識はこの虚無性もしくは対象的本質をみずからの自己外化として知っているから、また意識は、この虚無性がみずからの自己外化によってのみあるということを知っているから、意識自身にとって対象の虚無性は肯定的な意味をもつのである……。

難しい言い方をしていますが、これまで見てきたことから主旨は分かりますね。自己意識にとっては、「対象」が自己の「外部」に〝ある〟かのような外観を呈していること自体が、更なる自己拡大のための「障害 das Anstößige」――厳密に訳すと、〈anstoßen〉するもの、ぶつかってくるもの、突き当たるもの――になっているわけですから、「対象性」それ自体をなくそうとする、最初からなかったことにしようとするわけです。いわば、「虚無 nichtig」です。マルクスから言わせれば、ヘーゲルの言う「対象」は、元々自己意識の一部が何らかの〝外〟からの影響を受けて思い通りに操作できなくなったことによって生じた仮象にすぎず、実体がなく虚無だったわけです。その状態に〝戻る〟、意識の一部であったことを再確認することが、（マルクスから見た）ヘーゲルの「疎外の止揚」であるわけです。「対象」を成り立たしめていた「対象性」、つまり人間の

郵便はがき

料金受取人払郵便

麹町支店承認

9781

差出有効期間
2022年10月
14日まで

切手を貼らずに
お出しください

102-8790

102

［受取人］
東京都千代田区
飯田橋２−７−４

株式会社 作品社
営業部読者係 行

【書籍ご購入お申し込み欄】

お問い合わせ 作品社営業部
TEL 03(3262)9753／FAX 03(3262)9757

小社へ直接ご注文の場合は、このはがきでお申し込み下さい。宅急便でご自宅までお届けいたします。送料は冊数に関係なく500円（ただしご購入の金額が2500円以上の場合は無料）、手数料は一律300円です。お申し込みから一週間前後で宅配いたします。書籍代金（税込）、送料、手数料は、お届け時にお支払い下さい。

書名	定価 円	冊
書名	定価 円	冊
書名	定価 円	冊
お名前	TEL （ ）	
ご住所 〒		

フリガナ
お名前

男・女　　　歳

ご住所
〒

Eメール
アドレス

ご職業

ご購入図書名

●本書をお求めになった書店名

●ご購読の新聞・雑誌名

●本書を何でお知りになりましたか。
イ　店頭で
ロ　友人・知人の推薦
ハ　広告をみて（　　　）
ニ　書評・紹介記事をみて（　　　）
ホ　その他（　　　）

●本書についてのご感想をお聞かせください。

ご購入ありがとうございました。このカードによる皆様のご意見は、今後の出版の貴重な資料として生かしていきたいと存じます。また、ご記入いただいたご住所、Eメールアドレスに、小社の出版物のご案内をさしあげることがあります。上記以外の目的で、お客様の個人情報を使用することはありません。

「意識」から独立した実在性をなくしてしまうわけです。マルクスが想定していた「疎外の止揚」は、ここでの言い分からすると、人間と具体的な対象の関係の発展における障害になっていた何らかの具体的な性質を取り除くことのようですから、草稿の他の部分から類推すると、類的生活を分断していた私的所有を解体することのようですから、ヘーゲルの議論は、いったん〝対象〟の形を取った意識の一部をもう一度、自己意識の中に回収するという空虚な堂々めぐりに終始している、ということになるのでしょう。

二一〇頁を見ると、ヘーゲルにあっては「意識」はもっぱら「知識 das Wissen」としてある、ということが述べられていますね。「意識」にとって、対象を「知る」ことだけが対象的活動であり、自分が知っていることが、対象が存在しているのと同じことになってしまうわけです。だからヘーゲルにとって、「他在 Anders-sein」、自分という意識の〝外部〟に出て、他者と関係しながら〝ある〟在り方も、結局のところ、広い意味での自己の〝内部にあること〟の一変種にすぎないわけです。

第一に、意識、自己意識は、それの他在そのもののうちにあって自己のもとにある。だから、――いいかえれば、ここでわれわれがヘーゲル的な抽象を度外視し、自己意識の代りに人間の自己意識をおくならば――それはその他在そのもののうちにあって自己のもとにあるわけである。そこにはなによりまず、意識――知識としての知識――思惟としての思惟が、直接に意識自身の他者であり、感性、現実性、生命であると詐称していることが含まれている。――それは思惟において自分の力以上のことをしている思惟(フォイエルバッハ)である。

「自己のもと bei sich」というのは、唯物史観系の理論家がヘーゲルを批判的に読解する時の重要なキーワードです。ヘーゲルの「精神」は、自己を外化し、いろんな対象や他者に遭遇しているはずなのだけれど、常に「自己のもと」に留まっている。どのような事物も、全て自分の一部として経験するからです。『精神現象学』では、「精神」が外化しながら発展していく経路が記述され、感性、現実性、生命などもテーマになっているのですが、マルクスからしてみれば、それら全て、「『XはPという性質を持った対象として存在している』ということを私は知っている」、という人間の自己意識の表明でしかないわけです。そういうのを、自己自身

（の意識の内部にあり続けるの）とは異なる在り方、他在だと主張するのは言葉のすり替えにすぎない、というわけです。外界に対してほとんど無力な子供が、自分の周囲の対象を自分の一部であるかのように錯覚して、傍若無人に振る舞っているようなものです。現代的に譬えると、引きこもって自宅のPCかスマホの前でネット検索しているだけのくせに、世界を掌握しているような気分になり、適当な思い付きでツイートしイイネを集めているだけの、世間（世界）の動きに影響を与えているようなつもりになっているイタイツイッタラーのようなもの、という感じでしょう。

すなわち自己意識をもつ人間は、精神的世界を――あるいは彼の世界の精神的な一般的現存を――自己外化として認識し止揚していたのであるが、そのかぎりにおいてなお彼は、この世界をこの外化された形姿でふたたび確認し、自分の真の現存だとし、この世界を再建し、それの他在そのもののうちにあって自己のもとにあると称するということであり、したがってたとえば宗教を止揚した後に、宗教を自己外化の一産物として認識した後で、しかもなお宗教としての宗教のうちに自己が確証されているのを見いだすということである。ここにヘーゲルのいつわりの実証主義の、あるいは彼の見かけだけの批判主義の根源があるのだ。

自己を外化した諸形態、外化の諸産物の内に自己を再確認するというのは、当然のことです。自分自身が生み出したものなのですから、そこに自分の欲望が投影されているはずです。対象の内に自分の真の姿を知ることができるというのは強ち嘘ではないでしょう。ただマルクスが問題にしているのはそのこと自体ではありません。意識は自分自身の分身をしただけなのに、それによって実在する対象、生の現実を経験し、把握したかのように装ってしまうことを問題にしているわけです。「実証主義 Positivismus」というのは、対象について思弁を重ねるのではなく、実在する対象を観察し、実験を行い、確認できた事実だけに基づいて思考を進める、近代科学の方法論です。この言葉を広めたのは、サン＝シモンの教えを受けた哲学者で、社会学の始祖とされるコント（一七九八－一八五七）です。ヘーゲル哲学は一見、実証主義だけど、最後は常に「自己のもと」にある「意識」を拠り所にしていて、本当の対象を見ていない。

ここで特に「宗教」を取り上げているのは、フォイエルバッハ＝マルクスからしてみると、「宗教」というのは、人間の意識の真実をそのまま映しているのではなく、人間同士の感情的結び付きを、「神」という架空の実体に仮託したものだからでしょう。ヘーゲルにとって、「疎外」とは意識が自己を外化し、あたかも疎遠な実体であるかのように振る舞っているにすぎないことであるのに対し、フォイエルバッハ＝マルクスにとっては、何らかの物質的・社会的要因によって人間の意識が歪められ、真実が見えなくなり、幻想に囚われた振る舞いをしていることのようです。ヘーゲルは、その現実的な問題を素通りして、意識の中の反省だけで、〝疎外〟が克服され、対象との疎遠さがなくなるかのような言い方をしていることがおかしいわけです。

> これは、フォイエルバッハが宗教ないし神学の措定、否認、再興と名づけたものである——だが、これはもっと一般的に理解されるべきである。したがって理性は、非理性としての非理性において自己のもとにあるわけだ。法や政治などのなかで外化された生活を営んでいることを認識した人間は、こうした外化された生活そのものにおいて、彼の真の人間的生活を営むことになる。したがって、自己自身と矛盾しながらの、知識とも対象の本質とも矛盾しながらの自己肯定、自己確証が、真の知識であり生活であるというわけだ。
>
> 　したがって、ヘーゲルが宗教や国家等々に対して妥協していることについては、もはやこれ以上少しも語る必要はない。というのは、こうした作りごとは彼が進歩〔的であるかに装うため〕の作りごとだからである。

「理性は、非理性（Unvernunft）としての非理性において自己のもとにある」というのが謎めいていますが、これが鍵になりそうですね。この場合の「非理性」というのは、「精神」の本質を「理性」と見た場合、発展し続けている「精神」本体よりも、「理性」の発展度合が低い、外化によって生み出された対象ということでしょう。例えば、何らかの法制度を作るという場合、その道具を作ろうとする主体（精神）たちはちゃんと使える合理的な制度にしようと理性を駆使し、できあがった制度がちゃんと機能しているか絶えず反省しているわけですが、現行の「制度」それ自体はそうした現時点での理性的思考よりも遅れていて、古い合理性に依拠しているはずですし、身体を持つゆえに受苦的な存在であり、自然災害や予期しなかった事件・事故など、理性の支配に属さないものに絶えず遭遇する人間の生活はどうしても、理性的には割り切れない要素が含まれます。ヘーゲルの想定によれば、人々は、そうした不可避的に非理性的な「形成物」の中で生きながら、そこで、真の自己についての真の知識を見出すということになる。それは矛盾ではないか、というわけです。

もし私が宗教を外化された人間的な自己意識であると知るならば、したがってそのとき私は宗教としての宗教において私の自己意識が確証されているのではなく、私の外化された自己意識がそこで確証されているのだということを知るのである。したがってその場合私は、自己自身につまり自分の本質に属している私の本質に属している私の自己意識が、宗教においてではなく、むしろ破棄され止揚された宗教において確証されているのを知るのである。

「私の自己意識が確証されている」と「私の外化された自己意識が（そこで）確証されている」の違いが分かりにくいですね。文字通りに取ればいいのではないかと思います。前者が自己意識そのものを問題にしているのに対し、後者は外化されて、純度が低くて非理性的になった〝自己意識〟を問題にしているのでしょう。「宗教」は後者に対応して形成された制度あるいは慣習です。従って、人間の理性的な自己意識は、「宗教」それ自体の内には、外化され変形された〝自己〟しか見出すことはできません。ヘーゲル自身もそこは分かっていて、だからこそ、現存の「宗教」ではなく、「破棄され止揚された宗教 die vernichtete, aufgehobne Religion」の内にこそ、本当の「自己意識」を見出す、あるいは、見出そうとする、ということになるのでしょう。「破棄する」の原語は〈vernichten〉、直訳すれば、「否定する」です。

ヘーゲルの弁証法によれば、精神は自己を対象として「外化」＝「形成」し、そこに自己の本来の姿を見ようとする。しかし、実際にはその歪んだ姿しか見出せず、真の自己を見出すべく、その対象を「否定」することになります。宗教の中に、自分の真実の姿を見出せなかったら、「精神」は宗教を廃止するか、少なくともその役割を縮小して、自由になろうとします。その「否定」の後、新たな対象が外化されてくる。そこに〝真の自己〟を見ようとする。それで真の自己を見出せて、精神が自己充足するかというと、そうはいかない。どうなるか想像つきますね。

　こうしてたとえば、ヘーゲルの法哲学では、止揚された私権は道徳に等しく、止揚された道徳は家族に等しく、止揚された家族は市民社会に等しく、止揚された市民社会は国家に等しく、止揚された国家は世界史に等しいとされる。現実においては、私権、道徳、家族、市民社会、国家等々は、あいかわらず存続している。ただそれらは諸契機になったにすぎない。すなわち、孤立しては通用しない、相互に解消しあったり産出しあったりするような、人間の諸々の現実存在と存在様式になったにすぎない。つまり運動の諸契機なのだ。

人間同士の矛盾を解決するためにできあがった諸制度の内に、自己を確証しようとする「精神」は、そこに現れている〝自己〟の姿は歪んでいることを発見し、それを止揚して次の段階のより理性的な制度を作る。それがどんどん続いていく。各段階の制度は運動の契機、次の段階へのきっかけ、通過点にすぎない。マルクスからしてみると、現実の制度をちゃんと観察して、具体的に問題を解決しないで、「本当の自己の真実はその先にある」と言ってどんどん話を先送りしている、にすぎないということになるのでしょう。

「止揚 aufheben」という言葉を都合よく使っているわけです。同じ城塚訳の『ユダヤ人問題によせて ヘーゲル法哲学批判序説』では「揚棄」という訳語が当てられていましたね。普通は単に「廃棄する」という意味ですが、ヘーゲルは言葉の作りを生かして、「上に（auf-）・揚げる（heben）」という意味合いも込めて使っています。矛盾を単純になくしてしまうのではなく、より高いレベルで、矛盾する両要素を包摂するようなシステムを作って、破綻しないようにするわけです。例えば、各人が「●●は自分のものだ」という「私権 Privatrecht」を頑強に主張し合う状態がエスカレートすると、ホッブズの言う戦争状態になりますが、人々が共有する「道徳 Moral」という次元が設定されると、「道徳」の視点から、「私権」の争いが調停されるようになります。無論、「道徳」があるからといって、「私権」を主張する人がいなくなるわけではありませんし、禁じられるわけでもありません。争いが決着せずどうしようもなくなった時に、「道徳」的な判断が可能になるということです。「精神」は当初、「私的権利」を主張する主体の内に、自己を見出していたけれど、それでは駄目だ、本来の自分があるべき姿は違うところにあると、気付いて探求した結果、「道徳」を見出す、というようにして、「止揚」が起こり、次のステージに行くわけです。前の段階のものは、存続するけれど、次の段階で出てくる形成物を構成する一要素に格下げされるわけです。

何だか「止揚」を都合いいところで連発している感じですね。昔のあまりレベルの高くないマルクス主義者は、説明できないこと、都合が悪いことがあるとすぐ「アウフヘーベンする」を口にすることが知られていました。そう言うと、何かよく分からない理由で問題が解決するのではないか、という楽観がもっともそうに聞こえたわけです。

「共産主義」の到来は現実である

二二六頁では一転して、「疎外」論に関する、ヘーゲル弁証法の積極的契機が挙げられています。

（a）外在態を自己のうちに取りもどす対象的な運動としての止揚。――《これは対象的本質をその疎外の止揚によって獲得するということについての、疎外の内部で表現された洞察であり、人間の現実的な対象化への疎外された洞察である。すなわち、人間が対象的世界の疎外された規定を破棄し、対象的世界をその疎外された現存において止揚することによって、現実的にその対象的本質を獲得するということへの疎外された洞察である。それはちょうど、神の止揚としての無神論が理論的人間主義の生成であり、私有財産の止揚としての共産主義が、人間の財産としての現実的な人間的生活の返還請求であり、このことが実践的人間主義の生成であるのと同様である。いいかえれば、無神論は宗教の止揚によって、共産主義は私有財産の止揚によって、自己を媒介した人間主義である。この媒介の止揚――とはいってもこの媒介は一つの必然的な前提なのであるが――によってはじめて、積極的に自己自身からはじめる人間主義、積極的人間主義が生成するのである。》

これまで見てきたようにヘーゲルの疎外論は、単に精神の一部が「外化」されたことを指摘するだけでなく、〝外化された自己〟をもう一度自分自身に回収しようとします。「外在態を自己のうちに取りもどす die Ent-

Es ist dies die innerhalb der Entfremdung ausgedrückte Einsicht von der *Aneignung* des gegenständlichen Wesens durch die Aufhebung seiner Entfremdung, die entfremdete Einsicht in die *wirkliche Vergegenständlichung* des Menschen, in die wirkliche Aneignung seines gegenständlichen Wesens durch die Vernichtung der entfremdeten Bestimmung der gegenständlichen Welt, durch ihre Aufhebung, in ihrem entfremdeten Dasein, wie der Atheismus als Aufhebung Gottes das Werden des theoretischen Humanismus, der Kommunismus als Aufhebung des Privateigentums die Vindikation des wirklichen menschlichen Lebens als seines Eigentums ist, das Werden des praktischen Humanismus ist, oder der Atheismus ist den durch Aufhebung der Religion, der Kommunismus der durch Aufhebung des Privateigentums mit sich vermittelte Humanismus.

äußerung in sich zurücknehmen」というのはそういう意味です。ただし「人間の現実的な対象化への疎外された洞察 die entfremdete Einsicht in die wirkliche Vergegenständlichung des Menschen」という表現で、「洞察」が「疎外」されていることになっている点に注意して下さい。つまりマルクスは、「疎外」に対するヘーゲルの洞察自体が「疎外」されていると見ているわけです。ヘーゲルの疎外論は、「対象的本質」を現実的に取り戻すことに必要性を認識させてくれるけど、ここまで繰り返し見てきたように、ヘーゲルは「精神」中心の見方をしているので、どうしても「現実に対象的本質」を取り戻すのではなく、意識の中での自己満足のようなことになってしまう。

その後の「それはちょうど、〜」以下の文で言われている「神の止揚＝無神論＝理論的人間主義」と「私有財産の止揚＝共産主義＝実践」が、この「疎外された洞察」とどう関係しているのか、読み取りづらいのですが、これは誤訳もしくは不適切な訳だと思います。原文では、「これは対象的な本質を〜」以下、「自己を媒介した人間主義である」までが一つの文になっています。黒板を見て下さい。

長く引用したついでに言っておきますと、「疎外された洞察 die entfrmedete Einsicht」という表現が二回出てくるわけではなくて、「人間の現実的な対象化への in die wirkliche Vergegenständlichung des Menschen」と言った後で、〈in〜〉以下を、より詳しく言い換えているだけです。

肝心なのは、〈wie der Atheismus als Aufhebung Gottes〜〉以下と、その前の節との関係です。訳の通りだと、pがqであるようにaはbである、という比喩・類推的な関係にあるように見えますが、ごく普通に読めば、例示でしょう。「aはbである」と「pはqである」が形のうえで同じ構造になっているのであれば、比喩・類推的な関係だと見ていいかもしれませんが、「これは〜という洞察である」と「神の止揚としての無神論が理論的人間主義の生成であ（る）」では、そういう対応・並行関係にはないので、例示と見るべきでしょう。ヘーゲル自身がそういう例を示しているわけではないので、「ちょうど〜同様である」という曖昧な訳にしたのでしょうが、恐らく、マルクスは、「疎外の止揚」による「対象の獲得」という発想がヘーゲルの弁証法の優れた点であり、その発想に基づく議論の例として、フォイエルバッハなどヘーゲル左派の無神論や、フランスの社会主義者や義人同盟の共産主義論があると言いたかったのでしょう。「それはちょうど」を「例えば」に置き換えて「……実践的人間主義の生成である、といった事態への洞察である」とすればいいでしょう。もう少し意訳して「その洞察は例えば……といった事態に対応する」とすれば、すっきりするでしょう。

そのすぐ後で、「宗教の止揚」とか「私有財産の止揚」は「媒介 Vermittlung」であって、それもまた「止揚」されることで初めて、「積極的人間主義 der positive Humanismus」が生成する、と言っているわけですから、ヘーゲル左派やフランスの社会主義者の議論は、ヘーゲルのそれと同じ問題を抱えているということでしょう。文脈から考えて、自己の対象化された本質を、それを否定＝止揚することによって取り戻そうとするのだけれど、そう考えるだけだと、結局のところ、ヘーゲルと同様で、意識の中での自己再獲得に留まる、ということでしょう。前回見たところでは、「粗野な共産主義」を批判していましたが、ここで言われている「私有財産の止揚」という観念的な操作から考案された「共産主義」はそれに対応しているのでしょう。

——しかし、無神論、共産主義は、人間によってつくりだされた対象的世界の、すなわち対象性をもつように生みだされた人間の本質諸力の、逃避でも抽象でも喪失でもけっしてなく、不自然で未発達な素朴さへと逆もどりする貧困でもけっしてないのだ。それどころか、それらは人間の本質の、しかも一つの現実的なものとしての人間の本質の、現実的な生成であり、現実的に人間のために生成した実現である。「止揚」という観念的な操作から生み出される「共産主義」を依然として疎外された洞察であるとして批判的に見たので、いやそれは、人間の将来の類的生活形態としての「共産主義」の可能性がないということではないよ、その到来は現実だよ、とフォローを入れているわけです。

したがってヘーゲルは、自己自身に関係させられた否定の肯定的な意味を——またしても疎外された仕方においてではあるが——とらえることによって、人間の自己疎外、本質外化、対象剥離、現実性剥離を自己獲得、本質変化、対象化、現実化としてとらえている。《要するに、ヘーゲルは——抽象の内部で——労働を人間の自己産出行為としてとらえ、疎遠な本質としての自己にたいするふるまいを、一つの疎遠な本質としての人間の活動を、生成しつつある類的意識および類的生命としてとらえている。》

抽象化された観念の操作によって「疎外」の克服を捉えようとしたところにヘーゲルの根本的な限界があるのだけれど、「疎外」における「労働」の役割に注目したことは、評価してもいい、というわけです。何故なら、それまで存在していなかった事物を、協同で産出する「労働」は人間に特有の類的な営みであり、自らの同胞の存在を意識する「類的意識 Gattungsbewußtsein」、そして同胞たちとの間での様々な関係、価値を創出する「類的生命 Gattungsleben」を生み出すからです。それが人間の現実、歴史の現実であることは疑いえない、ということでしょう。

(b) しかしヘーゲルにおいては——すでに述べた転倒を度外視しても、あるいはむしろその転倒の帰結として——こうした〔人間の自己産出〕行為は、まず第一に、ただ形式的な行為としてのみ現われる。というのは、それが抽象的な行為として現われるからであり、人間的本質そのものが抽象的な思惟的な本質、自己意識としてしか見なされないからである。あるいは、

第二に、把握が形式的で抽象的であるから、そのために外化の止揚が外化の確証となる。いいかえれば、ヘーゲルにとっては、自己外化および自己疎外としての自己産出、自己対象化のあの運動は、絶対的な、

> それゆえに究極的な、人間的生命の発現、自己自身を目的とし、そして自己のうちに安んじており、自分の本質に到達した人間的生命の発現なのである。
>
> それだから弁証法としてのその抽象的形式におけるこの運動が、真に人間的な生命と見なされる。しかもなお、それはなお人間的な生命の一つの抽象、一つの疎外なのであるから、それは神的な過程、したがって人間の神的な過程——人間から区別されている抽象的な、純粋な、絶対的な人間の本質が、みずから通過する一過程と見なされるのである。

ここまで述べてきたことの要約ですね。最初の方は、人間の本質が「自己意識」として「抽象的」かつ「形式的」に捉えられていた、という話ですね。第二の「外化の止揚が外化の確証（Bestätigung）となる」というのが難しい感じがしますが、これは先ほども出てきたように、「人間の生命」はいつまでもそれ自体として具体的な姿を現すことなく、「止揚の止揚の止揚の……」、言い換えれば「否定の否定の否定の……」の絶えざる連鎖の中に、人間の「自己意識」が現れ、ということを指しているのでしょう。ヘーゲルの弁証法はそういう抽象的な形式を取り、人間的な生命はそうした抽象的な形式の一つであるかのように扱われるわけです。それは具体的に生きている人間というより、「神的な過程 göttlicher Prozeß」、つまり実体があるのかないのか分からない、「精神」の発展の痕跡でしかない、というわけです。

> 第三に、この過程は一つの担い手、一つの主体をもたねばならない。しかし主体は成果としてはじめて生成してくる。それゆえ、こうした成果、すなわち自己を絶対的な自己意識として知っている主体は、神であり、絶対精神であり、自己を知りつつ実証する理念であることになる。現実的人間と現実的自然とは、ただたんに、この秘められた非現実的人間とこの非現実的自然との述語、象徴となるにすぎない。したがって、主語と述語とは、互いに絶対的に転倒した関係、すなわち神秘的な主体‐客体の関係をもつことになる。いいかえれば客体を越えて包みこんでいる主体性を、一つの過程としての絶対的な主体を、すなわち自己を外化しそして外在態から自己へと還帰するが、しかしそのさい同時に外在態を自己のうちに取りもどす主体としての絶対的な主体を、しかもまたそういう過程としての主体をもつのである。自己のなか

――での純粋な休みなき循環である。

後半は難しそうですが、前半が、連続的な止揚＝否定の運動には「主体 Subjekt」、自己を知り、かつ自己の存在を「実証 betätigen」する主体が存在するはずだが、それは「神」あるいは「絶対精神」のような抽象的な存在にすぎない。これは人間だとしても、抽象化された人間で、個別具体的に存在する「現実的人間 der wirkliche Mensch」、及び彼の身体に関わる「現実的自然 die wirkliche Natur」は、「絶対精神」が自己展開し、自己を知るための道具、精々、その一部でしかない、ということです。

分からないのは「主語 Subjekt／述語 Prädikat」の話です。原文では「主体」も「主語」も〈Subjekt〉なので、「絶対精神」のことを言っているのは分かりますね。現実的な人間が、「絶対精神」の「述語」あるいは「象徴 Symbol」であるというのは、前者が後者の属性の一端を表しているということでしょう。「精神（人間）は理性的である」、「精神（人間）は法を作って、それに従う」といった述語表現は、具体的な人間がそういう生き方をしないと、成り立ちません。無論、一部だといっても、「述語」としての個別・具体的な人間が出現しないと、「精神」は自己自身を把握できず、無意識（＝純粋な「即自」）の状態に留まります。

次に難しいのは「絶対的に転倒した関係 das Verhältnis einer absoluten Verkehrung zueinander」＝「神秘的な主体－客体の関係 mystisches Subjekt-Objekt」です。「転倒した関係」と訳すと、主客逆転を連想しますが、必ずしもそうではなくて、〈Verkehrung〉には「倒錯」とか「歪み」といった意味もあります。この場合、「倒錯」が主たる意味で、第二義的に「逆転」という意味も入っていると考えるのがいいでしょう。「主体」と「客体」の関係にねじれがある、ということです。

ヘーゲルの前提で考えれば、抽象的な「精神」が「主体＝主語」で、個々の人間は「述語」であると同時に、「主体」としての「精神」の自己認識の「客体」です。つまり、「客体＝述語」は、「主体＝主語」によって作り出された、その一部のはずです。しかし、後者は前者の内に、自分自身の真の姿を見ることができず、それを否定して、自分の「外」に、新たな「客体」を作り出し、そこにまた自分を見出そうとするけれど……と続きます。何だか、自分の〝外〟に、自分が作り出した「述語＝客体」を超える何か、それどころか今の自分自身をも超える未知のものを見出し、それに引っ張られるように、自己を見出そうとする循環を休みなく続けます。理性的な法則に従う循環ではなくて、神秘主義的な様相を呈していますね。マルクスの視点から見れば、「自然」においては、（人間を含めた）現実の生命の運動が絶えず進行しているので、それに人間の精神が絶えず刺激を受け、歴史発展の運動へと促されるのは当然のことですが、ヘーゲルのように、人間の歴史を貫く「精神」のような、抽象的・形式的でありながら、具体的な対象を超えて、最終的に全てを包括する（übergreifen）ような「主体」を想定するから、そういう神秘主義的な様相を呈するわけです。

思考の規則である論理学によって、現実的な歴史の発展法則を説明しようとしたことにヘーゲルの問題があるのだけれど、それは見方によっては、ヘーゲル弁証法の強みにもなることをマルクスは示唆します。

> ヘーゲルがここで――彼の思弁的な論理学のなかで――なしとげた積極的なものは、自然と精神とに対して自立している特定の諸概念、普遍的な固定した思惟諸形式が、人間的本質の、したがってまた人間的思惟の、一般的疎外の必然的な成果であるということ、またそれゆえヘーゲルがそれらを抽象過程の諸契機として叙述し総括したということである。たとえば、止揚された有は本質であり、止揚された本質は概念であり、止揚された概念は……絶対的理念である。しかしそれでは絶対的理念とはいったいなんであろうか。絶対的理念は、もしそれがふたたび抽象行為全部をはじめから閲歴しようとせず、そして諸抽象態の総体、あるいは自己を把握しつつある抽象であることに満足しようとしないならば、ふたたび自己自身を止揚する。しかし、自己を抽象として把握する抽象は、自己を無として知る。それは自己を、すなわち抽象を放棄しなければならない。こうしてそれは、まさに自分とは反対のものである一つの実在のもとに、自然のもとに到達することになる。そういうわけで、論理学全体は、抽象的思惟がそれだけでは無であること、絶対的理念がそれだけでは無であること、自然がはじめて或るなにものかであること、の証明である。

難しそうなくだりですが、まず、「特定の諸概念（die bestimmten Begriffe）、普遍的な固定した思惟諸形式（die allgemeinen fixen Denkformen）が、人間的本質の、したがってまた人間的思惟の、一般的疎外の必然的な成果である」ことを明らかにしたことを、ヘーゲルの論理学の成果として認めていることは分かりますね。人間は自己自身を把握すべく、内面で反省したり、（自らの分身とも言うべき）対象に向き合い、認識しようとする過程で、論理学の基礎になる諸概念、思考様式を生み出してきたわけです。そうした概念や思考様式に即して記述したので、彼の弁証法は、具体的な人間の歴史というより「抽象的な過程」になってしまった。そこは不満なのだけど、カントのように思考のための基本枠組み、カテゴリーがアプリオリだと決めてかかるのではなく、歴史的発展過程を強調したことは評価できるということでしょう。そうした歴史的に生成してきた思考のための装置が、「自然」に対して「自立 Selbständigkeit」しているというのであれば分かりますが、その装置である「精神」からも「自立」しているというのがどうしても理解しにくいですが、これは「論理」というものは、「精神」の産物でありながら、一度生み出されると、「精神」が思い通りにできるものではなくなる、ということでしょう。論理学の教科書に載っている論理学の規則とか数学の公理を念頭に置くとイメージしやすいでしょう。

その後に「絶対的理念 die absolute Idee」というのがキーワードとして出てきますね。これは、止揚の止揚の止揚の……の連鎖の中で変化・発展し続ける、抽象的な論理の本体とでも言うべきものでしょう。自己認識のために自己否定を続ける「精神」の本体でもあります。これに対するマルクスの評価はまさに両義的ですね。これがそのまま「抽象」で終わったら、「無 nichts」だと断ずる一方で、「抽象（化）Abstraktion」を放棄すれば、「自分とは反対のものである一つの実在のもとに、自然のもとに到達することになる」、と示唆しているわけですね。恐らく自分のやっていること、自己意識の中での抽象的な循環の不毛さに気付いたら、自らの変化に対応する、外部の実在物、「自然」を認識できるようになる可能性がある、ということでしょう。

二二〇頁から最後にかけて、『エンチュクロペディー』を引用して、自己を自己自身から解放しようとする「絶対的理念」というおかしな概念にヘーゲル派の人たちが振り回されることになった、という話が展開されています。第一部「論理学」からの引用です。基本的にはここまでの『精神現象学』に即しての議論の要約です。やはり「自然」を「自然」それ自体として受け止めることなく、抽象化された形で取り込んでしまうことに問題があるようです。

> しかし、自然といえども、抽象的に受けとられ、それだけで人間から分離されて固定されるならば、人間にとっては無である。直観しようとみずから決心した抽象的な思想家が、自然を抽象的に直観するのは、自明のことである。自然はこの思想家によって、思想家自身にもかくされた形姿のなかで、絶対的理念として、思想物として閉じこめられていたが、同様に、思想家が自然を自己から解放したといっても、それによって真実のところただこの抽象的な自然を——とはいえ、それはいまや、思想の他在であり、現実的な直観された自然、抽象的思惟とは区別された自然である、という意味をもっている——ただ自然という思想物を、自己から解放したにとどまるのだ。

難しそうな文ですが、これまで確認したことを踏まえれば理解できますね。ヘーゲルの論理学における「自然」というのは、あの生き生きした、私たちの身体と相互に影響を与え合い、受苦させる生の「自然」ではなく、精々、論理学的に操作可能なように、抽象的に形式化された〝変化する自然〟にすぎません。先ほど見た「絶対的理念」というのは、抽象的な思考の中に捉えられた「抽象的な自然 abstrakte Natur」のことだったわけですね。「精神」の代理としての「思想家」が、自己（精神）をその「自然」から解放したと称しても、それは、抽象化された〝自然〟という観念を自分の頭の中でいじっているだけで、生の「自然」とは関係のない話です。

「——」で挟まれている部分が少し分かりにくいですが、この部分のポイントは、「抽象的自然＝思想の他在（das Anderssein des Gedankens）＝現実的な直観された自然（die wirkliche angeschaute Natur）」と、「抽象的思惟」の区別です。前者は、曲がりなりにも、外に在るものとして想定されている〝自然〟に対応するために作り出された観念で、一定の内容を持ち、「精神」が好き勝手に加工できるわけではなく、一定の制約を受けますが、後者は、精神に最初から備わっている、精神に内在する、思考するための形式で、具体的な内容はありません。

> 自然としての自然、すなわち、そのうちにかくされたあの秘密の意味からそれが感性的になお区別されているかぎりでの自然、これらの抽象から分離され区別されている自然は、無であり、自己を無として証

明する無であり、無意味である。または、すでに止揚されてしまった外在性という意味をもつにすぎない。「自然としての自然」とは、感性によって知覚されるナマの「自然」、思考によって抽象化された形で捉えられることのない、「自然」それ自体です。それは、「精神」にとっては「無」に等しい。この少し後の箇所に、その意味で、「精神」に外在する「自然」は「欠陥 Mangel」であり、「止揚」されねばならない、ということが述べられています。

「精神」は「自然」から生成するわけですが、自らの母体であった「自然」をそのままでは無意味なものとして「否定」し、抽象化した形で自己の内に取り込み、「同一化」する。最終的に、「(抽象化された)自然＝精神」となる。最後の『エンチュクロペディー』の二カ所からの引用はかなりややこしいですが、そういうことを指しています。ただ、マルクスに言わせれば、「自然」それ自体は、抽象化された「精神」によって同化できるものではなく、人間の「精神」が、対象としての〝自然(の一部)〟に感性的に働きかけるよう促す。人間に「受苦」させる。しかし、自己を「精神」だと思い込んでいるヘーゲル的な人間にとっては、それは「精神」による自発的な「自己外化」、及び、それに続く、対象の内に外化され、硬直化している自己、別の言い方をすれば、「疎外」された自己、かつての自己「否定」と、それによるより高次の自己への発展という自己循環でしかありません。マルクスは、「精神」、正確に言えば、「精神」と自己を同一視する思索家が、それを自ら認識するように誘導する道筋はないか探っているわけです。

「ヘーゲル『精神現象学』最終章についてのノート」とは？

この訳書で第四草稿という位置付けになっている「ヘーゲル『精神現象学』最終章についてのノート」は、新旧MEGAでは『経哲草稿』自体には属さない、付属文書という位置付けです。実際、まとめと抜き書きだけで、マルクスらしいコメントはほとんど見られません。(1)～(8)と節の番号が付いていますが、ほとんどがそのままの抜粋です。省略したところを整えるための若干の変形、付け足し、中略があるだけです。『精神現象学』の最終章では「絶対知 absolutes Wissen」が論じられています。「絶対知」というのは、自己展開し続ける「精神」が、自己を完全に把握した状態です。それまでは、「自然」や人間が作り出した諸制度が、精神の「外」に存在していたがゆえに、完全に把握できていなかったわけですが、この最終段階に至って、主体と客体の間の分割線が克服され、自己自身を外化することによって生み出された諸対象と、「精神」それ自体が一致することになります。

（1）で述べられているように、その一つ前の「啓示宗教 die Offenbare Religion」の節では、まだ精神の自己意識と対象が完全には一致していません。「啓示宗教」というのは、神が人間として自己を現して人間として死んだ、キリスト教のことです。（2）では、これまで見てきた、自己意識の外化したものである対象の「物性」の止揚の意味について述べられていますね。（3）は、「外化→止揚」の繰り返しが意識の運動であり、「止揚」を通して、対象が「精神」へと取り込まれていくという話です。（4）では、それが、即自→対自＋対他→即自かつ対自、という弁証法的な形式で記述されています。（5）では、それまで没交渉であった「物」の内に、自己意識が自らを見出していく過程が述べられています。例えば、頭蓋骨を観察することを通して、そこが自己の所在地であることを知るとか、自分のために作り出した制度、教養的形成物の中に、それを有用なものとして利用する自己を見出すとか。

（6）と（7）で、「現実」についての意識と自己意識の間の分裂が、「宗教」の形で宥和される、ということが論じられています。どうして「宗教」が出てくるのか、と思う人がいるかもしれませんが、信仰と一体化しようとする信仰者の姿勢、信仰者同士の共同体の結成というようなことを念頭に置けばいいでしょう。先ほどお話しした、キリスト教における神の「受肉」と「受苦」、そして「死」は、神と人の宥和を、人間の側から表象したものと見ることができます。ヘーゲルは、「精神」が、崇拝の対象となる太陽や動植物のような物質的な対象と、それに憧れる崇拝者の意識に分裂した形で現れてくることを宗教の起点と見ています。それらを踏まえて、（8）の部分で「絶対知」の登場について記述されます。この「ノート」の最後の部分だけ読んでおきましょう。

――だから精神は、それが即自的に、すなわち世界精神として、みずからを完成させない間は、自覚した精神としての自分の完成を達成することはできない。だからまた、宗教の内容が、時間的には学問に先だって、精神がなにであるかを言い表わしているのであるが、しかしただ学問だけが、精神そのものについての真実の知なのである。……精神が自分についての知の形式〔を生みだす〕運動は〔現実の歴史としてなしとげられる労働である。〕

「精神」が「即自的に、すなわち世界精神として、みずからを完成」するというのは、世界史の全体が、「精神」の自己展開とイコールであることが明らかになる、ということです。それが明らかになるのは、世界史の終点（Ende）に到達し、世界史の目的（Ende）が成就する時です。「精神」が自己実現するために、「歴史」、人間の自己意識や理性、諸制度の発展を導いてきたことが明らかになるわけです。フランスの現代思想の形成に強い影響を与えた、ロシア出身のヘーゲル研究者コジェーヴはそれをナポレオンの登場だと解釈したわけです──詳しくは拙著『ヘーゲルを越えるヘーゲル』（講談社現代新書）をご覧下さい。

ここでのポイントは、宗教、特に啓示宗教であるキリスト教は、世界精神の現前化をその教義内容から予告しているが、本当の意味での「精神そのものについての真実の知 sein wahres Wissen von ihm selbst」は、「学問」、つまり「哲学」によってのみ達成される、ということです──正確に訳すと、「精神自体についての彼（精神）の真実の知」で、知る主体は「精神」です。これはいかにも、マルクスには受け入れがたい結論ですね。

〔 〕に入っている「を生みだす hervorbringen」と「現実の歴史としてなしとげられる労働である die Arbeit, die er als wirkliche Geschichte vollbringt」というのは、『精神現象学』の本文から、訳者が補ったものです。マルクスの抜粋が中途半端に終わっていて、そのままでは意味不明なので、補ったのでしょう。大きな問題はありませんが、ただ、〈Arbeit〉を「労働」と訳したのは引っ掛かります。主語は「精神」なので、「仕事」とか「業」と訳す方が自然でしょう。「労働」と訳すと、マルクスに引きつけすぎです。「主」と「僕」の弁証法のくだりは、人間、特に肉体を酷使する「僕」が主語なので「労働」でいいですが、ここは「精神」が主語なので、よくないでしょう。

ここまで見てきたことから分かるように、ヘーゲルの「精神」の運動を継続させる契機になる「疎外＝外

ヘーゲル：「精神」の運動を継続させる契機になる「疎外＝外化」を問題とした⇒しかし、「精神」の運動であることに固執したために、自身の枠組みに留まる限り、抽象的な哲学的思考の中での自己循環に。
マルクス：受苦する身体を持った人間が「歴史」を作り出さざるを得なくなるメカニズムを読み取った⇒「疎外＝外化」論を、国民経済学批判と、共産主義論とに結び付けることで、歴史の理論として再建を試みた。
※こののち『ドイツ・イデオロギー』、『共産党宣言』で具体的な市民社会批判、資本主義批判を展開。

化」の問題から、マルクスは、受苦する身体を持った人間が「歴史」を作り出さざるを得なくなるメカニズムを読み取ったけれど、ヘーゲルが「精神」の運動であることに固執したために、ヘーゲル自身の枠組みに留まる限り、抽象的な哲学的思考の中での自己循環にしかなりません。そこで、「疎外＝外化」論を、国民経済学批判と、共産主義論とに結び付けることで、歴史の理論として再建しようとしたのが、この草稿です。『ドイツ・イデオロギー』や『共産党宣言』で具体的な市民社会批判、資本主義批判を展開する以前のマルクスが、ヘーゲルと本気で取り組んでいたことがよく分かります。

■質疑応答

Q 〈leiden〉という言葉について二点指摘したいことがあります。英語にも同じ言葉があります。科学哲学のN・R・ハンソン（一九二四－六七）が「観察の理論負荷性 theory-ladenness of observation」と述べていますが、この〈laden〉には「制約する」とか「負荷をかける」という意味があります。〈leiden〉二つ目は、〈leiden〉はやはり「受動」の方がいいのではないか、ということです。おそらくスピノザは、受動—能動について論じています。おそらくヘーゲルはスピノザを読んでいると思うので、それを「受苦」と訳すと問題なのではないか。

A 前提にかなり混乱がありますね。ハンソンの言っているのは〈laden〉で、「積み込む」という意味の〈lade〉の過去分詞で、ドイツ語の動詞〈leiden〉と音は似ていますが、現在分かっている限り、別系統の語源に属します。ひょっとすると繋がっているかもしれませんが、漠然とした音の印象で、同じだというのは間違いです。

既にお話ししたように、ヘーゲルは当然、スピノザを読んでいて、スピノザの議論を弁証法にかなり取り込んでいます。そもそもあなたや私が知っていることを、ヘーゲルが知っているかどうか疑う方がヘンでしょう。率直に言って、傲慢に聞こえますよ。ただし、「能動 actio／受動 passio」に関する議論で、ヘーゲルがスピノザから強い影響を受けたかどうかははっきりしません。フィヒテならスピノザの影響のもとに「能動／受動」を論じたと言えますが、ヘーゲルついてはあまり確かなことは言えません。スピノザを読んで影響を受けたからといって、スピノザの全ての重要概念を同じように自分の体系に取り入れたということにはなりません。ヘーゲルはスピノザではないのだから。そもそも、これがもっと肝心なのですが、〈leiden〉の問題を強調しているのは、ヘーゲルではなく、マルクスです。ヘーゲルのキリスト論などから、「受苦」という要素を読み取ることもできますが、ヘーゲル自身は、人間の身体的な「受苦」の必然性について論じているわけではありません。私の説明の仕方が悪かったのかもしれませんが、スピノザの「受動」論をヘーゲルが継承して、それをまたマルクスがという話ではありません。マルクスは、精神的な存在であるだけでなく、身体を持って現実に生き、情念の作用によって翻弄される人間の話をしているのだから、「受苦」で問題ありません。また、フォイエルバッハのように、スピノザの神＝実体論を、受動＝受苦論的に読み替えることを試みている人もいます。〈passio〉は「受動」と訳さねばならないというルールなどありません。

恐らくあなたは、スピノザ研究を専門にしている売れっ子の人に感化されすぎて、スピノザ以降の哲学においては、「能動↕受動」の交代が最重要テーマであり、ちゃんとした思想家なら、スピノザの言っている通りの意味で「能動／受動」について語っているはずで、それについて語らなかったり、ずれた語り方をしているのは、本質を分かっていないやつだというような前提で考えているのではないですか。だったら、それは初学者の思い上がりだと断言します。哲学のテーマはみな相互に関連していると考えてもいいですが、全部が同じテーマにストレートに繋がっているわけではありません。同じ哲学者だって、文脈ごとに違った対象について論じ、それらの相関関係を再構成するのに専門家でもかなり苦労することがしばしばです。「能動↕受動」が近代哲学の重要テーマの一つであるのは間違いありませんし、あなたがそれを認識して追求しようというのであれば、立派ですが、それによって他のテーマはみんな無意味であるかのように考えるとしたら、かえってマイナスです。最近、そういう感じで決め付ける若い人が多くて、その手の人から全く関係ない脈絡で、「仲正さんは●●に言及しない。分かっていない」と叫ばれて、うんざりすることが多いので、つい、お説教っぽくなってしまいました。

Q2 〈Leidenschaft〉の〈-schaft〉は「～性」という抽象的な意味だと思っていたので、「情熱」という訳に戸惑ってしまいました。「受苦」の〈Leiden〉に、〈-schaft〉が付いて、「情熱」になるということをどう理解したらいいのでしょうか。

A2 〈-schaft〉は英語の〈-ship〉にほぼ相当して、状態、特性、立場、集合体などを意味します。この場合は、状態だと考えていいでしょう。〈leiden〉している状態です。日本語で「苦しみ」とか「情熱」とか訳し分けると、何か変質しているような感じがしますが、自分自身の意志によるのではない、情動、刺激が身体に生じることが〈Leiden〉で、その時身体に生じた状態、身体が情動で揺さぶられている状態が〈Leidenschaft〉です。ただ、日常的なドイツ語で、〈Leiden〉が「苦しみ」というネガティヴな意味で、〈Leidenschaft〉が「情熱」というポジティヴな意味で使われることが多いので、訳し分けているのでしょうが、マルクスとしては、〈Leidenschaft〉と〈Leiden〉が同系統の言葉であることが示唆しているように、いずれも、理性的な自我によってコントロールできない、受動の状態が身体に生じること、人間がもっぱら精神的な存在であるだけでなく、感性的な存在でもあることに由来する、ということを示唆したかったのでしょう。通常のドイツ語としてのニュアンスではなく、マルクスが言葉遊びを通して示唆しているのは何かという観点から考えて下さい。

ドイツ語にはこの他、動詞の〈leiden〉の更に元になる、〈Leid〉という名詞があります。これは、「悲しいこと」とか「嘆き」という意味です。「残念です」、〈I'm sorry.〉に当たる言い方が、〈Tut（es）mir leid〉というフレーズです。「それは私に悲しさを生じる」です。こうしたことを念頭に置くと、ラテン語の〈passio〉よりも、ドイツ語の〈Leiden〉の方が、意味の幅が広そうです。

マルクスを即物的な思想家と思っている人もいるでしょうが、彼は博士論文で、エピクロス（前三四一－二七〇）とデモクリトス（前四六〇頃－三七〇頃）の自然哲学の差異について論じたくらい古典哲学に通暁しています。そもそも一九世紀前半のドイツで大学教育を受けた知識人だから、ラテン語やギリシア語はできて当たり前です。

Q2　先生がおっしゃったように、〈passion〉にはキリストの受難という意味もありますね。その意味をマルクスが込めて使っているとしたら、意外な気がします。

A2　その意味を込めて使っているからといって、キリスト教を肯定していることにはなりません。むしろ、肉体的生活を否定するキリスト教があれだけ拘る身体的な「苦痛」の意味を、唯物論的に解き明かし、キリスト教を自己解体へと追い込む、というような考えがあったのかもしれません。「外化＝疎外」という観点から、ヘーゲル哲学を自己解体へと追い込むのと同じような発想で。もっとも「フォイエルバッハ・テーゼ」以降のマルクスは、人間の身体性を哲学的に論じるということはしなくなりますが。

［講義］
第5回　『ルイ・ボナパルトのブリュメール十八日』を読む

『ルイ・ボナパルトのブリュメール十八日』とは？

この著作は、ナポレオンの甥であるナポレオン三世（一八〇八－七三）によるクーデタについてマルクスが評論したものです。訳者による「あとがき」にあるように、一八五二年五月にニューヨークのドイツ語雑誌『革命（Die Revolution）』に発表されたもので、正式のタイトルは「ルイ・ボナパルトのブリュメール十八日（Der 18. Brumaire des Louis Bonaparte）」です。

ただ、クーデタと言っても、ルイ・ボナパルトは大統領でした――正確に言うと、ルイ・ボナパルトは彼の父であるナポレオンの弟の名前で、彼の正式な名前はシャルル・ルイ＝ナポレオン・ボナパルトです。四八年の二月革命で、立憲王政から共和制に移行した直後の選挙で大統領に当選・就任していたのですが、議会と対立して思うように統治できなかったため、議会に対してクーデタを起こしました。五一年の一二月に武力による威嚇のもとで議会の解散を宣言し、主立った反対派を逮捕した後で、すぐにクーデタ自体と、大統領の権限を大幅に強化した新憲法に対する信任投票を連続して行って、信任され、翌年一月に新体制に移行します。しかし、それだけでは満足せず、この年の一一月には憲法を改正して、自らを皇帝にする国民選挙を行って信任され、一二月に皇帝に就任します。

それについてマルクスが評論しているわけですが、この「ブリュメール十八日」という妙な日付は、ナポレオン一世のクーデタに由来します。ナポレオン一世が当時の総裁政府を倒し、事実上の独裁体制を築いた時のクーデタが、当時のフランス革命暦のブリュメール（霜月）一八日——西暦で言うと一七九九年一一月九日——に起きました。もちろんナポレオン三世の時代には、革命暦は採用していません。

参考のための年表がこの平凡社の訳書の二四二頁に「表②——時期区分と階級闘争の構図」（本書表1）というタイトルで掲げられています。それを見ても分かるように、ナポレオン三世のクーデタが起こったのは一八五一年一二月二日で、ナポレオン一世のクーデタの日にちとはぴったり合っているわけではありません。少しずれていますが大体似た時期にクーデタを起こし、ナポレオン一世のように独裁権力を確立した上で皇帝になるという手順を踏んでいます。ただ、一二月二日というのは全く根拠がないわけではなくて、一八〇四年のこの日にナポレオン一世が即位していますし、〇五年のこの日には、アウステルリッツの戦いで、オーストリアとロシアの連合軍に勝利しています。ナポレオン三世はそれを念頭に置いてこの日付を決行日にしました。マルクスは、「ブリュメール一八日」をルイ・ボナパルトが再現しようとしたという意味合いで、タイトルとして付けたわけです。

この本には柄谷行人による解説が付いていますが、多くの思想家がマルクスの著作の中でこの著作が最も面白いし、論じがいがあると主張します。マルクス主義は、下部構造（生産様式）が上部構造（法、政治、宗教、芸術、哲学などのイデオロギー的諸形態）を決定するという下部構造決定論と一般的に捉えられています。マルクス自身後期になるほど経済的な議論に力を入れていて、掘り下げたヘーゲル批判のような、哲学的議論をしなくなるので、その印象が強まります。この論文が書かれた一八五二年は、『共産党宣言』の書かれた四年後です。一八四九年にロンドンに移ったマルクスは、よく知られているように、大英博物館に通って資本主義の勉強を始めます。もうかなり経済学にシフトしていますが、マルクスの経済学的見解が本格的に展開される『経済学批判』が刊行されるのは五九年で、『資本論』第一巻の刊行が六七年ですから、ちゃんとし

シャルル・ルイ＝ナポレオン・ボナパルトことナポレオン３世

をもとに本講義の内容に合わせて作成

ルレアン朝）
ル、ギゾー）
党＝オルレアン派／野党＝オルレアン左派（バロ）、ブルジョワ共和派
小市民的民主派、社会主義者
ヌ）：ブルジョワ共和派＋オルレアン左派＋小市民的民主派＋社会主義者
子普通選挙権）
の選挙
派中心
ブルジョワ共和派・モンターニュ派、秩序党の三党派形成、議長は純粋共和派マラスト
トに対するすべての階級の闘争
独裁権力移譲＝パリの戒厳令→プロレタリアートの敗北（執行委員会解散）
ワ共和派・モンターニュ派・秩序党
ワ共和派の独裁
ボナパルト当選（全投票数の 74 パーセント＝ 553 万票獲得）
（12.20 就任）
バロ＋正統王朝派ファルー）
序党／野党＝ブルジョワ共和派・モンターニュ派（1849.1.27 社会民主派の成立）
ルト＋秩序党 vs 共和派ブルジョワジー（憲法制定国民議会）
→秩序党勝利、ブルジョワ共和派激減、社会民主派進出
解散
バロ＋正統王朝派ファルー）
党＝秩序党／野党＝モンターニュ派、議長はオルレアン派デュパン
ルト＋秩序党 vs 小市民
ジョワジー）による議会独裁
の居住規定により選挙権を制限＝普通選挙権廃止（有権者約 300 万人減少）
ルト vs. 秩序党（議会のブルジョワジー）
死去
のクーデタ：議会解散、主な議員を逮捕、パリに戒厳令
ルト vs. 秩序党（議会のブルジョワジー）
共和派の蜂起→ボナパルト派の軍隊により鎮圧
を問う国民投票（全投票数の 92 パーセント＝ 744 万票を獲得）
を問う国民投票（全投票数の 98 パーセント＝ 782 万票を獲得）
皇帝ナポレオン 3 世として即位
プロイセン軍の捕虜となり、帝政崩壊

表 1　時期区分と階級闘争の構図　※『ルイ・ボナパルトのブリュメール 18 日』（平凡社）の表②

時期	期	局面	内容
七月王政 （1830.7 〜 48.2）			国王：ルイ＝フィリップ（オ
			内閣：オルレアン派（ティエー
			議会（財産資格制限選挙）：与
			議会外反対派：正統王朝派、
			二月革命（1848.2.23-24）
第二共和制 （1848.2 〜 51.12）	**第一期** （1848.2.24 〜 48.5.4） ※二月革命直後		臨時政府（首班ラマルティー
			1848.2.25　共和制宣言
			3.5　普通選挙制布告（男
			4.23　憲法制定国民議会
	第二期 （1848.5.4. 〜 49.5.28） ※共和制の制定＝憲法制定国民会議	**第一局面** （1848.5.4 〜 48.6.25）	執行委員会：ブルジョワ共和
			憲法制定国民議会（5.4 開会）：
			主な対抗関係：プロレタリアー
			五月一五日事件
			六月反乱（6.23-26）
		第二局面 （1848.6.25 〜 48.12.10）	行政長官カヴェニャックへの
			憲法制定国民議会：ブルジョ
			主な対抗関係：純粋ブルジョ
			1848.11.12　共和国憲法公布
			12.10　大統領選挙：ルイ・
		第三局面 （1848.12.10 〜 49.5.28）	大統領：ルイ・ボナパルト
			内閣：秩序党（オルレアン派
			憲法制定国民議会：与党＝秩
			主な対抗関係：ルイ・ボナパ
			1849.5.13　立法国民議会選挙
			5.27　憲法制定国民議会
	第三期 （1849.5.28 〜 51.12.2） ※立憲共和制＝立法国議会	**第一局面** （1849.5.28 〜 6.13）	大統領：ルイ・ボナパルト
			内閣：秩序党（オルレアン派
			立法国民議会（5.28 開会）：与
			主な対抗関係：ルイ・ボナパ
			六月一三日事件
		第二局面 （1849.6.13 〜 50.5.31）	主な対抗関係：秩序党（ブル
			5.31　新選挙法：3 年間
			主な対抗関係：ルイ・ボナパ
			1850.8.26　ルイ＝フィリップ
		第三局面 （1850.5.31 〜 51.12.2）	
			12.2　ルイ・ボナパルト
大統領独裁 （1851.12.2 〜 52.12.2）			主な対抗関係：ルイ・ボナパ
			1851.12.4　クーデタに反対する
			12.10　クーデタの承認
			1852.1.14　新憲法公布
			11.21　帝政復活の賛否
第二帝政 （1852.12.2 〜 70.9.4）			1852.12.2　ルイ・ボナパルト、
			1870.9.4　ナポレオン 3 世、

た経済学が確立されていない時期です。後期マルクスへの移行期に位置することの著作の議論を見る限りでは、下部構造決定論どころか、下部構造と上部構造の捩れをめぐる問題を正面から論じています。

年表（本書表1）の内容を確認しておきましょう。ナポレオンが失脚した後、ウィーン会議（一八一四）を経て、ブルボン王家が復活します。全く元に戻ったわけではなく、一八一四年に制定された憲章（la Charre）で、国民の基本的な権利が保障され、一定額以上の税金を納めた三〇歳以上の男子に選挙権が認められました。ただ、執行権は王に属し、立法権は王と議会の共有となりました。旧体制の貴族の地位は回復され、ナポレオン帝政期の貴族の称号も維持されるなど、王政と共和制が妥協したような体制になりました。復古王政の二代目の国王シャルル一〇世（一七五七－一八三六）が出版統制、選挙権の制限など復古的な政策を取り、経済運営にも失敗したため、一八三〇年の七月に革命が起こり、ブルボン家の傍流だったルイ＝フィリップ（一七七三－一八五〇）が王位に就きます。ユゴー（一八〇二－八五）の『レ・ミゼラブル』（一八六二）は七月革命を軸に展開します。ルイ＝フィリップの王制は大資本家や銀行家などブルジョワジーが支持しました。彼はオルレアン公爵の爵位を持っていたので、彼の支持勢力はオルレアン派と言います。新体制で王の議会から独立した命令権は廃止され、勅令は法律に適合しなければならなくなり、有権者の資格も拡大しました。しかし、それでも全人口の一パーセントにも達しませんでした。四八年に選挙権の拡大と労働者や農民の権利を求める共和主義者と社会主義者による二月革命が起こり、共和主義政府ができます。これが第二共和制と呼ばれるものです。因みに第一共和制とは、大革命の際の共和制政府です。第二共和制はそれほど長く続きません。初代大統領に当選したルイ・ボナパルトがクーデタで体制を崩壊させたからです。

ルイ＝フィリップ

この訳書の二四一頁の表「表①――政治党派と階級的基盤」（本書表2）では、どのような人々がどの勢力を支えているかを示しています。「A 正統王朝派」は、本来のブルボン家を再興しようとする勢力で、階級的基盤は旧いタイプの支配階級である土地所有ブルジョワジーです。「B オルレアン派」は、七月革命の際のオ

表２　政治党派と階級的基盤　※『ルイ・ボナパルトのブリュメール18日』（平凡社）の表①をもとに本講義の内容に合わせて作成

	党派	階級的基盤	代表的人物	
A	正統王朝派	土地所有ブルジョワジー	ファルー、ベリエ	A（正統王朝派）とB（オルレアン派）は、1848年5月以降、連合して「秩序党」を形成
B	オルレアン派	金融ブルジョワジー 大工業ブルジョワジー	ギゾー↓、ティエール↓、   モレ、バロ、デュパン、シャンガルニエ	
C	ブルジョワ共和派（純粋共和派）	中産階級（ブルジョワ、著作家、弁護士、官僚）	ラマルティーヌ↙、マラスト、   カヴェニャック↗、ジラルダン	
D	小市民的民主派（モンターニュ派）	小市民（小商店主、手工業者など）	ルドリュ＝ロラン	D（小市民的民主派［モンターニュ派］）とE（社会主義者）は、1849年1月以降、提携して「社会＝民主派」を形成
E	社会主義者	プロレタリアート	ルイ・ブラン→  コシディエール	
F	革命的共産主義者	プロレタリアート	ブランキ 	
G	ボナパルト派	ルンペンプロレタリアート	マニャン、モルニ公、モーパ	

ルレアン系を中心とする勢力で、金融ブルジョワジーや大工業ブルジョワジーが支持基盤です。代表的人物として、歴史家から閣僚・外交官になり、七月王政の末期に首相を務めたギゾー（一七八七－一八七四）がいます。彼の『ヨーロッパ文明史』（一八二八、三八）は、福沢諭吉（一八三五－一九〇一）に影響を与えたことで知られていますね。中産階級が支持する「C ブルジョア共和派」は、いわゆる王を戴かず、立憲君主制でもなく、純粋な共和制を支持する人々です。この勢力には、ロマン派の詩人から政治家になったラマルティーヌ（一七七〇－一八六九）や、アルジェリアの征服で功績をあげ、二月革命後に起こった労働者の蜂起（六月蜂起）を武力制圧して、一時期戒厳令下で全権を握ったカヴェニャック将軍（一八〇二－五七）が入っていますね。「D 小市民的民主派」は、財産規模の小さい、小売店主や手工業者などの、いわゆるプチ・ブルを基盤としています。これは「モンターニュ派 La Montagne」とも呼ばれます。フランス革命の際の「山岳派」を意識したネーミングです。オリジナルの「山岳派」はロベスピエール（一七五八－九四）やダントン（一七五九－九四）等を指導者とする革命の急進派で、国民議会で、一番高い所に座っていたグループなので、「山岳」と呼ばれたそうです。他に「E 社会主義者」と「F 革命的共産主義者」の党派があります。これは、共産主義を掲げていたかどうかの区別でしょう。Fのリーダーのブランキ（一八〇五－八一）は、秘密結社による権力奪取と人民武装による独裁を掲げ、マルクスに強い影響を与えています。このグループもまた、フランス革命の再現を演じようとしたわけです。この表だとEとDははっきり区別されていますが、「山岳派」というのは、プチ・ブルと社会主義者を含んだグループで、二月革命後の議会では一つの党派として行動し、「社会民主派 les démoc-socs（les démocrates-socialistes）」とも呼ばれました。

この分類では、「A 正統王朝派」と「B オルレアン派」の支持基盤ははっきりと分かれているように見えますが、バルザック（一七九九－一八五〇）の小説などを読むと分かるように、王政復古後は、貴族と土地の結び付きはかなり弱くなっており、大貴族の所有する土地は封土というよりただの私的不動産のようになっており、売買の対象となっていました。貴族の爵位は元々地名と結び付いていたはずですが、革命以前から土地との結び付きが曖昧になっており、王政復古の時代になると、貴族というよりは王様から沢山の土地を与えられている地主のような存在になっていました。まさに「土地所有ブルジョワジー」であり、貴族なのかブルジョワジーなのか分からない性格の人たちです。正統王朝派も、ブルボン本家の王を抱くことを本気で目指しているかどうかは怪しいところですが、大土地所有者に有利な体制に戻したいと思っている人たちということです。注に出ているように、一八四八年の議会選挙に際しては、両派、及び、アメリカ型の共和制を目指すトクヴィルなどが合流して、「秩序党 Parti de l'Ordre = Ordnungspartei」と呼ばれる保守的な党派を形成します。本文でも「秩序党」という言葉が何回か出てきますが、比喩的な言い回しではなく、この党を指します。

この分類で示されているABCDEFの党派は、支持基盤と政治的立場がそれなりに合っている感じがしますが、「G ボナパルト派」は、階級的基盤が「ルンペンプロレタリアート」となっています。マルクスたちが『共産党宣言』で主張していることからすると、「プロレタリアート」は革命側に参加せざるを得なくなるはずです。しかし、プロレタリアートの中でも最も貧しい、住む所さえ定かでないような一番弱い層がボナパルトを支持している。ここが肝心です。ただし、純粋なルンペンプロレタリアートだけでなく、支持者の代表的人物にモルニー公という公爵の位を持つ人もいるので、支持基盤は結構入り乱れているわけです。モルニー公というのは、シャルル・ド・モルニー（一八一一－六五）というルイ・ボナパルトの異父弟に当たる人物で、元々父親の違う兄とは疎遠で、実業家をしていたのですが、自分の工場の経営が苦しくなったので、資金援助をしてもらうため、大統領をしていた兄に近付き、クーデタのお膳立てをして、内務大臣に就任した人物です。モパ（一八一八－八八）というのは、地方行政官僚出身で、クーデタ時にパリの警視総監を務めていた人物です。ボナパルト派においては、階級基盤と、それを代表するリーダーが大きくずれているわけです。何故そうなったのか、そんな集合体がどうして権力を獲得できたのか、マルクスはそれを分析しようとしたわけです。

この「ボナパルティズム」の問題が何故重要かと言うと、全体主義を可能にしたメカニズムを考えるヒントになるからです。マルクス主義は、窮乏化したプロレタリアートは必然的に革命に立ちあがることになると予言しましたが、第二次大戦前、不況下のドイツやイタリアで工場労働者や失業者など貧しい人々の多くが、ナチスやファシスト党を支持しました。マルクス主義者にはそれが不思議でした。どうして一番搾取されそうな

〈representation〉――「表象」と「代表」という二つの意味。
・「表象」――イメージに関わる言葉で、文化的な性格が強い。
・「代表」――政治、特に代議制（representation）に関わる言葉、「代理」は法、特に契約関係に関わる。
※政治的な「代表」制が、文化的な「表象」システムとどのように関係しているかという問題。表象文化と政治の交差地点に位置し、多くの現代思想家が関心を寄せた。

社会的弱者が、復古的、権威主義的な体制を支持するのか。こうした現象、下部構造と政治の捩れを、マルクスは『ブリュメール十八日』で既に予見していたようにも見えるわけです。

少し論点は異なりますが、マルクス主義の革命理論だと、資本主義が最も発展した地域で、労働者の窮乏は最も進むはずなので、まず先進国で革命が起こるはずです。しかし、ロシア革命（一九一七）以降の二〇世紀の政治の展開を見ると、むしろ、後進国で社会主義革命が起こっていて、先進国では、社会民主主義系の政党が勢力を伸ばして、体制側に合流したということもあって、革命が起こりにくくなりました。イタリアのマルクス主義理論家で、ラクラウ（一九三五－二〇一四）やスピヴァック（一九四二－）による非マルクス主義的な読解によって現代思想でも注目されることも多いグラムシ（一八九一－一九三七）は、西欧の先進資本主義国での革命には、文化的ヘゲモニーを握る必要があり、そこで知識人が重要な役割を果たすことを示唆しました。『ブリュメール十八日』は、そうした階級と文化的状況の緊張関係を考えるヒントを与えてくれます。

最近はあまり見なくなりましたが、現代思想業界で一時期〈representation〉という言葉が流行っていました。この言葉には、「表象」と「代表」という二つの意味がありま す。「表象」はイメージに関わる言葉で、文化的な性格が強いもので、「代表」は政治、特に代議制（representation）に関わる言葉、「代理」は法、特に契約関係に関わる言葉です。社会契約論の先駆けとなったホッブズの『リヴァイアサン』（一六五一）では、「代理」、「代表」という意味で〈represent〉という言葉が使われています。一九九五年に雑誌『批評空間』が「ボナパルティズム」に関する特集を組んでいますが、その頃、政治的な「代表」制が、文化的な「表象」システムとどのように関係しているかという問題、表象文化と政治の交差地点に、多くの現代思想好きが関心を持っていました。ただの言葉遊びのように聞こえるかもしれませんが、考えてみると、「代表」と「表象」が対応しているのは、当然の話です。人が特定の指導者、政治家や運動団体を支持する際、利害の合理的計算だけで、自分を代表＝代理してくれる人を選んでいるわけではありません。美しさとか強さ、威厳、親しみやすさなど、何か人々を引きつける要素を、イメージとして身に付けている、あるいはそういうパフォーマンスをする人物、つまり、人々の欲望を「表象」する人を選ぼうとします。『リヴァイアサン』の有名な扉絵に、多くの人間が集まって、王様のような巨大な身体を覆う鱗のような模様になっている絵がありますね。あれは、「代理」が、「国家＝巨大な身体の怪物」という「表象」と結び付いていることを、象徴的に「表象」している、いわば二重、三重の表象です。また、ハーバマスは『公共性の構造転換』（一九六二）で、市民的公共圏が成立する以前のヨーロッパでは、王侯貴族など、人民を「代表」する人たちが、高貴さや栄光、威厳を表す衣装や髪形と、それに見合った特殊な身振りや態度、話し方で、宮廷のような特殊な空間でやりとりすることで、公共的な事柄が決定されていたのを「表象＝代表的公共性 repräsentative Öffentlichkeit」と呼んでいます。

『リヴァイアサン』扉絵

第一章——「一度は偉大な悲劇として、もう一度はみじめな笑劇として」

では本文に入りましょう。訳者の後書き「刊行に寄せて」で書かれているように、この訳は、ニューヨークで雑誌に掲載された第一版に基づいています。従来の訳は、マルクス自身が手を加えてハンブルクで刊行された第二版（一八六九）に基づいているとのことですね。ネットでフリーにアクセスすることのできるのは第二版の方で、訳者の植村邦彦さん（一九五二――）が言うように、二版はかなり省略され、短くなっています。

ヘーゲルはどこかで、すべての偉大な世界史的事実と世界史的人物はいわば二度現れる、と述べている。彼はこう付け加えるのを忘れた。一度は偉大な悲劇として、もう一度はみじめな笑劇として、と。ダントンの代わりにコシディエール、ロベスピエールの代わりにルイ・ブラン、一七九三〜九五年のモンターニュ派の代わりに一八四八〜五一年のモンターニュ派、小男の伍長と彼の元帥たちの円卓騎士団の代わりに、借金を抱えた中尉たちを手当たり次第にかき集めて引き連れたロンドンの警官！　天才のブリュメール一八日の代わりに白痴のブリュメール一八日！　そしてブリュメール一八日の第二版が出版された状況も、これと同じ戯画である。一度目はフランスが破産の瀬戸際にあったが、今度はボナパルト自身が債務者拘留所に入る瀬戸際だった。あのときは列強の連合が国境にいたが、——今度はルーゲ＝ダラシュの連合がイングランドに、キンケル＝ブレンターノの連合がアメリカにいる。

「二度 zweimal」という言葉の意味合いがカギです。本当にそういう歴史の法則があると思っているのか、「笑劇 Farce」という言葉を使っていることからして、また、「ルイ・ボナパルトのブリュメール十八日」という模倣を主題とするタイトルを付けていることからして、厳密な法則のようなものではなく、誰かのやった有名な出来事をまねすることで二度繰り返される、ということでしょう。だとすると三度目もありそうですが、恐らく、二度目で真似であることが露呈して、うまく行かず、そのままの形で三度繰り返すのは難しいので、「二度」と言っているのでしょう。その露呈を、「笑劇」と言っているのでしょう。原語の〈farce〉は、「喜劇 comedy」の一形態で、状況設定が突飛で、人違いによる騒動とか、漫才みたいに冗談だらけのやり取りとか、どたばたが続くような形態のもののことです。現代日本だと、吉本新喜劇のイメージが強いので、喜劇は全部そういうものじゃないか、と思う人がいるかもしれませんが、シェイクスピアの『ヴェニスの商人』とか『真夏の夜の夢』のように、戯曲の構成上、それほどどたばた的な要素がないものもあります。笑いを取ることが、「喜劇」の本質とは限りません。

マルクスはこの冒頭で、「偉大な悲劇」の後に続くのがどうして「笑劇」なのかを説明していますね。ここに出てくる人名は、フランス革命からナポレオン一世による本当のブリュメールのクーデタまでの間の歴史の登場人物と、二月革命からナポレオン三世のほぼブリュメール一八日のクーデタまでの間の登場人物を対応させたものです。「モンターニュ派」については先ほどお話しした通りです。ダントンとロベスピエールは有名ですが、それに対比されている二人は、あまり知られていないですね。ルイ・ブランは、文末の人名解説で、臨時政府の大臣にもなった有名な社会主義者として紹介されていますが、一九世紀のフランス社会主義史以外ではあまり見かけない名前ですね。コシディエール（一八〇八－六一）は、二月革命時にパリの警視庁を奪取して、警視総監に任命された社会主義者として紹介されていますが、二月革命についての専門的な解説書でないと、見ない名前です。二月革命の進行中、その直後は、それなりに隣国にも名前が轟いていたけれど、やはりフランス革命で同じような役割を果たした指導者に比べれば、どう見ても小者で、歴史に大きな爪痕を残さないだろうと示唆しているわけです。実際、そうなったわけです。モンターニュ派（山岳党）については先ほどお話しした通りです。こっちの方が典型的ですね。「山岳党」と聞くと、歴史好きの人でもほとんどが大革命の時の山岳党を思い浮かべて、二月革命の時の山岳党を思い浮かべませんし、どういう人がいたかなかなか名前が出てきませんね。

「小男の伍長と彼の元帥たちの円卓騎士団の代わり」というのは、ナポレオンが小男で、革命当時、まだ新米でそれほど軍隊の階級が高くなかったことを指しているのでしょう。ただ、ナポレオンは士官学校を卒業した一七八五年に砲兵将校（少尉）に任官し、革命勃発時には中尉になっていました。「伍長 Korporal」というのは、下層出身で、下っ端だったというイメージでしょう。ナポレオンは、元々ジェノヴァ領で、フランスからの独立を試みていたコルシカの出身で、その訛りをバカにされていたこと、貧乏暮らしをしていて、貴族出身の他の士官学校生と折り合いが悪かったことで有名です。元帥たちというのは、皇帝となった後の彼を支えた元帥という地位にあった将軍たちのことです。恐らく、小柄で貧相なナポレオンが、元帥たちに取り囲まれているのは本当は滑稽だということでしょう。

訳注にもあるように、「ロンドンの警官」とは、ロンドンに亡命中のルイ・ボナパルトのことで、選挙権の拡大を求めるチャーティスト運動を取り締まる特別警官に応募したことを皮肉った表現です。彼が、下級将校をてなずけてクーデタを実行したことを皮肉っているわけです。二人ともからかっているわけですが、ナポレオン一世については「天才」であることは認めているわけですね。

ルーゲ

「列強 die Koalition der großen Mächte」というのは、一七九三年からナポレオンが完全に敗北する一八一五年にかけて七次にわたって、フランス革命の拡大を恐れて結成された「対仏大同盟」のことでしょう。ルーゲ＝ダラシュのルーゲは、第二回に名前が出てきた、マルクスと一緒に『独仏年誌』を編集したヘーゲル左派のアーノルト・ルーゲのことです。ルーゲは三月革命時に、ドイツ統一を求めるフランクフルト国民議会の議員として活躍していましたが、プロイセン当局からにらまれ、ロンドンに亡命し、イタリア統一運動の指導者マッツィーニ（一八〇五－七二）などと共に「ヨーロッパ民主主義委員会」を結成します。ヴォイチェフ・ウワディスワフ・ダラシュ（一八〇五－八二）はポーランド独立運動の活動家で、ロンドンでヨーロッパ民主主義中央委員会を結成します。キンケルというのは、ゴットフリート・キンケル（一八一八－八二）という、ドイツの神学者・芸術史学者出身の政治活動家で、各地の民衆蜂起に関与した容疑でプロイセンなどの当局に目を付けられ、ロンドンに亡命します。アメリカというのは、彼が一八五一年から五二年にかけてアメリカでドイツでの新しい革命のための資金集めをしていたことを指すのでしょう。ローレンツ・ブレンターノ（一八一三－九一）は、西南ドイツの弁護士出身の政治家で、三月革命や四九年のバーデン州の革命で活躍し、アメリカに亡命します。彼のように三月革命前後の政治的騒乱に参加し、アメリカやオーストラリアへ移住したドイツ人は四八年組（Forty-Eighters）と呼びます。ブレンターノはシカゴを拠点にジャーナリスト、政治家として活動し、リンカーン（一八〇九－六五）の大統領選出にも貢献し、自ら連邦の下院議員に選出されたこともあります。

　ナポレオンを包囲した「列強の連合」というのは、ヨーロッパの古い秩序を守ろうとする諸国であり、いわば、マルクスの立場からすれば、より批判的に見るべき相手であるのに対し、ルイ・ボナパルトを包囲した「連合 Koalition」というのは、弱小の革命的な集団で、どちらかと言うとマルクスに近い、同志と言っていい人たちです。何かちぐはぐですが、恐らく、ナポレオン三世の場合、旧態依然とした他のヨーロッパ諸国が本格的に彼を危険視せず、弱小の革命勢力だけが本気で問題にしたということを言いたいのでしょう。言い換えると、ナポレオン三世自身が古い政治体制と親和的であったということで、歴史を新しいステージへと移行させるのに一役買ったナポレオン一世と全然違う、むしろ、反動的な小者だ、ということでしょう。

ところでヘーゲルがどこかで述べたとされる「二度現れる」ですが、正確にこれに対応するものはヘーゲルのテクストには見当たりません。新ＭＥＧＡの注釈では、『歴史哲学講義』（一八三七、四〇）の第三部「ローマ世界」の第二次ポエニ戦争から帝政までの状況を描いた第二編の終わりの方の記述です。これは、カエサル（前一〇〇－四四）個人を暗殺することで、ローマの共和制を維持することができると考えたキケロ（前一〇六－四三）やブルータス（前八五－四二）たちの考え違いを指摘する箇所です。ヘーゲルは「二度起こる」という必然の法則があるかのように言っているのではなく、国家の大変革（Staatsumwälzung）は繰り返される（sich wiederholen）ことによって、人々に正当と認められる（sanktionieren）ということです。この場合は、ローマ国家は一人の人間が指導するしかないということ。分かり切った話なのでヘーゲルは直接書いていませんが、オクタヴィアヌス（前六三－後一四）による統治が二回目で、その安定によってそれが正解だと分かったということでしょう。そうした内容に続けて、「ナポレオンが二回敗北し、ブルボン家が二回追放されたのもその例だ。最初は単なる偶然ないし可能性と思えていたことが、繰り返されること（Wiederholung）によって、現実的で確かなもの（ein Wirkliches　und Bestätigtes）となる」と述べられています。

つまりヘーゲルは、最適な政治体制を人々が認識する際の規則性として、「二度」を強調し、それをマルクスは、うまく行った出来事を、表象＝代表システムを利用して二匹目の泥鰌を狙うやつが出てくる、という人間の性＋横着さに由来する「二度」を強調しているわけです。その意味ではさほど深い意味はないのですが、柄谷行人の解説論文「表象と反復」は、それを深読みしたものです。ドゥルーズの『差異と反復』（一九六八）を意識してのことでしょう。

ドゥルーズは、確固とした「同一性」を保っているものがまずあって、それが様々な運動において自己を反復するのではなく、相互に異質で関係のないものでも、ある一定のパターンで再現されると、そこに同一性が生じてくるのではないか、と主張します。ドゥルーズに強い影響を与えたヒューム（一七一一－七六）は、稲光の後に雷が鳴ることを何度か繰り返し経験するうちに、私たちは両者に因果関係を想定するようになる。そうやって因果関係を想定する私たちの自我なるものも、確固として自己同一性を保持しているわけではなく、私たちの身体の中での刺激や情動の連鎖、同じようなパターンの刺激と反応の繰り返しが、「自我」として事後的に、〝自己〟認識されるようになるわけです。パターン化された刺激の運動以外に、「自我」の実体はないわけです。ドゥルーズはそれを更に徹底させて、私たちの思考の基礎になるような安定した同一性のようなものはなく、同一性が成立しているように見えても、実際には、〝同じようなパターン〟の「反復」が続いているだけなので、どこかで〝同一性〟を崩す「差異」が際だってきます。〝対象〟自体のパターンが崩れるという面と、これまたはっきりした〝同一性〟を持たない〝主体〟の認識のパターンが崩れるという面があるでしょう。私たちの認識能力は、私たちの体調とか過去、時に近い過去の経験に左右されて、絶えず動揺していま す。一年会わない間に、よく知っていたはずの特徴が見分けられないとか、昼と夜とで印象が違って、同じ場所だとなかなか認識できないとか。ドゥルーズは諸「差異」が暫定的に同一性を獲得し、また解体する現象を、精神分析が問題にするような、無意識のレベルでの「意味」の生成と変容と結び付けて論じています。

柄谷もこの論文で、政治的な表象システムにおける「表象するもの／表象されるもの」の間の同一性の表象――政治家Aは、階級Bと利害・価値観が同一であり、AはBを代理して政治活動することができる、という想定――と、そこで不可避的に生じるズレという、「同一性／差異」をめぐる問題と、精神分析における「反復脅迫」の問題と結び付けることで、「二度」を説明しようとしています。反復脅迫というのは、嫌な経験だけれど、本当は逃れたいものなのだけど、無意識がそれを繰り返させてしまう現象です。それが、記憶に残るような出来事が「二度現れる」原因だとすると、民衆は、ナポレオンのような英雄はこりごりだと感じながら、無意識ではナポレオンにもう一度支配されたい、という欲望を抱えている、あるいは彼らにそういう無意識が働いているかのように振る舞わせる不可視の構造がある、ということになるでしょう。マルクス自身はそこまで深読みしていなかったでしょうが、このテクストの随所に、そうした構造的問題が暗示されているということはできるでしょう。

人間は自分自身の歴史を創るが、しかし、自発的に、自分で選んだ状況の下で歴史を創るのではなく、すぐ目の前にある、与えられた、過去から受け渡された状況の下でそうする。すべての死せる世代の伝統が、悪夢のように生きている者の思考にのしかかっている。そして、生きている者たちは、自分自身と事態を根本的に変革し、いままでになかったものを創造する仕事に携わっているように見えるちょうどそのとき、まさにそのような革命的危機の時期に、不安そうに過去の亡霊を呼び出して自分たちの役に立てようとし、その名前、鬨の声、衣装を借用して、これらの由緒ある衣装に身を包み、借り物の言葉で、新しい世界史の場面を演じようとするのである。

これも、現代思想の表象系の議論でよく出てくるテーマですね。人間は全く新しいものを想像することはできない。「新しいもの」は「古いもの」の回帰であるというのは、アドルノやベンヤミンが拘っていたテーマです。過去、特に直前の過去から受け継いだものを素材にして想像する。そうした表象の連鎖が「歴史」だと見ることができます。「革命」というのは、普通に考えると、これまでになかった、過去と断絶する政治・経済・法体制をもたらそうとする集団的行為です。「いままでになかったものを創造する noch nicht Dagewesenes zu schaffen」ことですね。しかし、どういうことをやったら、過去とは異なった体制をもたらせるのか、どういうのが本当に新しい体制なのか本当のところ見当がつきません。そこで、無意識的に、過去における「歴史の断絶・刷新」と思える大きな出来事の記憶を探り出し、そのイメージに基づいて、ことを成そうとします。従って、ナポレオン三世のように、偉大な伯父を真似してやろうと意図的にやる人間でなくても、不可避的に「過去の亡霊たち die Geister der Vergangenheit」に取り憑かれることになるわけです。

本人は真剣にやっていても、それを第三者的に見ている人にとっては、劣化コピーに見えるわけです。しかしこの「歴史」の「表象＝再現 representation」――〈representation〉は、〈present（現在の、現前している）〉の状態の再生（re-）を含意していると考えられるので、デリダ等は現象学批判等の純哲学的文脈では、「表象＝代理」に、「再現」の意味も込めてこの言葉を使います――の問題を本気で考えると、それはルイ・ボナパルトのような反動的な人だけではなく、マルクス自身のような革命家にも当てはまるのではないか、マルクスの「歴史」観自身が「過去の亡霊たち」に取り憑かれているのではないか、という疑問が生じます。無論、マルクスは、「いや、私たちの場合は、プロレタリアートの側に立っているので、〈代表するもの／代表されるもの〉のずれはない」と言うかもしれませんが、マルクスが「プロレタリアート」を、いかなるズレもなく「代表」しているとは、現代の普通の日本人には信じられないですね。

こうしてルターは使徒パウロに仮装し、一七八九〜一八一四年の革命はローマ共和国に扮したりローマ帝国に扮したりし、そして一八四八年の革命は、せいぜいここでは一七八九年の、あそこでは一七九三年〜九五年の革命的伝統のパロディを演じることしかできなかった。同じように、新しい言語を覚えたばかりの初心者はそれをつねに自分の母語に訳し戻すものだが、訳語を思い出さないでその言葉を使えるようになり、それを使う際に先祖伝来の言葉を忘れるようになったときにはじめて、彼はその新しい言語の精神を身につけたのであり、その言語を自由に使いこなすことができるのである。

「歴史」の反復を一般化しているわけですね。ルターがパウロ（五頃－六七頃）に仮装した、というのは恐らくルターがパウロによる『ロマ人への手紙』に強く影響を受けて、人間の善行ではなくて、神の恵みに対する信仰によってのみ、人間は義とされるという考え方を発展させたこと、一方的な啓示を受けて回心したというエピソードが伝わっていること、パウロがユダヤ教をベースとする信徒の共同体に、福音についての新しい考え方をもたらして分裂させ、キリスト教の共同体を打ちたてたように、ルターは新しい考え方をもたらしてカトリック教会を分裂させ、プロテスタント諸派が生まれたということでしょう。パウロは古代の人であまり伝記的な素材が伝わっていないということもあって、もっぱら聖書の記述から自分を厳しく律し続けた人というイメージがありますが、ルターはよく見かける肖像のように、ぶくぶく太っていてあまり節制していないイメージがありますし、気が短くてあまり人格者でないイメージがありますね。後にエーリヒ・フロム（一九〇〇－八〇）やエリク・エリクソン（一九〇二－九四）は、ルターを近代人の不安定なメンタリティの典型として分析しています。一番引っかかるのは、千年王国実現のために立ち上がった農民よりも、世俗の君主に味方したことでしょう。エンゲルスが論文『ドイツ農民戦争』で、農民たちの蜂起をプロレタリアート革命の先駆

として描いているので、その影響も受けていたのでしょう。

「世界史的な死者の呼び出し weltgeschichtliche Totenbeschwörungen」

先ほどの箇所では、「フランス革命－ブリュメール・クーデタ」が、「二月革命－ルイ・ボナパルトのクーデタ」として再現（前化）されたという話でしたが、今度はそのフランス革命自体も「ローマ共和国に扮した」と評しています。まずは、フランス革命の指導者たちが、ローマ的な共和政を模範にしていたということです。ヨーロッパ人にとって、「共和政」のモデルは常にローマです。古代ギリシアにも民主制はありましたが、法による支配という考え方は必ずしも確立していませんでした。英語の〈republic〉の語源は、〈res publica〉というラテン語で、「共通の事物」という意味です。ローマ人たちが発展させた市民たちの「共通の財産」を管理する仕組みが、「共和政体」の原型になったわけです。ルネサンスは、古代ギリシア・ローマ、特にローマの「人間性 humanitas」の理念を伝えるテクストを研究すること（＝人文復興）から始まったわけですが、その中でも、ローマの政治、共和政に関係する文献を研究し、同時代の政治に応用することを、現代の政治思想史の用語で「市民的人文主義 civic humanism」と呼びます。マキャベリ（一四六九－一五二七）も広い意味での市民的人文主義者です。フランス革命の指導者たちも当然、ローマの共和政を理想とする市民的人文主義の影響を受けているはずだし、ロベスピエール等に決定的な影響を与えたルソーは、『社会契約論』の第四篇で、自らが提案する「一般意志」よって統治される国家の具体的機構がうまく機能するだろうということを示すために、ローマの共和制の例、特に、民会、護民官、独裁官の制度を引き合いに出しています——ローマの「独裁官制度」については、拙著『カール・シュミット入門講義』で、ルソーやシュミットとの関連で言及していますので、関心あればご覧下さい。

あと、カエサルとナポレオンの類似性というか、後者による前者の模倣はすぐに思い浮かびます。いずれも共和国の危機に台頭し、天才的な軍略で共和国軍を勝利に導き、既存の権力者を武力で打倒し、皇帝の地位を得たことが共通しています。カエサルが執政官（consul）に就任して、ポンペイウス（前一〇六－四八）、クラッスス（前一一五頃－五三）と共に三頭政治を行ったように、ナポレオンもクーデタ後、三人の統領（Consulat）の一人に就任しました。ナポレオンは最終的に「皇帝 Empereur」に戴冠しますが、この名称はカエサルも就任した、軍事作戦を成功に導くために与えられた命令権（imperium）の保持者である〈imperator〉から来ています。

ナポレオン帝政期のフランスに始まり、ヨーロッパ各地に広がった建築・家具装飾の様式を「アンピール様式 style Empire」と言いますが、これは主として帝政期のローマをモデルとした様式だとされています。この様式の創始者とされるのは、シャルル・ペルシエ（一七六四－一八三八）とピエール・フランソワ・レオナール・フォンテーヌ（一七六二－一八五三）という二人の建築家ですが、彼らはいずれも若い時にローマに留学し、革命時代に政府の依頼で仕事をするようになり、ナポレオン帝政時代になってから、特に皇帝のお気に入りになり、カルーゼル凱旋門など、ローマ的な雰囲気の建物をいくつか建設しています。これは、政治的な「代表」と、芸術的な「表象」が密接に絡まり合っている例と言えるかもしれません。マルクス自身は、芸術的な「表象」のことは明確には念頭に置いていないでしょうが、政治的に「仮装 sich maskieren」あるいは「扮装 sich drapieren」するには、儀礼的なものが必要なので、芸術的な「表象」は不可避的に伴います。芸術的な「表象」というのは、私たちの知覚に反映する〝現実〟をそのまま「再現」するのではなく、一部を誇張したり、省略したり、あるいは、その裏側にある無意識に、新たなイメージを与えるものと考えることができます。

ここでは、先ほどの「歴史」の「表象＝再現」の必然性の話を、「言語 Sprache」に即して説明していますね。私たちは自分で言語を発明したわけではなく、生まれた時に身近にいた人たちが話している言語が、「母語 Muttersprache」になります。私たちは思考する時も表象する時も、事物を分類して命名し、相互に結合する母語の「表象」の仕組みに縛られます。外国語を習っても、いちいち母語に翻訳しないといけない。だから慣れない外国語でしゃべると滑稽に聞こえる。マルクスはそのうちに、外国語に慣れて、母語の仲介なしで考えられるようになるかのように言っていますが、これは怪しいですね。外国語を流暢にしゃべれるようになっても、母語の表象システムから完全に抜けるのは難しい。だからこそ、人は母語を通して学んで歴史の「表象」に支配され、そのつもりがなくても、ファルスを演じることになる。そう考えた方が、一貫性があるでしょう。マルクスとしては、真の革命家は、過去に縛られない、新しい政治の言語を獲得できる、と言いたいのでしょうが、それをどうやって証明するのか、また一体誰が歴史の表象の単純な反復のサイクルを脱け出したと言えるのか。

それらの世界史的な死者の呼び出しをよく見れば、一つの際立った違いがあることがすぐわかる。カミーユ・デムーラン、ダントン、ロベスピエール、サン＝ジュスト、ナポレオン、旧フランス革命の英雄たちや諸党派や大衆は、ローマの衣装に身を包み、ローマの決まり文句を使って、近代市民社会を解き放ち打ち立てる、という彼らの時代の課題を成し遂げた。すなわち、ある人々は封建的地盤を粉砕し、その上に生えていた封建的な頭を刈り取った。他の一人［ナポレオン］は、フランス国内では、その中ではじめて自由競争が発展し、分割土地所有が活用され、解き放たれた国民の工業的生産力が利用されることが可能になる諸条件を創り出し、フランス国境の彼方では、フランスの市民社会にふさわしい時代に即した環境をヨーロッパ大陸に創り出すために必要なかぎりで、いたるところで封建的な諸姿態を一掃した。

先ほどは「世界史的な死者の呼び出し weltgeschichtliche Totenbeschwörungen」がただ列挙されていただけですが、ここでは、違いが強調されています。分かりにくい言い方ですが、フランス革命の指導者たちやナポレオンは、単に死者たちを仮装のために呼び出しただけでなく、「封建的地盤 der feudale Boden」を粉砕し、「近代市民社会 die moderne bürgerliche Gesellschaft」の基礎を築いたと評価しているわけですね。「歴史」の進歩に貢献するのであれば、「死者の呼び出し」はただの「笑劇」ではなくなるわけです。ただ、穿った見方をすれば、何をもって進歩というのかという問題は残りますね。

サン＝ジュスト（一七六七—九四）はフランス革命の最年少の指導者で、国王裁判などで革命の方向性を決定する有名な演説を行い、ロベスピエールの片腕として治安の取り締まりに辣腕をふるったことで有名な人物で、キャラがはっきりしているので、文学、歌劇、アニメによく登場します。カミーユ・デムーラン（一七六

グラックス兄弟

○－九四）というのは、私たちはあまり聞かない名前ですが、ダントン派のジャーナリスト・政治家で、バスチーユの襲撃で群衆を襲撃するなど、功績を挙げましたが、恐怖政治に反対してダントンと共に処刑されます。「分割土地所有 das parzellierte Grundeigentum」というのは細かい話のようですが、第七章で論じられているように、農家の経営が困難になり、没落した農民が資本家の買収に応じて土地を手放したり、労働者として雇われるしかなくなることで、工業化を進める要因になりました。

新しい社会構成がいったん打ち立てられると、太古の巨人たちは消え去り、彼らとともに、復活したローマ世界――ブルートゥス、グラックス、プブリコラのような人々、護民官たち、元老院議員たち、そしてカエサル自身も消え去った。酔いのさめた現実の市民社会は、セー、クーザン、ロワイエ＝コラール、バンジャマン・コンスタン［・ド・ルベック］、ギゾーといった人々を自分の真の代弁者や通訳とし、この社会の現実の司令塔たちはカウンターの後ろに座っており、でっぷりとふとった顔のルイ一八世がその政治的首長だった。この社会は、富の生産や競争という平和な闘争にすっかり熱中してしまい、ローマ時代の幽霊たちが自分のゆりかごを大事に守ってくれたことなど、もはや理解できなくなった。

「グラックス」というのは、世界史の教科書でグラックス兄弟として出てくるティベリウス・グラックス（前一六三－一三三）とガイウス・グラックス（前一五四－一二一）の兄弟のことです。二人とも護民官に就任し、農地改革を試みました。当時、中小の独立自営農民は軍役を果たしている間、農地経営を妻子に預けていましたが、働き手が足りないため経営困難になり、土地を手放すケースが増えました。そのため、資力のある貴族が、多くの奴隷を使って経営する「ラティフンディウム latifundium」――高校の教科書には「ラティフンディア latifundia」と表記されていることが多いですが、これは複数形です――と呼ばれる大規模農園が増えたわけですが、それだと一般の兵士たちは、戦いに勝っても帰っていくところがないので、士気が下がります。そこでティベリウス・グラックスは、他の有力者と協力して、「センプロニウス農地法 Lex Sempronia

Agraria」という法律を制定します。従来の法律では、ローマが戦争で獲得した土地は基本的に「公用地 Ager publicus」で、市民たちはその土地を割り当てられて所有することはできるけれど、一定の面積以上は所有できないことになっていましたが、その法律は有名無実になっていました。そこで、センプロニウス農地法では、規定以上の大規模な土地を所有しているものから土地を、一定の補償を与えたうえで没収し、それを没落した市民のために再分配するというものでした。当然、大土地所有者の多い元老院は反発しましたが、彼は元老院の反対を回避するため、法案を直接ケントゥリア民会に諮り、その上、もう一人の拒否権を封じるため、その人物の解任動議を出し、強引に法案を成立させます。その後も、貧しい民衆の支持を得て自らの改革を実行するため、ローマの伝統的な国制に反することをやったため、元老院議員たちの怒りを更に買います。軍役の短縮や元老院議員の特権廃止などの公約を掲げて再選に臨みますが、支持者の集会に紛れ込んだ暴徒に襲われて殺害されます。兄の暗殺の数年後に護民官に選ばれたガイウスは、兄の轍を踏まないよう騎士階級を味方に付けながら、形骸化されていたセンプロニウス農地法の復活や穀物を市民に低価格で供給する法案、市民権をイタリア半島の全同盟市に拡大することなど改革を進めようとしますが、元老院は彼を、共和制を破壊する者として排除する緊急決定をし、武力に訴え、騒乱の中で彼も殺害されます。

プブリウス・ヴァレリウス・プブリコラ(?‐前五〇三)は王制を打倒して、最初の「統領」に就任した人です。つまりマルクスは、カエサルを暗殺して共和制を守ろうとしたブルートゥス→農地改革で独立した市民たちから成る共和制の本質を守ろうとしたグラックス兄弟→共和制を創設したプブリコラ、と遡る形で、ローマの共和政を築き、守った人たちを挙げ、それを革命・帝政期の指導者たちの仕事と対比しているわけですね。

「酔いのさめた現実の市民社会 Die bürgerliche Gesellschaft in ihrer nüchternen Wirklichkeit」というのは、革命期を経過した後、ルイ一八世(一七五五‐一八二四)による復古王政と妥協して共存するようになった、市民層ということです。世界史の教科書では、メッテルニヒの指導の下で、旧秩序に戻す反動的な政治が行われ、市民は抑圧されたかのように書かれていますが、先ほどお話ししたように、フランスでは、革命‐ナポレオン時代に獲得された市民の権利の多くは保障されました。ナポレオン法典に代表される、法の下での平等や、教会や貴族から没収した国有地の農民への売却も取り消さないことになりました。それに満足してしまった市民階級をマルクスは批判的に見ているのでしょう。

ギゾーは先ほど出てきましたね。バンジャマン・コンスタン（一七六七－一八三〇）は、最近よく自由主義の歴史の重要人物として注目されるようになりました。恐怖政治に見られるような民主主義の暴走に対して、諸個人の自由権を保障するうえでの憲法の役割を論じたことや、政治に参加して自治の担い手になることに自由の本質があるとする「古代人の自由」と、他人に干渉されないプライヴェートな生活を重視する「近代人の自由」を対比した「近代人の自由と対比した古代人の自由」（一八一九）という論文で有名です。ジャン＝バティスト・セー（一七六七－一八三二）は、アダム・スミスの影響を受けた古典派経済学者で、需要と供給に関するセーの法則で有名です。ヴィクトル・クザン（一七九七－一八六七）は、ドイツ観念論を中心に研究した哲学史家で、王政復古時代にエコール・ノルマールやソルボンヌ大学で教鞭を執ります。二月革命後、文教政策に関わる仕事をし、公教育担当大臣も務めています。ピエール＝ポール・ロワイエ＝コラール（一七六三－一八四五）も、哲学者で政治家ですが、彼はフランス革命期から、政治家として活動し、代議士にも選出されました。当初はジロンド派を支持し、国王死刑後は、立憲王政こそが安定をもたらすと確信するようになりましたが、ナポレオンの政権が安定すると、その望みがなくなり、政界を去って、ソルボンヌ大学で哲学史の教授になり、ヒュームの懐疑主義に対抗して「常識＝共通感覚 common sense」を重視したスコットランド常識学派の元祖でトーマス・リード（一七一〇－九六）を紹介しますが、王政復古後、再び政治的活動を開始し、文教関係の行政に関与するようになります。

ここに名前が挙がっているのは、普通の歴史の本では、穏健で常識的な自由主義者として評価される人たちですが、マルクスから見れば、ブルジョワ階級の内の比較的上層の人たちが、貴族とあまり変わらない権利を保障されたことで満足して、それ以上のラディカルな変革を求めなくなり、体制を守る官僚になったただらしない人たちであり、革命期・帝政期の政治家ということなのでしょう。

「幽霊 Geist」

ここで、「代弁者 Dolmetscher」「通訳 Sprachführer」という言葉が使われていることに注目して下さい。これらは、言語において他者を「代理 represent」するという意味で、「表象＝代表 representation」と繋がっていると考えられます。ただ、原語について少し細かい説明が必要です。〈Dolmetscher〉は現代ドイツ語ではもっぱら「通訳」、口頭での翻訳者の意味で使われますが、元々、「代弁者」とか「解説する者」という意味で使われていました。遡ると、「仲介者」という意味の〈tolmetzer〉という中世ドイツ語にまで行き着きます。本来のゲルマン系の言葉ではなく、同じような意味の古スラブ語かトルコ語が語源になっているようです。〈Sprachführer〉というのは、人間ではなくて、海外旅行に行く時に持っていく、二カ国語対照の簡易辞書のことです。ただ、言葉の作りだけ見ると、「言葉 Sprache」を「導く者 Führer」という意味にも取れます。マルクスは、〈Dolmetscher〉も〈Sprachführer〉も基本的に同じような意味合いで使っているのでしょうが、植村さんは、〈Dolmetscher〉の方に、「代弁者」「解説者」「取りなし役」といった意味もあるので、訳し分けているのでしょう。この場合は、ある階級の代弁者ではなくて、王であり、古い貴族制の代表であるルイ一八世の代弁者であるわけですが。

「幽霊 Geist」という言葉にも注目して下さい。〈Geist〉には「精神」、それからキリスト教の「聖霊 der Heilige Geist」の意味もあります。『共産党宣言』の冒頭の「ヨーロッパに妖怪が徘徊している——共産主義という名の妖怪が」という文で使われている〈Gespenst〉という言葉と、死者の霊という意味でかぶっています。さほど大きな意味はないかもしれませんが、『宣言』では、その〈Gespenst〉を封じ込めようとする旧勢力を代表する固有名として、メッテルニヒとギゾーが挙げられています。この講義の第2回でお話ししたように「ヘーゲル法哲学批判序説」に出てくる〈Revenant〉にも、死者の霊という意味がありますね。これらは単なる比喩かもしれませんが、デリダの『マルクスの亡霊たち』では、これらが単なる比喩ではなく、存在論的な意味があるのではないかという前提の下で、マルクスの諸テクストの分析が試みられています。

——しかし、この市民社会はいまでは現に非英雄的だが、それをこの世に生み出すためには、ヒロイズムや犠

> 牲的行為、恐怖、内乱、諸国民戦争が必要だったのである。そして市民社会の闘士たちは、ローマ共和国の古典的に厳格な伝統のうちに理想像と芸術形式を、つまり自己欺瞞を見いだしたのであって、自分たちの闘争の内容が市民的に制限されていることを自分自身に対して隠し、自分たちの情熱を偉大な歴史的悲劇の高みに保っておくためには、そのような自己欺瞞が必要だったのである。発展段階は異なるが、一世紀前に、クロムウェルとイングランドの人民もまた同じように、旧約聖書から自分たちの市民革命のための言葉、情熱、幻想を借用した。現実的目標が達成され、イングランド社会の市民的変革が成し遂げられてしまうと、ロックがハバククを押しのけることになった。

まどろこっしい言い方をしていますが、よく読めば言わんとしていることは分かりますね。マルクスは、「酔いの醒めた現実の市民社会」は妥協の産物だけど、それを勝ち取るにはヒロイズムや犠牲的行為が必要であり、それに向けて人々を鼓舞するには、「偉大な歴史的悲劇 die große geschichtliche Tragödie」を再現し、そこに登場した人物の「霊」を召喚しなければならなかった。ただ、そういう芝居をやっている彼らも内心では、かつての英雄のように「情熱 Leidenschaft」を全開するのではなくて、最終的に「市民的」な枠にとどまろうとしていた。それを自己欺瞞と言っているわけです。

クロムウェル（一五九九－一六五八）が清教徒革命の議会側の指導者で、共和制の元首に当たる護国卿（Lord Protector）に就任したことは世界史の教科書に出ていますね。彼が率いた鉄騎隊（Ironside）は、キリスト教の信仰によって精神的に武装した部隊として知られています。真面目なキリスト教徒であれば、どの宗派かは問わなかったけれど、絶えず、聖書の言葉で説教して隊員を鼓舞し、各人に携帯聖書を持たせていたようです。革命初期のウィンスビーの戦いで、鉄騎隊は旧約聖書の『詩篇』を歌って感謝しながら、突撃して勝利を収めたことが知られています。

「ロック」というのは、『統治二論』（一六八九）や『人間知性論』（一六九〇）のジョン・ロックのことです。ロックは『統治二論』で、政府を形成する社会契約の目的とは、各自が労働によって獲得した所有物に対する権利を保障することだと主張し、経済的自由主義を基礎付けました。そのことを言っているのでしょう。ハバ

「理想像と芸術形式 die Ideale und die Kunstformen」

下部構造＝生産様式の変化だけで革命が起こるわけではなく、過去の霊と融合した「理想」が重要。政治的な理想だけではなくて、「芸術形式」、つまり表象文化論と言う時の「表象」が、革命において果たす役割を認める⇒「亡霊」を再現前化させるには、人々の感性＋想像力に働きかける芸術が一定の役割を果たす。

※「亡霊」、「幽霊 Geist」
・「精神」
・キリスト教の「聖霊 der Heilige Geist」

ククは旧約聖書の預言者で、イスラエルがバビロニアの襲撃による危機を迎えた時、信仰によって団結するよう説いた人です。旧約聖書に、彼によって書かれたとされるハバクク書というのがあります。ハバククからロックへというのは、必死に神に祈りながら闘う緊張状態から、財産を所有するブルジョワを中心とした安定した社会へと移行したということでしょう。

「理想像と芸術形式 die Ideale und die Kunstformen」に言及している点が興味深いですね。先ほどから見ているように、このテクストでマルクスは、下部構造＝生産様式の変化だけで革命が起こるわけではなく、過去の霊と融合した「理想」が重要であるという、ある意味、マルクス主義者らしからぬことを言っているわけですが、ここでは政治的な理想だけではなくて、「芸術形式」、つまり表象文化論と言う時の「表象」が、革命において果たす役割を認めているように受け取れます。「亡霊」を再現前化させるには、人々の感性＋想像力に働きかける芸術が一定の役割を果たしているように見えます。

因みに、美学を意味するドイツ語の〈Ästhetik〉や英語の〈aesthetics〉は、ギリシア語の〈αἴσθησις〉を語源としますが、「アイステーシス」は感性的知覚を意味する言葉です。カントは「感性論」の意味で〈Ästhetik〉を使っています。カントに影響を与えたバウムガルテン（一七一四－六二）は、上級の認識能力である理性による認識を扱う「論理学」に対して、下級の認識能力である感性を扱う学として「美学」を定義しています。その意味で、「美学」と「感性」的な認識は深い関係にあると言えます。芸術作品などの「表象」、現実を再現前化する様式を研究することは、感性的な要素が私たちの認識の仕方や行動にどのような影響を与えるかを明らかにすることに繋がります。現代思想で、芸術系の議論が中心的位置を占めることがやたらと多いのは、そういう理論史的背景があるからです。別にかっこいいと思っているからではないはずです——そもそもかっこよさそうだという理由だけで、思想にも芸術にも手を出すというような人は多いですが。

それらの革命の中で死者を蘇らせたのは、したがって新しい闘争を賛美するためであって、昔の闘争のパロディを演じるためではなかった。与えられた課題を空想の中で誇張するためであって、それを現実の中で解決するのを恐れて逃げ出すためではなかった。革命の精神を再発見するためであって、革命の幽霊を再び出没させるためではなかった。

この言い方を見る限り、マルクスは「与えられた課題 die gegebene Aufgabe」を「現実の中で解決 Lösung in der Wirklichkeit」することを目的として、過去の「革命の幽霊」を呼び出すこと、表象のポリティクスを行うことは別にまずいことだと思っているわけではなく、むしろ必要悪と考えているようにも見えますね。

一八四八～五一年には、老人バイイに扮した洒落者の共和主義者マラストから、ナポレオンのデスマスクの鉄仮面の下に平凡だが不快な顔立ちを隠したイカサマ師［ルイ・ボナパルト］にいたるまで、昔の革命の幽霊が出没しただけだった。革命によって動力を加速したと信じていた一民族全体が、すでに死んだ時代に戻っているのに突然気づくのであり、そしてこの逆戻りに関してどんな思い違いも起きないように、昔の日付が、とっくの昔に古本屋の博識に属するものになっていた昔の革命紀元、昔の名前、昔の勅令が、そしてとっくの昔に腐り果てたと思われていた昔の国家権力の手先が再び出現するのである。国民は、自分がベドラム［ロンドンの精神病院］にいる例の気が狂ったイングランド人になったような気がするかもしれない。この男は、古代のファラオ［エジプト王］たちの時代に生きていると思い込み、エチオピアの鉱山で金採掘人夫として果たさなければならない苛酷な仕事について毎日愚痴をこぼしている。

ジャン＝シルヴァン・バイイ（一七三六－九三）は元々天文学者で、革命の時に三部会の議員に選ばれます。第三身分の代表たちが憲法が制定されるまで解散しないことを誓った、有名な「テニスコートの誓い」の時の議長で、バスチーユの襲撃の後、パリ・コミューンの市長に選ばれます。アルマン・マラスト（一八〇一－五二）は、復古王政から第二共和政にかけて活動した教育者、政治ジャーナリストで、二月革命の時に、パリ市長に選ばれ、立憲議会の議長として、四八年憲法の起草に中心的な役割を果たしました。

大革命時の活動家たちが問題を解決して、未来に向かって前進するために敢えて過去の亡霊に取り憑かれたふりをしているのに対し、二月革命期の人たちはただ無自覚的に過去に立ち返って、正気を失ったような状態になっている、と対比しているわけですね。ベドラムは、一二四七年に創設された、世界最古の精神病院の一つで、多くの見物人が訪れていたということです。そこに収容されていた狂人の一人が、自分はファラオの時代の囚人だと思い込んでいた、ということですね。で、その妄想にどんな意味があるかというと、

> 「そしてこんなことが私に」と、気の狂ったこのイングランド人はため息をつく――「生まれながらに自由なブリテン人である私に要求されるのは、昔のファラオたちに金を作るためなのだ」。「ボナパルト家の借金を支払うためなのだ」と、フランス国民はため息をつく。例のイングランド人は、正気でいるかぎり、金を作るという固定観念を免れることができなかった。フランス人は、革命を起こしているかぎり、一二月一〇日の選挙が証明したように、ナポレオンの記憶を免れることができなかった。

「例のイングランド人」が、ファラオの奴隷として強制労働させられるという嫌な――偽りの――記憶に苦しめられているように、フランス人も、ナポレオンに仕えねばならないという――この場合は過去に本当にあった――記憶に苦しめられているわけですね。「ボナパルト家の借金を支払うため um die Schulden der Familie Bonaparte zu zahlen」というのが分かりにくいですが、この〈Schulden〉というのは当然、文字通りの金銭的な借金、財政赤字のことを言っているのではなくて、歴史的な負の遺産とか罪のような意味でしょう。〈Schuld〉の元の意味は「負債」あるいはそれを支払う「責任」で、そこから「罪」とか「科」という意味も派生しています。恐らく、ナポレオンがいろんな秩序を破壊したことによって、神とか歴史、民族の伝統などによって、「フランス国民 die französische Nation」が原罪のようなものを負っているというイメージなのでしょう。その「負債」を支払うべく革命をちゃんとやり直そうとするのだけど、結果的に同じことを反復してしまう。ファラオの話とそんなにうまく対応していない感じですが、要は、負債を支払わねばならない、という脅迫観念が

働いている、と言いたいのでしょう。

二月革命を起こした人たちは、別にナポレオン家に憧憬を抱いているつもりも、自分たちが彼らに仕えねばならないと思っているわけでもなく、むしろナポレオンによる帝政と、対外侵略戦争は革命をねじ曲げた悪夢でしかないのでしょうが、現実の行動としては、ナポレオンの帝政に向かったかつてと同じようなルートをわざわざ歩もうとしている。精神分析の登場以降の言葉を使うと、トラウマによる過去の外傷の反復のようなことが起こっているわけですね。しかも「固定観念 die fixe Idee」という、マルクスらしくない、精神医学的な言葉が使われていますね。このテクストには何度も出てきます。キーワードのようですね。〈Idée fixe〉というフランス語が元の形で、結構早く、一九世紀初頭から使われていたようです。「モノマニア monomanie」という妄想的な観念によって感情が支配されている状態の精神疾患との関係で用いられるようになりました。その観念に囚われている以外は、正気を保っている状態の人を分類するために、一九世紀にはこの病名が便利に使われたようで、ジャン＝エティエンヌ・エスキロール（一七七二－一八四〇）というフランスの精神病理学者が『精神病』（一八三八）という著作で「モノマニア」について詳しい記述をしています。更に、ドイツの精神医学者ヴィルヘルム・グリージンガー（一八一七－六八）が『精神病の病理と治療』（一八四五）で、「モノマニア」と「固定観念」の関係を詳しく述べています。マルクスもそうした精神医学的言説の影響を受けていたのでしょう。

そう思ったら、今度はいかにもマルクスらしいことを言っています。

一九世紀の社会革命は、その詩情を過去から得ることはできず、未来から手に入れる以外にはない。社会革命は、過去へのあらゆる迷信を捨てないかぎり、自分をうまく扱うことができない。以前の諸革命は、自分自身の内容に関して自らを欺くために、世界史的追憶を必要とした。一九世紀の革命は、自分自身の内容に到達するために、その死者を埋葬することは死者に任せておかなければならない。以前の革命では言葉が内容を上回っていたが、いまでは内容が言葉を上回っている。

自分たちがこれから実行しないといけない革命は、過去の亡霊に頼ることはできない。表象的形式に凝るの

ではなくて、「内容 Inhalt」をきちんと把握したうえでの革命でないといけない。「内容」を把握していないと、ルイ・ボナパルトの革命と、自分たちの社会主義革命は、いずれもフランス革命の再来という同じ括りになってしまう、という危機感があるのでしょう。だから、「死者を埋葬することは死者に任せておかなければならない」という聖書の有名なフレーズ、イエスの言葉を引用しているわけですね。無論、パロディのつもりでしょうが、「詩情 Poesie」を過去から得ることはできないと言っている人が、聖書の名文句を引用するというのは皮肉な感じがしますね。

しかし、どうして以前の革命では、「言葉 Phrase」が「内容」を上回っていたのに、今後の革命では、それが逆転するとどうして言えるのか？――〈Phrase〉は、儀礼的に使われる決まり文句というような意味です。現にマルクスは、［二月革命→ルイ・ボナパルトのクーデタ］の流れでは、「言葉」や「表象」が優位に立っているからこそ、ああいう結果になった、という話をしているのではないのか？　強引に、自分の立場を擁護している感じがしますね。

一八世紀の革命である市民革命は、成功につぐ成功へと迅速に突進して、その劇的成果を競いあい、人間も物もダイヤモンドに囲まれたように輝き、恍惚が日々の精神となる。しかし、それは長くもたず、すぐにその絶頂に達し、社会は、その疾風怒濤時代の成果をしらふで習得するより前に、長い二日酔いに襲われる。それに対して、一九世紀の革命であるプロレタリア革命は、たえず自分自身を批判し、自分で進みながら絶え間なく中断し、成就されたと見えるものに立ち戻って改めてやり直し、最初の試みの中途半端さ、弱さ、みすぼらしさを情け容赦なく徹底的に嘲笑するのであり、ただ敵が新しい力を大地から吸い上げて前よりも巨大になって再び立ち上がって向かってくるようにするためにだけ、敵を投げ倒すにすぎないように見えるし、自分自身の目的の漠然とした途方もなさに改めてしりごみするのだが、それも、引き返すことがいっさい不可能になる状況が創り出され、諸関係自体がこう叫ぶまでのことである。

ここがロードス島だ、ここで跳べ！

――ここにバラがある、ここで踊れ！

どうもマルクスは、「プロレタリア革命」の主体である「プロレタリアート」は絶えず自己批判し、幻想の助けを借りないで前進していこうとする存在のようですね。「敵が新しい力を大地から吸い上げて前よりも巨大になって再び立ち上がって向かってくる」というのは、ヘラクレスと対戦する巨人アンタイオスからの譬えです。アンタイオスは、大地の女神ガイアの息子で、大地に足がついている限り、何度倒されても大地の力を得て、より強くなって立ち向かってきます。これは、「プロレタリアート」の敵がだんだん巧妙になり、革命で倒したつもりでも、ルイ・ボナパルトのように幻想の力を借りて反動的な攻勢を仕掛けてくる、というようなことでしょう。

最後の引用は、元々ヘーゲルが『法哲学要綱』の「序文」で、イソップの寓話から引用したのを、二重に引用したものです。「ここがロードス島だ、ここで跳べ！ Hic Rhodus, hic salta!」という最初の部分は、イソップのオリジナルなフレーズのラテン語訳です。自分はロードス島で歴史上誰も果たしたことがないすごい跳躍をしたと自慢をしている旅人がいて、その男がロードス島でも同じことを言っていたので、ではやってみろ、と言われたという故事です。その後の「ここにバラがある、ここで踊れ！ Hier ist die Rose, hier tanze!」はヘーゲルの付け足しです。これはギリシア語で、バラのことを〈ῥόδον（rhodon）〉と言い、ラテン語の動詞〈salto〉には、「跳ぶ」とか「踊る」という意味もあることによる、パロディ表現です。細かいことを言うと、ギリシア語からラテン語への正確な直訳だと、〈Hic Rhodus, hic saltus!〉と、「跳べ」の部分が「跳躍」という意味の名詞になっていて、ヘーゲル自身はこの直訳で引用しています。名詞の〈saltus〉には「踊り」の意味はないので、いったん動詞に変換しないとパロディになりません。それでマルクスは、気を利かせて、動詞表現にしたのでしょう。ヘーゲルがこの引用＋パロディで言いたいのは、自分はプラトン（前四二七－三四七）やカントのように、理想のあるべき国家について延々と純論理的に語るつもりはなく、自分の哲学的な認識が現実の国家に対応していることをここで実証するつもりだ、ということです。

しかし、「プロレタリアート」が過去の亡霊に取り憑かれることはない、彼らは現実的に行動する、と言い切れる根拠はどこにあるのか？　それこそ何かの霊に吹き込まれているのではないか？　その可能性についてはあえて考えないようにしているように思えます。この後出てくる「ルンペン・プロレタリアート」については、むしろ過去の亡霊に幻惑されていることを強く非難しています。

「代表する repräsentieren」

二三頁に、一八五二年五月二日という日付が出てきますね。これはクーデタが起こらなかったら、大統領選が行われるはずの日付でした。共和国憲法は大統領の再選を禁じていました。だからルイ・ボナパルトはいずれ権力から去るはずだったわけです。任期は四年だったので、本当は五二年一二月だったのですが、議会はその年の五月に議会選挙があるので、七カ月前倒しで大統領選も同時に行うことを決定していました。それが五月二日の意味です——新ＭＥＧＡや植村さんの注によると、正確には五月の第二日曜日だということです。それに対して、ルイ・ボナパルト派は憲法を改正して、再選を可能にしようと工作していたわけです。クーデタの背景にはそういうことがあったわけです。民主主義者たちはルイ・ボナパルトをあまく見て、五二年五月の選挙で再び民主主義が勝利すると楽観していたわけです。

一八五二年五月二日は彼らの頭の中では固定観念になっており、千年王国信奉者の頭の中で、キリストが再臨して千年王国が始まるはずの日がそうなっているのと同じように、信条となってしまっていた。弱い者は、いつもながら奇跡信仰に逃げ込み、空想の中で魔法を使って敵を退ければ、敵に打ち勝ったのだと信じ、そして、間近に迫った未来や、やる気はあるがいまだそのつもりはないというだけの行為を、実行せずに崇拝するのに夢中になって、現状がまったく理解できなくなってしまった。互いに同情しあって群れを作ることによって、自分たちの証明された無能力を否定しようとしている例の英雄たちは、荷造りを終え、月桂冠を前借りして着服し、手形市場で名義だけの共和国を割り引かせるのに忙しかった。

千年王国信奉者というのは大げさな言い方ですが、民主主義者がそう思いたくなる気持ちも分からないではないですね。自分の気に入らない奴がのさばっているとついつい、選挙のような区切りになる時に、そいつが敗北するという願望を抱き、それがいつの間にか、自分の中で既成事実になっている。安倍政権が終わってほしいと思っている人は、自民党に不利な情報ばかり耳に入ってきて、次の選挙では絶対敗北して政権交代すると〝確信〟し、ツイッターで勝利宣言する。マルクスは、その希望的観測を皮肉っているだけでなく、彼らは実際には逃げ腰になっていて、負けを前提に自分の利益を確保しようと奔走しているのではないか、と暗示しているわけです。

二五頁で、三つの時期が区別されています。①二月革命直後の時期、②共和制の制定＝憲法制定国民議会の時期（一八四八年五月四日〜四九年五月二八日）、③立憲共和制＝立法国民議会の時期（一八四九年五月二八日〜五一年一二月）。第一期には、二月革命を支持した様々なグループが腰が据わっておらず、自分だけで永続的な権力を保持しようとする心構えがなかったということが述べられていますね。

誰であれ、何であれ、自分のために存続の権利と実行の権利を要求する勇気をもたなかった。革命を準備し、あるいは規定したすべての構成分子、すなわち、王朝派野党、共和派ブルジョアジー、民主共和派の小ブルジョアジー、社会民主派の労働者層は、暫定的に二月政府に居場所を得た。

要するに、どの勢力も単独では権力を取れそうになかったので、同床異夢のまま、政府の中に「居場所Platz」を得たことで満足していたわけですね。現代的な民主主義理解としては、いろんな勢力がいるんだから、妥協しながら政権運営するのは当然、ということになるでしょうが、プロレタリアートを中心にした歴史の進歩を想定しているマルクスにしてみれば、それではダメなわけですね。

舞い上がった決まり文句と現実の不確かさや頼りなさがこれほどまでにごちゃまぜになった時代はないし、革新志向がこれほど情熱的なのに、古い型通りの手順の支配がこれほど根本的な時代、社会全体がこれほど調和して見えるのに、社会を構成する諸要素の疎遠さがこれほど深い時代はなかった。パリのプロレタリアートが、彼らの前に開かれた偉大な展望に見とれて、社会問題についての真剣な議論にふけっていた間に、社会の古い諸勢力は、集合し、平静を取り戻し、正気に返り、国民の大衆の中に予期せぬ支えを見いだした。すなわち、農民と小市民であるが、彼らは七月王政の遮断機が倒壊した後に、突然政治の舞台

——に飛び込んできたのである。

どうも「プロレタリアート」を手放しで賛美しているわけではなく、彼らが「偉大な展望」に気を取られている隙に、事態が悪い方に進行したと見ているようですね。「農民」と「小市民」が政治に参加するようになったことが、その悪い方向の発展に寄与したようですね。植村さんの解説によると、七月王政下では制限されていた選挙権が拡大したことが、彼らの政治参加を促したということです。

一八四八年五月四日から一八四九年五月末までの第二期は、憲法制定、すなわち市民的共和制の創設の時代である。二月の日々の直後は、王朝派野党が共和派に不意打ちされ、共和派が社会主義者によって不意打ちされただけでなく、フランス全体がパリによって不意打ちされた。一八四八年五月四日に開会された国民議会は、国民全体の選挙の結果として生じたものであり、国民全体を代表していた。国民議会は、二月の日々の無理な要求に対する生きている抗議であり、革命の結果を市民的尺度に還元すべき立場にあった。この国民議会の性格をすぐに把握したパリのプロレタリアートは、その開会後まもない五月一五日に、その存在を力によって否定し、解放させ、国民の反動的精神がプロレタリアートを脅かしている有機的形態を、再びその個々の構成部分に分散させようと試みたが、無駄に終わった。五月一五日は、よく知られているように、ブランキとその仲間たち、すなわちプロレタリアの党派の本当の指導者たち、革命的共産主義者たちを、われわれが考察している連続上演期間の全体を通して、公共の舞台から遠ざける結果にしかならなかった。

この第二期の記述でようやく、「代表する repräsentieren」という動詞が出てきましたね。ここは、「国民議会 Nationalversammlung」が「国民 Nation」を「代表する」という一見、中立的な使い方ですが、「プロレタリアート」が、「国民」の「反動的精神 der reagierende Geist」を見抜いていたので、実力によって解散させようとしたというわけですから、少なくとも「プロレタリアート」にとっては中立的な代表制ではなかったわけです。四八年四月に行われた総選挙では、男子普通選挙が認められたので、国民の半分が代表されることになり、労働者を中心とする貧しい階級の〝代表〟が多数を占めることは可能であるようにも思えますが、ブランキたちプロレタリアートの党派は、「国民」全体が保守的なので、自分たちには不利だと見て、総選挙に反対しました――一九世紀半ばは、まだ工業化の途中で、「プロレタリアート」の中核になる工場労働者が人口の圧倒的多数を占めていたわけではないし、労働者としての階級意識もそれほど浸透していませんでした。しかし、最後は左派も同意して総選挙に応じました。しかし結果は、ラマルティーヌが率いる穏健共和派が八八〇議席中六〇〇議席を獲得して圧勝し、ユゴーが率いる秩序党が第二党で二〇〇議席、山岳党は八〇議席にとどまりました。その後、労働政策での対立がきっかけとなって、左派が議会を解散させようとして起こしたのが、五月一五日事件です。

ここでは「舞台Schauplatz」という表象芸術系の言葉が使われていますね。「上演期間」と訳されている〈Zyklus〉は英語の〈cycle〉に当たり、「周期」という意味なのであまり上演とは関係ないのですが、文学や音楽の作品の連作を意味することもあります。マルクスはあまり意識していなかったかもしれませんが、彼のエクリチュールの中で、「代表するもの」（＝国民）と「代表されるもの」（＝議会）の間に一定のズレがあり、それが演劇的な様相を呈していることが示唆されているというのは興味深いですね。

あと、「有機的形態 die organische Gestalt」という言葉を使っています。「有機的」というのは、単に瞬間的な感情のようなものだけで暫定的にくっついているだけでなく、一つの生命体あるいは機械のように、「組織的 organisch」に一体になっているということです。グラムシに「有機的知識人 intellettuale organico」という概念があります。「有機的知識人」は、自分の階級の利害を無自覚的に代弁する「伝統的知識人 intellettuale tradizionle」と違って、社会（上部構造）を構成する様々な組織やそれに属している人々が果たしている機能を自覚し、革命に向けてのヘゲモニーを獲得するため、純粋なプロレタリアート以外の様々な階級、立場を組織化していく役割を積極的に担う知識人のことです。ここでマルクスは「有機的」を否定的な文脈で使っていますが、ここでの議論の流れからすると、マルクスも、諸階級を有機的にまとめる必要性を認識しているように見えます。

そこでパリのプロレタリアートは、マルクスに言わせると、ヨーロッパの内乱史上最も巨大な事件である

「六月反乱」を起こします。これは、ルイ・ブランの提案に従って、失業対策として創設された国立作業場が、費用がかさむという理由で閉鎖されたことがきっかけです。抗議する運動が広がっていく中で、政府側はそれをきっかけにラディカルな左派勢力を排除しようとして、弾圧を強化し、武力衝突に発展します。この時、労働者鎮圧に辣腕を発揮したカヴェニャック将軍が有力者として浮上します。プロレタリアート市民的共和制を支持するブルジョワ勢力に負けてしまったわけです（二八頁）。

──金融貴族、工業ブルジョアジー、中産階級、小市民、軍隊、遊動警備隊に組織されたルンペンプロレタリアート、知的専門家、坊主、農村住民が、市民的共和制の側についた。パリのプロレタリアートの側には、彼ら自身のほかには誰もつかなかった。

金融貴族や工業ブルジョワジーだけでなく、「プロレタリアート」以外の全ての階級が市民共和制の側についたわけです。小市民や知的専門家、坊主が共和制側につくのは分かるとして、農村住民やルンペンプロレタリアートも、そっちについたのがポイントです。「プロレタリアート」よりももっと、不安定で貧しいはずのルンペンプロレタリアートも相手側につくというのは意外な話ですね。マルクスはこうした他の違いを強調する記述で、「プロレタリアート」の革命的エリート性を際立たせたいのでしょうが、こういう風にはっきり書くと、かえって「プロレタリアート」とは一体何なのか、実体はあるのか疑問が生じますね。マルクスは賃金労働者という意味で「プロレタリアート」と言っている場合がありますが、それだと確かにこの当時でも人口の大半を占めるでしょうが、その中には、上流階級の家庭の奉公人や職人さん、商店の店員、農業労働者も含まれることになり、我々がイメージするような工場で働く労働者はまだそれほど多くありません。労働組合も、全ての鉱工業分野の労働者を包摂する全国規模で安定したものは、英国でさえできていませんでした。「プロレタリアート」として「代表＝再現前化 represent」されるべき実体はあったのか、それは、政治的（＋美的）「表象 represent」によって作り出された、幻想の階級ではないのか？　ラクラウだと、その通りだと言う

六月反乱

かもしれません。

話を元に戻しますと、ルイ・ボナパルトのクーデタ以前、二月革命直後の時点で既に、「プロレタリアート」(の代表だと称している党派)だけが孤立していることが際立った事件が起こったわけです。ルイ・ボナパルトのクーデタが成功したのは、彼のプロパガンダが上手かったから、という単純な話ではないようです。

> 議会や出版界でのプロレタリアートの優れた指導者は順々に裁判の犠牲となり、ますますいかがわしい人物がプロレタリアートの先頭に歩み出る。部分的には、プロレタリアートはいくつかの非現実的な実験に没頭する。すなわち、交換銀行や労働者生産協同組合という形での、したがって、古い世界をそれ自身の巨大な手段総体をもって変革することを断念して、むしろ社会の背後で、私的な仕方で、プロレタリアートの制限された生存諸条件の内部で、プロレタリアートの救済を成就させようとし、したがって必然的に挫折する運動という形での、非現実的な実験に没頭する。プロレタリアートが六月に闘ったすべての階級がプロレタリアート自身と並んでぺちゃんこになるまでは、プロレタリアートは自分自身のうちに革命的偉大さを再発見することも、新たな結合から新たなエネルギーを得ることもできないように見える。

「プロレタリアート」を実体化しているようにも見えますが、一方で、「プロレタリアート」を代表する人たちが次第に適任者ではなくなって、劣化していき、革命を実行するのが困難になり、非現実的な試みに耽っているということも言っていますね。「交換銀行 Tauschbank」と「労働者生産協同組合 Arbeiterassoziation」というのが気になりますが、これらについては注(27)で解説されていますね。プルードンの名前が出ていますね。プルードンは、『信用と循環の組織、そして社会問題の解決』(一八四八)という論文で、利子なしで信用を供与し合い、商品やサービスと交換に振り出される手形を発行し、「交換銀行」もしくは「人民銀行」と呼ばれる仕組みを提案して、四九年一月に実際それを創設しています。「労働者生産協同組合」というのは、文字通り、労働者が協働で生産を行うための組合で、六月蜂起の前後に多く結成され、プルードンの影響が大きかったとされます。そうしたプルードン的な試みを、「社会の背後で、私的な仕方で、プロレタリアートの制限された生存諸条件の内部で、プロレタリアートの救済を成就させようと」するものだとして批判しているわけですね。
マルクスは労働問題に取り組むようになった当初はプルードンの影響を受けていましたが、プルードンの『貧困の哲学』が出ると、『哲学の貧困』でそれを激しく批判しています。プルードンは使用価値と交換価値の対立や、これまでの歴史が階級闘争の歴史であることが分かっていないといったことを執拗に指摘しながら、自らの経済理論を展開することを試みています。プルードンとの対決が『資本論』の体系が生まれるきっかけになったと言われています。この箇所では、そうしたプルードンに対する対抗意識が顔を覗かせている感じですね。

三〇頁で、六月反乱の敗北を通して、「ヨーロッパでは『共和制か君主制か』とは別のことが問題なのだ」と述べられていますね。一般に二月革命は、君主制から共和制に移行するための闘いだと理解されていますが、「プロレタリアート」やマルクスにとってそれは大した問題ではないわけです。

> それは、市民的共和制は、ヨーロッパでは一階級の他の諸階級に対する無制限の総体的専制を意味する、ということを明らかにした。それは、発展した階級形成をもち、近代的な生産諸条件をもち、数世紀にわたる労働によって伝統的な諸観念のすべてを一つの精神的意識に解消させている古い文明諸国では、共和制はそもそもただ市民社会の革命的な破壊形態を意味するのであって、たとえば北アメリカ合衆国におけるように、市民社会の保守的な発展形態を意味するのではない、ということを示した。北アメリカ合衆国にはたしかにすでに諸階級が存在しているが、まだ固定しておらず、たえず流動しながらその構成諸要素を絶え間なく取り替え、割譲しあっている。アメリカでは、近代的な生産手段は、停滞的な過剰人口と重なるのではなくて、むしろ頭脳と人手の相対的な欠如を埋め合わせている。最後に、アメリカでは物質的生産の熱に浮かされた若々しい運動は、新世界をわがものとしなければならないので、古い精神世界を廃止する時間も機会も残さなかった。

「一階級の他の諸階級に対する無制限の総体的専制」というのは、ブルジョワによる他の階級の支配体制ということでしょう。「市民的共和制 bürgerliche Republik」は、「ブルジョワ共和制」とも訳せます。無論、「市民層＝ブルジョワ＝資本家階級」というマルクス主義的前提抜きであれば、〈bürgerliche Republik〉というのは、「市民（＝市民権を持つ人）が構成する共和国」ということでしかありませんが、マルクスは、「市民的」という言葉に政治的含みを持たせているのでしょう。つまり、形式的には、単に法的な意味での市民を指すけれど、実質的には、資本家の利益を指す言葉として使っているのだと思います。ただ、その後の書き方からすると、「市民社会 die bürgerliche Gesellschaft」にはそれなりに評価すべきものがあったけど、「共和制」がそれをダメにした、と言いたい感じですね。恐らく、「市民社会」を構成するブルジョワたちは、封建制や専制君主制、帝制の遺物を破壊して、自由主義的な国家を作っていこうとする気概があったけど、それが二月革命後の「共和制」では失われてしまった。先ほど見たように、ブルジョワの指導者たちは過去の亡霊に囚われて、大革命の時と同じようなことをし、正統派やオルレアン派などの秩序党と妥協したわけです。「一つの精神的意識 ein geistiges Bewußtsein」というのは、共和制の基礎になる自由、平等、民主主義などの抽象的諸理念を、人間精神にとって普遍的なものとして認識し、それを維持していこうとする意識ということでしょう。

そうした西ヨーロッパの活力を失った市民社会に対して、アメリカの市民社会の「保守的な発展形態 konservative Lebensform」をそれなりに評価している感じですね——正確に訳すと、「生の形態」です。「保守的」というのは、社会主義革命に向かわないで、ブルジョワ中心の体制を維持する傾向があるということでしょう。ただ、アメリカでは、階級はあるけれど、流動性が高く、相互の関係は絶えず変化している。物質的生産力の増大に伴って、人材がフル稼働で活用されている。アメリカにはまだ広大なフロンティアがある。そのため、資本主義以前の身分制、慣習を支えていた、ヨーロッパ的な「精神的意識」はあっさり捨てられている、というわけです。簡単に言えば、能力があるものには活躍の場があるので、固定した階級社会にはなりにくいわけです。資本主義に対する評価は異なるものの、アメリカについてトクヴィルと同じような見方をしているわけですね。この連続講義の第一回で、「ユダヤ人問題によせて」を読んだ時見たように、マルクスは、アメリカ北部の自由諸州で、国家の脱宗教化が進んでいることを評価しているような書き方をしています。どうもこの時期のマルクスは、資本主義の発展段階と、階級間の関係を、密接に関係しているものの、前者が後者を一方的に規定しているのではなく、後者は、その国の特性に応じて独自の動きをすると見ているようですね。グラムシ＝ラクラウに通じる考え方です。

すべての階級と党派は、六月の日々の間、無政府の党、社会主義の、共産主義の党としてのプロレタリア階級に対抗して、秩序の党へと一体化した。彼らは「社会の敵」から社会を「救った」。彼らは、古い社会の見出し語「所有、家族、宗教、秩序」を、合言葉として彼らの軍隊に与え、反革命的十字軍に「このしるしの下に汝は勝利するであろう！」と呼びかけた。この瞬間から、六月反乱者に対抗してこのしるしの下に群がった多くの党派のうちの一つが、自分自身の階級的利害で革命的戦場を守り通そうとするとすぐに、その党派は「所有、家族、宗教、秩序」という叫びの前に敗北するのである。まさに社会の支配者の範囲が狭くなるたびに、排他的な利害がより広い利害に対して守り通されるたびに、社会は救われるのである。

既にお話ししたように「秩序の党 Partei der Ordnung」は、正確には、「正統王党派」と「オルレアン派」が合流した政党を指すはずですが、ここでは「所有、家族、宗教、秩序」を守るために、「社会の敵 die Feinde der Gesellschaft」と闘うべく結集した全勢力のことを指しているのでしょう。植村さんは、「の」を入れることで、狭義の「秩序党」と区別しているのでしょう。ルンペンを除いたプロレタリアート階級以外は全て「秩序の党」の方に回ったという話です。あと、「無政府の党」と訳されていますが、原語は〈Partei der Anarchie〉で、〈Anarchie〉というのは「支配がない状態」、「無秩序」ということです。

「社会の敵＝無秩序」対「秩序」というのは、階級対立というよりは、カール・シュミットの「友 Freund／敵 Feind」論か、「敵対性 antagonism」の象徴を核として、諸勢力が節合されてヘゲモニーのブロックを形成するというラクラウとシャンタル・ムフ（一九四三－　）の政治理論みたいですね。マルクスは、生産様式に直接起因するのとは異なる論理、言説による政治的な連合の可能性を見ているように見えます。

とにかく「六月反乱」は、「プロレタリアート」が「社会の敵」、「秩序」を破壊する者として、他の全勢力＝秩序の党から包囲されるという、かえってまずい状況を生んでしまった。そのような状況の中、ボナパルトのクーデタが起こったわけです。

第二章――六月反乱以降「ブルジョワ共和派」中心の支配体制、一二月の共和国憲法公布

第二章はかなり行ったり来たりしていますが、大よそ、六月反乱以降の「ブルジョワ共和派 Bourgeois-Republikaner」――植村さんの分類では、中産階級を代表するC――中心の支配体制、同じ年の一二月の共和国憲法の公布、翌四九年五月の憲法制定国民議会の解散までの状況が描かれています。新憲法は、出版、言論、集会、学問、宗教の自由などを一応保障しているけれど、それは「公共の安全 öffentliche Sicherheit」と矛盾しない限りの話であり、それはブルジョワジーのための安全だといういかにもマルクスらしいことを言っていますね。

三八頁以降、大統領と議会、行政権力と立法権力の間での権力分立が徹底されたが、それが混乱をもたらしたということが述べられています。議会が宣戦、講和、通商条約の締結などの権限を持つ一方、大統領は議会の承認を得ることなく閣僚を任命することができ、全武力の統帥権や官職の任命権を持っています。

――憲法はこのように大統領にはあらゆる実際的権力を与えるのだが、国民議会には道徳的な力を確保しようとする。

議会の権力は精神的・名目的なもので、実際には大統領がほとんどのことを決定することができる、と認識しているようですね。因みに大統領選挙は一二月だったので、それまでは大統領がいなくて、六月反乱以降の半年間はカヴェニャック将軍が閣僚会議議長として、行政の全権を掌握していました。議会も、ルイ・ボナパルトのような人物が大統領になって、ポピュリズム的な人気を背景に、自分たちを圧迫してくるとは思っていなかったでしょう。

――個々の人民代表はただ特定の党派、特定の都市、特定の橋頭堡だけを代表するか、あるいはまた、事態も人物も十分には見極めないでお好みの七五〇人を選ぶという必要性だけを代表するかであるのに対して、大統領は国民から選ばれたる者であり、彼を選ぶ行為は主権を持つ人民が四年に一度だけ出す最後の切り札である。選ばれた国民議会は、国民に対して形而上的［抽象的］な関係にあるが、選ばれた大統領は、国民に対して個人的な関係にある。国民議会は、その個々の代表において国民精神の多様な側面を具現しているが、大統領においては国民精神が受肉している。大統領は国民議会に対して一種の神の権利をもつのであり、人民の恩寵によっているのである。

大統領は「国民精神 Nationalgeist」が「受肉 sich inkarnieren」したものであり、「人民の恩寵 Volkes Gnaden」に由来する「一種の神の権利 eine Art von göttlichem Recht」を持つというのは、まるでカール・シュミットの『独裁』（一九二一）『大統領の独裁』（一九二四）と『政治神学』（一九二二）のエッセンスを凝縮したような話ですね――拙著『カール・シュミット入門講義』をご覧下さい。憲法制定権力を持つ人民、一般意志の主体である人民が神のような存在であり、大統領がその代理人であるかのような様相を呈しているというのは、極めて神学的な発想です。

しかもここでは、「人民代表 Volksrepräsentant」「代表 Repräsentant」という代表＝表象系の言葉が使われています。議会における「代表」は抽象的・形而上学的なのに対し、大統領は国民の精神を受肉した、より実体的な関係にある、ということのようですね。言い方は難しいですが、よく考えてみると、当然のことですね。国会議員が〝国民の代表〟だと言っても、何百人もいるし、みんな意見が違うし、各議員は自分の支持者たちの代弁者でしかない。大統領と一般有権者の距離は実際にはもっと遠いけれど、一人の人間なので、彼の言動の内に、「国民の意志」が一つの身体を持った人格のように「表象」されている、という想像力を働かせやすい。植村さんは、「個人的な関係に」と訳していますが、原語は〈in einem persönlichen Verhältnis〉で、これは「人格的な関係」と訳すべきでしょう。シュミットは、主権というのは、「友／敵」を決定する政治の最終審級であり、いろんな利害を代表する不特定多数の代表である議会がそれを行使するというのはナンセンスであり、権威を持った一人の統一された「人格」によって行使されるべき、と主張しています。ホッブズも、コモンウェルスの主権者が、人民を「代表」する「一つの人格」であることを強調しています。

あと、大統領の「受肉」と、代表による「具現」が対置されていますが、この言い方だと、あまり違わない感じがしますね。これは訳がまずいです。「具現する」の原語は〈darstellen〉という分離動詞です。これは通常、「描写する」「呈示する」「演出する」などの意味です。ここは単に「示している」という程度の意味でしょう。ちなみに、『資本論』の第二版の「あとがき」に、探究のやり方（Forschungsweise）、つまり科学的に物事を分析する時の順序と、描出（演出）の仕方（Darstellungsweise）、それをテクストにして読者に示す時の順序は違うという有名な定式があり、それについて現代思想家たちがいろいろ深読みをしていますが、その〈Darstellung〉は〈darstellen〉の名詞形です。ここでは普通の読み方をする限り、〈darstellen〉に大した意味はないでしょう。

四六頁以降、ブルジョワ共和派が没落していく顚末が述べられていますね。ブルジョワ共和派はプロレタリアートを追い出したのはいいけれど、今度は、狭義の「秩序党」を構成する、異なった階級基盤に立つ正統王朝派やオルレアン派と衝突することになります。更に、一二月の大統領選挙以降はボナパルト派とも敵対することになります。

一八四八年一二月二〇日から憲法制定議会の退場までは、この二つの勢力は夫婦関係にあった。つまり、一方はルイ・ボナパルトであり、他方は提携した王政支持派、秩序党、大ブルジョアジーの党派のことである。大統領に就任すると、ボナパルトはすぐに秩序党の内閣を組閣し、オディロン・バロを首相に据えた。注意してほしいが、議会内ブルジョアジーの最も自由主義的な分派［オルレアン左派］のかつての指導者を、である。

オディロン・バロ（一七九一－一八七三）は、復古王制には反対するところから政治的活動を始め、七月革命が起こると、オルレアン体制支持に回り、国会議員になりますが、政府の改革にはいろいろ不満があり、体制内左派の立場を取っていました。そういう人物を首相にすることで、ルイ・ボナパルトは秩序党を取り込むと共に、共和派の切り崩しを図ったのでしょう。五〇頁からこの章の最後にかけて、秩序党側の思惑について推測されています。彼らは、ボナパルトは与しやすいと見て、議会の多数派であるブルジョワ共和派に攻撃をかけ、議会の威信を落とそうとします。それが結果的にボナパルトを利することになります。

第三章――一八四九年五月の新憲法とボナパルトの動向

第三章はかなりごちゃごちゃしていますが、四九年五月の新憲法下での立法国民議会の選挙以降のブルジョワ共和派、秩序党の両派、山岳党、ボナパルト派の間の勢力関係について述べられています。立法国民議会では勢力図が大きく変わって、七〇五議席中、四五〇議席が秩序党、一八〇議席が（社会主義者と合流した）山岳党、七五議席が共和派という結果になりました。で、ボナパルト派はどうしていたかと言うと、

ボナパルト派の人民代表は、独立の会派を形成するには、まばらすぎた。けれども彼らの存在は、共和派の戦力に対抗する兵力総点検の際に数に入れてもらうには、十分だった。彼らは、秩序党の出来の悪い尻尾として現れたにすぎない。こうして秩序党は、政権、軍隊、立法機関を、つまり国家の全権力を手に入れており、彼らの支配を人民の意志として現れさせた普通選挙によって、そしてヨーロッパ大陸全体で反革命が同時に勝利したことによって、道徳的に強化されていった。

ボナパルト自身が表に出るのではなく、秩序党の中に紛れ込み、王党派の「秩序」維持、共和派を弱める闘争に協力するという形で、自分のヘゲモニーを強めていったわけですね。「反革命」というのは、ドイツなどで三月革命後の反動が起こっていたことを指します。四九年六月にはバーデンにできていた革命政権がプロイセンなどの介入で崩壊したほか、オーストリアのウィーン、プロイセン領のラインラント、ザクセンなどでの民衆蜂起も鎮圧されました。

後でまた出てきますが、四九年四月にルイ・ボナパルトは、ローマに軍隊を送る決定をしています。フランスの二月革命の影響で、教皇領だったローマは騒乱状態になり、一一月に教皇がローマを脱出し、ローマは無政府状態になり、四九年二月に革命政府が樹立されます。ルイ・ボナパルトは教皇のローマ帰還を助けるためにフランス軍を派遣するという決定を立法議会選挙に先立って行います。山岳派は、侵略戦争を企てず、他の人民の自由を尊重するとする憲法前文第五条に違反するとして、強く反対しますが、秩序党が支配する議会はローマ侵攻を容認します。それで山岳派は、六月から八月にかけて大規模な反対運動を組織化しますが、ボナパルトと秩序党はこれを口実にして、左派を徹底弾圧し、主だった議員の資格を剥奪してしまいます。それに

よって左派は、発言権を奪われることになります。

六二頁に、「正統王朝派」と「オルレアン派」についての説明があります。ここに「上部構造 Überbau」の話が出てきます。両派は所有に従って分かれているということです。前者が大土地所有を基盤とする土地貴族層であるのに対し、後者は、財界、大工業、大商業などの「資本」を基盤としていて、弁護士や教授などのおべっか使いを従えているということです。両者の対立は、農村と都市の対立ともかぶっているということですね。

同時に、昔の記憶、個人的な敵意、悪い予感と希望、偏見と幻想、共感と反感、確信、信仰箇条、原理といったものが、彼らを一方のあるいは他方の王家に結びつけたということを、誰が否定するだろうか？所有の、つまり生存条件の異なる形態の上に、独自に形作られた異なる感性、幻想、思考様式、人生観といった上部構造全体がそびえ立つ。階級全体が、自らの物質的基礎から、そしてこの基礎に対応する社会的諸関係から、それらを創造し、形作る。それらは伝統と教育を通して個々人に注ぎ込まれるので、彼は、それらが自分の行為の本来の動因であり出発点をなすものだと思い込むこともありうる。オルレアン派も正統王朝派も、どちらの分派も、彼らの二つの王家への愛着が彼らを分離させたのだと、自分自身にも他人にも信じさせようとしたが、むしろ利害の分裂が二つの王家の一体化を許さなかったのだということを、後に事実が証明した。

「独自に形作られた異なる感性 eigentümlich gestalteter Empfindungen」「幻想 Illusionen」「思考様式 Denkweisen」「人生観 Lebensanschauungen」などが、「上部構造」だということですね。いかにも観念的なものが並んでいますが、範囲が狭い感じがします。『経済学批判序説』（一八五九）の「序文」の本格的定義だと、「法的、政治的、宗教的、芸術的、哲学的、短くまとめると、イデオロギー的諸形態」と述べられています。「所有＝物質的基礎」が「下部構造＝土台（Basis）」にあたりそうな気がしますが、『序説』だと、「生産様式（Produktionsweise）＝生産関係（Produktionsverhältnisse）＋生産力（Produktivkräfte）」が「現実的な土台 die reale Basis」と述べられています。この段階の「土台／上部構造」のイメージはまだ雑ですし、ここでの言い方だと、「下

「上部構造」

「独自に形作られた異なる感性 eigentümlich gestalteter Empfindungen.」、「幻想 Illusionen」、「思考様式 Denkweisen」、「人生観 Lebensanschauungen」

※「下部構造」が「上部構造」を規定しているのではなく、「階級」が所有関係、及びそれに対応する「社会的諸関係」に基づいて、自らの感性、幻想や思考様式、人生観を「創造 schaffen」し、「形作る gestalten」。感性や幻想も入っているので、完全に自分たちの自由にすることはできないにしても、それなりに能動性がある。

※※『経済学批判序説』(1859)の「序文」の本格的定義

上部構造

「法的、政治的、宗教的、芸術的、哲学的、短くまとめると、イデオロギー的諸形態」

下部構造

「現実的な土台 die reale Basis」=「生産様式(Produktionsweise)=生産関係(Produktionsverhältnisse)+生産力(Produktivkräfte)」

部構造」が「上部構造」を規定しているのではなく、「階級」が所有関係、及びそれに対応する「社会的諸関係」に基づいて、自らの感性、幻想や思考様式、人生観を「創造 schaffen」し、「形作る gestalten」というわけですね。感性や幻想も入っているので、完全に自分たちの自由にすることはできないにしても、それなりに能動性があるような言い方ですね。

ただそれはあくまで、「上部構造」としての思考様式や幻想を作り出したということであって、実際の彼らの振る舞いを――本人たちの知らないところで――規定していたのは、階級的利害だというわけです。「土地所有 Grundeigentum」か「資本 Kapital」かの違いですね。こういう言い方をすると、地主階級とブルジョワが対立しているように聞こえますが、六三頁の終わりを見ると、両者は「ブルジョワジーの自己分裂」という言い方をしていますね。

われわれはブルジョアジーの二大利害を話題にしているのだが、というのは、大土地所有は、その封建的な思わせぶりや人種的自尊心にもかかわらず、近代社会の発展によって完全に市民化されていたからである。同じようにイングランドのトーリー党も、自分たちは王権と教会と古来のイングランド憲法の立派さとを熱愛していると長い間思い込んでいたのだが、それは危機の日が彼らに、自分たちはただ地代を熱愛しているにすぎないと告白させるまでのことだった。

どうも表象＝代表の捩れが二重化しているようですね。正統派もオルレアン派も、自分たちがそれぞれ「土地所有」と「資本」を「代表」していることを自覚せず、上部構造では、忠誠を尽くすべき王家の違いで対立していると思い込んでいる、いや、そう思い込もうとしている。しかし、その場合の「土地所有」というのは、かつてのような封建的土地所有ではなく、資本として土地を所有しているというのが実体なのに、本人たちはまだ封建貴族・領主のつもりでいる、という自己表象の捩れがある。先ほどバルザックの小説の話をしましたが、土地貴族は土地資本の金利で生活する人間になっていました。恐らく、英国のトーリー（保守）党についても同じことが言えるでしょう。

ここに出てくる「人種的自尊心 Racenstolz」という言い方が少し気になりますが、〈race〉というフランス語は元々血統とか氏族という意味でした。

王政派連合は、議会の外では、新聞で、エムスで、クレアモントで、お互いに対して陰謀をもてあそんだ。楽屋裏では、彼らは古めかしいオルレアン朝や正統王朝のお仕着せを再び身につけ、古めかしい馬上試合を再演した。しかし、表舞台の国事行為では、議会の大政党としての彼らは、自分たちの尊敬する王家をたんなる敬礼で片づけて、王政復古を無期限に延期し、そして秩序党として、すなわち、政治的肩書でではなく社会的肩書で、遍歴する姫君たちの騎士としてではなく、市民的世俗秩序の代表者として、共和派に敵対する王政派としてではなく、他の階級に敵対するブルジョア階級として、現実の仕事を片づけるのである。そして秩序党としての彼らは、王政復古の下でも七月王政の下でもできなかったほどの無制限で苛酷な支配を、社会の他の諸階級に対しておこなったのだが、それはそもそも議会的共和制という形態の下でのみ可能なものだったのである。なぜなら、この形態の下でのみ、フランスのブルジョアジーの二大部門が一体化し、彼らのうちの特権的一分派の政権ではなく、彼らの階級の支配を、議事日程に組み込むことができたのだからである。

エムスというのはドイツのラインラント地方のバート・エムスのことで、ここに七月革命で退位させられたシャルル一〇世の孫で七月革命後亡命していたシャンボール伯爵ことアンリ・ダルトワ（一八二〇－八三）が滞在していて、四九年八月に正統王朝派の陰謀の会合が開かれていた場所で、クレアモントはロンドン南郊のイーシャーにあるカントリー・ハウスで、ここにルイ＝フィリップが滞在し、オルレアン派の会合がもたれていました。

ここで第一にポイントになるのは、議会的共和制になったおかげで、ブルジョワジーの二大分派が「秩序党」に合流できたという点です。王朝時代の政治の構図をよく考えてみると、確かにそうですね。復古王政時代は、正統派は体制側で、後のオルレアン派に当たる人たちは反体制派、しかし、七月王政では、その立場が逆転します。支持する王朝が違うので、合流できない。しかし、二月革命で共和政になり、いずれも王を喪失した立場になったので、共闘することができた、というより、せざるを得なくなった。

ただ、それでブルジョワ勢力全体が統一されたわけではなく、共和制を支持する「ブルジョワ共和派」（C）は、別に存在するわけです。二四一頁の植村さんの表をもう一度見ると、代表者はラマルティーヌやマラストのような元々共和政を推していた活動家と、行きがかり上共和政を防衛する形になったカヴェニャック将軍のような人が混ざっていますね。エミール・ドゥ・ジラルダン（一八〇二－八一）という人も入っていますが、この人は、新聞王で、七月王政では体制内の反対派だったのですが、二月革命では臨時政府を支持していましたが、六月蜂起ではカヴェニャック将軍の容赦ない弾圧に反対して投獄されるけれど、大統領選ではルイ・ボナパルトを支持する、というように立場をころころ変えているという印象があるようです。彼らの支持基盤は「中産階級（ブルジョア、著作家、弁護士、官僚）」とありますね。ここで単に、「ブルジョア」というのは曖昧な言い方ですが、どうも実際に資本を所有している人というよりは、それに寄生しているプチ・ブルを指しているようですが、プチ・ブルというと、商店主とか手工業者を支持基盤とするDの狭義の山岳派と区別できないので、単に「ブルジョア」と呼んでいるのでしょう。このグループは第三共和政期には「穏健共和派 Républicains modérés」と呼ばれるようになります。ただ、支持基盤はマルクスや植村さんの言っているほど、財産や社会的地位で鮮明に分かれているわけではないので、そこは念頭に置いておきましょう。そもそも大貴族や大資本家自体はそんなに大勢いるわけではないので、正確には、彼らの影響下にある人たちが秩序党を支持しているという話のはずです。それでも、ブルジョワのメインストリーム、一番財産を持っていそうな人たちが王党派で、狭義の小市民たちを支持基盤とするラディカルな共和主義者＝山岳党が社会主義者と組み、インテリっぽい人たち、穏健共和派だけが、ブルジョワ革命の産物であるはずの共和政を支持している、という妙な構図になっているわけです。市民社会が二月革命後の共和制で活力を失ったとか、過去の亡霊に囚われているだけという見方は、こうした〝ブルジョワジー〟の分裂、方向性の喪失と密接に関係しているのでしょう。

第二のポイントとして、表象論っぽい言葉遣いが目立ちますね。「再演する wieder aufführten」は明らかに演劇用語です。「楽屋裏」と訳されている〈Kulisse〉は、本来の意味は、書割、あるいは舞台の大道具という意味です。「表舞台」は原文では「公的舞台 öffentliche Bühne」になっていて、政治と演劇が交差した表現になっているわけです。「お仕着せ Livree」や「馬上試合 Turnier」も表象的な言葉ですね。経済的基盤とは異なる政治的態度を演じているという話ですから、演劇・衣装系のメタファーは生きてきます。

六六頁では、「小市民」と「労働者」の連合として、「社会＝民主派」が形成され、それが議会では「モンターニュ（山岳）派」と呼ばれた、と述べられています。表①のDとE、その合流についての説明ですね。マルクスはこの連合をあまり望ましいものと思っていないようです。

> 共同綱領が起草され、共同の選挙委員会が設立され、共同の候補者が立てられた。プロレタリアートの社会的諸要求は、革命的な要点が取り払われて、民主的な言い回しが与えられ、小市民の民主的諸要求は、政治的な形式にすぎないものがはぎ取られて、その社会主義的な要点が強調された。こうして社会＝民主党が成立した。この結合の成果である新しいモンターニュ派は、労働者階級出身の何人かの端役と社会主義的分派の何人かを別にして、昔のモンターニュ派と同じ構成要素を含んでおり、ただ数が増えただけであった。しかし、発展の過程で、この党派は自分が代表する階級とともに変化していた。社会＝民主党の本来の性格は要約すればこういうことである。つまり、資本と賃労働という二つの極をともに止揚するためではなく、それらの対立を和らげて調和へと変換させるための手段として、民主的＝共和制的諸制度が

要求されるのである。この目的を達成するためにどのように異なる諸方策が提案されようと、この目的が多かれ少なかれ革命的な表象でどのように飾りつけられようと、内容は同じままである。

「プロレタリアート」と「小市民」が合流してお互いの言説をすり合わせて、「社会＝民主」的な言説を生み出したわけですね。それだけでもマルクスにとっては問題なのに、それがきっかけで、彼らが「代表 vertreten」している階級の要求の方向性も変化させてしまったというわけです。「資本」と「賃労働 Lohnarbeit」は本来は「対立 Gegensatz」するはずなのに、「調和 Harmonie」しているかのような。ここではドイツ語固有の〈vertreten〉という動詞が使われていますが、少し前のところで、「彼ら（小市民）の議会での代表 ihre parlamentarische Repräsentation」が「モンターニュ派」であると述べられています。

「革命的な表象 revolutionäre Vorstellungen」という表現はここでは否定的に使われていますが、まさに、政治的「代表」と美的な「表象」が交差するような表現ですね。〈Vorstellung〉の元になった動詞〈vorstellen〉は、語の作りからして、「前に vor-」＋「立てる stellen」ということで、再帰代名詞を加えて、〈sich vorstellen〉とすると、「自分の前に立てる」→「思い浮かべる」「想像する」という意味になります。

六九頁以降、先ほどお話ししたローマ進撃に反対したことがきっかけで、山岳党が排除されたということが述べられていますね。七一頁から七二頁にかけて山岳党の敗因が述べられていますね。自分たちで武器を取る気もないくせに、議会で武器を取れと叫んだことが間違いだ、というわけです。山岳党の代表たちは、自分たちに賛同する者が軍にいて、自分たちが声をかければ、彼らが立ち上がってくれるとか、新聞が自分たちの〝革命宣言〟を報道し、労働者がそれに呼応してくれると考えていたが、それは無茶苦茶甘かった。職業軍人は政府を守るのが仕事だし、勇気を出して呼応した新聞は二社だけ。小市民たちは「国民衛兵 die Nationalgarden＝la Garde nationale」を組織して味方に駆けつけなかったし、労働者は、前年の六月革命のことがあって、民主派（小ブルジョワ）に不信感を抱いていた。

マルクスに言わせると、そうした立場の違い、不信感にもかかわらず、人々を反ボナパルトで結集させるには、「大きな共通利害 große gemeinschaftliche Interessen」が必要だった。しかし山岳党＝民主党はそれが分かっていなかった。

> しかし民主主義者は、小市民を代表しているので、したがって二つの階級の利害が同時に中和しあっている一つの過渡的階級を代表しているので、自分はそもそも階級対立というものを克服しているのだと思い込んでいる。民主主義者は、一つの特権階級が自分たちに敵対しているが、自分たちは国民の残りの周囲の人々全部とともに人民を形成している、ということを認める。彼らが代表しているのは、人民の権利であり、彼らが関心をもつのは、人民の利益である。だから彼らは、間近に迫った闘争に際して、さまざまな階級の利害と立場の違いを吟味する必要がない。彼らは、自分自身の力量をそれほど悲観的に慎重に考えてみる必要がない。彼らはまさにただ合図を与えればいいのであって、それと同時に人民がそのつきることのない力量のすべてをもって圧制者に襲いかかるのである。

ここは分かりやすいですね。民主主義者＝山岳党は、階級の対立があることを一応理解しているけれど、自分たちは二大階級である資本家と労働者の間の「過渡的階級 Übergangsklasse」であり、中間にいるので、位置的に「人民 Volk」全体の利益を「代表」していると安易に思い込んでいた、というわけですね。〝民主主義者〟がそういう錯覚をするというのは、ありそうな話ですね。では、「小市民」はどうすべきだったのか？いかにもマルクス主義的な発想だと、革命の主体になれるのはプロレタリアートだけなので、彼らについて行くべき、ということになるでしょうが、階級間の利害の対立をちゃんと理解し、うまく調整したうえでいろんな立場の人を糾合すれば、秩序党に勝てたかもしれない、というヘゲモニー論的な考え方もありそうですね。ボナパルトはそれをやってのけたわけですから。

七五頁で、秩序党が議会の多数派であるという自分たちの立場を利用し、国会議員を含めて山岳党を追放したことによって、自分たちの権力基盤を固めたけれど、それによって国会議員の地位を低下させ、ボナパルトに付け入る余地を与えてしまったと述べられていますね。

第四章——一八四九年一〇月以降のルイ・ボナパルトと議会の関係

第四章では主として、一八四九年一〇月の国民議会（立法議会）の開会以降のルイ・ボナパルトと、議会の関係について述べられています。ボナパルトは自分の勢力を拡大するために利用していたバロ＝ファルー内閣を、先ほど出てきたバロを首相とし、正統王党派のアルレド・ドゥ・ファルー（一八一一－八六）を公教育・宗教大臣とする内閣を解散し、新内閣の組閣を通告します。何故そうしたのかと言うと、バロとその背景にいる秩序党がいい気になって、大統領であるボナパルトを軽く見るようになったからです。

——彼は、外見上この内閣の背後に隠れて、政権を秩序党の手に渡し、パリで新聞の発行責任者がつけていた控えめな仮装、藁の男［傀儡］の仮面をつけていた。いまや彼は仮面を投げ捨てたが、それはもはや自分の表情を隠すことができる軽い覆いではなく、独自の容貌を示すのを妨げる鉄仮面だからであった。

「仮装 Charaktermaske」も、「仮面 Maske」も演劇用語です。原語では、「仮装」の方も〈-maske〉という語が使われていますね。ただ、「仮面を投げ捨てた」の「仮面」は〈Larve〉が原語で、これは妖怪、亡霊という意味のラテン語〈larva〉が語源で、そこから、そういう恐ろしい仮面という意味と、虫の「幼虫」という意味が派生したようです。この場合、幼虫の脱皮のイメージがあるような気がします。大統領になったばかりのボナパルトは、まだ「幼虫」のように弱かったので、オルレアン派左派と正統王朝派の二枚看板的な「仮面」が必要だったけど、ローマ進撃を経て、身体の中身が丈夫になったので、更なる成長の邪魔になった皮＝仮面を脱ぎ捨てた。蛇とかヤドカリのイメージで考えた方がいいかもしれませんが、蛇やヤドカリはあまり、見かけが変わらないので、そこが不都合ですね。

「鉄仮面 die eiserne Maske」というのは、アレクサンドル・デュマ（一八〇二－七〇）の『鉄仮面』（一八四七－五〇）が少し前に刊行されていたので、それを意識したのでしょう。あと、「覆い」の原語は〈Vorhang〉で、これは普通には「カーテン」の意味です。これも演劇っぽい言葉です。あと、植村さんは「表情」という平凡な言葉を使っていますが、原語は〈Physiognomie〉で、これは「人相」とか「観相」、顔の特徴の意味です。一八世紀後半、スイスの改革派の牧師ラヴァーター（一七四一－一八〇一）の影響で、ドイツ語圏を中心に影響を発揮したので、そういうものを念頭に置いているのかもしれません。先ほどの〈Larve〉のメタファーとかぶせると、脱皮と共に、人相も変わったのでしょう。この辺は、マルクスの文芸的興味が出ていますね。

八五～八六頁にかけて、フランスのように巨大な官僚機構によって統治される国では、ブルジョワジーが政治をコントロールするには執行権を押さえておく必要があるけど、秩序党はそれを失ってしまった、ということが述べられていますね。八六頁に出ているように、アルフォンス・アンリ・ドプール将軍（一七八九－一八六五）という退役軍人がその後釜になりますが、この人は首相に当たる閣僚会議議長（président du Conseil）のポストに正式に就かず、戦争大臣のポストで筆頭閣僚的な立場になり、実質的にはボナパルトが自分で首相を兼任するような状態になりました。ただ、そうした思い切ったことをやったわりには、議会をあまりコントロールできないということが示唆されています。また、保守化したブルジョワジーは、プロレタリアートの要求が次第に強まっていって、かつて自分たちが「市民的自由」という名の下に要求していたことを、「社会主義」的とレッテル貼りして、危険視し、「秩序」を守るというスタンスを取ったけど、次第に守勢に回っていった、ということが、九〇頁以降に述べられていますね。九七頁以降に、五〇年五月に可決された新しい選挙法では、選挙地に三年以上居住し、それを雇用主に認めてもらえないと選挙人として認められないということになり、プロレタリアートはそこから実質的に排除され、普通選挙は事実上廃止されたということが述べられていますね。

第五章――普通選挙権の〝廃止〟以降、議会とボナパルトの闘争

第五章では、普通選挙権の〝廃止〟以降の議会とボナパルトの闘争が述べられています。

一八五〇年一一月に国民議会が再開したときには、議会と大統領とのこれまでのこせこせした小競り合いの代わりに、容赦のない大戦闘が、二つの権力の生きるか死ぬかの戦闘が、避けられなくなったように思われた。

それまでおっかなびっくりやっていたボナパルトが、議会の多数派である秩序党と対決する意向を固めたわけです。彼はそれまでも第四章にあったように、下士官や労働者など、比較的下層の人に国家の金をばらまく、人気取り、ポピュリズム的な政治をやっていたわけですが、それを本格化させるわけです。

慈善協会を設立するという口実で、パリのルンペンプロレタリアートが秘密部門に組織され、各部門はボナパルトのスパイに指揮され、全体の頂点にはボナパルト派の将軍［ピア］がいた。いかがわしい生計手段をもつ、いかがわしい素性の落ちぶれた貴族の放蕩児と並んで、身を持ち崩した冒険家的なブルジョアジーの息子と並んで、浮浪者、除隊した兵士、出獄した懲役囚、脱走したガレー船奴隷、詐欺師、ペテン師、ラッツァローニ、すり、手品師、賭博師、ポン引き、売春宿経営者、荷物運搬人、日雇い労務者、手回しオルガン弾き、くず屋、刃物研ぎ師、鋳掛け屋、乞食、要するに、はっきりしない、混乱した、放り出された大衆、つまりフランス人がボエーム［ボヘミアン］と呼ぶ大衆がいた。

どうやって生活しているのか分からない、いかがわしい職業の人間のリストですね——「いかがわしい」という訳語が使われていますが、原語の〈zweideutig〉はどちらかというと、「あやふやな」とか「頼りない」くらいの意味です。何だか現代日本の思想業界に一般的に流布しているイメージとは違って、下層の人たちにすごく冷たくて厳しいですね。この時代のパリの都市の風景を作品の中に読み込んだボードレール（一八二一―六七）やその思想史的意義を説いたベンヤミン、あるいは現代のカルチュラル・スタディーズや、グラムシの影響を受けたサバルタン（従属民）・スタディーズの研究者ならば、このような人たちにこそ注目するのでしょうが、マルクスは工場での賃労働に従事している典型的な労働者以外の人は、まともな人間とは見ていないようですね。

そういう社会の寄生虫のような「ルンペンプロレタリアート」は、ボナパルトと似ていると言います。

自分とは親類のこういう構成分子でもって、ボナパルトは一二月一〇日会の元手を作った。「慈善協会」——全メンバーがボナパルトと同じように、労働する国民に費用を負担させて自らに慈善を施す必要を感じていた、というかぎりではまさに「慈善協会」である。ルンペンプロレタリアートの首領となり、自分

> が個人的に追求している利益をここでだけは大衆的形態で再発見し、あらゆる階級のこのようなくず、ごみ、残り物のうちに自分が無条件で頼ることのできる唯一の階級を認識するこのボナパルト、彼こそが現実のボナパルト、飾りなしのボナパルトであり、彼が後に全能の力をもって革命家たちとともに自分の昔の共犯者の一部をカイエンヌに送り込むことで、彼らに借りを返したとき、そのときでさえも見間違えようがなかった。

「くず Auswurf」「ごみ Abfall」「残り物 Abhub」という言い方が印象的ですね。ベンヤミンであれば、こうしたものの中にこそ、文明を生み出し、歴史を進歩させているものの本質を見出そうとするところですが、マルクスはくずは文字通りくずでしかない、と思っているようですね。その「くず」と、経済的・法的には全く異なる基盤にあるボナパルトの間に親和性があり、ボナパルトは彼らと気が合うので、うまく操れると考えているようですね。

「カイエンヌ」というのは、南米にあるフランスの植民地ギアナの首都で、奴隷を使ったプランテーション経営が行われて栄えていましたが、二月革命後の臨時政府が奴隷制度令を出したので、一時労働力不足に陥ったのですが、クーデタ成功後、ルイ・ボナパルトが、政治犯の流刑地にします。

「十二月十日会 Gesellschaft des 10. Dezember = Société du Dix-Décembre」というのは、ルイ・ボナパルトのイニシアティヴで創設された、病気、事故に備えた相互互助協会で、「一二月一〇日」というのは、ボナパルトが大統領に当選した記念日です。

> 年老いた、ずるがしこい放蕩児である彼は、諸民族の歴史的生活とその国事行為を最も卑俗な意味での喜劇として、大げさな衣装や言葉やポーズがきわめてけちくさい下劣な行為を覆い隠すのに役立つ仮面舞踏会として、理解している。

ここでも「喜劇 Komödie」「衣装 Kostüm」「ポーズ Positur」「仮面舞踏会 Maskerade」といった演劇系の表象用語が使われていますね。あと、訳には出ていませんが、「覆い隠すのに」というところは、「仮面として zur Maske」という言い方になっています。「下劣な行為」の原語は〈Lumperei〉で、「ルンペン性」ということですね。〈Lumpen〉というのは、ぼろぼろになった布切れという意味の古いドイツ語が語源です。「歴史的生活とその国事行為 das geschichtliche Leben der Völker und die Haupt- und Staatsaktionen derselben」というのは、要するに国家的な記念日、祝祭のことでしょうが、普通の政治家ならそれを単に形式的なものとしてやっているだけなのに、彼はそれを、自らを一番支持してくれそうな「ルンペンプロレタリアート」を動員する表象のポリティクスの手段として用いたということですね。

ところで、この訳は一つ見落としがあるのではないかと思います。〈Haupt- und Staatsaktion〉というのは、ドイツ演劇の一ジャンルで、直訳すると、「主・国事劇」となりますが、これだけでは意味は分かりません。一七世紀末から一八世紀半ばにかけて旅の一座が採用していた演目で、「主な演目 Hauptstück」に付随して、その幕間に演じられるものです。役者の即興を加えた喜劇で、ハンス・ヴルスト（Hans Wurst）というピエロのようなキャラクターが主人公になることが多いです。フランスやイタリアのオペラによくある、古代の神話や、英雄が登場する政治的事件を素材にすることが多いので、〈Staatsaktion（国家的行動）〉というわけです。〈Akt〉というドイツ語は英語の〈act〉と同様に、演劇の「幕」とか、法律的な意味での「行為」とかいろんな意味があります。

彼の一二月一〇日会に、彼は一万人のルンペン連中を集めるが、クラウス・ツェッテル［ニック・ボトム］がライオンを演じるのと同じように、彼らが人民を演じなければならない。ブルジョアジー自身が最も完全な喜劇を演じていたのだが、フランスの演劇作法の融通の利かない諸条件のどれ一つにも違反しない、この世で最もまじめなやり方で演じていて、彼ら自身の国事行為の厳粛さに半ば欺かれ、その厳粛さを半ば本気で信じていた、そのような瞬間には、喜劇をあからさまに喜劇と解する冒険家が勝利するのは間違いなかった。彼は、自分の厳粛な敵を除去し、いまや自分の皇帝としての役割を自ら本気で受け取って、ナポレオンの仮面をつけて現実のナポレオンを演じようと思うとき、そのときはじめて、彼は彼自身の世界観の犠牲となり、もはや世界史を喜劇と解するのではなく、自分の喜劇を世界史と解する、まじめな道化役になる。

「クラウス・ツェッテル Claus Zettel」は訳注にも出ているように、シェイクスピアの『真夏の夜の夢 Ein Sommernachtstraum = A Midsommer nights dreame』に登場するニック・ボトム（Nick Bottom）のことです。ヴィーラント（一七三三－一八一三）やアウグスト・ヴィルヘルム・シュレーゲルのドイツ語訳で、名前の一部をドイツ語化して以来、定番のドイツ語名への置き換えがあるようです。マルクスが読んでいたのは、シュレーゲルの訳のようですね。ニック・ボトムは、テセウスとアマゾンの女王ヒッポリタ、妖精王夫婦が主要な役割を演じる真夏の夜の喜劇の中に紛れ込んでくる機織り職人で、妖精パックによってロバの頭に変えられます。ここでライオンと言っているのは、ボトムが「劇中劇」で、ラインを演じたいと言っていることを指します。実際の劇中劇では、別の人物がライオンを演じることになります。何でそのクラウス・ツェッテルのライオンの話が引き合いに出されているのかというと、恐らく、大物が大芝居をやっている場違いの所に出てきて、本当はロバくらいがお似合いなのに無理にライオンを演じようとしている、というような意味合いでしょう。

「人民を演じる das Volk vorstellen」というのがカギですね。「プロレタリアート」が「人民」を演じるのであれば、そんなに文句はないでしょうが、「ルンペンプロレタリアート」という「くず」が、同類のボナパルトに扇動されて、「人民」全体を代表＝表象しているかのような振る舞いをしていることが許しがたいのでしょう。「演じる」の原語は先ほど出てきた〈vorstellen〉ですね。「表象する」もしくは「呈示する」ということですね。

フランス演劇作法が融通が利かないというのは、具体的には一七世紀のコルネイユ（一六〇六－八四）とかラシーヌ（一六三九－九九）などの古典演劇の確立期以来の「三一致の法則、la règle des trois unités」というもののことを指しているのだと思います。「時の単一 l'unité de temps」「場の単一 l'unité de lieu」「筋の単一 l'unité d'action」の三つです。一つの作品の中で経過する時間は一日以内、同じ場所で、劇中の全ての出来事は一つの系列に繋がっている。アリストテレスの『詩学』に由来するとされるけど、実際には、その誤読によるようです。その他、観客に流血などでショックを与えてはいけないという「礼儀の法則 la règle de bienséance」や「カタルシス」効果を入れるといったことがあるようです。

普通なら、そんな規則を守っていたらつまらない芝居になりそうですが、フランスの演劇はそれを守っている。そういうつまらないことを忠実にやっているうちに、自分が本当にその役のつもりになってしまうと、いろいろ滑稽なことになってしまう。イタイ奴になってしまうわけです。これ政治家とかテレビのコメンテーターとか〝新進気鋭〟の学者とか、アーティストとか、カリスマ○○にありがちのことですね。

そういうイタイ奴——この場合は、ブルジョワジー——に比べて、芝居だと分かってやっているボナパルトのような詐欺師体質の人間の方がうまくやれるというのは、よく聞く、当たり前の話ですが、彼自身、「ナポレオンの仮面 die napoleonische Maske」を着けて、「皇帝としての役割 seine kaiserliche Rolle」を演じているうちに、本当のナポレオンを「演じている」つもりになってしまった、というわけですね。これが表象のポリティクスの面白いところです。「表象のポリティクス」を表面的に理解すると、誰か（B）が自分以外の大きいもの（A）を意図的に演じて、第三者（C）を騙す、という操作的な話になってしまいますが、実際には、演じるという行為を続けているうちにBがいつの間にか、「A＝B」と思い込むようになる、ということはよくあります。ネタで左翼的な発言、右翼的な発言をして、周囲に注目されると、本当に自分が元々、左翼あるいは右翼の思想の持ち主だったと思い込むようになります。Cに見られ、Cからの自分の演技に対するリアクションが、Bを縛るようになるわけです。芸術や政治の「表象 representation」は意識的にやるものですが、その大前提として、私たちは自分の経験した事物や出来事をいろんな形で「再現前化 represent」し、自分の生活に関連するいろんな文化的なイメージ（Vorstellung）を思い浮かべ、他人が作り出した政治的言説や芸術作品に接して、いろんなイメージを抱き、それがステレオタイプとして何となく記憶されていきます。それら全てが個人の中に蓄積されるし、間主観的に共有されて、「表象」の社会的なシステムを成していて、政治家、芸術家、詐欺師はその表面的な一部を利用しているだけですから、利用しているつもりで、自分が翻弄されるようになるのは、当然のことだと言えます。

「世界史 Weltgeschichte」という大げさな言い方をしているのは、ヘーゲルの歴史哲学を意識しているのでしょう。ヘーゲルは、ニートハンマー（一七六六－一八四八）宛ての手紙で、ナポレオンがイエーナに入城して

「世界精神が馬にまたがっているのを見た」（ヘーゲル）。イエーナに入城する“世界精神”ナポレオン

「表象のポリティクス」

芸術や政治の「表象 representation」の大前提：私たちは自分の経験した事物や出来事をいろんな形で「再現前化 represent」し、自分の生活に関連するいろんな文化的なイメージ（Vorstellung）を思い浮かべる ➡ 他人が作り出した政治的言説や芸術作品 ➡ いろんなイメージを抱き、それがステレオタイプとして何となく記憶 ➡ 全てが個人の中に蓄積されるし、間主観的に共有＝「表象」の社会的なシステムを成す。

➡ 政治家、芸術家、詐欺師はその表面的な一部を利用しているだけ。利用しているつもりで、自分が翻弄されるようになる。

来るのを見た時の印象を、「世界精神が馬にまたがっているのを見た」と表現したのが有名ですね――手紙自体の中では、「世界精神 Weltgeist」ではなく、「世界の魂 Weltseele」と書いているのですが、ヘーゲル哲学の用語に合わせて「世界精神」に変えて引用されるのが慣例になっています。あと、細かいことですが、最後の方に出てくる「道化役」の原語は、先ほどお話ししたハンス・ヴルストです。「主・国事劇」のメタファーと平仄が合うように書いているわけですね。マルクスが意外と文学趣味なのがよく分かります。

第五章では、この後、ボナパルトが人民（Volk）に直接選ばれた大統領である自分こそが、「秩序」の守り手であるとアピールして、「秩序党」のお株を奪いながら、主導権を得ていったこと、閣僚を次々と変えて、議会を翻弄したことなどが述べられています。秩序党は時には敵だった山岳党と組んで、ボナパルトに抵抗しますが、ボナパルトは、ブルジョワ共和派内閣、正統王朝派内閣、オルレアン派内閣など、いろんな閣僚構成の可能性を示唆しながら、議会の分断工作をします。

第六章――ボナパルトのクーデタ

第六章の最初の方、一三三～四五頁では、正統王朝派とオルレアン派が思惑の違いから対立して、次第に分裂していった様子が述べられています。違う王統を支持しているのだから、当然と言えば当然です。一四五～四九頁にかけて、ブルジョワジーが秩序党を見限って、ボナパルト派になっていく過程が描かれています。先ず、「商業ブルジョワジー die kommerziaelle Bourgeoisie」については、アシル・フルド（一八〇〇－六七）というユダヤ系の銀行家が財務大臣を務めて以降、金融系の人たちがボナパルト派に鞍替えします。フルドは国家財政の拡大を抑え、市場での自由活動に任せるべきという政策を取りました。一四六頁を見ると、「工業ブルジョワジー industrielle Bourgeoisie」は、モンターニュ派と組んでボナパルト派の大臣を罷免させようとしたので、秩序党は不興をかったということですね。

すでに示したように、議会の秩序党が、平穏を求める叫びによって自分自身に平穏を命じたとすれば、彼らが、社会の他の諸階級に対する闘争の中で自分自身の政体、議会政体の諸条件すべてを自分の手で破壊しつくすことによって、ブルジョアジーの政治的支配はブルジョアジーの安全や存続とは両立しないと表明したとすれば、それに対して議会外のブルジョアジー大衆は、大統領への追従によって、議会に対する誹謗中傷によって、自分たち自身の新聞への冷酷な虐待によって、ボナパルトをそそのかして、自分たちが強力で無制限な政府の保護下で信頼に満ちて自分たちの私的営業に専念できるように、自分たちの話す部分と書く部分、自分たちの政治家と文筆家、自分たちの演壇と新聞を弾圧させ、全滅させた。彼らは、支配の苦労と危険を免れるために、自分自身の政治的支配から免れたくて仕方がないと、あからさまに表明したのである。

少しややこしい言い方をしていますが、ポイントは、ブルジョワジーは、これまで自分たちを代表＝代弁していた、あるいは代表＝代弁だと思っていた秩序党の政治家や文筆家、ジャーナリストを信用しなくなって、私的営業に専念するために、役に立ちそうにないその〝代弁者〟たちを切り捨てた。「自分たちの話す部分と書く部分 ihr sprechender und schreibender Teil」と言っていますが、そもそも、秩序党の連中が、「ブルジョワジー」の正しい「代表」かどうか、微妙ですね。その曖昧さがあったからこそ、ボナパルトに付け込まれたわけです。

一五一～五五頁にかけてフランスを小さな商業恐慌が襲ったことと、それに対するフランスのブルジョワジーのリアクションが、英国のそれと対比しながら、分析されていますね。混乱し、恐怖に囚われたブルジョワジーは、こんなことだったら、強権的な支配による秩序回復の試みによる「恐怖 Schrecken」の方がましだ、という気分になり、それをボナパルトが利用したということが指摘されています。一五六頁で、クーデタの数カ月前、五一年五月以降の緊迫した雰囲気が述べられています。

> ［…］ボナパルト派の新聞は、議会の嵐のためにクーデタで脅迫したが、危機が近づくほど、それだけいっそうその口調は声高になった。ボナパルトが毎晩紳士淑女風のごろつき連中と一緒に祝った飲めや歌えの乱痴気騒ぎでは、真夜中が近づいてたっぷり飲んだ酒のせいで舌がゆるみ、空想が熱くなるたびに、翌朝のクーデタが決定された。剣が抜かれ、グラスが音を立て、議員たちは窓から逃げ出し、皇帝のマントがボナパルトの肩にかけられたが、ついに次の朝になって再び幽霊が追い払われると、隠し立てのできない女神ヴェスタ［純潔な処女］たちや口が軽い勇士たちによって驚かされたパリは、自分がまたしても危険から逃れたことを知らされた。九月と一〇月には、クーデタについての噂がつぎつぎに聞こえてきた。

ボナパルトは、オオカミ少年のようなことをやっていたわけですね。オオカミ少年の寓話と違って、人々はだんだん慣れて驚かなくなるのではなかったようですね。実際に混乱が続き、不安が蔓延し、表象＝代表システムが不安定になっていたし、ボナパルトの周りに危ない連中が集まっていたので、何度も繰り返されたわりには、それなりの緊張感があったのでしょう。

> ボナパルトは、この非合法的な布告を実行するための大臣たちを探しているということである。こう報道する通信は、いつも一言「延期された」という言葉で終わる。クーデタはつねにボナパルトの固定観念であった。この観念を携えて、彼はフランスの地に再び足を踏み入れた。この観念は彼にしっかり取り憑いていたので、彼はたえずそれをほのめかし、口走った。彼はひじょうに弱気だったので、同様にたえず再びそれを断念した。クーデタの影は、パリっ子たちには幽霊としてひじょうに親しいものになっていたので、それがついに生身のものとなって現れたときには、彼らはそれを信じることができなかった。したがって、クーデタを成功させたのは、一二月一〇日会の首領の口の堅い自制心でもなければ、国民議会にとってての予期せぬ不意打ちでもなかった。それが成功だったとすれば、それは、ボナパルトの口の軽さにもかかわらず、国民議会も承知のうえで、成功したのであり、それに先行する発展の必然的で避けられない

──結果だったのである。

ここでも「固定観念」という、当時として新しい心理学用語が使われていますね。ボナパルトがそれに呪縛されていたのはいいとして、不思議なのはそれが成功してしまったことですね。「クーデタ」というのは不意打ちするから成功するものであって、どうして一般市民まで慣れてしまっているものが成功するのかよく考えてみると不思議です。恐らく、「表象＝代表」システムが乱れて再編されざるを得なくなり、その乱れでみんなが先に進めなくなり、その中で、過去の「亡霊」が「再現前化」されているわけです。ボナパルトだけでなく、多くの人が、「亡霊」に取り憑かれていたのかもしれません。

一五八頁以降、ボナパルトと対峙する秩序党は分派化が進んで、もはや議会多数派とは言えなくなり、かつ、ブルジョワジーが最終的に愛想をつかされたと述べられていますね。一六一頁に、ボナパルトの工業ブルジョワジー向けの演説が引用されています。秩序党の「君主制の幻覚 die monarchischen Halluzinationen」に固執する姿勢を皮肉っています。

第七章──過去の亡霊の力を借りる表象のポリティクス

最終章である第七章では、これまでの流れを踏まえてどうしてボナパルトの企てが成功したのか分析されています。一六九頁で、二月革命の目標であったオルレアン朝とそれを支持する一部のブルジョワジーを打倒することは、五一年一二月のボナパルトのクーデタによって結果的に達成された、と述べられていますね。

一七一頁に、クーデタに対するプロレタリアートの反応について述べられていますね。先ほどもあったように、二月革命直後の六月蜂起や五〇年五月の選挙権の制限などがあって、ブルジョワジーに不信感を抱いており、ブルジョワジーの指導の下で、ボナパルトに抵抗する気にならなかった、ということが述べられていますね。山岳党の下でも闘う気にならなかった、ということが述べられています。

一七三頁で、クーデタの革命史的な意義が述べられています。マルクスはクーデタを革命に向かう歴史のプロセスの中に位置付けようとしているようです。

議会的共和制の崩壊がプロレタリア革命の勝利の芽をその中に含んでいるとしても、その間近の具体的な結果は、議会に対するボナパルトの勝利、立法権力に対する執行権力の勝利、決まり文句の権力に対する文句抜きの暴力の勝利であった。古い国家の一つの権力が、こうしてさしあたりただその制限から解放され、無制限の絶対的な権力になったにすぎない。議会においては、国民はその一般意志を法律に高めた。すなわち、支配階級の法律を自分たちの一般意志に高めた。執行権力の前では、国民は自分のあらゆる意志を見かぎって、他人の力の命令に、権威に服従する。立法権力と執行権力との対立は、国民の自律と他律との対立を表現する。したがってフランスは、一個人の専制の下に、しかも権威なき一個人の権威の下に逆戻りするために、一階級の専制から逃れたにすぎないように見える。闘争はこうして、すべての階級が等しく無力に、等しく無言で、銃床尾に跪くほどに、調停されたように見える。

普通に考えると、ボナパルトの勝利は、歴史の進路の逆行であり、ボナパルト以外の全ての国民、全ての階級は、「一般意志」を表明することができなくなり、自分には権威がないのに、伯父の亡霊をまとうことによってあるように見せかけている、ボナパルトの偽の権威に完全に支配されてしまった。これでは、行き詰まりです。

しかし、革命は徹底的である。それはまだ煉獄を通過する旅の途上にある。革命は、手順を踏んだ方法で自分の仕事を遂行する。一八五一年一二月二日までに革命はその準備の半分を完了したので、いまや後の半分をやり遂げる。革命は、それを打倒することができるようにするために、はじめに議会制権力を完成させた。いまや打倒を達成したので、革命は、自分の破壊力のすべてを執行権力に向けて集中するために、執行権力を完成させ、それをその最も純粋な表現に還元し、孤立させ、唯一の主題として自らに対置する。そして、革命がその準備作業のこの後半を成し遂げたとき、全ヨーロッパが椅子から躍り上がって、こう歓声をあげるであろう。よくぞ掘り返した、老いたモグラよ!

これはものすごくマルクスっぽいですね。ただこう露骨に歴史の弁証法のような話をされると、マルクスの思考の二面性がよく分かりますね。一方で、経済を中心とした歴史の発展の方向の必然性を前提にしながら、他方では、プロレタリアートが闘うべき相手が一つにまとまってくれていないと、闘いで勝利したという形を取ることができない、という戦略的な話をしているわけですね。この記述からすると、プロレタリアートが最終的に社会主義革命に勝利するとしても、そこに至る道は、それぞれの階級を代表＝表象するシステムの国ごとの状況にかなり左右されそうですね。「最も純粋な表現 ihr reinster Ausdruck」という言い方が印象的ですね。「権力」にはその本質を表す様々な純度の「表現」形態があることが示唆されているようですね。

「よくぞ掘り返した、老いたモグラよ！ Brav gewühlt, alter Maulwurf!」というのは、訳注に出ているように、『ハムレット』第一幕第五場のハムレットの台詞を少し変形して引用したものです。「老いたモグラ old mole」とは、父王の亡霊のことです。まだ、ハムレットが父王の亡霊と認める前の状態の話で、最初向こうから現れたように見えた「亡霊 ghost」が、姿を消して、地下のいろんな方角から声をかけてくるので、ハムレットが「モグラ」と呼んだわけです。ヘーゲルが『歴史哲学講義』の末尾で、歴史を動かす「精神 Geist」は、ハムレットの父王の「亡霊 Geist」のように、人に見えない所で密かに基礎工事をしている、という主旨のことを言っています。ただし、「年老いたモグラ」ではなく、「健気なモグラ wackerer Maulwurf」と変形しています。

一七五〜七六頁を見ると、ボナパルトの下で、官僚機構を核とする「国家」が「市民社会」から自立したということが述べられていますね。つまり国家は、秩序党が代表してきたブルジョワジーの支配から自由に行動することが可能なわけです。ただ、そうは言っても、いかなる階級の支えもなしに、統治できるわけではありません。マルクスは、「分割地農民 Parzellenbauern」がボナパルトの支持基盤となった、としています。これは、大土地所有者である正統王朝派と対照的ですね。ただし、マルクスの認識では、分割地農民は相互に交流することなく、自給自足の生活をしており、あまり階級としてまとまっていない。しかし、

> 数百万の家族が、彼らの生活様式、利害、教養を他の階級の生活様式等々から分離し、それらに敵対的に対置させる経済的生存諸条件の下で生活しているかぎりでは、彼らは一つの階級をなす。分割地農民の間には局地的な関連しか存在せず、彼らの利害の同一性が、彼らの間に連帯も、国民的統合も、政治的組織も生み出さないかぎりでは、彼らは階級を形成しない。だから彼らは、自分たちの階級利害を、議会を通

してであれ、国民公会を通してであれ、自分自身の名前で主張することができない。彼らは自らを代表することができず、代表されなければならない。彼らの代表者は、同時に彼らの主人として、彼らを支配する権威として現れなければならず、彼らを他の諸階級から保護し、彼らに上から雨と日の光を送り届ける、無制限の統治権力として現れなければならない。したがって分割地農民の政治的影響力は、執行権力が議会を、国家が社会を、自らに従属させるということに、その最後の表現を見いだした。

「代表＝表象」についてのマルクスの考え方の両義性がはっきり出ていますね――ここでは純粋ドイツ語の〈vertreten〉が使われています。この書き方からすると、階級としてまとまっている場合は、その階級の自然な「代表者 Vertreter」が出てくるけど、そうでない場合は、必ずしもその階級の一員らしくない〝代表〟が、外部から「権威 Autorität」を持った「主人 Herr」としてやってこないといけない。「自らを代表することができず、代表されなければならない」と、能動／受動の違いを際立たせているわけですね。ただ、先ほどの大ブルジョワジーを「秩序党」が代表するという話もそうですが、自分自身の階級利害を、自分自身の「代表者」を通じて、自分自身の名で主張できるほど、一体性のある階級はいるのか、という疑問が出てきます。無論、純粋に自己自身を代表できる階級は、「プロレタリアート」だけだ、という模範マルクス主義的な答えがすぐ思いつきますが、「代表するもの／代表されるもの」の間にギャップがない、純粋な「プロレタリアート」の代表なんて未だかつて存在しなかったし、マルクス自身このテクスト自体の中で、当時のフランスには、「プロレタリアート」の適切な「代表」がいないことを確認しています。

　こうして、外部からやってきた「代表」――日本の民俗学の用語で譬えると、「まれびと」「異人」――によってようやくまとまっている分割地農民が、「国家」≒執行権力（Exekutionsgewalt）を支えているおかげで、「国家」と、ブルジョワが優勢であるはずの「（市民）社会」に対抗し、従属させることが可能になった、というわけです。

歴史的伝統によって、ナポレオンという名の一人の男が自分たちにすべての栄光を再びもたらすという、フランス農民の奇跡信仰が生まれた。そして「父子関係の追究は禁止される」と命じているナポレオン法典の結果、ナポレオンの名をもっているという理由で、自分こそこの男だと申し立てる人物が見つかった。二〇年にわたる放浪と一連のグロテスクな冒険の後で、伝説が成就し、この男がフランス人の皇帝となる。甥の固定観念は、フランス人の最も人数の多い階級の固定観念と一致したがゆえに、実現したのである。

「分割地農民」が、ルンペン体質のボナパルトを支持するという言い方をすると、ものすごい突拍子もない話のように聞こえますが、「フランス農民の奇蹟信仰 der Wunderglaube der französischen Bauern」だと聞くと、何か分かった気がしますね（笑）。素人民俗学ですが、一人の男が自分たちにすべての栄光を再びもたらす、ナポレオンという名前とか、二〇年にわたる放浪（Vagabundage）とか、民族学的あるいはキリスト教史的な連想が強く働きそうな設定になっていたわけですね。マルクスやエンゲルスが家族研究で依拠したモーガンとか、宗教の社会的機能を論じた英国のエドワード・タイラー（一八三二－一九一七）などによって、文化人類学＝民族学のちゃんとした研究が始まるのは、一九世紀の七〇年代頃からの話なので、マルクスが素人っぽい連想で、分割地農民のボナパルト支持を説明してしまうのも仕方ないことでしょう。

「父子関係の追究は禁止される」というのは訳注にもあるように、ナポレオン法典の民法第三四〇条の規定で、未婚の女性が生んだ子の生物学的父親を追究してはいけない、ということです。理由は分かりますね。そのことに、ルイ・ボナパルトの母オルタンス（一七八三－一八三七）が、彼が生まれる前に浮気していたので、本当にナポレオンの甥なのか血統を疑われていたことの皮肉をかけているわけです。ただ、出生の謎がある方が、貴種流離譚には都合がいいですね。

ボナパルト王朝は、革命的農民ではなく、保守的農民を代表しているのであり、その社会的生存条件である分割地を越えて押し進む農民ではなく、むしろその守りを固めようとする農民を、都市と結びついた自分自身のエネルギーによって古い秩序を転覆しようとする農村民衆ではなく、その反対にこの古い秩序に鈍感に閉じこもり、自分の分割地ともども帝政の幽霊によって救われ、優遇されるのを見たいと思う農村民衆を、代表しているのである。ボナパルト王朝は、農民の啓蒙ではなく迷信を、農民の判断力ではなく偏見を、農民の未来ではなく過去を、農民の現代のセヴァンヌではなく現代のヴァンデを代表する。

これマルクスの革命論にとっては都合のいい、分かりやすい説明ですね。「分割」を与えられて満足するような保守的農民だからこそ、過去の亡霊をめぐる「固定観念」に囚われてしまうというわけですね。「セヴェンヌ Cévennes」山脈――フランス語の発音として「セヴェンヌ」と読むべきでしょう――はフランスの南部の山脈で、一七〇二年、〇四〜〇五年にプロテスタントによる反乱が起こった土地です。ヴァンデは、フランス西部、大西洋沿いの地方で、一七九三年にカトリック・王党派による大規模な反革命の蜂起が起こった土地です。

一九世紀はじめにはフランスの農村民衆を解放し富裕にするための条件だった「ナポレオン的」所有形態は、この世紀が経過するうちに、彼らの奴隷状態と大衆的貧困の法則として展開した。そして、まさにこの法則こそ、二代目ボナパルトが守り通さなければならない「ナポレオン的観念」の第一のものなのである。ボナパルトが、農民の没落の原因を分割地所有そのものにではなく、外部の二次的な事情の影響に探し求めるという幻想を、いまなお農民と共有しているとすれば、彼の実験は、シャボン玉のように、生産諸関係にぶつかって砕け散り、あの幻想から最後の逃げ場を奪い、最良の場合でも病気をより切迫したものにするであろう。

土地の分割は、ナポレオン一世の時代には、農民を解放（befreien）し、豊かにする条件だったわけですが、ルイ・ボナパルトの時代には、小さな農地による経営が難しくなり、資本によって抵当権を設定され、農民は様々な債務を負うことになり、資本が利子を生むために働かされることになります。にもかかわらず、保守的な農民はそれに気付かず、あるいは気付こうとせず、別のところに、自分たちの窮状の原因を求めている、というわけです。そのせいで余計に「幻想 Illusion」にはまっていく。

「ナポレオン的観念」は、原語は〈idées napoléoniennes〉で、複数形のフランス語です。何か意味がありそうですね。これはルイ・ボナパルトが亡命中の一八三九年にロンドンで出した著作のタイトル《Des idées napoléoniennes》から来ています。『ナポレオン的諸構想』と訳した方がいいでしょう。共和派と王党派の不毛な対立を乗り越え、民衆の意志を政治に反映するには強力な指導者が必要であるという主旨で、ナポレオン一世のやったことを詳しく記述したうえで、皇帝システム（le système de l'Empreur）の再導入を訴えています。当然、階級対立を前提にして記述しているわけではなく、政治を迅速に行う方法を論じているわけですが、マルクスからしてみれば、半世紀前の伯父の時代と同じ前提に立っている時点で、現代の「生産諸関係」とズレた議論をしている、ということになるでしょう。

したがって農民の利害は、もはやナポレオン治下のようにブルジョアジーの利害と、すなわち資本と一致するのではなく、きわめて致命的にこれと対立しているのである。したがって農民は、自分たちの当然の同盟者と指導者を、市民的秩序の転覆を任務とする都市のプロレタリアートに見いだす。しかし、強力で無制限の政府――そしてこれが二代目ナポレオンが実行しなければならない第二の「ナポレオン的観念」なのだが、それはこの「物質的」秩序を力によって防衛することを使命としている。

マルクスからしてみれば、資本に苦しめられている農民は本来、「都市のプロレタリアート das städtische Proletariat」と同盟すべきなのに、先ほどの第一観念で、ボナパルト支持による土地分割政策を支持するという前提になっているので、逆に、ボナパルトが無制限の執行権力を握ることを支持することになったわけです。無論、ここで「ナポレオン的観念」と言っているのは、ルイ・ボナパルト自身が本で定義しているものではなくて、マルクスがボナパルト体制の特徴と思っているものを、皮肉でそう言っているだけです。これに続く箇所で、その他の「ナポレオン的観念（構想）」として、膨大な数の官僚、そして、「坊主 Pfaffen」、つまり聖職者の支配、警察による監視、そして、軍隊の優位等が挙げられています。

一八九頁を見ると、クーデタ直後のブルジョワジーは秩序のためにはボナパルトを支持せざるを得なかったし、ボナパルト自身、自らを「市民的秩序 bürgerliche Ordnung」の擁護者、「中間階級 Mittelklasse」の味方として宣伝したということが述べられていますね。

ボナパルトは、同時にブルジョアジーに対抗して農民と人民一般の代表を自認し、市民社会の内部で下層人民階級を喜ばせようとする。「真の社会主義」から前もってその統治の知恵をだまし取る新しい布告が出る。しかしボナパルトは、何よりも一二月一〇日会の首領を、ルンペンプロレタリアートの代表を自認しており、そして彼自身も、彼の周囲の者たち、彼の政府、彼の軍隊もこれに属しているのであって、ルンペンプロレタリアートにとって何よりも重要なのは、自らに慈善を施し、カリフォルニアの当たりくじを国庫から引き出すことなのである。そして彼は、自分が一二月一〇日会の首領であることを、布告で、布告なしで、布告にもかかわらず、立証する。

要するに八方美人でどの階級に対しても味方だと思わせたわけですね。ただ、立場の不安定さに付け込んで動員しやすいルンペンプロレタリアートを一番頼りにしたということのようです。「真の社会主義」に訳注が付いていますね——正確には、「真の社会主義者たち die „wahren Sozialisten"」です。これは、『共産党宣言』での「ドイツのあるいは『真の』社会主義 der deutsche oder "wahre" Sozialismus」という言い方に対応していると考えられています。ただ、これはポジティヴな評価ではなくて、皮肉です。フランス語の社会主義文献を読んで、それに自分の哲学的蘊蓄をくっつけて、「真の社会主義」を自称しているが、実際には「ドイツ国民」の現状を正当化している輩ということです。ラインラント地方で活動していたジャーナリストのカール・グリューン（一八一七‐八七）とかモーゼス・ヘスが実際に、「真の社会主義」を名乗っていました。植村さんの注や新MEGAの編者注では、直接的にはフランスの社会民主派、つまり山岳党を指していると説明されていますが、いずれにしても、この文脈での意味合いとしては、自称「真の社会主義者」の上前をはねることを、ボナパルトがやっている、ということでしょう。

ボナパルトは、すべての階級の家父長的な恩人として現れたがっている。しかし彼は、他の階級から取ってこなければ、どの階級にも与えることができない。フロンドの時代にギーズ公が、領地すべてを自分に対する信奉者の恩義［債務］に変えたために、フランスで最も恩義を施す男だと言われたのと同じように、ボナパルトもフランスで最も恩義を施す男になって、フランスのすべての所有、すべての労働を自分に対する個人的な恩義に変えたがっている。彼は、それをフランスにプレゼントするために、というよりむしろ、フランスの金でフランスを買い戻すことができるようにするために、全フランスを盗みたがっている。

ここの理屈は分かりやすいですね。「すべての階級の家父長的な恩人der patriarchalische Wohltäter aller Klassen」に見えることは、権力者の理想ですが、それには何らかの利益を与えねばならない。侵略戦争で何か獲得するか急激な経済成長を遂げるかすれば、可能ですが、すぐには無理です。それでかつての封建領主や専制君主のように、国家の全てはボナパルトの下であり、様々な認可や名誉、権利などはボナパルトのおかげであるように見せかけたわけです。具体的には、オルレアン家の財産を没収して、それを相互扶助組合、労働者住宅やレジオンドヌール勲章のための資金などに当てます。

最後のくだりを読んでおきましょう。

自分の状況の矛盾する諸要求によって駆り立てられ、同時にまた手品師のように、たえざる不意打ちによって公衆の目をナポレオンの代役としての自分に向けさせる必要に、したがって毎日ごく小規模なクーデタを実行する必要に迫られて、ボナパルトは市民的経済全体を混乱させ、一八四八年の革命にも不可侵であると思われていたすべてのものを侵害し、ある人々には革命を忍耐させ、他の人々には革命を意欲させ、秩序の名で無政府状態そのものを生み出し、その一方で、同時に彼は、国家機構全体から後光をはぎ取って、それを世俗化し、ひどく不快であると同時に笑うべきものにしてしまう。彼は、パリでナポレオンの皇帝のマントを礼拝することで、トリーアの聖衣礼拝を反復する。しかし、皇帝のマントがついにルイ・ボナパルトの肩にかけられるならば、ナポレオンの銅像はヴァンドームの円柱の頂から転落することであろう。

小クーデタのように見えるしょっちゅう変わったことをやり、市民革命の不可侵の成果に見えるものも含めて、それまでの秩序を破壊することで、人々の目を、ナポレオンの代理としての自分に惹きつけ続けたわけですね。具体的に何をやったかは、鹿島茂さん（一九四九－　）の『怪帝ナポレオンⅢ世』（講談社）で詳しく述べられています。当然のことながら、マルクスとは違って、ナポレオン三世を単なる滑稽な人物ではなく、一九世紀のフランスの文化の何かを象徴する興味深い人間として描いています。

「トリーアの聖衣礼拝 Kultus des heiligen Rocks zu Trier」というのは、マルクスの故郷であるトリーアの大聖堂に保存されているイエスが十字架で身に着けていたとされる衣服の一部です。ナポレオンの皇帝のマントを礼拝することは、「皇帝」の神聖さの源泉である、イエスの衣服に対する崇拝（Kultus）を「反復する wiederholen」のと同じだということでしょう。結局は宗教的な儀礼だということと、生きている者はそれを身に着けるのに適していないので、死へと運命付けられていることを暗示したいのでしょう。「ヴァンドームの円柱」というのは、パリのヴァンドーム広場にあるナポレオン一世の像を載せた円柱のことで、最初はカエサルのような姿で作られていたのですが、王政復古期に一度取り除かれ、三三年に再建されたのですが、伍長の姿に作り替えられています。これは、もう一度倒されるだろうという暗示でしょう。因みに、この像は、ナポレオン三世によって古典的な姿に作り直され、第二帝政崩壊後、円柱は倒されることになります。

マルクスとしては、自分に新しいものを作り出す能力もないのに、過去の亡霊の力を借りて権力を獲得・維持する表象のポリティクスを行うと、その亡霊と同じように、過去の遺物に囚われ、やがて死に至る、ということを示唆したいのでしょう。確かにそういう風に見える歴史的事例は多いのですが、だからといって、その後の歴史が亡霊を必要としない純粋な進歩の道を歩んでいるようには見えないですし、マルクス自身のあまり生産的とは思えない亡霊もいろんなところで出没していますね。マルクス自身も、イエスとかプラトンとかヘーゲルの亡霊を利用していないとは言い切れません。

■質疑応答

Q　今日の講義を聴いていてふと思ったのが、日本の国体論です。丸山眞男（一九一四－九六）が論じ、最近、白井聡さん（一九七七－　）も国体論についての本を上梓しました。天皇制、昔の国体論的なものを分析する場合、マルクスのこの視点は有効でしょうか。

A　丸山眞男は、神話的な系譜とか、家族＝国家のイメージによる天皇制の超国家主義的な性格を論じましたが、それは国家をめぐる「大きな物語」としての表象であって、このテクストでマルクスが論じているのは、もう少しミクロな、どの人物がどのキャラを演じて、それが全体としてどういう効果があったのか、というレベルの話です。丸山の国体論が、天皇制を作り上げ、それを利用した為政者の視点から、神話的・国家的な表象による統治戦略を問題にしているのに対し、マルクスは、各階級に属する人たちが、どのようにして自分たちが「代表されている」と感じているのか、というレベルの話に踏み込んでいます。人々は箇単に神話を信じるわけではなく、自分の利益が「代表」されていると感じないと、ついていかない。丸山も、そういうことを全く論じていないわけではないのですが、社会学者ではない、ということもあって、「代表＝表象」システムの複雑な動きを全体的に論じているわけではない。白井さんは、戦後、「国体」の表象がどのように保持されていったか、という、みんな分かっているようなつもりになって、主だった論客があまり突っ込んで論じてこなかったテーマを正面から取り上げたということで、意味があると思いますが、丸山的な大きなフレームの延長線上での議論であって、表象のミクロな作用を論じているわけではないと思います。それは最初から彼の関心、主要な研究テーマではないのかもしれませんが。

左翼の人がよく、非正規雇用など、不安定な若者が安倍政権を支持するのは、イメージ戦略で騙されているからだ、と断言しますが、その断言する前に、その若者たちはどのような利害関心を持ち、それをどう自己理解しているか、を分析する必要があります。騙されているとすれば、自分の利益に関する自己理解を支える何らかの表象的基盤があり、それと、安倍政権の出すメッセージが適合しているから、表象のポリティクスとして機能しているはずです。いろんな階層・地域・年齢・ジェンダーの人たちが、何が自分の利益だと思っているか、社会学的にきちんと分析してみる必要があると思います。社会学者や政治学者の中には、世論調査や独自に行っているアンケートを利用して、実証的に研究している人はたくさんいますが、そういう地道な研究は、マルクスやグラムシ、ラクラウたちが問題にしているような、意識化されていない部分も含めた「表象＝代理」の構造というような、思想史的・表象文化論的な問題設定とはなかなか繋がりません。「あなたは、何故安倍政権を支持するか」といきなり問うても、本人たちにも本当のことは分からないでしょう。選択肢を示されたら、選ぶでしょうが。「安倍に騙された」、というような単純な思い込みではないでしょう。

赤木智弘さん（一九七五－　）は、「『丸山眞男』をひっぱたきたい――31歳、フリーター。希望は、戦争。」（二〇〇七）で、自分自身の左翼体験も踏まえて、左翼の方こそ自分たち、不安定な若者の利益を侵害しているように感じられることを指摘しました。そう見えているのは何故か、と考える必要があるということです。何故既得権益層に見えるのか。雑誌『論座』はそれを受けて、左派知識人を集めて議論していましたが、その人たちはみんな彼に説教しようとするばかりで、何故、自分たちが敵に見えるのか本気で考えている感じがしませんでした。私は、「これはダメだな。一番反発されそうな人ばかり集めたな」と感じました。

立憲民主党や国民民主党の議員には、法律家や官僚出身が多いですし、彼らも自分の経歴に基づいて発言することが多いですね。表象のポリティクス的に意味があるような気がします。逆に、安倍批判をする人には、「成蹊大出身」なので頭がそんなによくないことを強調する傾向がありますが、それで彼はむしろシンパシーを得ているのかもしれない。谷垣さんのように、リベラル傾向で弁護士出身の人は、自民党内ではあまり大きな力を持てない。共産党や社民党も、東大卒とか弁護士とかが意外と多い。政党の中の代表の仕組みと、それがメディアを介して、どのような表象の作用を及ぼしているのか、いろんな要素が複合的に関係しています。そういうことを、最初から結論を決めずに、もっと真面目に考えたらいいと思います。

Q　分析が足らないということですね。マルクスのこの著作に匹敵するものは見当たらない、と。

A　何度もお話ししたようにマルクスも、結論ありきで、「誤魔化している、騙している」「だから破綻する」と強調していますし、今の社会学や文化人類学の知見からすると、かなり粗い。しかし、プロレタリアートの勝利を断言している一方で、何故、そうならないのかを各階級の利害関心と、それを代表すると称する政治家たちの動向を対比しながら、しつこく分析しています。ボナパルト一人によるイメージ操作を糾弾しているだけではない。プロレタリアートだけが、本当の革命の担い手と名指ししているけれど、彼の議論の流れを見ていると、「本当のプロレタリアートはどこにいたのか？　表象のポリティクスによって、『プロレタリアート』を生み出すしかないのではないか？」、という根本的な疑問を呈示しているようにも見えるわけです。みんなそれぞれ、自分なりの表象＝代表のポリティクスの文脈の中で動いていて、ボナパルトも、彼固有の文脈に半ば意識的、半ば無自覚的に囚われている。

階級的基盤が表象のポリティクスと複雑に絡んでいることを、きちんと解き明かしていかなければならないことだけは確かです。マルクスが分析したこの時代でさえこれほど複雑なのだから、今の日本ははるかに複雑なはずです。私の知らないところに、きちんとした地道な研究をしている人がいるのかもしれませんが、思想ジャーナリズム的には、そういうことに対する関心はほとんどありません。ツイッターで見られるような「これは騙しの手口だ」的な言説ばかりが目立ちます。そういう分かりやすい話でないと、売れないので、そういうのばかり目立ってしまうのでしょうが、それこそ、すごくネガティヴな意味での「反復」ですね。

［講義］第6回

『資本論』第一篇第一章第四節「商品の物神的性格とその秘密」を読む

「経済学」への問題意識

今回、『資本論』第一巻のフェティシズムを論じた箇所の話をする予定ですが、その前にこの箇所を論じる意義について少し説明しておきます。この連続講義は、マルクスの経済学的な面というよりは、マルクスの哲学的側面を見ることを主旨にしています。『資本論』の第二巻以降は、マルクスが自分で完成したのではなく、エンゲルスの編集によるところが大きいこともありますが、テーマとしても、第二巻以降では流通の問題等、経済学プロパーの話が多くなります。哲学的基礎のような問題関心は、第一巻第一篇、特に最初の方に集中しています。しかも、『経哲草稿』や『ブリュメール十八日』には見られなかった、認識する主体と客体の関係に関わる突っ込んだ議論が見られます。今回はそういうところをピンポイントで見ていきたいと思います。この岩波文庫版には「第二版の後書」（一八七三）も収録されています。マルクスの方法論や哲学的問題意識を語る上でよく引き合いに出される文章です。脱構築的に読むことも可能です。この文章の特に大事なところを見ておきます。

> 経済学はドイツでは今日までは外国の学問であった。グスタフ・フォン・ギューリヒは、『現代主要商業諸国における商工農業の歴史的叙述』において、とくに一八三〇年に公刊された彼の著作の最初の二巻で、わが国における資本主義的生産様式の発展を、したがってまた近代ブルジョア社会の建設をもはばん

でいた歴史的事情を、すでに大いに論じている。すなわち、経済学の生きた地盤がなかったわけである。経済学は、完成品としてイギリスとフランスから輸入された。ドイツの経済学の教授たちはいつまでも生徒であった。他国の現実の理論的表現であるものが、彼らの手中にあっては一つの学説集に転化され、自分たちを取りまいている小市民世界の意味に解された、すなわち曲解された。きれいに払いのけるわけにはいかぬ学問上の無力感と、実際に他国のものである領域で教師口調で説明しなければならぬというおちつかぬ良心とを、文献史的博学で美装したり、いわゆる官房学（カメラールヴィッセンシャフト）といういろいろな知識の混合物から借りたよその材料を混ぜこんだりすることによって、蔽うようにした。この官房学の浄化火こそ、ドイツ官僚制の希望にあふれる候補者が、耐え抜かねばならないものなのであった。

イギリスやフランスでは一九世紀半ばには資本主義経済が既に現実になっていたので、その現実から理論を抽象することができたのだけれど、ドイツでは資本主義経済が未だ十分に発達していなかったので、イギリスやフランスの資本主義経済を前提にした経済学としてある程度完成したものを輸入することしかできなかった、ということですね。そのためドイツの学者にとっては、経済学は現実を分析するツールではなく、哲学と同じような意味でただの学説の集積でしかなかったわけです。

科学技術は後進国に導入しても、それなりに役に立ちますが、制度はそうはいかないですね。法律なんかそうですね。所有権が確立していないところに、いきなり近代民法を持ち込んでも混乱するだけですね。ドイツでは未だ資本主義経済はリアリティがなかったので、すべて現実と関係ない抽象的な理論になってしまったわけです。

宇野弘蔵

日本のマルクス経済学に圧倒的影響を与えたと言われる宇野弘蔵（一八九七－一九七七）は、社会を動かしている経済法則は、資本主義経済で最も純粋な形で現れる、と言っています。原初的社会では、経済が政治や宗教、他の文化的活動と不可分の関係にあったので、純粋な経済法則の働き方が見極めにくかった。例えば、文化人類学が注目する「ポトラッチ」、相手の前にこれでもかというほど贈り物を積み上げ、最後は相手のためにその贈り物を目の前で破壊する行為は、その中核に等価交換の原理があると見ることができないわけではないけれど、交換以外の要素がたくさんくっついているので、純粋に経済的な法則が見えにくい。家父長的な大共同体とか奴隷制社会、封建社会も、経済と政治や法、社会的慣習がくっついて、経済的な価値の流れが見えにくい、経済的な領域が他の領域とはっきりと分かれた社会、貨幣を中心にした等価交換が行われ、商品経済が結晶化するのは資本主義社会です。だから客観的な経済法則がはっきりと現れるのも資本主義社会である、ということになります。ということは、マルクスが思想家・政治活動家として活躍するようになった一九世紀半ばまでは、ドイツは、経済が他の領域から明確に分離していなかったことになります。

一八世紀後半から一九世紀の最初の二〇年代にかけて、アダム・スミスやマルサス、デヴィッド・リカードなど古典派の理論を体系化する経済学者がイギリスに登場したことには、必然性があったわけです。ちょうど産業革命の時代です。高校の教科書等でも目にする、マルクス主義用語で言えば、「経済外的強制」が解体し、純粋な経済関係による強制になるわけです。ドイツでは、スミスやリカードの同時代人であるヘーゲルも、英国の経済学の文献の影響を受けて、「市民社会」を「欲求の体系」として捉えていますが、彼は同時に「相互依存の体系」だとも述べ、市民社会が純粋に競争社会にならないよう、職業団体等が福祉・互助機能を補完していることを指摘しています。経済先進国である英国の事情をある程度知っていたヘーゲルは、純粋に市場中心の社会になるずっと前から、経済法則が純粋な形で現れてくることを懸念していたわけです。

「官房学 Kameralwissenschaft」とは、一八世紀から一九世紀にかけてドイツで生まれた現在の行政学と財政学・経済学を合わせたような学問で、啓蒙専制君主制の下で発展しました。市場が自立化していなかったので、市場の自律的な運動法則を研究する経済学ではなく、君主に仕える官僚による国家統制の学が発達したわけです。フーコーは、近代において、人口をひとまとまりで管理するようになった「生権力 bio-pouvoir」研究の文脈で官房学に強い関心を示しています。当時は、国家自体が君主の財産のように扱われていました。マックス・ヴェーバー流に言うと、ドイツの諸邦は「家産国家 Patrimonialstaat」であったため、君主とそれを支える官僚による、国家の家政的統治のための学である官房学が発達した、ということになります——英語の〈economy〉は、ギリシア語の〈oikonomia〉が語源で、その元の意味は「家 oikos」を管理する学ということです。グスタフ・フォン・ギューリヒ（一七九一－一八四七）は、北ドイツで活動した企業家、農業経営者で、独自に官房学や経済学を学んで、この方面での著述活動もした人です。一八三〇年に公刊された彼の著作の最初の二巻のタイトルは、『私たちの時代の主要な商業国家における商工業と農業の歴史的叙述』です。この年はフランスで七月革命があった年ですね。

一八四八年以来、資本主義的生産は急速にドイツで発展した。そして今日ではすでにその山師活動も大いに行なわれている。しかしながら、わが国の専門学者にむかっては、運命は、まだいい顔をしていない。彼らが経済学を、平らな気持で研究しえた時期には、近代的経済関係はドイツの現実にはなかった。これらの関係が成立したときには、もはやブルジョア的な視野の中で、とらわれずに研究することを許されない事情になっていた。経済学がブルジョア的であるかぎり、すなわち、資本主義的秩序が歴史的に経過的な発展段階としてでなく、逆に社会的生産の絶対的な最後の形成物として理解されるかぎり、経済学は、階級闘争がまだ潜在的である間だけ、またはただ個々の現象に現われている間だけ、科学としてとどまることができるにすぎない。

一八四八年は二月革命、ドイツで言うところの三月革命があった年、そして革命が勃発する前にマルクスとエンゲルスが『共産党宣言』を出した年です。この頃からドイツでも資本主義社会が急速に発達し始め、商品の交換を中心とした経済固有の法則が現れてくるわけですが、「これらの関係が成立したときには、もはやブルジョア的な視野の中で、とらわれずに研究することを許されない事情になっていた」、という言い方が、回りくどくて分かりにくいですね。これは、ブルジョワ経済学と、資本主義経済の間の矛盾が露呈し始めたということでしょう。先ほどは、マルクス－宇野の議論に即して、資本主義において抽象的な経済法則が析出されると言いましたが、その法則は、人間の本性に内在するアプリオリなものではありません。あくまでも歴史の一つの発展段階である資本主義社会を支配する法則です。純粋に経済的な関係性が析出されてきたからといって、それで、人間の本性と社会の仕組みが一致し、歴史が完成したわけではなく、次の段階へ移行していく可能性が、いや、マルクスに言わせれば、必然性があるわけです。共産主義社会へと移行していく必然性が。そこでは、資本主義的な経済法則を超えた、人間の本性に真に適合した普遍的な法則が支配するようになるはずです。

当然、「何故そんなことが分かるのだ？　未来の話だろ」という疑問が出てきますが、マルクスに言わせれば、それは、階級闘争がそういう方向に進んでいるという現実があるからだ、ということになるでしょう。古典派経済学は、資本主義社会を支配している純粋経済学的な法則を発見し、それを研究しているが、階級間の対立を無視し、まるで資本家と労働者の間に客観的な契約関係しかないようなふりをしているが、それはおかしい、というのがマルクスの言い分でしょう。マルクスにとっては、階級闘争は、社会を理解するうえで不可欠の要素で、それを捨象して成り立っている、純粋経済学＝国民経済学は虚構なのでしょう。かつてのドイツはその虚構さえ成り立たない状態にあったわけですが、ようやく国民経済学の理論が適用できる状態になった、と思いきや、既に階級闘争が顕在化してきて、純粋な科学として自己を呈示することができなくなった、というわけです。

イギリスを例にとろう。その古典的経済学は、階級闘争未発達の時期にあたっている。その最後の偉大なる代表者であるリカードは、ついに意識して、階級利害の対立を、すなわち労働賃金と利潤、利潤と地代との対立を、素朴に社会的自然法則と考えて、彼の研究の跳躍点にしている。しかしながら、これとともに、ブルジョア的経済科学も、その超えがたい限界に到達したのであった。まだリカードが生きていた間に、そして彼と対立して、この科学にシスモンディなる人間となって批判が立ち向かって来た。

ここは比較的分かりやすいですね。「古典的経済学」の原語は、〈klassische politische Ökonomie〉、「古典的政治経済学」です。「経済学」はかつてこう呼ばれていました。ポリス（政治体）の家政術ということです。「労働賃金 Arbeitslohn」と「利潤 Profit」が対立するというのは分かりますね。「労賃」が高ければ、資本家が取る「利潤」は減ります。労働からしか価値は生まれないという意味での「労働価値説」を取るのであれば、資本家が「利潤」を増やすには、何とかして労働者の取り分を減らすしかありません。「利潤」と「地代 Grundrente」の対立は、今だと考えにくいのですが、当時は、貴族などの大土地所有者と資本家が分離している場合が多く、「地代」を払わねばならないので、「利潤」を増やすには、「地代」を下げさせる必要があったわけです。農業資本の場合もそうです、というより、特に農業資本の場合に、その対立が際立ちます。

リカードの主著『経済学および課税の原理』（一八一七）では、賃金は労働者の生活維持に必要な最低限の水準にとどまるだろうと述べています。それを超えると、マルサスが『人口論』（一七九八）で述べたように、人口が増えて、労働力過剰になり、労働者の間で値下げ競争が起こるので、最低水準にとどまると主張しています。「地代」については、農業などが発達して、あまり豊かでない土地も使われるようになると、地代が高騰し、資本の利潤を圧迫するようになるので、資本はむしろ海外から当該の産物を輸入する方に投資されるようになり、国際分業が進むことになると主張しました。マルクスの死後刊行された『資本論』第三部（一八九四）の終わりの方の章で、リカードを批判的に参照しながら独自の地代論を展開しています。

前回お話ししたように、マルクスには、プルードンの『経済的諸矛盾の体系、あるいは貧困の哲学』を批判した『哲学の貧困』という著作があります。『貧困の哲学』は平凡社ライブラリーから分厚い二巻本で訳が出ています。『哲学の貧困』の方は比較的短いものですが、タイトルからどういう本か想像できますね。ただ、実際読んでみると、結構難しいです。『貧困の哲学』でプルードンは価値の本質を論じるに当たって、リカードを中途半端に参照しながら、つまり彼の議論のエッセンスを要約するというより、プルードンにとって関心あるところだけ引き合いに出しながら、市場での交換価値（la valeur d'échange）と使用価値（la valeur d'usage）を総合した絶対的価値（la valeur absolue）を明らかにすることが可能であると論じています。それに対してマルクスは、リカードはブルジョワ経済学の理論家だが、交換価値が「労働時間」によって規定されていることをきちんと認識しているのに、プルードンはそこが全く分かっていないとして、リカードを相対的に高く評価しています。そしてリカード理論と批判的に対峙するという姿勢を、註釈等でも鮮明に出しています。レトリックを行使するプルードンに対して、「それだけ正確で、明晰で、単純なリカードの

リカード

言語 die so präzise, klare, einfache Sprache Ricardos」という言い方をしています。その他、「リカードは私たちに、価値を構成するブルジョワ的生産の現実の運動を示してくれている」とか、プルードンが新しい社会的世界を構成するために「構成された価値 der konstituierte Wert」――つまり、使用価値と交換価値から合成された価値――を出発点にしたのに対して、「リカードは、既存の社会がどのように価値をどのように構成するかを私たちに示すに際して、当該社会を起点にしている」「リカードの価値理論は、現在の経済的生活の科学的呈示である」、などと、そこだけ取り出して読むと、マルクスがリカードの正統の継承者を目指しているような印象を受けます。

労働価値説を最初に定式化したのはアダム・スミスで、それを継承して理論化したのがリカードです。倫理などの学校の教科書でのマルクスの記述では、彼の源泉であり、彼が乗り越えようとしたものとして、オーウェン、サン＝シモン、フーリエなどのユートピア的社会主義、ヘーゲルの法哲学、スミスやリカードの国民経済学などがあるとされています。リカードをちゃんと理解することは、マルクスが独自の経済学を構築するうえで重要な課題だったわけです。『哲学の貧困』を執筆したことが、マルクスが本格的に古典派経済学の乗り越えを目指すようになった起点だとされています。

ジャン＝シャルル＝レオナール・シモンド・ド・シスモンディ（一七七三－一八四二）は、元々アダム・スミスの影響を強く受けたフランスの古典派経済学者でしたが、『政治経済学の新原理 Nouveaux principes d'économie politique』（一八一九）を出して以降、自由主義経済が労働者の生活を圧迫しているとして、富の再分配を唱えます。そこで批判のやり玉に挙げられているのがリカードです。『共産党宣言』では、資本主義以前の古い所有・生産関係を再建することで問題を解決しようとする反動的でユートピア的な「プチブル的社会主義 Kleinbürgerlicher Sozialismus」の代表格で、フランスと英国に影響を及ぼしている人という位置付けで、あまり評価している感じではありません。ここでは恐らく、古典派経済学が限界に達した兆候の一つとして、同じ理論的枠組みで、リカードを批判するシスモンディが出てきて、影響力を発揮したという事実を強調したいのでしょう。

ブルジョア階級はフランスとイギリスでは政治的権力を掌握していた。この時以後、階級闘争は、実際的にも論理的にも、次第に明瞭な差し迫った形態をとるようになった。階級闘争は科学的なブルジョア経済学の弔鐘をうちならした。いまや問題は、もはやあの定理が正しいとか、この定理が正しいとかということにあるのでなく、それが資本にとって有利であるか、不利であるか、便利であるか不便であるか、警察令に反するか反しないか、というようなことにあった。

ここは分かりやすいですね。ブルジョワ経済学は、ブルジョワ社会の経済の法則を客観的に解明するには適していたけれど、資本主義経済が存在していること自体は、未来永劫変化しない、人間本性に根ざした普遍的な法則ではありません。資本主義という枠の中で利益を得ている人は、この枠を「現実」として維持しようとするけれど、そこから排除されている人にとって、打破されるべき虚構にすぎない。そういう理論外の対立が、「経済学」にも影響を与えつつあったわけです。

このようにして、資本主義的生産様式の対立的性格が、フランスやイギリスにおいてすでに歴史的闘争によって露呈され、人目をそばだたせるにいたった後に、ドイツでも、この生産様式は、成熟していった。他方では、ドイツのプロレタリア階級は、すでにドイツのブルジョア階級よりはるかに決然たる理論的階級意識をもっていた。したがって、経済のブルジョア的科学がここに成立しえそうに思われたとたんに、それは再び不可能になってしまっていた。

前回読んだ『ブリュメール十八日』では、一八五〇年前後のフランスのプロレタリアートの意識の遅れを強調していましたが、ここでは、ドイツのプロレタリアートが「理論的階級意識」を持っていることを強調しているわけですね。この第二版の後書きが書かれた一八七三年の四年前にマルクスの影響を強く受けたヴィルヘルム・リープクネヒト（一八二六－一九〇〇）とアウグスト・ベーベル（一八四〇－一九一三）を中心に社会民主労働者党（アイゼナハ派）が結成され、この党は議会に進出しています――有名な社会主義鎮圧法が制定されるのは一八七八年で、法律の制定後も、社会主義者が個人として議員になることは可能だというヘンな状態になっていました。この党とは別に、フェルディナント・ラッサール（一八二五－六四）が創設した全ドイツ労働者同盟も活動していましたが、こちらは、ビスマルクと提携し、プロイセンの国王の下での国家社会主義を目指していたので、マルクスと対立していました。

二四頁には、「ブルジョア経済学の代弁者たちが二つの隊伍に分かれた」と述べられていますね。ブルジョワに媚びる経済学者の代表としてフレデリック・バスティア（一八〇一－五〇）の名が挙げられていますね。バスティアはフランスの経済学者で、徹底した自由貿易論者で、英国で穀物条例反対運動をしていたリチャード・コブデン（一八〇四－六五）等のマンチェスター自由主義者に共鳴していました。立憲議会の議員にも選ばれて、カヴェニャック将軍を指揮しています。もう一方の「その科学の教授的品位をほこる他の人々は、ジョン・ステュアート・ミルに追従して、調和しうべからざるものを調和しようと試みている」、ということですね。ミルは、一八〇六年生まれでマルクスより一二歳年上ですが、ミルの『自由論』が出版されたのはマルクスの『経済学批判』が出されたのと同じ一八五九年ですし、質的功利主義を提唱した『功利主義論』と代議制の意義とその理想形態を論じた『代議制統治論』が発表されたのは一八六一年で、著述家としてミルが最も影響力を発揮した時期は、マルクスが経済思想家、社会主義指導者としての地位を確立した時期と重なっています。

ミルは初期においてサン＝シモンやコントの影響を受け、社会主義的な関心を持っていたとされます。また女性の権利運動の旗手であったハリエット・テイラー（一八〇七－五八）と結婚した影響でフェミニズム的な考え方も持っていたと言われます。経済学者でもあるミルは、古典派経済学の集大成とされる『経済学原理』を出していますが、この著作では、政府の介入による労働者の福祉、収入における不公正を是正する可能性を論じています。ミルは、市場経済を前提にしていますが、功利主義的観点からの資源の最適配分のようなことも考えていました。功利主義は、市場が効率的に機能すれば市場経済を支持するけれど、効率的に機能しなければ、別の原理を採用する、というような発想をするので、自由主義寄りか社会主義寄りか一概には決められません。

「弁証法的方法」

二五頁後半以降、少しごちゃごちゃしていますが、『資本論』がどう受容されているかについて述べられていますね。ドイツの学者連が無視し、フランスで経済学を形而上学的に扱っているという批判があった一方で、ロシアでの評判がよかったことを強調していますね。特にキエフ大学の経済学教授であるニコライ・イヴァノヴィチジーベル（一八四四 - 八八）という人が『価格及び資本に関するD・リカードの理論』（一八七一）という著作で、『資本論』を「スミス＝リカードの学説の必然的な発展であることを証明した」と評価したこと、彼の方法は英国の経済学と同じ演繹的方法である、と要約したことなどを挙げていますね。要するに、ロシア人の方が、資本主義先端国の経済学者よりもよく読んで分かっていると言いたいわけです――当時、ウクライナはロシアの一部だったわけです。

二七頁で、「私の研究方法を厳密に実在論的であるとしているが、叙述の方法は不幸にしてドイツ的弁証法である」と評したペテルスブルクの『ヨーロッパ報知』に掲載された――経済学者で、後にペテルスブルク大学教授になる、イラリオン・イグナチエヴィチ・カウフマン（一八四八 - 一九一五）による――論文に言及し、その論文から三〇頁の終わりにかけて長々と引用しています。この論文は、マルクスの叙述を弁証法的だといって批判している割には、マルクスの叙述の本質をちゃんと把握しているということのようですね。この序文が書かれた四四年後に、ロシア革命が起こることを考えると、意味深ですね。

「マルクスにとっては、ただ一つのことだけが重要である。すなわち、彼が研究に従事している諸現象の法則を発見すること、これである。そして彼には、これらの現象が完成した形態をとり、与えられた期間に観察されるような一つの関連に立っているかぎり、これを支配する法則が重要であるばかりでない。彼にとっては、なおとくに、その変化、その発展の法則、すなわち一つの形態から他のそれへの移行、関連の一定の秩序から他のそれへの移行ということが、重要なのである。ひとたび彼がこの法則を発見したとなると、彼は詳細に諸結果を研究する。法則はこの結果となって、社会生活の中に現われるのである。……こうして、マルクスはただ一つのことのために力をつくしている。すなわち、厳密な科学的研究によって社会的諸関係の特定の秩序の必然性を立証するということ、そして彼に発出点として、また支点として役立つ事実を、できうるかぎり非難の余地ないまでに、確証することが、これである。このためには、もし彼が現在の秩序の必然性とともに、同時にこの秩序が不可避的に移行せざるをえない他の秩序の必然性を立証するならば、それで完全にあますところのないものとなる。

ややこしいことを書いているようですが、要は、既にマルクス自身の記述に即して確認した二つの点です。諸現象、この場合は資本主義社会を支配する法則を厳密科学的研究によって明らかにし、現在の秩序に必然性があることを示すこと、もう一つは、その法則と秩序も、ある社会の発展段階に対応していて、それらが異なった形態へ移行するのは不可避であるという前提に立って、その発展の法則も示すこと。少し後に出ているように、カウフマンの見方では、マルクスは、人間の経済生活一般を規定する「抽象的な法則」は認めません。この両面を備えていることが、別にマルクス主義者でない人でも、マルクス理論の優れた点として評価する点です。

そのばあい、人類がこれらのことを信じようが信じまいが、また人類がこれらのことを意識していようが意識していまいが、何のかかわるところもないのである。マルクスは、社会の運動を自然史的の過程として考察する。この過程を左右しているのは、人間の意志や意識や意図から独立しているだけでなく、むしろ逆に人間の意志や意識や意図を規定する諸法則なのである。……文化史の上で、意識的要素がこのように副次的の役割を演じているとすれば、つぎのことはおのずから明らかである。すなわち、文化そのものを対象とする批判の基礎となりうるものは、決して意識の何らかのある形態、あるいは何らかのある結果というようなものではない。ということは、この批判の発出点として用いられうるものは、理念ではなく、外的の現象だけであることになる。批判は、ある事実を理念でなく、他の事実と比較し対審することに限られるであろう。批判にとっては、次のことこそ重要なのである。すなわち、二つの事実ができるだけ厳密に研究される。そして実際に、一つの事実を他の事実に対比すると、それらは、ある発展のちがった契機をなしているということである、しかしとくに重要なのは、以上の場合にも劣らない厳密さで諸秩序の一系列、発展段階の現われる順序と結合が探究されるということである。

ここでのポイントは三つあります。一つは、社会は人間たちから構成されるが、社会の発展は、人間の意識から独立で、「自然史 Naturgeschichte」的な法則に従っている。何回か説明しましたが、「自然史」というのは、人間の意識や精神ではなく、「自然」に由来する「歴史」です。この「自然史」的な法則によって人間の意識が「規定」される。ただし、「文化史 Kulturgeschichte」のレベルでは「意識」が一定の役割を果たすこともある。そこが第二点です。「意識」には形がないので、何らかの形で具象化しないといけないけれど、ヘーゲルのように、「意識」が従っている「理念 Idee」を想定するのではなく、意識が具体化した「外的の現象 die äußere Erscheinung」＝「事実 Tatsache」だけを問題にする。更に、第三点として、そうした「事実」の比較対照を通して、先ほどの発展段階の順序を明らかにしていくこと。

1、社会は人間たちから構成されるが、社会の発展は、人間の意識から独立で、「自然史 Naturgeschichte」的な法則に従っている。
2、ただし、「文化史 Kulturgeschichte」のレベルでは「意識」が一定の役割を果たすこともある。
3、「事実」の比較対照を通して、社会の発展段階の順序を明らかにしていくこと。

……旧い経済学者たちが、経済的諸法則の性質を、物理学や化学の諸法則になぞらえたとき、彼らは、これを誤り解したのであった。……現象をより深く分析してみると、社会的有機体は、お互いに、植物有機体や動物有機体のちがいと同様に、根本的にちがっているということが証明された。……否、一つの同じ現象が、全くちがった諸法則の支配に服するのであって、それは、かの有機体の全構造がちがっている結果であり、またその個々の器官がちがい、さらにそれらの諸器官の機能する諸条件がちがっている結果なのである、等々。マルクスは、たとえばあらゆる時代あらゆる所において、人口法則が同一であることを否定する。反対に、彼はあらゆる発展段階が、その固有の人口法則をもっていることを確言する。マルクスは、この観点から資本主義的経済秩序を探究し、説明しようという目標をたてて、経済生活のあらゆる精確な研究がもたなければならぬ目標を、ひとえに精密に科学的に定式として表現している。……生産力発展の程度がちがうとともに、諸関係は変化し、これを規制する諸法則も変化する。……このような探究の科学的価値は、ある与えられた社会的有機体の成立、存続、発展、死滅と、この有機体の他のより高いそれによる代替等のことを規制する特別の法則が明瞭にされるところにある。そして事実、マルクスのこの書はこのような価値をもっている。」

ここは比較的分かりやすいですね。科学的な法則と言うと、私たちはどうしても物理学や化学のように、普遍的な法則だと思いがちだけど、マルクスは時代と場所が違うと法則も違うという見方を取っている、というわけです。ほぼ同じ現象が起こっても、それを生じさせた法則は異なることがあり得るわけです。

このように好意的な書評を長々と引用した後、マルクスはこれこそが自分の言う「弁証法的方法」だと言います。「弁証法的方法」というのは、その後が、いよいよ有名な箇所です。

もちろん、叙述方法は画然と研究方法と異なっていなければならぬ。研究は、素材を細微にわたってわがものとし、その異なった発展形態を分析して、その内的紐帯を探査しなければならぬ。この仕事が完成したのちに初めて、現実の運動をこれに応じて叙述することができる。このことが達成され、いまや素材の生活が観念として再現されるようになれば、一見それは、ア・プリオリに構成されたものを取扱うように見えるだろう。

説明なしに「もちろん allerdings」という言葉で切り出しているので、「んっ?」という感じがしますが、これはマルクスが、自分の「叙述方法 Darstellungsweise」が実在論的に見えないことを分かっているということでしょう。これは論文的なテクストの宿命です。論文というのは、個々の素材に直接的に取り組んだ結果として分かったことを、体系化した形で伝えるものです。目次や小見出し、これから明らかにしようとする概念が予め呈示（darstellen）されます。〈darstellen〉という動詞は、前回お話ししたように、単に「呈示する」「示す」という素朴・形式的な意味で使われる場合と、客観的に「叙述する」「描写する」という意味がある場合、更に演劇など芸術で、「演出する」「描出する」という意味もあります。論文には、分かりやすい見栄えも重要です。

ただし、それはあくまで「叙述方法」であって、そういう「研究 Forschung」に際しては、できるだけ先入観を排除して、虚心坦懐に素材（Stoff）と取り組まないといけない。こういう概念が発見できるはずだという前提で対象を見てはいけない。でないと、自分の先入観通りに対象を構成してしまう。ここで「ア・プリオリ a priori」と言っているのはそういう意味です。先天的、先験的ということではなく、そのテクストでの論理展開上の必然性ということです。それだと、ヘーゲルの弁証法に対する批判が、マルクスの「資本論」にも当てはまることになる。唯心論か唯物論かという思想的方向性よりも、アプリオリな観念を押し付けるのか、素材をちゃんと観察することから始めるのか、という違いです。社会科学をやりたいのなら、当然後者でしょう。それが「叙述方法」と「研究（探究）方法 Forschungsweise」を区別しなければならない理由です。これはあくまで論文の論理的構成のためにやっていることであって、実際の探求とは違うというわけです。

私の弁証法的方法は、その根本において、ヘーゲルの方法とちがっているのみならず、その正反対である。ヘーゲルにとっては、思惟過程が現実的なるものの造物主であって、現実的なるものは、思惟過程の外的現象を成すにほかならないのである。しかも彼は、思惟構造を、理念（イデー）という名称のもとに独立の主体に転化するのである。私においては、逆に、理念的なるものは、人間の頭脳に転移し翻訳された物質的なるものにほかならない。

この箇所はここだけ取り出すと、単なる「唯心論（観念論）vs.唯物論」の対立図式による態度表明にすぎないように見えますが、先ほどの箇所と続けて読むと、対象と取り組む方法論的態度のことも言っているのが分かります。観念論と唯物論の対立には方法論的な意味合いも込められているわけですね。最後の「物質的なもの」の原語は、〈das Materielle〉で、元になっている形容詞〈materiell〉は、英語の〈material〉と同様に、「物質的」の他、「実質的」「具象的」「材料（素材）の」といった意味もあります。「唯物論」は方法論的には、理念ではなく、対象の「実質」あるいは「素材」にじっくり取り組む立場です。

自画自賛っぽいですし、現代の社会科学方法論から見るとかなり粗っぽいですが、それでも、唯物論を単なる世界観ではなく、社会科学の「探求方法」にしないといけないという問題意識を持っていたことは分かりますね。そのマルクスの粗っぽさに少し拘ってみたいと思います。

ここでマルクスは「理念」と「素材」をはっきり分けて、自分はヘーゲルと違って「後者」から始めると言っているわけですが、突っ込んで考えると、果たして「理念」による補助抜きで〝生の現実〟を観察することはできるのか、という疑問が生じます。理念化された図式を前提にするから、その「理念」に適合する事物を観察するという動機が生じるのではないか。「天体の運動を観察する」と言う時、既に「天体」とか「運動」という「理念」に適合する事物が存在することを前提にしていますし、「観察する」というのはどういうことか、大よその見当を付けているはずです。星とか岩とか動物とかの個体としての存在という理念は、知覚的に確認可能なので眼をつぶるとしても、それらの属性とか運動の法則、周囲との影響関係などについて問いを立てようとすると、どうしても直接的に知覚できない理念的なものが入り込んできそうです。どのような「理念」は、自然に由来するものとして許容して、どういうものは先入観による偏見として排除すべきか、明確な基準はあるのか？

自然科学の対象については、アメリカの科学哲学者ハンソンが『発見のパターン』で提起した「観察の理論負荷性」をめぐる議論が有名ですが、そうした議論はずっと以前からありました。二〇世紀初頭に登場したフッサールの現象学は、「対象」の構成における「理念」と「素材」の関係をめぐって展開されたと言っても過言ではないでしょう——フッサールの現象学の場合、自然科学というより、自然科学の基礎になる人間の意識的認識活動を問題にしたわけですが。扱う「対象」自体が曖昧で、学者の主観に左右されがちの社会科学ではかなり昔から、こういう議論はあります。ウェーバーはフッサールが現象学を創始するのとほぼ同じ時期に、社会科学における「価値理念 Wertidee」や「理念型 Idealtypus」の問題を論じていますし、その影響を受けた新カント学派のリッケルト（一八六三－一九三六）は、文化科学における「価値」の役割を探求しました。現在では、「対象」と「理念」をめぐる突き詰めた方法論争はそんなに盛んではありませんが、歴史学、文化人類学、社会学などでは、純理論派の人と職人気質で現場重視のタイプの人が、この種のミニ論争をすることが時々あります。

これは更に掘り下げると、人間は何らかの認識のための記号化された体系（エクリチュール）を媒介にしないで、〝生の現実〟を認識できるのか、私たちの〝認識〟は、外から与えられた概念目録に依拠しているのではないか、というパロール／エクリチュールをめぐるデリダ的な問題に行き当たります——拙著『ジャック・デリダ入門講義』（作品社）をご覧下さい。

「商品の物神的性格とその秘密」——その「神秘的性質 der mythische Charakter」

これで「後書き」を終わって、第一章第四節の「物神性」の話に移りたいのですが、第一章のその前の部分にどんなことが書かれているか、少しだけ述べておきます。資本主義の特徴は最初から「商品」として売ることを念頭に置いた生産ですが、その「商品」の成り立ちを、「価値」という視点から論じています。この場合の「価値」というのは、交換価値ですが、使用価値と全く無関係ではなく、ある商品の交換価値は、その消費の使用価値を、他の商品のそれと比較する形で表現されます。例えば、一キロの商品A＝aキロの商品Bというような形で、このようにして価値が表現されることを論じるのが、「価値形態」論と呼ばれるものです。個々に比較していると価値は不安定ですが、そのうちに、全ての商品を繋ぐ、p量のA＝q量のB＝r量のC＝……という形で、一般的等価形態が生まれ、それが「貨幣」という形で凝縮されて表象されるようになる。X円＝p量のA＝q量のB＝r量のC＝……。一つの商品が、他の商品の価値を代表するのではなくて、それ自体としては使用価値のほとんどないものが、「貨幣」として通用し、それがあたかも価値の源泉であるかのように機能するようになると、経済の在り方は大幅に変化し、「資本」が「貨幣」の形で増殖する基礎が作られます。こういう議論はいかにも、交換価値の歴史的な変遷を無視して、アプリオリな法則を前提にして、「貨幣」の生成を論じているように見えますね。だから、「叙述方法」と「研究方法」の区別を強調しなければならないわけです。

こうした［価値→貨幣］論を前提として、第一篇第一章第四節で「商品の物神的性格とその秘密」をめぐる議論が展開されます。この箇所は比喩的な表現が多いので、マルクス経済学者はこの箇所はあまり取り上げないのですが、ベンヤミンやデリダは、重要な意味を持つ箇所として頻繁に取り上げます。

——一つの商品は、見たばかりでは自明的な平凡な物であるように見える。これを分析してみると、商品は

[価値→貨幣］論：売ることを念頭に置いた生産＝「商品」

「価値」＝交換価値　※使用価値と全く無関係ではない。

ある商品の交換価値は、その消費の使用価値を、他の商品のそれと比較する形で表現される＝**「価値形態」論**　例：1キロの商品A＝aキロの商品B

一般的等価形態

個々に比較していると価値は不安定、そのうちに、全ての商品を繋ぐ
例：p量のA＝q量のB＝r量のC＝……

⇩　凝縮された表象が、

「貨幣」

例：X円＝p量のA＝q量のB＝r量のC＝……
一つの商品が、他の商品の価値を代表するのではなくて、それ自体としては使用価値のほとんどないものが、「貨幣」として通用し、それがあたかも価値の源泉であるかのように機能　⇒　経済の在り方は大幅に変化、「資本」が「貨幣」の形で増殖する基礎が作られる。

きわめて気むずかしい物であって、形而上学的小理屈と神学的偏屈にみちたものであることがわかる。商品を使用価値として見るかぎり、私がこれをいま、商品はその属性によって人間の欲望を充足させるとか、あるいはこの属性は人間労働の生産物として得るものであるとかいうような観点のもとに考察しても、これに少しの神秘的なところもない。人間がその活動によって自然素材の形態を、彼に有用な仕方で変えるということは、真昼のように明らかなことである。例えば材木の形態は、もしこれで一脚の机を作るならば、変化する。それにもかかわらず、机が木であり、普通の感覚的な物であることに変わりない。しかしながら、机が商品として現われるとなると、感覚的にして超感覚的な物に転化する。机はもはやその脚で床の上に立つのみでなく、他のすべての商品に対して頭で立つ。そしてその木頭から、狂想を展開する、それは机が自分で踊りはじめるよりはるかに不可思議なものである。

資本主義の魔法にかかって机が踊り出しているというイメージだということは分かりますね。机が全ての商品に対して頭で立つ、逆立ちする（sich auf den Kopf stellen）、というのは分かりにくいメタファーですが、

文脈からして、「使用価値」を持った具体的な物として直接他の商品と対比されるのではなくて、ねじれた形で関係付けられる、という意味合いであることは分かりますね。「商品 Ware」というのは、まずもって値段に注目するものです。自分にとって必要である、つまり一定の使用価値があるから手に入れたいはずなのに、私たちは、まずどれだけの金銭価値があるかに注目し、それだけの価値があるからほしいというような〝転倒〟した見方をするようになる。その転倒を「逆立ち」と言っているのでしょう。「感覚的にして超感覚的 sinnlich übersinnlich」という逆説的に聞こえる表現は、知覚し得る「使用価値」ゆえにほしいはずなのに、常に、金銭的に表示される価値という「超感覚」的なものに覆われているということでしょう。貨幣には必ずしも感覚的な実体はありません。信用取引の効果によって発生した貨幣の増加分は言わずもがなでしたが、私たちが、机を見て、「〇〇円くらいだな。ちょうどお手頃だ」と思った時には、手元にお金がなくても、「貨幣」が働いています。そうした効果を「超感覚的」と呼んでいるのでしょう。

> だから、商品の神秘的性質はその使用価値から出てくるものではない。それは、同じように価値規定の内容から出てくるものでもない。なぜかというに、第一に、有用な労働または生産的な活動がどんなにいろいろあるにしても、これが人間有機体の機能であり、かかる機能のおのおのが、その内容その形態の如何にかかわらず、本質的に人間の脳髄と神経と筋肉と感覚器官等の支出であるということは、生理学的真理であるからである。第二に、価値の大いさの規定の基礎にあるものは、すなわち、それらの支出の継続時間、または労働の量であるが、この量は、労働の質から紛うかたなく区別できるといってよい。どんな状態においても、生活手段の生産に用いられる労働時間は、発展段階の異なるにしたがって均等であるとはいえないが、人間の関心をもたざるをえないものである。最後に、人間がなんらかの仕方でお互いのために労働するようになると、その労働は、また社会的の形態をも得るのである。

商品の「神秘的性質 der mythische Charakter」というのは、簡単に言うと、市場に高値で出ていると欲しくなり、安値だとそれほど欲しくなくなる、という現象です。それは何故でしょうか？ どの程度自分にとって役に立つのか本当は分かっているのに、どうして価格によって欲望が左右されるのか。需要供給の法則では説明になりません。他人の需要の高い低いに、自分の欲望が左右されるのはどうしてかが問題なわけですから。

話の繋がり具合が少し分かりにくいのですが、ここに出てくる労働に関する三点は、「神秘的性質」の原因として示されているのではありません。その逆に、労働は、その原因ではないという三つの根拠です。①は、労働は人間という生命の営みなので、神秘性などそこから出てきようがないということ。②は、価値の基礎になっているはずの「労働時間」は客観的に計測可能なので、神秘性はない。③は、労働の価値に由来する価値は社会的に規定されていて、ぶれる余地は本来ないということでしょう。

それで、労働生産物が、商品形態をとるや否や生ずる、その謎にみちた性質はどこから発生するのか？明らかにこの形態自身からである。人間労働の等一性は、労働生産物の同一なる価値対象性の物的形態をとる。人間労働力支出のその継続時間によって示される大小は、労働生産物の価値の大いさの形態をとり、最後に生産者たちの労働のかの社会的諸規定が確認される、彼らの諸関係は、労働生産物の社会的関係という形態をとるのである。

ここで「謎にみちた性質 der rätselhafte Charakter」の説明をするはずなのに、先ほどの繰り返しのように見えますね。混乱しますね。三番目が少し変化していることに注意して下さい。先ほどは、「労働」が「社会的の形態 eine gesellschaftliche Form」を得る、とだけ言っていたのに、ここでは、生産者たちの「諸関係」が、「労働生産物の社会的関係という形態 die Form eines gesellschaftlichen Verhältnisses der Arbeitsprodukte」を取る、と言っています。つまり先ほどは、一定の労働時間を投入された生産物の価値の話をしていたのに対し、ここでは、それを作る「生産者」たち同士の関係の話をしているわけです。そして彼ら同士の関係において、先ほどの労働の「社会的（諸）規定 gesellschaftliche Bestimmungen」が確認（betätigen）される。ややこしいのですが、労働という行為自体は、人間の生理学的な営みで、その結果も客観化可能で、それはそのまま社会的な共通認識になるはずなのだが、「商品」という形態が登場すると、その社会を構成する生産者同士の関係に何らかの変質が生じるかもしれないということを示唆しているように見えますね。こういう回りくどい概念操作をするので、マルクスもヘーゲル同様に観念的な弁証法を駆使している、と思われてしまうのでしょう。

それゆえに、商品形態の神秘に充ちたものは、単純に次のことの中にあるのである、すなわち、商品形態は、人間にたいして彼ら自身の労働の社会的性格を労働生産物自身の対象的性格として、これらの物の社会的自然属性として、反映するということ、したがってまた、総労働にたいする生産者の社会的関係をも、彼らの外に存する対象の社会的関係として、反映するということである。このQuidproquo〔とりちがえ〕によって、労働生産物は商品となり、感覚的にして超感覚的な、または社会的な物となるのである。このようにして、ある物の視神経にたいする光印象は、視神経自身の主観的刺激としてでなく、眼の外にある物の対象的形態として示される。しかしながら、視るということにおいては、実際に光がある物から、すなわち外的対象から、他のある物、すなわち眼にたいして投ぜられる。それは物理的な物の間における物理的な関係である。これに反して、商品形態とそれが表われる労働諸生産物の価値関係とは、それらの物理的性質やこれから発出する物的関係をもっては、絶対にどうすることもできないものである。

彼ら自身の労働の「社会的性格 die gesellschaftlichen Charaktere」というのは、具体的には、資本家と労働者とか、財産の多い者と少ない者、社会的評価が高い者と低い者といった関係でしょう。そうした関係は、労働生産物自体とは関係ないはずです。誰がどこで作ろうと、誰が所有しようと、生産物の使用価値は不変のはずです。しかし、どういうわけか、その物を欲しがる人々の「社会的性格」が、商品にまとわりつき、商品自体の「対象的性格 gegenständliche Charaktere」、つまり物質的な属性のように見えてしまう。

もう少し分かりやすくしましょう。aは金持ちとか趣味のいい人が持っている商品だ、だからそれが欲しい。多くの人はそう思います。それによって、その商品の価格は上がります。逆だと下がります。それは潜在的な買い手たちの勝手な想像であって、商品の使用価値とは無関係なんだけど、買い手はそれが自分たちの思惑の反映だということを自覚しないで、あるいは忘れてしまって、商品自体に内在する価値が価格に自然に反映しているのだと思い込んでしまう。こうした勘違いは商品経済でなくても起こりうることですが、商品経済になって、価格がはっきり出ると、それが商品に内在しているかのように思い込みやすくなります。美術品、骨董品、装飾品、有名人が使っていた○○などを念頭に置くとピンと来やすいでしょう。

現在であれば、企業によるマーケティングや広告、メディアの影響、株式市場の思惑＝投機などで商品の価格が大きく左右されることは多くの人が知っていますが、マルクスの時代にはそういうことが明確に意識されていなかった。ベンヤミンはマルクスが、こうした現象に目をつけていたことを再発見し、それを更に再発見した社会学者のボードリヤール（一九二九－二〇〇七）が消費社会の理論として発展させました。そうした欲望増殖回路のことをちゃんと意識していないと、不思議な力が、物に取り憑いているかのように見えるわけです。

〈Quidproquo〉はラテン語で、英語にすると〈something for something〉、法学用語あるいは経済学用語として、何かの代償に何かを渡すという等価交換の意味で使う場合と、何かを別の何かに取り違える、という意味で使う場合とがあります。「貨幣」が間に入っているせいで、自分たちの社会的関係、もっと正確に言えば、社会的関係性に起因する欲望を、物それ自体の物理的性格と取り違えてしまうわけです。

このばあい、人間にたいして物の関係の幻影的形態をとるのは、人間自身の特定の社会関係であるにすぎない。したがって、類似性を見出すためには、われわれは宗教的世界の夢幻境にのがれなければならない。ここでは人間の頭脳の諸生産物が、それ自身の生命を与えられて、相互の間でまた人間との間で相関係する独立の姿に見えるのである。商品世界においても、人間の手の生産物がそのとおりに見えるのである。私は、これを物神礼拝と名づける。それは、労働生産物が商品として生産されるようになるとただちに、労働生産物に付着するものであって、したがって、商品生産から分離しえないものである。

ここで重要な言葉が二つ出ています。「幻影的形態」の原語は、〈die phantasmagorische Form〉です。ベンヤミンを経由して有名になった「ファンタスマゴリー Phantasmagorie」の形容詞形です。「ファンタスマゴリー」は幻燈装置という意味です。何の変哲もないオブジェに光を当て、壁とか幕などのスクリーンに大きなぼやっとした化け物の影（Phantom）のように見せる装置です。一八世紀末に発明され、一九世紀の四〇年代にかけて流行したようです。ベンヤミンが記述の対象にした一九世紀半ばのパリでは、既に本来の意味での「ファンタスマゴリー」の流行が過ぎていたようですし、マルクスが『資本論』を書いている時期になるともっとすたれているはずですが、それでも、パリの街のアーケード（passage）には、広告とか各店の作りと相互の配置、店員の装い、デコレーションなどの醸し出す幻影によって歩行者を商品世界に包み込み、欲望を喚起するような幻影装置が備わっていました。マルクス自身はそこまで考えておらず、単に知っている言葉を使っただけかもしれませんが、ベンヤミンはマルクスが滞在していた、七月王政期のパリの風景が、こうした商品論の背景になっていると見るわけです。

「物神礼拝」の原語は〈Fetischismus〉です。「フェチ」の元になった言葉ですね。「呪物崇拝」と訳されることもあります。一六世紀にポルトガル人が西アフリカの諸部族に見られる、石とか植物の種とかを崇拝対象にしているのを、呪符とか護符を意味するポルトガル語の〈feitiço〉という言葉で言い慣わしていたことから来た言葉で、フランスの法学者・文献学者シャルル・ド・ブロス（一七〇九－七七）が『フェティシュ諸神の崇拝 Du Culte des dieux fétiches』（一七六〇）という著作で、「フェティシズム fétichisme」という言葉でこの現象を紹介して以降、西欧の知識人の間で知られるようになりました。コントやヘーゲルもこの概念を使っています。マルクスは恐らく、「商品」の超感性的な性格が、「フェティシズム」と似ているという程度の認識だったのでしょうが、原初的な呪物崇拝が高度な資本主義社会の中で再現される、ということを示唆しているようにも取れますね。これは、ボードリヤールの消費社会論の中心的テーマです。

労働の秘密——その「社会」的、商品経済的性格

——商品世界のこの物神的性格は、先に述べた分析がすでに示したように、商品を生産する労働の独特な社会的性格から生ずるのである。

先ほどは、労働生産物それ自体の感性的性格が、「商品」の超感性的な性質を生み出すわけではないと言っていたので、話が違うのではないか、という印象を受けますが、「商品を生産する労働」、より正確に言えば、商品を生産する労働に関わる社会的諸関係には、その他の労働と異なる、「独特な社会的性格 der eigentümliche gesellschaftliche Charakter」があるということのようですね。

使用対象が一般に商品となるのは、もっぱらそれが相互に相独立して営まれる私的労働の生産物であるからである。これらの私的労働の複合が社会的総労働をなす。生産者たちは、彼らの労働生産物の交換によって、はじめて社会的接触にはいるのであるから、彼らの私的労働の特殊的に社会的なる性格も、この交換の内部においてはじめて現われる。言いかえると、私的労働は、事実上、交換のために労働生産物が、そしてこれを通じて生産者たちが置かれる諸関係によって、はじめて社会的総労働の構成分子たることを実証する。したがって、生産者たちにとっては、彼らの私的労働の社会的連結は、あるがままのものとして現われる。すなわち、彼らの労働自身における人々の直接に社会的な諸関係としてではなく、むしろ人々の物的な諸関係として、また物の社会的な諸関係として現われるのである。

難しそうな言い方をしていますが、ポイントは簡単です。各人は「私的労働 Privatarbeit」の形で物を生産しているので、自分が直接手を加えている「物」だけを見ているつもりになっているのだけれど、実際には、商品として売ることを目指してその「物」を作っているわけで、交換をめぐる社会的関係が、「物」に反映しているはずです。工場で働く労働者は言われたように単純作業をしているだけでも、いろんな人の欲望に対応するように作っているはずです。どういう風に作るか指示している資本家や上司も、随時いろんな形で市場の反応を伝達し合い、その場その場で対応しているので、どういう風に顧客のニーズに応えて商品を作っているのか、誰も完全には把握できていないかもしれません。それが私的労働の社会的な連結、相互の繋がりが、「直接に社会的な諸関係 unmittelbar gesellschaftliche Verhältnisse」としてではなく、「物的な諸関係 sachliche Verhältnisse」として現れる理由です。自覚しないまま、他者たちの欲望を複合的に反映しながら作ったので、できあがったものに、それを自らの手で生産した人の意図になかったものが現れてくる。

労働生産物はその交換の内部においてはじめて、その感覚的にちがった使用対象性から分離された、社会的に等一なる価値対象性を得るのである。労働生産物の有用物と価値物とへのこのような分裂は、交換がすでに充分な広さと重要さを得、それによって有用物が交換のために生産され、したがって事物の価値性格が、すでにその生産そのもののうちで考察されるようになるまでは、まだ実際に存在を目だたせるよ

> うにはならない。この瞬間から、生産者たちの私的労働は、事実上、二重の社会的性格を得るのである。これらの私的労働は、一方においては特定の有用労働として一定の社会的欲望を充足させ、そしてこのようにして総労働の、すなわち、社会的分業の自然発生的体制の構成分子であることを証明しなければならぬ。これらの私的労働は、他方において、生産者たち自身の多様な欲望を、すべてのそれぞれ特別に有用な私的労働がすべての他の有用な私的労働種と交換されうるかぎりにおいて、したがって、これと等一なるものとなるかぎりにおいてのみ、充足するのである。Toto coelo〔全く〕ちがった労働が等しくなるということは、それが現実に不等一であることから抽象されるばあいにのみ、それらの労働が、人間労働力の支出として、抽象的に人間的な労働としてもっている共通な性格に約元されることによってのみ、ありうるのである。

ここも言い回しはくどくて分かりにくいけど、ポイントはクリアですね。個々の商品の「感覚的にちがった使用対象性 sinnlich verschiedne Gebrauchsgegenständlichkeit」と「社会的に等一なる価値対象性 gesellschaftlich gleiche Wertgegenständlichkeit」が分裂するというわけですね。労働過程の中で、この分裂は既に部分的に現れているわけです。役に立つ物を作るのか、売れる物を作るのか。前者は、自らが、「一定の社会的欲望 ein bestimmtes gesellschaftliches Bedürfnis」――私は「欲望」ではなくて、「欲求」もしくは「必要」と訳した方がいいと思います――を充足させるという意味で有用であること、言い換えれば、「社会的分業の自然発生的体制の構成分子 Glieder der Gesamtarbeit, des naturwüchsigen Systems der gesellschaftlichen Teilung der Arbeit」であることが証明される必要がある。後者は、交換を通して、生産者自身の「多様な欲望（欲求）die mannigfachen Bedürfnisse」を充足するものであることを示す必要がある。簡単に言うと、換金できて、いろんな物を買えるようになることに貢献するということです。前者の場合、他の種類の商品と相互補完的に働いて、人間の生活を成り立たせることに主眼があるので、「違い」が重要であるのに対し、後者の場合、他の種類の商品と等しい「価値対象性」、分かりやすく言うと、価値尺度、同じ通貨への交換可能性を持っているという意味での「等しさ」が重要になります。

・「感覚的にちがった使用対象性」＝役に立つ物を作る
sinnlich verschiedne Gebrauchsgegenständlichkeit
自らが、「一定の社会的欲望」を充足させるという意味で有用。⇒「社会的分業の自然発生的体制の構成分子」であることが証明される必要がある。⇒他の種類の商品と相互補完的に働いて、人間の生活を成り立たせることに主眼があるので、「違い」が重要。

・「社会的に等一なる価値対象性」＝売れる物を作る
gesellschaftlich gleiche Wertgegenständlichkeit

・交換を通して、生産者自身の「多様な欲望（欲求）」を充足するものであることを示す。⇒　換金できて、いろんな物を買えるようになることに貢献する。
・他の種類の商品と等しい「価値対象性」。⇒価値尺度、同じ通貨への交換可能性を持っているという意味での「等しさ」が重要。

異なった種類の商品から、そういう「価値対象性」が「抽象 Abstraktion」されないといけないわけですが、どういう風に「抽象」されるのか。労働としての共通な性格、「労働時間」が尺度になるというのが、古典派経済学の出した一応の答えですが、異なった質の物を作り出すと言いながら、それを作り出すための「労働時間」という尺度は「等しい」と言われても、何か釈然としないですね。「使用対象性」と「価値対象性」が分離するのであれば、前者と後者が密接に関連しているケース、関連が緩んで後者優位になっているケース、後者だけで決まっているケースがありそうです。現代の経済学であれば、当然、そう考えるでしょうが、マルクスはそういう風には考えないで、古典派経済学の前提にそのまま乗っかっている感じがしますね。同じ価値が付いているのなら、「労働時間」が「等しい」はずと想定するのは理論的虚構ではないか、という気がしますね。マルクスとしては、資本主義社会では「労働時間」が「価値対象性」の源泉になっているということにしておかないと、資本家による労働者の搾取を指摘・糾弾する根拠が薄くなるので、突っ込んで考えたくないのかもしれません。

細かいことを言っておきますと、マルクスは、私的労働の「二重の社会的性格 ein doppelter gesellschaftlicher Charakter」がはっきりする「瞬間 Augenblick」があるかのように言っていますが、これはあくまでも説明のための虚構でしょう。実際には、市場の動向を通して徐々に、「価値対象性」による等価性の論理に支配されるようになるのでしょう。〈toto coelo〉というラテン語の熟語は、原義としては、「全ての toto」＋「天 coelo」で、天の端から端まで、つまり正反対の位置、可能な限り離れている、といった意味で使われます。

したがって、人間がその労働生産物を相互に価値として関係させるのは、これらの事物が、彼らにとって同種的な人間的労働の、単に物的な外被であると考えられるからではない。逆である。彼らは、その各種の生産物を、相互に交換において価値として等しいと置くことによって、そのちがった労働を、相互に人間労働として等しいと置くのである。彼らはこのことを知らない。しかし、彼らはこれをなすのである。

先ほどの疑問に対する一応の〝答え〟ですが、ちょっと微妙ですね。ここで言っていることを文字通りに取ると、様々な物を作る「労働」は相互に異質なものかもしれないが、その産物は〝同じ価値〟のものとして交換されるということです。つまり交換という事実によって同じ種類の労働になるわけです。実際のところは、その時に労働時間が計算の単位として働いているのだろうけれど、本当にまったく同じ質の労働なのか、実のところ分からない。しかし、交換した瞬間に、「人間労働として等しいと置く als menschliche Arbeit gleich … setzen」ということですね。これだと、普通にマルクスが言っていると思われているのと逆のことを言っているように見えますね。同労働をしたから、等価交換できるのではなく、〝等価交換〟したからこそ、事後的に遡って〝等しい労働〟をしたということになる。

しかし、「彼らはこのことを知らない。しかし、彼らはこれをなすのである Sie wissen das nicht, aber sie tun es」という最後の台詞が意味深ですね。人間が無自覚的にそういう等値をやっているとすると、それは人間の〝本性〟による行為かもしれません。社会的本性であるなら、やはり資本主義が生み出したフィクションかもしれませんし、生得的本性なら、人間は「労働」というものは基本的に同質なものであり、労働時間に従って測ることができるというのは誰しもが納得できることである、ということになるでしょう。どうも肝心な所でマルクスは曖昧であるような気がします。わざとどっちにでも転べるような言い方をしているのかもしれません。

――したがって、価値のひたいの上には、それが何であるかということは書かれていない。価値は、むしろあ

ロゼッタ・ストーン

らゆる労働生産物を、社会的の象形文字に転化するのである。後になって、人間は、彼ら自身の社会的生産物の秘密を探るために、この象形文字の意味を解こうと試みる。なぜかというに、使用対象の価値としての規定は、言語と同様に彼らの社会的な生産物であるからである。

「象形文字 Hieroglyph」というメタファーが表象文化論系の人を惹きつけそうですね。どういう譬えかというと、恐らく、二つ意味があるでしょう。象形文字が具体的な事物から抽象した形をしているのと同じように、個別の私的労働から抽出されて形態化されたものだというのが、一点。もう一つは、象形文字が具体的な物に似ているので、簡単に読めそうな気がするけど、実は読めないこと。因みに、ナポレオンの遠征でロゼッタストーンが発見されるのは一七九九年ですが、シャンポリオン（一七九〇－一八三二）がその解読に成功したのは、一八二二年で、結局、実は表音文字だった、というオチですね。そこが、〝同じ労働〟の生産物であるので、ごく単純なように見えながら、実際には、極めて不可思議な動きをする商品の「価値」と似ているのでしょう。ロゼッタストーンの実物は、大英博物館に展示されているので、マルクスも『資本論』の執筆中に、何度も見ていて、それなりに意識していたと考えられます。

「言語と同様に」というのも意味がありそうですね。言語も人間が作り出し、普通に使っているものですが、無自覚的に形成してきたので、どうしてこういう言い方をするのか分からないことだらけですね。「商品」も自分たちで作ったものだけど、どうしてこういう「価値」があるのか、それを作った当人も分からなくなっている、ということでしょう。

労働生産物が、価値であるかぎり、その生産に支出された人間労働の、単に物的な表現であるという、後の科学的発見は、人類の発展史上に時期を画するものである。しかし、決して労働の社会的生活の対象的外観を逐い払うものではない。この特別なる生産形態、すなわち商品生産にたいしてのみ行なわれているもの、すなわち、相互に独立せる私的労働の特殊的に社会的な性格が、人間労働としてのその等一性にあり、そして労働生産物の価値性格の形態をとるということは、かの発見以前においても以後においても、商品生産の諸関係の中に囚われているものにとっては、あたかも空気をその成素に科学的に分解するということが、物理学的物体形態としての空気形態を存続せしめるのを妨げぬと同じように、終局的なものに見えるのである。

先ほどと同様に、商品生産につきまとう、「私的労働」の特殊（spezifisch）な性格と、「人間労働としてのその統一性（Gleichheit）」、つまり、労働の二側面を話題にしているわけですが、「対象的外観 der gegenständliche Schein」というのがひっかかりますね。これは恐らく、社会的欲求を反映する形で「価値」が付けられ、それがその「商品」、「対象」それ自体の物質的な性格であるかのように「見えている」ということでしょう。〈Schein〉には、「見せかけ」とか「仮象」という意味もあります。空気をその成素に分解するという譬えはあまりうまくないですが、これまでの流れから言っていることは分かりますね。商品のまとっている「対象的外観」の神秘的で社会的な性格は、労働が貨幣による多重の交換を経てきたことによって生じるものであって、元は「労働」だと客観的に説明されても、「対象的外観」が消え去るわけではない、ということでしょう。

労働時間によって価値の大いさが既定されるということは、したがって、相対的商品価値の現象的運動のもとにかくされた秘密である。その発見は、労働生産物の価値の大いさが、単なる偶然的な規定であるという外観をのぞくが、しかし、少しもその事物的な形態をなくするものではない。

結局、「労働時間」によって「価値の大いさ」が決まっているのだが、商品の価値の「事物的な形態 sachliche Form」は消えない、という予想された結論、資本主義の搾取メカニズムを批判するのに都合いい結論に落ち着かせているわけですね。しかし、「労働時間」の操作ということだけで、商品の「対象的な外観」にまとわりつく、超感性的＝神秘的＝ファンタスマゴリー的なもの、商品の魔力が説明し切れるのか、というと、私には疑問です。

人間生活の諸形態にかんする思索、したがってまたその科学的分析は、一般に現実の発展とは対立した途を進む。このような思索は、post festum〔後から〕始まり、したがって、発展過程の完成した成果とともに始まる。労働生産物に商品の刻印を捺し、したがって、商品流通の前提となっている形態が、すでに社会生活の自然形態の固定性をもつようになってはじめて、人間は、彼らがむしろすでに不変であると考えている、このような諸形態の歴史的性質についてでなく、それらの形態の内包しているものについて、考察をめぐらすようになる。

第二版の「後書」で言及されている、「探究方法／叙述方法」の区別と同じような構図が、「実践／理論」のレベルでも生じるわけですね。先ほど「彼らはこのことを知らない。しかし、彼らはこれをなすのである」とありましたが、商品を生産する労働に直接従事している人は、商品として流通する予定のものを、市場の需要に合わせて作っていることをはっきり自覚していない。それが終わった「後」になって、ようやく客観的に観察可能になる、というわけです。無論、文字通り時間的に「後」ということではなくて、そのプロセスが一巡するのを、その局外で観察するので、行為のただ中でなく終わった「後」での観察になるということになるということです。〈post festum〉は、宴（festum）の終わった後で（post）という意味のラテン語の熟語から来ていて、「事後的に」とか「あまりに遅れて」という意味で使います。

事後的に行われる理論的分析は、現実のプロセスとは逆向きに進むというわけですが、この場合は、商品として〇〇円で△△に売られるという事実を起点にして、商品生産を分析するということになるでしょう。生産している人にはそのつもりはなくても、商品としての性格から逆算して、生産過程に商品としての在り方に通じるものを見出そうとする、加工されている各段階の素材の内に〝商品〟が内包されていると見るわけです。社会科学では、ある概念を遡及的に適用する形で〝現実〟を分析するというのはよくあることです。

マルクスはこうした「商品」についての〈post festum〉の、概念的に抽象化した分析が可能になったのは、商品生産が「社会生活の自然形態の固定性 Naturformen des gesellschaftlichen Lebens」を獲得した後、空気のように当たり前のものになった後だと言っているわけです。その前の発展途上では、概念的な輪郭がはっきりしないので抽出しにくいので、きっちり分析できないというのは確かにそうですね。理論において事後的に抽出されるアプリオリ性が、歴史的なものであることを示唆する、結構複雑な話をしているわけですね。宇野弘蔵

『資本論』のマルクス：自らの考案する「経済学」という装置によって、労働者自身も気が付いていない労働の「社会」的、商品経済的性格を明らかにする。少なくとも三つの要素が介在。

1、個々の主体と対象の間の直接的な関係を論じているのでは**ない。**

2［生産⇔交換］をめぐる社会全体の体制や歴史的な変化。

2、事後的なアプリオリを発見するための学問。

が言うように、経済の法則を抽出して分析する経済学が成立するには、資本主義の商品経済が成熟する必要があったわけです。

この連続講義の第3回、第4回で『経哲草稿』を読んだ時、初期のマルクスの「疎外＝対象」論がドイツ観念論流の、「外化」された作品を通して、それまで無意識の中に埋もれていた自己を直観するという発想を引きずっていたという話をしましたね——「疎外」は、その自己直観が何らかの外在的な要因によって妨げられることです。ここでの、自覚されない「商品」生産をめぐる議論も同じ構図のように思えますが、この場合は、個々の主体と対象の間の直接的な関係を論じているのではなく、［生産⇕交換］をめぐる社会全体の体制や歴史的な変化、事後的なアプリオリを発見するための学問、という少なくとも三つの要素が介在します。『資本論』のマルクスは、自らの考案する「経済学」という装置によって、労働者自身も気が付いていない労働の「社会」的、商品経済的性格を明らかにしようとしたわけです。

「貨幣」が覆い隠したもの

このようにして、価値の大いさの規定に導いたのは、商品価値の分析にほかならず、その価値性格の確定に導いたのは、商品が共同してなす貨幣表現にほかならなかったのである。ところが、私的労働の社会的性格を、したがって私的労働者の社会的諸関係を明白にするかわりに、実際上蔽いかぶせてしまうのも、まさに商品世界のこの完成した形態——貨幣形態——である。私が、上衣、深靴等々は、抽象的人間的労働の一般的体現としての亜麻布に関係していると言うとすれば、この表現の倒錯は、目を射るように明らかである。しかし、もし上衣や深靴等々の生産者たちが、これらの商品を一般的等価としての亜麻布に——あるいは事実上すこしも異なるところはないのだが、金や銀に――関係せしめるとすれば、彼らにとっては、その私的労働の社会的総労働にたいする関係は、精確にこの倒錯した形態で現われる。

「貨幣」が現れ、全ての商品が「貨幣」によって価値の大きさを表示されるようになる。それはいいとして、そのことによって、「私的労働の社会的性格」を明白にする（offenbaren）のではなく、蔽いを被せる（verschleiern）というのがどうしてか分かりませんね。恐らく金額だけ明示して、それが商品の本来の性格であるかのように見せるので、異なった労働過程で作り出された異質な商品を共約可能にしているのは何か、どういう社会的メカニズムがあるのか、という疑問を抱きにくくする、ということでしょう。

「この表現の倒錯 die Verrücktheit dieses Ausdrucks」というのもどうして倒錯なのか分かりにくいですね。とりあえず、「貨幣」という交換のための専門的媒体ではなく、「亜麻布」のような具体的な商品によって、「一般的等価 allgemeines Äquivalent」性が表現されているとしたら、おかしくないか、と言っているのは分かりますね。どうおかしいのかは、この前の価値形態論をちゃんと読まないと本当は分からないのですが、要点だけ言うと、上衣とか靴とか別のものを生産している人たちが、自分たちの生産物の価値を「亜麻布」で測るのが〝自然〟だと思っているとしたら、それこそ〝不自然〟だろうということです。何回かの交換に際して換算するのならまだしも、常に、亜麻布換算で自分の生産物の価値を測っているとしたらヘンです。その何回かの交換では、その時々のその人の生活全体のニーズの分布によって、比率が変化すると考えるのが普通でしょう。亜麻布を直接使わないで生活する人だっている。そういう人を含めてみんなが「亜麻布」を基準にしているとすれば、それには何らかの理由があるはずだ。それは金や銀でも同じこと。金や銀を「一般的等価」の基準にしないといけない理由がある。だったら、「貨幣」でも同じだろ、という理屈です。無論、それに対して、いや交換のためには、それ自体の〝価値〟が変動しない「一般的等価性」を表現する物が必要だろう、という反論がありそうですが、そこがマルクスの強調したいポイントです。何で「一般的等価性」を決めておかないと困るのか？　原始共産制社会ではそんな必要はなかったが、現在は、そういう社会構造になっているから、というのがまっとうな答えですが、マルクスは、そんな漠然とした答えではなくて、どういう社会構造が、それ自体の〝価値〟は変動しない「一般的等価物」を必要不可欠なものにしたのか考えろ、と言っているわけです。

このような形態が、まさにブルジョア経済学の諸範疇をなしているのである。それは、この歴史的に規定された社会的生産様式の、すなわち、商品生産の生産諸関係にたいして、社会的に妥当した、したがって客観的である思惟形態なのである。それゆえに、商品生産に基づく労働生産物を、はっきり見えないようにしている商品世界の一切の神秘、一切の魔術と妖怪は、われわれが身をさけて、他の諸生産形態に移って見ると、消えてなくなる。

ブルジョワ経済学は、いつの間にか生成し、社会の中で空気のように自然なものになった「貨幣」が「一般的等価性」を表象していることを自明の理としています。それが、資本主義社会における、「社会的に妥当した、したがって客観的である思惟形態 gesellschaftlich gültige, also objektive Gedankenformen」になっているわけです。しかし、マルクスに言わせれば、「貨幣」こそが商品世界にファンタスマゴリー的な魅惑を与えているわけです。「妖怪」の原語は〈Spuk〉です。ここでも「幽霊＝妖怪」系のメタファーが使われていますね。〈Spuk〉の動詞形は〈spuken〉で、英語の〈it〉に当たる〈es〉を主語にして、〈Es spukt in diesem Haus.（この家には出る）〉というような使い方をします。匿名性と現れるというニュアンスが、〈Geist〉や〈Gespenst〉よりも強い言葉です。

他の生産形態に視線を移すと、「貨幣」が〝自然〟なものになっていないので、その〈Spuk〉の神秘性が消えるというわけですね。どういうことか。

経済学はロビンソン物語を愛好するから、まず、ロビンソンをかれの島に出現させよう。本来彼は控え目な男ではあったが、それでもとにかく彼は、各種の欲望を充足せしめなければならない。したがってまた、各種の有用労働をなさなければならない。道具を作り、家具を製造し、ラマを馴らし、漁り(すなど)し、猟をしなければならない。祈禱その他のことはここでは語らない。というのは、われわれのロビンソンは、このことに楽しみを見出し、このような活動を休息と考えているからである。彼の生産的な仕事がいろいろとあるにもかかわらず、彼は、それらの仕事が同じロビンソンのちがった活動形態にすぎないことを知っている。したがって、人間労働のちがった仕方であるにすぎないことを知っている。必要そのものが、彼の時間を、精確にそのちがった仕事の間に分配しなければならないようにする。彼の総活動の中で、どの仕事が割合をより多く、どのそれがより少なく占めるかということは、目的とした有用効果の達成のために克服しなければならぬ困難の大小にかかっている。経験が彼にこのことを教える。そして、時計、台帳、インクおよびペンを難破船から救い出したわがロビンソンは、よきイギリス人として、まもなく自分自身について記帳しはじめる。彼の財産目録は、彼がもっている使用対象、彼の生産に必要な各種の作業、最後に、これら各種の生産物の一定量が平均して彼に支出させる労働時間の明細表を含んでいる。

ダニエル・デフォー（一六六〇－一七三一）の『ロビンソン・クルーソー』（一七一九）をモデルに経済の基本原理を考えることは古典派経済学でトレンドになっていたようです。マルクスはロビンソンが複式簿記の貸借対照表のようなものを付けて、自分の総活動を組織化していることを引き合いに出しているわけですね。要するに、貨幣を使わなくても、自分の生活に必要な物を獲得するための労働をどのように配分するかを決めることはできるし、亜麻布のようなものを全体の価値の尺度にしたら、邪魔になるどころか、混乱してしまうでしょう。

　いまわれわれは、ロビンソンの明るい島から陰鬱なヨーロッパの中世に移ろう。ここでは独立人のかわりに、すべての人が非独立的であるのを見出す——農奴と領主、家臣と封主、俗人と僧侶というふうに。人身的な隷属ということが、物質的生産の社会的諸関係にも、その上に築かれている生活部面にも、特徴となっている。しかしながら、与えられた社会的基礎をなしているのは、まさしく人身的隷属関係であるのであるから、労働と生産物とは、その実在性とちがった幻想的な態容（すがた）をとる必要はない。それらのものは、奉仕（サービス）として、また現物貢納として、社会の営為（いとなみ）の中にはいる。（…）徭役（ようえき）労働は、商品を生産する労働と同じように時間によってはかられる。だが、各農奴は、彼がその主人の仕事のために支出するのが、彼の個人的労働力の一定量であるということを知っている。（…）したがって、人々がここで相対して着ている仮装をどう観るにしても、彼らの労働における人々の社会的関係は、いずれにしても彼ら自身の人一的の関係として現われ、物の、すなわち、労働生産物の社会的関係に扮装してはいない。

ここは分かりやすいですね。封建制の場合、農奴は、封建制という社会的関係に基づいて、現物貢納や直接的な徭役という形で奉仕をしています。貨幣は必要ありません。農奴は、自分が社会的関係に従ってどういうことをしているのか分かっていて、誤魔化しようがありません。封建経済には等価性は必要ありません。「仮装 Charaktermasken」というのは、搾取の関係を神の摂理とかの名目で正当化する儀礼的なもののことでしょう。『ブリュメール十八日』にも出てきた言葉ですね。「幻想的な態容」の原語は〈phantastische Gestalt〉。幻想や神秘に関連した語彙も多いですね。

一四〇頁の後半では、共同体的な、家族的な労働の場合は、「自然発生的な分業 naturwüchsige Teilung der Arbeit」が成立しているので、貨幣による物の間の等値はいらない。「性別や年齢別、ならびに季節の変化とともに変化する労働の自然諸条件が、家族間における労働の分配と個々の家族員の労働時間とを規制する」、つまり、労働時間もうまくバランスが取れるよう、慣習とその都度の事情に従って自然と配分されているので、個々の商品を作るのに必要な労働時間を無理に、一律に決めることもない。

最後にわれわれは、目先きを変えて、自由な人間の一つの協力体を考えてみよう。人々は、共同の生産手段をもって労働し、彼らの多くの個人的労働力を、意識して一つの社会的労働力として支出する。ロビンソンの労働の一切の規定がここで繰返される。ただ、個人的であるかわりに社会的であることがちがっている。ロビンソンのすべての生産物は、もっぱら彼の個人的な生産物であった。したがってまた、直接に彼のための使用対象であった。この協力体の総生産物は一つの社会的生産物である。この生産物の一部は、再び生産手段として用いられる。それは依然として社会的である。しかしながら、他の部分は生活手段として、協力体の成員によって費消される。したがって、この部分は彼らの間に分配されなければならぬ。この分配の様式は、社会的生産有機体自身の特別な様式とともに、またこれに相応する生産者の歴史的発展の高さとともに、変化するであろう。ただ商品生産と比較するために、各生産者の生活手段にたいする分け前は、その労働時間によって規定されると前提する。したがって、労働時間は二重の役割を演ず

るであろう。労働時間の社会的に計画的な分配は、各種の労働機能が各種の欲望にたいして正しい比例をとるように規制する。他方において、労働時間は、同時に生産者の共同労働にたいする、したがってまた共同生産物の個人的に費消さるべき部分にたいする、個人的参加分の尺度として役立つ。人々のその労働とその労働生産物とにたいする社会的な連結は、このばあい生産においても分配においても簡単明瞭であることに変わりない。

これは共産主義社会での労働を想定していることが分かりますね。アイゼナハ派とラッサール派の合同によって成立したドイツ社会民主党の綱領の理論的な妥協を批判した『ゴータ綱領批判』の言い方だと、「能力に応じて働き、必要に応じて受け取る」高次の共産主義社会ではなく、働きに応じて受け取る初期の共産主義社会ですね。そういう社会が実現するかどうかは別として、実現されたとすれば、貨幣抜きで、労働の適正配分ができるはずです。ここでは「労働時間」が、各種の「欲求（ニーズ）」と労働の分配を釣り合わせるための、そして、貢献度に見合った分配のための指標になっているわけです。これは、古典派経済学の労働価値説と同じように見えますが、マルクスの言いたいのは、別に市場での貨幣での商品取引を経ないでも労働時間の適正な配分は決まる、従って、あたかも貨幣が取引内容に影響を与えない中立的な媒体であるかのごとく見なして、貨幣をこっそり導入している、労働価値説はおかしい、ということでしょう。貨幣が中立的でないということは、現代の経済学者も認めるでしょうが、果たして、貨幣なしで労働の適正配分が決まるかというのは疑問ですね。やはりマルクスは、自然な労働価値を想定しているように思えます。

さて経済学は不完全ではあるが価値と価値の大いさを分析したし、またこれらの形態にかくされている内容を発見したのではあるが、それはまだ一度も、なぜにこの内容が、かの形態をとり、したがって、なぜに労働が価値において、また労働の継続時間による労働の秤量（ひょうりょう）が労働生産物の価値の大いさの中に、示されるのか？　という疑問をすら提起しなかった。生産過程が人々を支配し、人間はまだ生産過程を支配していない社会形成体に属するということがその額（ひたい）に書き記されている諸方式は、人間のブルジョア的意識にとっては、生産的労働そのものと同じように、自明の自然必然性と考えられている。したがって、社

会的生産有機体の先ブルジョア的形態は、あたかも先キリスト教的宗教が、教父たちによってなされたと同じ取扱いを、経済学によって受けている。

ここはここだけ取り出して読むと、何を問題にしているのか分からないですね。ある商品を作るのに必要な「労働」もしくは「労働時間」が常に「交換価値」を通して把握されているのはどうしてか、というのがマルクスの問題提起です。スミスの『諸国民の富』もリカードの『経済学および課税の原理』も、労働時間が二倍であれば交換価値も二倍になる、というように比較的素朴な形で労働価値説を語っていますが、ここまで何度かお話ししたように、ロビンソン・クルーソーとか先ほどマルクスが図式化した共産主義社会のように、実際には労働時間を測ってから、物の価値を決めているわけではありません。資本主義社会で、いろんな工場を回って実際に必要な平均労働時間を測っている人はいません。工場に詰めている時間の平均なら何とか分かるかもしれませんが、それではあまり意味がないでしょう。実際には、交換価値、具体的には価格から、AはBの二倍の価格だから、Bより二倍の労働時間を費やしているのだろう、と逆算しているわけです。そうするしかありません。[労働→価値] 説ではなくて、[(交換) 価値→労働] 説になっているわけです。

そうやって「貨幣」を媒介にしてしか経済の〝実体〟を把握できないことと、資本主義社会で「生産過程 Produktionsprozeß」が、人々を支配していることと関係があるのではないか、と言っているわけです。人々を支配しているというのは、具体的には労働者の工場での働き方、延いては暮らし方全般を支配している、ということでしょう。当然、「労働時間」の組織の仕方やその測り方を操作することもできるでしょう。資本家は労働者の労働力を査定して買っているのだから、必要労働時間とその内の資本家の〝妥当な取り分〟の計算を、自分の都合のいいように歪めることもできるでしょう。どうやって資本家が労働時間の計算を操作して、自分の利益にしているのかというのが、マルクスが『資本論』全体を通して論じているテーマです。

キリスト教の教父たちが先キリスト教的形態を扱ったように、ブルジョワ意識が「社会生産有機体の先ブルジョア的形態 vorbürgerliche Formen des gesellschaftlichen Produktionsorganismus」を扱っている、という譬えは、思想史的背景がないと分からないかもしれません。初期キリスト教の教父がプラトン、アリストテレスなどのギリシア哲学やギリシア・ローマの神話、ケルト人やゲルマン人の慣習、グノーシスなど、人々の生活に根付いた宗教や慣習を取り入れて、それらがキリスト教固有の教義と整合性があるかのように装ったのと同様に、ブルジョワは、自然発生的・慣習的な生産体制に由来する諸要素、生活のニーズに適合した労働時間と利益分配の仕組みを、自分たちが作り出した商品の交換を中心とした生産体制と整合性があるかのように装った、ということでしょう。かつての自然発生的な生産体制に由来する［労働→価値］観と、市場での貨幣による価値決定のメカニズムは異質なはずなのに、古典派経済学は前者を後者の中に取り込んだかのようなおかしな図式を描き、それを自らの前提にしているわけです。

マルクスの魅力

最後に一四八頁の終わりから一四九頁にかけての箇所を見ておきましょう——第一章のほとんど最後ですね。古典派経済学は比較的早い時期に、「重金主義 Monetarsystem」が金銀の物神礼拝であることを見抜いていたのに、しかし自分たちが囚われている物神礼拝にはなかなか気が付かない。

重金主義は、金と銀とにたいして、それらのものが貨幣として一つの社会的生産関係を表わしているが、特別の社会的属性をもった自然物の形態で、これをなしているということを見なかった。そして上品に重金主義を見下している近代経済学も、資本を取扱うようになると、物神礼拝につかれていることが明白にならないか？　地代が土地から生じて、社会から生ずるものでないという重農主義的な幻想は、消滅して以来どれだけの歳月を経たか？

重金主義が金銀を、重農主義が土地を富の源泉であるかのように物神礼拝したように、古典派経済学≒資本主義は、資本を物神礼拝しているというわけですね。労働価値説を標榜していながら、実際には「資本」にこそ富を生み出す力があると礼拝している、という捩れがあるわけですね。第一章のその後の箇所では、交換価値を商品の物的属性であるかのように見なしたことに起因する経済学の混乱が述べられています。

一般的にマルクス主義は、労働＝価値説を前提にして、価値の創造者である労働者を資本による搾取からの解放、労働者が政府抜きで直接連帯する共産主義社会を目指す運動、あるいはその到来の必然性を予言する思想だと理解されています。今日ここまで見てきたように、大筋ではその通りなのですが、彼は、「労働」が、交換価値という意味での「価値」に還元されるのはどうしてか、というすごく哲学的な問いを立て、「労働」と「商品」と「貨幣」の三者が、資本主義社会でどういう風に関係し合っているかを考え、更にその延長で「資本」についても考えるよう促しているわけです。結局は、資本主義社会が生み出した幻想だとしているわけですが、商品のファンタスマゴリー性の原因を貨幣との関係で探究しています。資本主義をぶち壊しさえすれば全てうまく行くと考えているとしたら、無駄としか思えないくらい、資本主義生産体制が、そこに生きている人間の意識を幻惑している仕組みの複雑さを示唆します。それがマルクスの面白いところです。

■質疑応答

Q　先ほどのお話にも出てきましたが、一三七頁に「私的労働の社会的総労働にたいする関係は、精確に倒錯した形態で現われる」とあります。この「倒錯」の意味ですが、労働時間や労働力のインプットに対して商品の価値が決まっているのではなく、「事後的」に交換によって決まるということを「倒錯」と表現しているということだと理解しました。単に「逆向き」という意味での「倒錯」という表現なのか。あるいは、非難、否定の意味も込められているようにも取れますが、後者だとすると、それは何に対する非難なのか。システムに対する道徳的な非難なのでしょうか。

A　おっしゃるように順序が逆になっているというのが文脈的に客観的な意味ですが、原語では「狂っている」という意味の形容詞〈verrückt〉が使われています。「狂っている」というのは、本来とは異なっている異常な事態であるという意味が込められていることに間違いありません。道徳的非難だとすると、特定の誰かの不正に対して告発する、というニュアンスが伴ってくるので、それがこの表現に直接含意されているのか微妙な感じがしますが、正しい見方を確立しなければならない、という学問倫理的なコミットメントがあるのは間違いないでしょう。天動説を正しいと思い込むのは狂っているので地動説を採らねばならない、というのと同じ意味でのコミットメントです。

無論、『資本論』全体を通して、市場での商品の交換価値によって、遡及的に「労働」の〝価値〟が規定されるという「倒錯」した事態から、資本が利益を引き出していることを証明しようとしているので、最終的には、それを利用している資本家が非難されることになる、と言うことはできます。そのことが既に、こういうちょっとした表現で暗示されているのかもしれません。

Q　その次の頁に、「他の諸生産形態に移って見ると、消えてなくなる」とありますが、これは社会主義や共産主義に移行すると、そういうことがきちんと認識できるようになる、ということでしょうか。

A　最終的には共産主義社会になると、物の見方が変わると言いたいのでしょうが、ここではそこまでの話はしていなくて、単にもし共産主義社会があるとすると、……という思考実験をしているだけです。しかし、思考実験というのは、現在の状態を基礎にして、みんな同じように類推できなければ意味はないのであって、実現できるかどうかできなければ意味はないのであって、実現できるかどうかを含めて、いろんな議論が噴出している共産主義社会を思い浮かべろ、と言うのは無理があるような気がします。ロビンソン・クルーソーにしても、いくら人気があるとはいえ、小説の主人公をモデルにするのは、社会科学としてはまずいでしょう。

Q　そうすると、「労働力」で商品価値が計算できることをマルクスは否定しているように思えます。

A　そうだと思います。マルクスの描く資本主義経済では、資本家は「労働力 Arbeitskraft」を買っていることになっていますが、一四〇頁で述べられているような共同体的な自然分業の状態――このモデルはさほどおかしくないと思います――との対比で考えれば、人が労働する能力とか時間を、均一的なものとして抽出できるという資本主義の想定は不自然です。同じ一人の人間でも、対象や環境、モティヴェーション、周囲の人との関係によってかなり異なった働き方をするはずですし、時間の長さと労働の産物が厳密に比例しているわけでもありません。そもそも、「労働力」なるものが、ある人間に備わった固有の能力だとすれば、それを、切り売りすることなどできないでしょう。本来、切り売りできないものに値を付けることが可能であるかのように装うことを通して、労働者から絞り取っている、とマルクスは考えているのでしょう。

［補講］

アーレントは、マルクスをどう読んだのか？

『人間の条件』、『革命について』、『カール・マルクスと西欧政治思想の伝統』とは？

この補講では、アーレントがマルクスをどう読んだのか、アーレントの主要な著作に即して確認します。それを通して、両者を理解するヒントが得られるのではないかと思います。

ハンナ・アーレントのマルクス論で最もまとまっているものとしては、千葉大名誉教授の佐藤和夫さん（一九四八－　）が結構前（二〇〇二年）に訳された『カール・マルクスと西欧政治思想の伝統』（大月書店）があります。アメリカの議会図書館やドイツのオルデンブルク大学のアーレント・センターの資料から直接訳したものだということです。アメリカ議会図書館所蔵の草稿から訳した部分は、議会図書館のＨＰで見ることができます。ちゃんと編集したテクストではなく、タイプライターで打ったものに訂正が入ったものや、手書き原稿の写真を貼り付けただけなので、読みにくいです。

一九五三年に執筆されたこのテクスト、草稿は、タイトルのわりにはマルクス思想の本質を解き明かしているわけではなく、マルクスによって西洋政治思想全体が規定されているというような書き方をしているわけでもありません。内容は、五年後の『人間の条件』での議論とかなりかぶっているのですが、マルクス主義系の題材の割合が高くなっているのが特徴です。『人間の条件』では、「活動 action」「仕事 work」と並んで、人間を人間たらしめている三つの条件の一つとして、といっても、動物とも共通する、さほど重要でない条件として「労働 labor」を挙げていることからも分かるように、この場合の「労働」とは、身体を酷使して生命を永らえていく営みです。「仕事」と分けていることからも分かるように、この場合の「労働」とは、身体を酷使して生命を永らえていく営みです。近代ではそれが逆転して、いつのまにか「労働」優位になり、それによって、「人間性」の理念が崩壊しつつある、というのが『人間の条件』を通してアーレントが主張していることです――拙著『ハンナ・アーレント「人間の条件」入門講義』をご覧下さい。

『人間の条件』ではそれほど頻繁にマルクスを参照していませんが、この草稿では、プラトン、アリストテレスからマルクスに至るまでの「労働」概念の発展史がかなり詳しく論じられています。といっても、ポリス(polis)に生きる動物である人間にとって「政治 politics」とは何かという政治哲学的なテーマをめぐる議論の中に、マルクス的な労働観を位置付ける議論をしているのであって、マルクスの思想自体を正面から論じているという感じではありません。「労働の廃止」を目指すマルクスの思想に内在するアポリアを考えることを通して、「政治」の本質を考えるという性質のものです。マルクスと直接関係ない話題も多いです。

この草稿が『人間の条件』の前身だとすると、アーレントは当初かなりマルクスに依拠しながら、「政治」について考えていたことになります。アーレントの二番目の夫ハインリヒ・ブリュッヒャー(一八九九―一九七〇)は、元々ドイツ共産党の活動家でしたが、スターリン主義のソ連の現状を知って共産主義者をやめた人です。彼女の親しい友人には、ベンヤミンとか劇作家のブレヒト(一八九八―一九五六)とか、トロツキストの弁護士エーリヒ・コーン＝ベンディット(一九〇二―五九)など、有名な非主流のマルクス主義活動家がたくさんおり、アーレント自身もマルクス主義に親しんでいたので、マルクスから議論を始めるのは当たり前だとも言えます。

その後、アーレントは『人間の条件』や『革命について』(一九六三)では反マルクス主義的なスタンスを鮮明にしています――後者については、拙著『ハンナ・アーレント「革命について」入門講義』(作品社)をご覧下さい。

アーレントが、マルクスを始めから否定するつもりだったのか、考察していく中で批判的になったのか、そこは分かりませんが、マルクスに批判的に取り組んでいく中で、『人間の条件』の骨格ができあがったと考えても差し支えないでしょう。アーレントはマルクスと取り組む中で、マルクスが否定しようとしたものの中にこそ、「政治」の本質があると考えるに至ったのではないでしょうか。

ちなみに『革命について』はタイトルから、マルクス主義と関連がありそうですね。「暴力」の話と通じています。しかし、『革命について』は、現実に起こった革命の分析なので、マルクスよりも、むしろバクーニン（一八一四－七六）やプルードン、レーニン等の比重が大きいです。

繰り返しますが先に述べたように、『カール・マルクスと西欧政治思想の伝統』は長い間まとまった形で出版されていませんでした。何故かと言うと、二つの時期に分かれた草稿群が残されているだけで、そのまま本になる形にはまとめられていなかったからです。それを佐藤さんたちがまとめて訳されたわけです。第二草稿の終わりの方は、アメリカの議会図書館所蔵分には欠けているところがあるので、先ほどお話ししたようにオルデンブルク大学所蔵のものを使ったようですが、それを全部合わせて、訂正箇所を反映してちゃんと清書しても、どういう結論に向かっているのか本当のところは分かりません。はっきり分かるのは、「労働」と、階級闘争という形で発動する「暴力 violence」を重視するマルクス的な政治思想が台頭してきたのに伴って、ポリスで生まれた活動を中心とする［政治―人間］観が崩壊していった、という流れで考えていることだけです。いろいろ興味深い箇所があるのですが、『カール・マルクスと西欧政治思想の伝統』は本当に未完なので、これくらいにします。

アーレントの主要著作、『全体主義の起源』においてマルクスがどういう扱いをされているのかざっと見ていきたいと思います。

『全体主義の起源』「1　反ユダヤ主義」

『全体主義の起源』から見ていきたいと思います。この著作は三巻本で、「1　反ユダヤ主義」「2　帝国主義」「3　全体主義」という構成になっています。第一巻とマルクスとの関連については、マルクス自身がユダヤ人ですし、マルクスは初期に「ユダヤ人問題について」という論文も著しています（本書の第1回講義参

ヒトラー

病気療養中のレーニンと見舞いに訪れたスターリン

照）。第二巻は、タイトルから想像がつくように、マルクスそのものというより、マルクスの継承者であるレーニンによる帝国主義論が参照されています。第三巻のテーマである「全体主義」は、マルクスの時代にはなかった二〇世紀的現象ですが、一九三〇年代以降、コミンテルン（共産主義インターナショナル）が率いるソ連系のマルクス主義は、全体主義——厳密に言えば、ファシズム——を、断末魔の資本主義の最後の抵抗と見てそれに対抗する戦略を立ててましたし、フランクフルト学派などのネオ・マルクス主義派は、文明によって抑圧された無意識の暴発として全体主義を捉えました。その一方、スターリン主義時代以降のソ連自体が、西側から全体主義と呼ばれるようになりました。全体主義は、最後の抵抗を続ける資本主義を打倒しようとするマルクス主義にとって無視できない問題になっていたわけです。

『全体主義の起源』第三巻の最初の章のタイトルは、「階級社会の崩壊」です。つまり、階級社会が崩壊したことが、大衆がヒトラー（一八八九－一九四五）のような絶対的な「指導者」が率いる不定型の大衆運動を動かすようになったことの背景にあると見ています。「階級」の違いが不鮮明になり、それが自分自身の利害を見失うきっかけになり、世界観＝大きな物語を示す党派や指導者に自発的に従いやすい土壌を作り出したわけです——詳しくは拙著『悪と全体主義』（ＮＨＫ新書）をご覧下さい。階級的区分が、少なくとも大衆社会に生きる人の意識の中で相対化して社会が流動化するという問題は、マルクス主義にとって重要な問題です。ただアーレントは、第二巻の最後で論じている「国民国家の没落」というテーマと連動して問題にしています。これから見ていきますが、アーレントは「国民国家 nation-state」という枠組みがあったことによって、階級間の対立が相対的に緩和されていたと見ています。「国民国家」の解体は、本来なら階級闘争の激化に繋がるはずだったけど、実際には、階級よりも深いところで、人々のアイデンティティの基盤になっていた「国民国家」が解体していったことと、産業構造の変化の影響で、階級の団結はかえって弱まり、誰と誰が闘争しているのかよく分からない状況になったわけです。

「1　反ユダヤ主義」から見ていきます。アーレントは、「政治的反ユダヤ主義」を一九世紀特有の現象と見ています。国民国家が完成して以降の現象であり、それ以前のユダヤ人に対する嫌悪、例えば東欧の方で「ポグロム」と呼ばれているような、ユダヤ人に対する突発的に起こった集団的迫害の現象とは根本的に異なると見ています。ユダヤ人はキリスト教文化圏の中で浮いており、非常にしばしば迫害の対象となり、その結果集団で殺されるという事件は頻繁に起こっているが、しかしそれは国家の政治的テーマにはなっていなかった、と見ています。

「政治的反ユダヤ主義」というのは、国家機構の維持・発展に都合の良い形で、反ユダヤ主義が利用されるということです。イデオロギー化、組織化されます。必ずしも政府が主導するものばかりではありませんが、政府主導で国民国家の枠組みができあがり、その枠内で、市民としての登録や教育・文化政策を通して一般の人たちにネイション意識を共有させる政策が取られ、それが定着していくと、ユダヤ人は異分子であると見なされるようになる。国民国家にとって異質な要素であるので同化するか、それができなければ、排除しなければならない、という思考回路ができあがります。そこで「ユダヤ人問題」が浮上してきた。現代の排外主義がそうであるように、「ユダヤ人」に焦点を当てることで、政治や経済に不満を持った人々の敵意を、そこに集中させることができます。政府の反ユダヤ主義と、一般民衆の不満が相乗作用を起こして、「ユダヤ人問題」が大きな争点になった例としてドレフュス事件を挙げることができます。第一巻の最後の章は、この事件の分析に当てられています。これは一九世紀末のフランスで、ユダヤ系の将校ドレフュスが、ユダヤ系であるがゆえにドイツのスパイであるという嫌疑を受け、まともに調べられないまま、有罪判決を受けます。当時、ユダヤ人の陰謀論のようなものが流布しやすい雰囲気ができていました。ドレフュス事件をめぐって、フランスの国論が二分したのは有名な話です。

『全体主義の起源』は、巻をまたいで通し番号で章分けされています。今年（二〇一七年）みすず書房から新装版が出ました。新装版といっても訳自体は、旧版を基本的に使っていて、違っているのはカタカナ表記とか、旧版で章の番号が巻ごとになっていたのを通し番号に改めたとか、註釈の位置が旧版では見開きの左側の頁にあったのが、巻末に移動されたこととか、形式的なものだけです。旧版では傍注だったので、マルクスからの引用・参照だと一目で分かったのですが、新装版ではいちいち後ろを見なければならないので少し面倒になりました。研究者的な読み方をするつもりはなく、読み物として通読したい人には、後ろに注がある方が読みやすいのでしょうね。

『全体主義の起源』において、マルクスはどのような位置付けとなっているか？　第一巻の第二章「ユダヤ人と国民国家」では最初の節で、一八世紀末から一九世紀初頭の国民国家の形成期に、銀行家などそれなりの社会的な地位を占めている人たちもいたユダヤ人がどのような法的・政治的位置付けを与えられたかが概観され、次の節で、プロイセンにおける反ユダヤ主義運動の台頭について論じられています。第三節で、オーストリアやフランスでは、左翼的な傾向の反ユダヤ主義もあって、かなり盛り上がっていたということが述べられています。それに比べて、プロイセンではどうだったかというと、新装版の七五頁に以下のような記述があります。

フランスやオーストリアのそれとは異なって、プロイセンの自由主義的急進的反ユダヤ主義は、貴族階層の反ユダヤ主義と同様真の反ユダヤ主義運動を巻き起こしはしなかった。市民的知識層の初期の急進性、国家機構とのその対立は、まもなくはるかに温和な自由主義に席を譲った。一般にユダヤ人問題の重要性は一八四八年の革命に先立つ時期に薄れた。一八四〇年代においては、ドイツの邦議会はいたるところでユダヤ人解放を要求し、反ユダヤ的な煽動（アジテーション）などはほとんど問題にならなかった。

私たちの一般的なイメージでは、軍国主義的なプロイセンの方が反ユダヤ主義が強そうな感じがしますが、実際にはその逆だったわけですね。プロイセンをはじめ、ドイツの領邦国家ではユダヤ人の同化が進んでいて、マルクスの父ハインリヒ・マルクス（一七七七‐一八三八）はプロイセン領生まれの弁護士でしたし、カントを批判したことで有名な哲学者のモーゼス・メンデルスゾーン（一七二九－八六）は生まれたのは別の領邦でしたが、活躍したのはベルリンですし、その娘でフリードリヒ・シュレーゲルの夫人になったドロテーア・シュレーゲル（一七六三－一八三九）も作家・評論家として活動しています。アーレントが研究対象にしていたラーエル・ファルンハーゲン・フォン・エムゼ（一七七一－一八三三）は自らも作家で、ベルリンでロマン派のサークルのためのサロンを主催しています。

今であれば自由主義者ではなく、ナショナリストが反ユダヤ主義者になるというイメージがありますが、一九世紀のドイツでは自由主義者たちがドイツ統一運動の担い手になっていましたが、そういう人たちの中には反ユダヤ主義者も混じっていたわけです。今と違って、自由主義者が民族に拘るのはおかしいという発想はなかったわけです。先ほどお話ししたように、社会主義運動にも反ユダヤ主義が見受けられました。アーレントは、反ユダヤ主義が、政府とか特権階級だけによって担われたわけではなく、反体制側にも広く共有されていたことを問題にしているわけです。

先ほどの箇所に続けて、次のように述べています。

> 今日ならば左翼反ユダヤ主義と言われるべきものも、マルクスの青年時代の論文「ユダヤ人問題のために」（*Zur Judenfrage*）をその古典とする後の労働者運動における理論的性格の強い特定の伝統を創始したという点においてしか意義を持たない。人々はユダヤ人だったマルクスに非常にしばしば、しかも誤って「自己憎悪」の疑いをかけた。実を言えば、ユダヤ人マルクスが急進主義者の論点を拾い上げて自己流に体系化することができたということの事実は、急進主義者の論点が後の時代の反ユダヤ主義とはどれほど無関係であるかを示す一つのしるしにほかならない。マルクスはもちろんユダヤ人に反対する自分の議論によって自分自身が一個人として傷つけられたとは思わなかったが、それはたとえば、ドイツ人ニーチェがドイツ人に対する自分の論難が自分にも当てはまると思わなかったのと同様だった。マルクスがこの青年期の論文の後には二度とふたたびユダヤ人問題について公的に発言しなかったということは、彼がユダヤ人だったこととは何のかかわりもなく、彼にとっては国家とは社会内部の現実の関係の偽装にほかならず、

それゆえ、彼が国家構造に関するあらゆる問題に興味を失ったことの結果なのである。彼が注意を集中して観察した資本主義社会と工業生産の中には、労働力の売り手としても買い手としても、企業者としても被搾取者としても、ユダヤ人はまったく登場しなかった。社会内部における闘争においては、ユダヤ人は事実何らの意味も持っていなかったのである。

左翼反ユダヤ主義というと、ユダヤ教に対する抑圧は、ユダヤ人の偏狭な宗教性にあるとしたブルーノ・バウアーの『ユダヤ人問題』のような議論が思い浮かびます（本書第1回講義参照）。バウアーは二月革命、ドイツ語圏で言うと三月革命以降、ユダヤ人が革命運動で主導的な役割を果たしていることを問題視し、ユダヤ人の革命家だけでなく、革命そのものを否定する議論をするようになりました。彼の反ユダヤ思想はだんだんひどくなり、ユダヤ人は人種的に劣るとか、ドイツはユダヤ人に支配されている、といったナチス的なことさえ言い出します。ただ、バウアーは反ユダヤ主義的になるに従って、次第に保守的になっているので、左翼反ユダヤ主義者とは言いにくい面もあります。注（38ａ）を見ると、アーレントは、多少重要なドイツの左翼反ユダヤ主義者はＥ・デューリングだけと言っています。エンゲルスの『反デューリング論』（一八七八）で有名なオイゲン・デューリング（一八三三－一九二一）のことです。デューリングは、知識は自然現象の観察を通してのみ得られるという実証主義的な唯物論を展開し、社会民主党（ＳＰＤ）内で影響力を増しました。エンゲルスはそれを食い止めるため、デューリングの議論のいい加減さ、実証主義と言いながら、ところどころで勝手な観念論的な前提を持ち込んでいると言って激しく非難します。そのデューリングは、人種を人類の進化の帰結と見なし、注（38ａ）でも引き合いに出されている『諸民族の存在・習俗・文化にとっての人種的有害性の問題としてのユダヤ人問題。世界史的回答と共に』（一八八〇）――この著作は版によってタイトルがかなり変化しています――で、ユダヤ人と文化的諸民族は、不可避的に対立する関係にある、という議論を展開しています。マルクスの影響によって、ドイツの社会主義がヘブライ的な方向に堕落しているとさえ言っています。彼は最終的に「アーリア人の社会主義」を主張します。

マルクスの「ユダヤ人問題によせて Zur Judenfrage」は、バウアーの『ユダヤ人問題』に対する書評論文です。マルクスは、ユダヤ人自身に責任があるかという論点にはあまり拘らず、むしろ問題が宗教にあるとしているバウアーの分析の浅さを指摘し、「国家」と「市民社会」の間の矛盾というより包括的な視野から問題を取るべきだと主張しています(詳しくは、本書第1回講義を参照)。

この『ユダヤ人問題によせて』は、マルクスが「市民社会」を批判する思想家として自立するきっかけになった記念碑的な著作ですが、その後のマルクス主義運動の、「ユダヤ人問題」に対する指針にはなっていません。アーレントが言っているのは、もし反ユダヤ主義がナチス時代の直前くらいに深刻なものになっていたら、マルクスも、単にバウアーの議論を、ユダヤ人問題とは別の次元に掘り下げるだけでなくて、もっと具体的な議論をしていたのではないか、ということです。「自己憎悪」というのは、マルクスがバウアーほどではないにしてもユダヤ人に対して冷たい感じがするので、そこから来た嫌疑なのでしょうが、マルクスの場合、両親の世代でユダヤ教からプロテスタントに改宗しているので宗教的にはユダヤ教徒ではなくなっていて、バウアーの定義する「ユダヤ人」から外れています。マルクスが自分自身をどの程度ユダヤ人だと感じていたか分かりませんが、アーレントに言わせれば、それはニーチェが現在のドイツ人の堕落を批判しても、それに自己嫌悪を感じないのと同じことではないか、というわけです。これは分かりますね。今の日本人がダメだと言いながら、自分のことだと思って自己嫌悪に陥らない人なんて腐るほどいますね。因みにニーチェは『道徳の系譜学』(一八八七)で、デューリングの反ユダヤ主義をルサンチマンの現れと見て、揶揄しています。ニーチェは、キリスト教やユダヤ教を弱者の宗教として批判していますが、反ユダヤ主義だからといって、持ち上げているわけではないということです。アーレントはそういう文脈を念頭に置いているのかもしれません。

「国家とは社会内部の現実の関係の偽装にほかならず、それゆえ、彼が国家構造に関するあらゆる問題に興味を失った」のは、国家はブルジョワ社会が、非ブルジョワ階級を支配するための道具だ、というマルクス主義に特有の発想です。マルクスに固有の国家論はあるか、という問題については、マルクス研究者の間でも意見が分かれるところですが、アーレントは、「ユダヤ人問題によせて」におけるマルクスは、ユダヤ人に忠誠を強要する国家からの解放というテーマを論じたけど、その後、国家に対する関心を失って、関心を経済や暴力に移していったので、それとセットになっていたユダヤ人問題に対する関心も失ったと見ているわけです。

因みに、マルクスはその方面の関心は持っていませんでしたが、ユダヤ人には金融業者が多く、宮廷に仕え、そこでの財政を取り仕切る立場についていました。資本主義経済に移行すると、金融を支配するユダヤ人の重要性は一時的に低下しましたが、資本主義が更に高度に発達すると、金融資本を中心に産業が組織化されるようになり、銀行を経営しているロスチャイルド家などが社会の中で重きをなすようになります。オーストリアのユダヤ系の商人の家に生まれ、ドイツ社民党で活動し、財政大臣になったルドルフ・ヒルファディング（一八七七－一九四一）は、『金融資本論』（一九一〇）で、金融を中心に資本主義が再編されたことを主張しています。無論、ユダヤ人の話は出てこなくて、金融資本の機能に関するかなり客観的な、あまりマルクス主義者っぽくない分析です。

資本主義の発展におけるユダヤ人が一定の役割を果たしたことをめぐる議論としては、ヴェルナー・ゾンバルトの『ユダヤ人と経済生活』（一九一一）があります。ヴェーバーが『プロテスタンティズムの倫理と資本主義の精神』（一九〇四、〇五）でプロテスタントの世俗内禁欲を資本主義発展の原動力と見たのに対し、ゾンバルトは、ユダヤ人の抽象的な思考や計算能力を主たる原因と考えました。一九世紀にユダヤ資本は様々なところに投資しています。アーレントがドレフュス事件の背景として取り上げている、フランスのパナマ運河事件の際にも、フランスのパナマ運河会社にユダヤ資本が入っていたことが問題になりました。バブルが破裂して経営破綻が分かっているのに株や社債を発行し続けて、被害を拡大させたわけですが、それがユダヤ人の陰謀だとする反ユダヤ的な言論が拡大したわけです。マルクスはシェイクスピアが好きで、『資本論』でも『ヴェニスの商人』から引用していますが、ユダヤ人問題には言及しません。無論、マルクスは科学としての経済学を確立したいのだから、『資本論』の中で民族の個別性のような話をしないのは当然のことではありますが。

先ほどの箇所の少し後で、資本主義にはつきものの「リスク」との関連でまたマルクスの名前が出てきます。

――それまでの数十年の期間の資本主義の発展は、その後におけるほどはっきりとではないまでも、ますます

Er entsprang natürlich der Furcht vor dem Untergang, den Marx vorausgesagt hatte und der sich dann, entgegen der Furcht und der Voraussage, doch nicht einstellte.

拡大して強大になれというモットーのもとに進められてきた。この発展は職人であれ商人であれ直接に小市民をおびやかした。その結果、自分の持っているわずかの財産を殖やすか、もしくはすべてを失って完全な無産階級に転落するかは彼らにとってもはや時間の問題にすぎないように見えた。上昇か下降かの二者択一しかないように見え、誰が成功し誰が失敗するかを決めるのは明らかに運以外の何ものでもなかった。企業家のリスクを後になって資本主義はイデオロギー的に称讃したが、この有名なリスクなるものは実はごく限られた範囲でしか資本主義生産の中でお目にかかれない。その代わり、ある段階においてはこのリスクは単なる賭博者の危険として、資本主義経済には関係ない人々にとってなかなか馬鹿にできない役割を演じるのである。あらゆる国でささやかな貯蓄資本は、この冒険精神——ただそれはこの場合絶望の勇気だったのだが——に突然取り憑かれてしまった。もちろんこの冒険精神は、マルクスが予言していた。だがこの予言や人々の不安にもかかわらず開始しなかった破滅への恐れから発していた。

企業家以上に、小市民が資本主義のリスクに怯えていたというのが主旨だということは分かりますね。よく分からないで怯えていた、自分はそんな冒険的投資などいやだけど否応なくそういう博打のようなものに巻き込まれるかもしれないと怖れていたからこそ、ユダヤ人の陰謀のような話に影響を受けやすくなるわけです。「ささやかな貯蓄資本」というのは、紛らわしい言い方ですが、これは別に銀行預金の形を取って、回転している資本という意味ではなくて、小市民たちが蓄えている小金で、これから投資に回される可能性があるものというような意味です。

しかし私たちにとって肝心の箇所は、文章の続き具合が悪くて、飲み込みにくいですね。実は誤訳があります。「もちろんこの冒険精神は、……」以下は原文では次のようになっています。黒板を見てください。

マルクスが予言していたのは、代名詞〈er〉で表される「冒険心 Wagemut」ではなくて、〈Untergang〉「破滅」です。ただ、「破滅」だとうまくニュアンスが伝わらないので、「没落」と訳した方がいいと思います。従って、「もちろんこの冒険精神は没落への恐れから発していた。この没落は、かつてマルクスが予言していたものであり、この予言や人々の不安にもかかわらず開始しなかったわけだが」と訳すのがいいでしょう。恐らく、このマルクスの予言というのは、プロレタリアートは資本家に搾取されてますます貧しくなり、ブルジョワジーも競争に敗れると転落するので、ごく少数の勝ち組のブルジョワジーを除いて圧倒的多数の人が没落していく、という予言、貧困増大の法則のことでしょう。

もう少し先、一〇七頁、左翼反ユダヤ主義を論じている第三節で、フランスの左翼に見られる反ユダヤ主義について論じる文脈で、またマルクスの名前が出てきます。

ドイツやオーストリアにはかつて存在しなかったもの、すなわちフランス革命の伝統に養われた革命的な小市民階層というものがフランスには存在した。一八四〇年代に氾濫したロスチャイルド家攻撃のパンフレット（その中でもトゥスネルの『時代の王ユダヤ人』（*Les Juifs, Rois de l'Epoque*）が最も重要であり最も興味あるものだったが）を熱狂して読んだのはこの小市民階層であり、当時は急進的な左翼紙だったこの階級の新聞は讃辞で溢れた。この種の著作について判断を下すときには、ここで持ち出されている論拠やここで使われている言葉が、マルクスやベルネの著述における論拠や言葉と本質的に異なっていないということが重要な意味を持つ。違うところはただ、マルクスとベルネにおいては人に欺かれたと感じている――それも正当であるが――ユダヤ人知識層のすべての怒りが表現されているから、この二人のほうが才気に富んで辛辣であることである。

少し分かりにくいですが、要は、フランスの革命的な小市民階層向けの本とかパンフレット、新聞のようなものに反ユダヤ主義の言質も登場してきたということです。購読者層＝革命的小市民のレベルで、左翼と反ユダヤ主義が重なっていたということです。具体的には、書き手の面でも、マルクスたちの文体と、アルフォンス・トゥスネル（一八〇三－八五）の反ロスチャイルド本のそれが似通っていた、というわけです。トゥスネルは、フーリエの影響を受けたフランスの社会主義的なジャーナリストで、博物学を学んだので、その知識を生かした著述活動をしていました。二月革命の時は、労働の改革のために、ルイ・ブランを委員長として組織された労働委員会の委員になっています。彼は反資本主義という観点から、ロスチャイルド家のような金融資本を攻撃し、そこから反ユダヤ主義に深入りしていったようです。

「人に欺かれたと感じている……ユダヤ人知識人」という言い方がぎこちないですね。これだと、何か具体的な詐欺にでもあった経験のある知識人の話をしているように聞こえますが、原語は、〈mit Recht sich betrogen fühlend〉で、受動態になっていて、「人に〜」というのはありません。訳者は不特定の人によってのつもりで「人」を入れたのでしょうが、これだとかえって紛らわしいですね。「正当に」という意味の〈mit Recht〉も入っているので、「正当にも欺かれたという憤りを感じている……ユダヤ系知識人」と訳すべきでしょう。何に欺かれたのかははっきりしませんが、恐らく、市民社会におけるユダヤ人解放、あるいはユダヤ人を含めた全ての市民の自由と平等という理想に関して、ということでしょう。

ルートヴィヒ・ベルネ（一七八六―一八三七）は、ナポレオン時代の末期から復古主義の時代にかけて活動したユダヤ系のジャーナリストで、メッテルニヒに反対して民主主義を擁護する論陣を張りました。名言を多く残していて、元首相の細川護煕さん（一九三八― ）が首相に就任した時の演説でベルネの「政府は帆であり、国民は風であり、国家は船であり、時代は海である。Regierungen sind Segel, das Volk ist Wind, der Staat ist Schiff, die Zeit ist See.」という言葉を引用して、少し話題になりましたね。

> トゥスネルより十年以上も前に、ベルネはその『パリ便り』(*Briefen aus Paris*) の中で「五パーセントの皇帝、三パーセントの国王、銀行家たちの保護者、株式仲買人たちの調停者……（原文フランス語）」について語り、「あらゆる国王を追い出し、ロートシルト［ロスチャイルド］一族を彼らの王者につけたら、世界にとってこれにまさる幸福はないのではあるまいか」と言っている。しかも反ユダヤ主義パンフレットの中で次のような辛辣さをふたたび見るのは、十九世紀も末になってからなのだ。「ロートシルトは教皇の手に接吻した……。これでやっとすべては、神が世界創造のときに望んでいたような秩序にしたがう。貧乏なキリスト教徒は教皇の脚に接吻し、金持ちのユダヤ人は教皇の手に接吻する。ロートシルトがそのローマ公債を六

五パーセントではなく六〇パーセントで引き受け、それによって枢機卿の侍従たちに一万ドゥカーテンを与えることができたとすれば、彼は教皇の首に抱きつくことを許されたろう……。私はこうしたすべてをたいへん結構なことだと思う。ルイ・フィリップは一年後もなお国王でいられたら戴冠式をするだろう。ただしランスのサン゠レミ聖堂ではなく、パリのノートル゠ダム゠ド゠ラ゠ブールス聖堂において。そしてロートシルトはその際に大司教の役をつとめるだろう」。

要するに、ベルネもトゥスネルと同様にロスチャイルド家批判をしていたわけですね。ロスチャイルド批判を反ユダヤ主義に展開しなかったことは違うわけですが。引用の部分は、話の流れからすると、一九世紀末の右翼あるいは左翼の反ユダヤ主義者の檄文からのように見えますが、そうではなくて、ベルネの『パリ便り』の第七二書簡からです。『パリ便り』は、ベルネがパリに在住していた一八三〇年から三三年にかけて、フランクフルト在住の女性ジャネット・ヴァール（一七八三－一八六一）に宛てて書いた書簡を、三四年にパリで刊行したものです。第七二書簡が書かれたのは一八三三年です。「原文フランス語」とありますが、これは手紙全体がフランス語で書かれていたということではなく、この部分だけがフランス語になっていたということです。「ノートル゠ダム゠ド゠ラ゠ブールス」というのは、訳注にあるように、ノートル゠ダム寺院に、「証券取引市場」を意味するフランス語〈bourse〉を足した、皮肉な造語です。

トゥスネルと革命的なフランスの小市民階層だけではなく、マルクスとベルネもまたこの十年の間には、「資本家全体の財産没収がユダヤ人資本家の財産没収から始まったとすれば、革命は促進されるだろう。ユダヤ人資本家は資本主義の典型を最もよく示しているし、彼らの名は大衆に最もよく知られているから」と信じていたのである。

一〇年というのは、ベルネの『パリ便り』と、トゥスネルの『時代の王ユダヤ人』が刊行された四七年の間ということでしょう。正確には一三年ですが、アーレントは恐らく七月革命の少し後、三〇年代後半から、『共産党宣言』が刊行され、二～三月革命が起こった一八四八年の少し前くらいまでの社会主義革命への期待が高まっていた時期にかけての一〇年前後、というような意味で言っているのでしょう。

アーレントは、ベルネやマルクスも含めてユダヤ系の政治活動家自身が、ユダヤ系資本が資本主義化を促進し、富を独占しつつあるというわけです。反ユダヤ主義的言説は、非ユダヤ人である、それぞれの国家のマジョリティだけでなく、部分的に反ユダヤ主義資本という形で、左派的なユダヤ系知識人によっても担われていた。むしろ、同胞である彼らの方が過激だという面もある。そうしたユダヤ人内部の反ユダヤ主義言説が、左翼の中の反ユダヤ主義へと拡散し、それを更にナチスや、ドレフュス事件をきっかけに形成されたアクション・フランセーズのような極右が利用するという、複雑な経緯にアーレントは関心を向けているわけです。

『全体主義の起源』「2　帝国主義」

「2　帝国主義」に移りましょう。先ほどお話ししたように、資本主義の発展形態としての「帝国主義」という歴史的現象は既に二〇世紀初頭にレーニン等によって詳しく分析されています。従って、事実関係とその経済的背景についてアーレントは、レーニンやヒルファディングなどのマルクス主義・反資本主義系の議論を、それほど批判的ではない形で参照しています。資本主義的生産体制を拡張するには、資源と市場が足りなくなった資本主義諸国は、アフリカやアジアなど、非西欧圏に進出し、そこを自らの植民地とし、自分専属の資源の供給地兼製品市場にします。地球には限りがあります。特に豊富な天然資源があるところ、大規模な人口が都市に集まっているおかげで、労働力も豊富で、有力な市場になり得るところは限られています。それで先進資本主義諸国同士が植民地争奪戦を始める。その基本的な認識については、アーレントも左派と変わりません。アーレントが強調するのは、そのことにプラスして、国民国家が帝国主義政策のベースになり、そのため、反ユダヤ主義を利用する形で輪郭が固まっていた国民的アイデンティティが更に強化され、排他的になっていった、ということです。

アーレントは、「帝国主義」と言う場合の「帝国 empire」が、古代ローマの「帝国 imperium」とは異なることを指摘します。古代ローマ帝国は、ローマ帝国に対し忠誠を誓い、一定の貢献をした者に対してはローマ市民権を与え、帝国に組み込むという政策をとっていました。その意味での普遍性を追求することで、ローマは当時の世界帝国になり得たわけです。それに対して一九世紀の「国民国家」発の帝国主義では、ヨーロッパ人同士の間でも「国民」の間の仕切りが際立ちました。それが、植民地の人との間では更に高くなる。帝国主義は、本国だけの利益を追求し、利益を国内に持ち返り、「国民」に還元する。それに合わせて、ライバルの国家の国民や現地人と自分たちとの差異を強調します。それによって国内の階級対立を緩和し、社会的に恵まれない人たち、それまで余計者とされていたような人たちにも国民国家への帰属意識を持たせる。植民地進出に伴って、余計者たちにも活躍の場が与えられることになります。

「2　帝国主義」第五章「ブルジョワジーの政治的解放」を見ていきましょう。帝国主義は国を挙げて展開されますが、その際、ブルジョワジーの経済活動も国の範囲を超えて拡大していきます。一番、最初の方、新装版の三頁目にレーニンの名前が出てきますが、ここは背景説明をしないと分かりにくいので、先に五一頁以降のレーニン以外の帝国主義論に触れている箇所を見ておきましょう。

一八六〇年代末のイギリスに始まり七〇年代の全ヨーロッパ経済を規定することになった深刻な経済危機は、いろいろな面でヨーロッパ資本主義と近代政治との歴史における決定的転換点である。この危機においてはじめて明らかになったことは、経済自体の「鉄の法則」などには縛られず純然たる収奪によって蓄積過程をまず最初に可能にした、かの「資本の本源的蓄積」（カール・マルクス）は、蓄積のモーターを永久に回転させつづけるには不充分だということだった。この「原罪」をもう一度くり返さなければ、すなわち純粋な経済法則を政治的行為によって破らなければ、明らかに資本主義経済の崩壊は避けられなかったのである。このような崩壊は住民の全階層が工業化された生産過程に組み込まれた後にのみ起こり得るのだから、それはブルジョワジーの破滅ばかりか国民全体の破滅を意味する。帝国主義はこの危険に対する緊急諸対策から生まれたのである。それらの対策のすべてが目的としていたのは、いま一度、そして可能なかぎり長期にわたって、「本源的蓄積の諸方法によって資本主義的な富が」創造され得るような道を見出すことだけだった。

ややこしい書き方ですが、ポイントは分かりますね。資本主義の危機が、本格的な帝国主義的な競争を始動させるということです。それは、マルクスが「資本の本源的蓄積 ursprüngliche Akkumulation des Kapitals」と呼んだ事態を否定することだったようですね。マルクス主義者が「原初的蓄積」「原蓄」と呼んでいる現象です。資本主義的生産が始まるまでの様々の段階を経ての「資本」の蓄積過程を指します。みんなが自分が作ったものを必要に応じて等価交換によって他の物質と交換し、ぎりぎりの生計を立てているという状態が続く限り、資本主義的生産は不可能である。誰かの手元に、生計を維持するのに必要な以上の富が集まり、それが労働力や機械、原材料を購入するのに足りるだけの量になっていなければなりません。しかも、一人二人がそういう状態に達しているだけだと、社会全体の生産構造は変わらないので、かなりの数の人がそういう状態になっていないといけない。『資本論』では第一巻の第二四章がこのプロセスの記述に当てられています。原初における暴力的な土地の占有とか、エンクロージャーに伴う農民の追い出し、追い出された農民の奴隷化、農民の賃労働者化、海外植民地での金銀産地の発見、原住民の掃滅、奴隷狩りなどを経て、「資本」を蓄えた人々と、そのせいで生産手段を奪われ、労働力しか売るものがなくなった大勢の人々がはっきり分かれることで、資本主義的生産過程が可能になるわけです。マルクス自身、そうした「本源的蓄積」を「原罪 Sündenfall」と譬えています。

ただ、正確に言うと、〈Sündenfall〉は「堕落」で、その「原罪」というのは、その結果として人類が負うことになった、大本の罪のことなので、厳密には違います。恐らく「堕落」という日本語だと漠然とした感じになるので、岩波文庫の向坂訳などで内容を考えて「原罪」と訳したのを踏襲しているのでしょう。聖書では、堕落の結果、楽園を追われた人類が額に汗して労働しなければならないという話だが、本源的蓄財という堕落は、労働しなくてもいい資本家という階級が生まれた物語だと、マルクスはコメントしています。堕落で原罪を帯びたアダムとエバの子孫は、カインのアベル殺しに象徴されるように、同胞間での殺戮や暴力を繰り返すことになりますが、マルクスは本源的蓄積も、征服、圧制、強盗殺人などの「暴力 Gewalt」を伴っていたと言っています。

「鉄の法則 eiserne Gesetze」というのは、資本主義発展の法則のことでしょう。これに対応する表現は、『資本論』の第一版の「序文」にある、自分の研究対象は、「資本主義的生産の自然法則（Naturgesetze der kapitalistischen Produktion）から生ずる敵対関係の発展程度」ではなく、「法則それ自体」であると述べている箇所です――「法則」は複数形になっています。この複数形の法則は、「鉄の必然性をもって作用し、貫徹するこれらの傾向diese mit eherner Notwendigkeit wirkenden und sich durchsetzenden Tendenzen」だと言い換えられています。マルクスの理論のもう一段階先に進まなくてはならなくなったわけです。「自然法則」＝「鉄の必然性」をまとめて、「鉄の法則」と表現したのでしょう。細かいことを言いますと、〈ehern〉というドイツ語の形容詞は元々、「鉱石の」とか「金属の」という意味でしたが、その後、「青銅の」とか「鋼の」という意味で使われるようになりました。

つまりマルクスは、いったん資本主義経済が成立すると、まるで自然法則のように、特定の方向に向かって発展していく必然的傾向があったと言っているわけですが、六〇年代末の英国に発した経済危機で、その「鉄の法則」が中断して、危機を克服すべくもう一度、「本源的蓄積」を再現するような暴力的なプロセスが始動した、と言っているわけです。

「本源的蓄積の諸方法によって資本主義的な富が」という引用はヒルファディングからです。ヒルファディングは『金融資本論』で独占の度合いを強めていった金融資本が帝国主義戦争に乗り出すという議論を展開しています。レーニンは『帝国主義論』（一九一七）で、このヒルファディングと英国の経済学者ジョン・アトキンソン・ホブソン（一八五八－一九四〇）を批判的に参照しています。ホブソンはマルクス主義者ではなく、自由党に属していた基本的には自由主義的な経済学者ですが、次第に所得の不平等の問題に関心を持ち、厚生経済学に取り組むようになります。第一次大戦後は、自由党を離れ、労働党に接近します。彼は『帝国主義論』（一九〇二）で、主として英国の帝国主義政策の実体を経済学者の立場から詳しく分析し、植民地支配は不道徳であるだけでなく、一部の金融資本を儲けさせているだけで、英国の経済発展に寄与していないと論証します。この第五章でアーレントが一番多く引用しているのはホブソン、それに次いでヒルファディング、それに注（37）と（38）で、過剰に蓄積された資本と商品・労働市場を求めての帝国主義政策の関係に関してローザ・ルクセンブルクを引用していますね。

例えば国民国家をベースにした資本主義の膨張が起こってくるという議論は、ホブソンの初期の労作『帝国主義論』の議論を広く援用している、と注（35）（三三六頁）で述べられています。さらに、知識人たち、特に大学教授や評論家が愛国主義的な熱狂で、帝国主義的な経済侵略を支持したことを、ホブソンは処女論文であるCapitalism and Imperialism in South Africaで指摘している、と紹介しています（注（34）、三三六頁）。ナショナリズムと帝国主義の結び付きは、先ほどお話ししたように、アーレントの議論で一番肝心な所です。

ホブソンのどういう議論を参照にしたのか見ておきましょう。五〇頁に注（35）に対応する箇所があります。帝国主義的膨張は、資本主義が過剰資本の捌け口を目指して資本の輸出を始めた、という無害な現象に見えた、と述べられていて、そこに注（35）が付けられています。その後の箇所で次のように述べられています。

> 資本主義経済のもとで進められたヨーロッパの工業化は国民の富を著しく増大させたが、それはしかし、あらゆる住民層に対する生産物の平等な分配を不可能にしていた社会制度のもとにおいてであった。その結果は貯蓄資本の大きな蓄積であり、その資本は国民経済の枠内では生産的な投資も適切な消費も不可能だった。ここで本来問題となったのは、資本主義経済が予期していた資本の蓄積ではなく「過剰な資金」の絶えざる発生であり、このような資金の所有者がますます増え、本来は資本所有階級に属さない住民層にも広がっていったことである。帝国主義時代の序曲となった深刻な恐慌と不況の時期が産業資本家たちに教えたことは、今後は「剰余価値の実現は第一条件として、資本主義社会以外の購買者の一団を必要とする」ということだった。

要は、資本は単に蓄積すればいいというものではなくて、それを投資しないといけないので、消費が増えないと困るということです。少数の個人投資家だけの時代だったら、投資した人が資金を寝かせておくことに同意してくれさえすればそれでいいわけですが、株式とか社債、銀行からの借り入れなどによって会社を経営していると、つまりヒルファディングが論じている、金融資本中心に高度に組織化された資本主義になると、資本を遊ばせておくわけにはいかない。資本が利益を上げないと、小口の株主として、あるいは銀行預金という

形で間接的に関与している一般庶民も影響を受けます。銀行を通して、資本が相互に結合しているので、特定の業種の資本の遊休化は、他の企業にも影響が及びます。そういう意味で、金融資本主義は帝国主義に結び付きやすいわけです。先ほどお話しした、第一巻の最後の、パナマ運河会社のバブルをめぐる騒ぎの背景に、こうした経済構造の問題があると考えられます。パナマはフランスの植民地ではありませんが、有望な投資先が国内に少なくなったから、海外の大規模事業に投資せざるを得なくなったわけです。

ヒルファディングについても先ほどの箇所とか、やはり国民全体が資本蓄積過程に巻き込まれ、帝国主義的な政策が国民全体の欲求に適った政策になったということを示すために参照しています。五〇頁でローザ・ルクセンブルクを参照しています（注（37）（38））。先ほどの「今後は『剰余価値の実現は第一条件として、資本主義社会以外の購買者の一団を必要とする』」はローザ・ルクセンブルクからの引用（注（37））です。

先ほどのすぐ後、本文で注（38）に対応する箇所を読んでおきましょう。

需要と供給が一国の範囲内で調整され得たのは、資本主義制度が住民のすべての階層を支配するにいたらないうち、つまり資本主義制度がその全生産能力を発揮し切らないうちのことだった。資本主義が自国の経済生活・社会生活の全組織に浸透し、住民の全階層が資本主義によって決められた生産と消費のシステムの中に組み込まれてしまったときはじめて、「資本主義的生産は最初から、その運動形態および運動法則において、生産能力の宝庫としての全地球を計算に入れて」いたこと、そして、停止すれば、全体制の崩壊となるほかはない蓄積の運動は、いまだ資本主義に組み込まれていない領土、それゆえに原料と商品市場と労働市場の資本主義化の過程を進め得る新しい領土を絶えず必要とすることが、明らかとなった。

これは九〇年代以降、グローバリゼーション論の文脈でよく聞くようになった、資本主義が存在し続けるには、本源的蓄積を繰り返し、資本の源泉になるものを取り込み続けないといけないという論理です。最初はその国の住民の消費を含んだ全生活を全て資本主義体制に組み込み、資本主義によって作り出された財やサービスなしで生活している領域を消滅させる。それが終わると、まだ資本主義化されていない地域を求めて、外に拡大してく。注（38）では、アーレントはローザ・ルクセンブルクの『資本蓄積論』（一九一三）を参照して、次のように述べています。

(38) 帝国主義に関する書物のうちでは、ローザ・ルクセンブルクの労作ほどの卓越した歴史感覚に導かれたものはおそらく例がない。彼女は研究を進めるうちにマルクス主義とはその正統派・修正派のいずれを問わず一致し得ない成果に到達したのだが、彼女は身につけたマルクス主義の武器を捨て切れなかったために、彼女の著作は断片の寄せ集めのままに終わっている。そして彼女の著作はマルクス主義者もその反対者もどちらも満足させることができなかったため、ほとんど注目を浴びぬままになっている。

ローザ・ルクセンブルクとアーレントは、ドイツ語圏のユダヤ系女性政治思想家で、二人ともよく出回っている写真で見る限り、同じような顔立ちの美人なので、何となく似たようなイメージで見ている人は結構多いのではないかと思います。年齢は三四歳離れていて、ローザの方は、一九年のスパルタクス団の反乱の際に若くして亡くなっているので、直接の接点は恐らくないでしょうが、何かジャンヌ・ダルク的なイメージが共通していますね。マルガレーテ・フォン・トロッタ（一九四二－　）というドイツの女性映画監督が『ローザ・ルクセンブルク』（一九八五）と『ハンナ・アーレント』（二〇一二）の二作品を作っているのですが、主演女優はいずれも、バルバラ・スコヴァ（一九五〇－　）という同じ女優です。ドイツ語圏でも、ローザとアーレントは似たようなイメージで見られているのでしょう。アーレントの思春期に、ローザが革命に失敗して虐殺されているというショッキングな事件が起きているので、そのことの影響を受けたのは間違いないでしょう。ただ、既にお話ししたように、ローザがマルクス主義の革命戦士として死んだのに対し、アーレントは第二次大戦後、マルクス主義に批判的になっていたわけですが。

第二巻第五章の本文ではローザの名は出てきませんが、注では彼女の『資本蓄積論』は体系的には未完成だけど、彼女の歴史感覚の鋭さを示している、と評価しているわけです。『革命について』でも、初期ソ連における「評議会」政治の堕落・変質についてのローザ・ルクセンブルクの論評をすぐれたものとして評価しています。「評議会」については後でお話しします。注(38)の先ほどの後の箇所を見ておきましょう。

——以下にすこし彼女の文章を引用して、彼女の見解のいくつかが持つ広い射程を——今日においてもまだ認

> められていないが――示したい。それらは、とりわけ彼女自身の意図にさえ反してだが、政治とはまったく無関係に自分自身の法則に従う資本主義発展などというものは存在し得ないし、また存在したこともないことを、証明している――剰余価値の実現は、「もともと非資本主義的生産者および消費者そのものに結びつけられている。だから剰余価値の非資本主義的購買者の存在は、資本とその蓄積のための直接の生存条件であり、したがってそのかぎりでは、資本蓄積の問題における決定的な点である」。かくて、「歴史過程としての資本蓄積は、その一切の関連において、非資本主義的な社会層および社会形態を頼みとしている」（二八三頁）。「帝国主義は、まだ占領されていない非資本主義的世界の残部をめぐる争奪戦における、資本蓄積過程の政治的表現である。……帝国主義は、資本の生存を延長させる一歴史的方法であると同様に、最も手取り早くその生存に限界を設定する最も確実な手段である」（三六一頁）。――資本主義の非資本主義世界に対する緊急不可欠な依存は、帝国主義のあらゆる相の根底をなしている。このことは経済的には、ホブスンの言う「過剰貯蓄」と「悪分配」の結果として説明され得るし、またレーニンに従えば、過剰生産とそこから生ずる新しい市場の必要性の結果として（…）、ヘイズに従えば、原料不足が起こった結果として、あるいはヒルファディングに従えば、国民経済の諸利潤率の均等化に不可欠な資本輸出として（…）説明され得る。

最初の引用は『資本蓄積論』の第二六章、後の引用は第三一章からです。「剰余価値の非資本主義的購買者 nichtkapitalistische Abnehmer des Mehrwerts」というのが抽象的で分かりにくい表現ですが、これはその直前の「非資本主義的生産者および消費者 nichtkapitalistische Produzenten und Konsumenten」の言い換えです。要は、資本主義がある程度成熟してくると、元々資本主義が発生した領域の外に出ていかねばならなくなる、そうでないと、「剰余価値」を絞り出せなくなる、ということです。その意味で、「資本主義」は「非資本主義的世界」の存在に依存している。ホブソンやヒルファディングは、金融資本が新しい投資先を求めて、帝国主義に乗り出したということを主張しているので、資本主義が産業資本中心の発展を続ければ、帝国主義は必ずしも必要ではないという議論だと解することができます。マルクス主義者ではないホブソンは実際そのつもりでしょう。それに対してローザは、金融資本であろうとなかろうと、資本主義は最初からまだ資本主義に取り込まれていない領域を、自分の外部に持つ必然性がある、と言っているわけです。普通のマルクス主義的読解では、そうした現在のグローバリゼーション論の先駆になるような、資本主義的世界と非資本主義的世界の不可分の関係を指摘したことが、ローザの業績だというところですが、アーレントは恐らく、「政治的表現 der politische Ausdruck」という所に着目して、経済的法則に従って非資本主義的世界を吸収する必然性が生じたとしても、それを実行するにはやはり「政治」的決定が不可欠だと考えたのでしょう。無論、それだったらローザではなくても、レーニンやホブソンのテクストでもよかったはずですが、私の推測だと、ローザの場合、それまでは資本主義世界と外部の関係を純粋に経済の「鉄の法則」に即して考えようとしていたのに、やはり「政治」の働きに注目せざるを得なかった、と見ているのでしょう。

カールトン・J・H・ヘイズ（一八八二－一九六四）というのは、アメリカの歴史家で、ヨーロッパ史を専門とし、ナショナリズム研究の先駆者になった人です。第二次大戦中にアメリカの駐スペイン大使として、フランコ独裁政権がナチス側で参戦しないよう、中立を保たせる外交工作を行ったことが知られています。参照されているのは、『唯物論の世代　一八七一－一九〇〇』（一九四一）という著作です。

少し先、本文の五六頁で、ドイツでは自由主義者が帝国主義を推奨したこと、社会民主党の帝国主義に対する態度がはっきり定まらなかったということが述べられています。第一次大戦に際して彼らの腰が定まらなかった。しかし、

もっと本質的な原因は、帝国主義がマルクス主義の経済理論では歯の立たない最初の現象だったことにある。なぜならマルクス主義にとってはモッブと資本との新しい同盟はいかにも不自然であり、階級闘争の教義に反するものだったため、帝国主義的実験の直接の政治的危険、つまり人類を支配人種と奴隷人種、有色民族と白色民族に分け、階級に分裂した民族をモッブの世界観を基礎に統一しようという企てには、彼らは全然気づきさえしなかったからである。戦争勃発に際しての国際連帯の崩壊すら社会主義者に教訓を与えなかったし、プロレタリアートに対する彼らの信仰を揺るがせもしなかった。帝国主義政策がとう

帝国主義

・資本主義発展の法則
・非経済的要因：「モブ mob」

全階級、全階層からの脱落者の寄せ集め。階級差は解消しており、ある意味、「民族」全体を象徴するような存在。ただ、落ちこぼれ、社会の屑。⇒ 犯罪者的な振る舞いをする。

⇒ 植民地支配にモブを利用、内政面でも、うまく使って政治をコントロール
※マルクス『ルイ・ボナパルトのブリュメール十八日』、［ルンペン・プロレタリアート≒モブ］
※※アーレントはこうしたモブの動きは、少なくともマルクス主義経済学では説明できないと指摘

に経済法則のレールを離れ、経済的要因がとうに帝国的要因の犠牲とされていたときになっても、まだ社会主義の理論家は帝国主義の「合法則性」を発見しようと躍起になっていた。

ポイントは先ほどのローザ評と同じです。マルクスが〝発見〟した資本主義の経済法則とは別の要素が働いたということです。ここでは、帝国主義を推進した非経済的要因とし「モブ mob」の存在に焦点が当てられています。近年、フラッシュ・モブという表現で知られるようになったあの「モブ」です。辞書を見ると、「群衆」という訳語が出ていますが、アーレントは「モブ」を単なる大勢の人間の集合体と捉えているわけではなく、階級的な視点から見ています。六二頁を見ると、工場労働者でも絶対に下層の民衆とも同一ではなく、全階級、全階層からの脱落者の寄せ集めだと述べられています。その意味で、「モブ」において階級差は解消しており、ある意味、「民族」全体を象徴するような存在です。ただ、落ちこぼれで、社会の屑なので犯罪者的な振る舞いをすることもあります。反ユダヤ主義的な扇動で動員されやすいし、海外植民地へ行くと、手荒なことをして、一旗揚げようとする。帝国主義の先兵として最適です。ポーランド出身の英国の作家コンラッド（一八五七－一九二三）の小説『闇の奥 Heart of Darkness』（一九〇二）のクルツのように、現地人の野生の力に魅せられ、それを取り込んで支配者になろうとする者が出てくる。

マルクスが『ルイ・ボナパルトのブリュメール十八日』で、ナポレオン三世を支持したルンペン・プロレタリアートを非難したのも同じ問題

ですね（本書第5回講義参照）。「ルンペン・プロレタリアート＝モブ」と考えてもいいでしょう。『ブリュメール十八日』は『資本論』よりも大分前に書かれたせいか、資本主義システムの周縁部で生きる最も貧しく困窮しているはずの人たちが、労働者側につくのではなく、資本の利害を代表している権力者に味方することと、経済の鉄の法則の間の矛盾をそれほど突き詰めて考えていないように見えますが、マルクスが亡くなった前後から顕在化してきた、モブと資本が帝国主義的政策で利害が一致し、共謀するようになるというのは、看過し得ない問題です。アーレントはこうしたモブの動きは、少なくともマルクス主義経済学では説明できない、と言っているわけです。植民地で暴れ回ったモブたちにとって、自分は少なくとも白人であり、支配者側だと思わせてくれる人種主義は都合がいい思想だったわけです。

> それにしても奇妙なのは、帝国主義政策に対する真に民衆的な反対が全然なかったことである。政権につけばやはり帝国主義政策しかとれなかった自由主義的政治家たちの無数の言行不一致、公約不履行、背信行為は、単に御都合主義とか、まして買収とかで説明のつくものではない。グラッドストンのような人間は買収されはしない。その彼が選挙戦での厳かな公約にもかかわらず首相となったときにエジプトを解放しなかったとすれば、そこには別のもっと深い理由があったに違いない。当時の民衆も政治家も、階級闘争が国民の統一体自体を分解させてしまい、全政治機構も全社会機構もともに極度の危険に曝されていることを知っていた。だから膨張は分裂した国民にふたたび共通の関心を与え、いま一度統一をもたらすものとさえ思えたのである。こうして帝国主義者は国民の内部に巣くうきわめて危険な敵となった。なぜなら彼らは事実、ホブスンの言ったように「愛国心の寄生虫」であって、ネイションの存続を願う愛国者の真摯な憂慮を餌にみずからを肥やしていたからである。

グラッドストン（一八〇九－九八）は、ヴィクトリア朝時代に、保守党党首でユダヤ系のディズレーリ（一八〇四－八一）と相互に交代する形で何度か首相を務めた自由党の政治家で、選挙法改正や義務教育の導入、北アイルランドの小作農保護とか、現代のアメリカ的な意味でのリベラルがやりそうな政策をやっているわけですが、その一方で帝国主義的な政策を展開しています。エジプトの話というのは、オスマン・トルコの支配下にあったエジプトで、地元のアラブ人による革命政権ができて、それが反ヨーロッパ的な姿勢を示したため、スエズ運河の利権を守ろうとする英国がオスマン系の王朝の要請を受ける形で、フランスと共に軍事介入した事件です。一八八二年のことです。左翼の人は、金のために帝国主義に同調するとか言いたがるけど、そういうことではなさそうだ。そうではなくて、彼のような清廉な人は、階級闘争によって「国民」が分裂することを怖れる「愛国心 Patriotismus」から、帝国主義で利益を得ようとする者たち、寄生虫に同調したのだ、とアーレントは見るわけです。

帝国主義に寄せられた愛国者の期待が、国内政治の矛盾を対外政策の冒険によって解決するという昔からの空しい常套手段と何がしかの共通点を持っていたことは確かである。しかしそれまでの時代との違いは明瞭である。冒険はその本性からして時間的空間的に限られており、時として解決をもたらし得たとしても、それはつねに時間を稼ぐだけのものでしかない。これに対し、永久的膨張という帝国主義の冒険は初めから無限と見なされ、資本主義的生産自体の運動過程に組み込まれるべきもの、一時的危機の克服に終わらないものとされていた。それに帝国主義は人々が馴染んできたような冒険ではなかった。なぜなら、それは対外政策のナショナリスティックなスローガンを利用することはあまりせず、むしろ経済上の実質的利害という堅固な基礎に立っていることを誇ったからである。

先ほどは、経済の法則を超える政治的な動機が強調されましたが、ここではむしろ、資本主義的生産の膨張運動が、帝国主義の冒険を永続的なものにしたことを強調していますね。ナショナリスティックなスローガンで煽っただけだと、そんなに長続きしないけど、経済上の利害に裏打ちされると長続きする可能性が高い。政治的要素と経済的要素がコラボしたわけですね。

ここで、先ほど後回しにしたレーニンに言及している箇所を見ておきましょう。帝国主義とその帰結である、一九世紀と二〇世紀ははっきり分かたれるという話の後で、以下のように述べられています。

レーニンでさえこの意味では十九世紀の政治家だった。彼は揺るがぬ確信をもってこう言っているのだから――革命後人々は、一切の社会生活の基盤をなし、かつ数千年来よく知られてきた数少ない自明の道徳

律を堅持することに、徐々に慣れてゆくだろう、と。

昨今のレーニン論からすると意外な感じがしますが、レーニンは、社会主義革命があっても、「自明の道徳律」は依然として人々の生活の基盤であり、革命が終わったら、それに回帰すると言っている、ということです。注を見ると、これは『国家と革命』（一九一七）の第五章ということになっています。第五章「国家死滅の経済上の原理」の終わりの方に、人間の「共同生活 общежитие」がいかなる形を取るにせよ、簡略で「基本的なルール основные правила」を守ることが短期間のうちに習慣になるだろう、と述べられています。これは革命があろうとなかろうと、人間はそういうものだという話で、一九世紀／二〇世紀と直接の関係はないのですが、アーレントは、それは実際の革命による「人間」の変質を知らないから言えることだと示唆したいのでしょう。

この後の箇所でアーレントは、帝国主義の時代まではブルジョワジーは経済的に中心的な役割を果たす一方で、政治的支配を狙ったことは一度もなかった、と述べています。この認識については、マルクス主義者は異論がある所でしょうが、アーレントは恐らく、ブルジョワジーの利害を代弁しているとされる政治家や官僚と、ブルジョワジー、資本家自身を分けて考えているのでしょう。それを前提としたうえで、ブルジョワジーのそうした「奇妙な慎ましさ die eigentümliche Bescheidenheit」は、この階級が、階級と党派を超えた存在である「国民国家」と結び付いて発展してきたことと関係があるのではないか、と述べています。

このことのゆえに、ブルジョワジーは社会の支配的階級となることができ、しかも統治することを断念し得たのだった。国民国家が無傷でいたかぎりは、本来の政治的決定はすべて国家に任せられていた。しかし、国民国家が資本主義経済にとって必要な拡大を可能とする枠組たり得ないことが明らかになったときはじめて、国家と社会の間の潜在的な抗争が公然たる権力闘争になった。だが帝国主義時代には、いずれの側も決定的勝利を収めるにはいたらなかった。国民国家の諸制度はどこでも帝国主義的野望の残虐性と誇大妄想に対して抵抗した。ブルジョワジーは国家とその暴力手段を自分の経済的目標のための道具として利用しようとしたが、この試みはつねに半分しか達せられなかった。これが変化したのは、ドイツのブ

ルジョワジーがモッブの助けを借りて支配権を握るべくヒトラー運動にすべてを賭けたときのことである。しかしそのときはもう手遅れだった。たしかにブルジョワジーは、ナチ運動の力を借りて国民国家を崩壊させることには成功した。だがそれはエピルス王ピュロスの勝利［犠牲の多すぎた勝利］だった。なぜなら、モッブはたちまちのうちに支配意欲も、その能力もあることを示して、その他のすべての階級と国家諸機関からと同様にブルジョワジーからも権力を奪ってしまったからである。

ここでは、ブルジョワジーが主導する資本主義経済の拡大と、国民国家が対立しているかのような言い方になっているので、あれっ、国民国家とブルジョワジーは相性がよくなかったのか、国民国家がベースになって帝国主義が推進されたのではないのか、と思ってしまいますが、ここでの「国民国家」は、政治的なアクターというより、「国民」を統合するための制度的枠組みとして語られていると考えればいいでしょう。帝国主義政策の帰結が、国民国家の枠と矛盾するようになった、ということです。

ブルジョワジー主導の帝国主義が、国民国家の軍事・外交機構を使って外部へ進出し、その利益を国民国家に還元しているという関係があるので、帝国主義と国民国家の諸制度が矛盾していると言われても、ピンと来ないのですが、これ以降の議論の流れを見ると、どうも帝国主義政策を行った結果、国民の利益を優先し、国民統合を図る政策が行えなくなる、ということでしょう。しかし、帝国の領土が大きくなると、統治するための大きな官僚機構が必要になります。帝国全体をうまく統治するには、現地では官僚支配、本国は小さい政府という風に使い分けすることはできません。戦争や帝国内貿易のためには、本国で官僚を中心に物事を迅速に決定しないといけなくなる。それは国内民主主義や法の支配と矛盾する。また、植民地の人々を搾取しすぎると、現地の統治が大変になるし、植民地出身者が本国に移住してくるのを認めざるを得ないし、彼らは労働力として必要でもある。フランスや英国には実際、多くの移民がやってきました。すると、国民国家としての一体性が乱れてきます。ドイツも英仏に出遅れたものの、植民地獲得に乗り出しましたし、ドイツ、オーストリアの両国は、東欧の異民族の居住地域を帝国主義的に支配するようになったので、同じような問題に直面することになります。その東欧の諸民族の中にユダヤ人がかなりの割合で含まれていたわけです。

「モブ」については先ほどお話しした通りです。ブルジョワは植民地支配にモブを利用したわけですが、それだけではなく、内政面でも、モブをうまく使って政治をコントロールしようとするようになったということでしょう。国内の選挙があるので、自分たちの望む政策を実現するには、膨張主義的な政策を支持してくれる「モブ」を動員する必要がある。軍拡競争のようなことをすれば、国民の生活を圧迫することになるし、戦争で犠牲者がでるので、いやがる国民もいる。それで、「国民国家」という枠組みが、膨張政策と齟齬をきたすようになるわけですが、アーレントは、ナチスを「モブ」を動員できる政党として、当初ブルジョワジーから期待されていたと見ているわけです。ナチスは、「民族」あるいは「人種」という漠然とした概念を効果的に使って、国民のコンセンサスによって運営される国民国家という枠を超えて、伝統的なエリート支配とも教会とも無縁の指導者原理、つまりヒトラーの意志によって思い通りに運営される帝国を作り上げました。その先兵になった親衛隊などを、アーレントはモブと見ているのでしょう。しかし、そのナチスはブルジョワジーの思惑をも裏切って、ブルジョワジーも予想していなかった無謀な膨張主義や反ユダヤ主義の政策を展開し、経済をコントロールするようになりました。

ピュロス王（前三一九－二七二）というのは、ギリシア北東部のエピルスの王で、後にマケドニアの王も兼ねた人物です。アレクサンダー大王（前三五六－三二三）の亡き後の帝国分裂期の人です。当時新興国家だったローマが、イタリア半島南部のギリシアの植民都市ターレスに侵攻したので、ピュロスはターレスの要請に応じてローマと戦います。名将だったので、最初は勝利していたけれど、味方の損害も大きく、本国から増援部隊を送らせる余裕がなく、他のマグナ・グレキアの都市の支援も得られないで、追い詰められてきます。そこから、犠牲ばかり多くて、ほとんど得るもののない勝利を「ピュロスの勝利」と呼ぶようになったわけです。

『全体主義の起源』第二巻の第八章「大陸帝国主義と汎民族運動」も見ておきましょう。この章では先ほどお話しした、ドイツやオーストリア、そしてロシアなど主として隣接する東欧地域の領土を、植民地化した帝国について述べられています。これらの国では、「国民」よりも、広範で曖昧、かつ神秘化された「民族」に依拠する汎ゲルマン主義や汎スラブ主義の運動が展開されるようになります。マルクスは、これらの大陸帝国なかったことを指摘します。

主義の草刈り場になった南東欧で国民国家が生まれなかった原因として、本当の意味での土着の農民階級がいなかったことを指摘します。

社会学的に言えば国民国家は、解放されたヨーロッパ農民階級に正確に対応する政治体である。このことはまた、国民軍が国家的枢要の地位と社会的威信を保ち得たのは前世紀の終わりまで、すなわち国民軍が農民的要素からなる集団であり、社会的にも思想的にも農民階層を代表していた間だけだったことの理由でもある。マルクスがナポレオン戦争についての著作で述べているように、「軍隊は分割地農民のほまれ(point d'honneur)であり、英雄になった農民自身であり、外に向かって新しい所有を守り、いま闘いとったばかりの彼らの国民というあり方に栄光をそえ、世界を掠奪し革命化する。軍服は彼らの独得の大礼服であり、戦争は彼らの詩であった。分割地を空想の中で延長し補完したものが祖国であり、愛国心は所有観念の理想的形態であった」。一般的兵役義務において頂点をきわめた西欧型ナショナリズムは、そのほとんどが土地を持つ自由な農民だった国民に適合していたのである。

引用の部分はマルクスの『ルイ・ボナパルトのブリュメール十八日』です。フランス革命後の土地分割によって独立した自営農民が、土地への愛着から、土地の延長である国民国家を支えるようになったわけです。そうしたマルクスのフランスに関係する分析を、アーレントは西欧全般に敷衍しているわけです——裏を返すと、東欧にはそうした自営農民が十分に育っていなかったということでしょう。ただしマルクスは、分割地農民と国民国家の結び付きをしっかりしたものと見ていたわけではありません。マルクスによると、革命後新しく登場した彼らは、国土の一部を所有しているという事実以外にお互いを結び付ける絆を持っていなかったし、革命的なメンタリティや国家戦略的な視野も持っていなかった、しかも迷信的な体質を持っていたので、自分たちの利益を守ってくれそうに見えたルイ・ボナパルトを支持したわけです（本書第5回講義参照）。この辺のマルクスの分析は、アーレントの「モブ→全体主義」論に通じているようにも思えるのですが、どうもアーレントは必要以上にマルクスを参照するつもりはないようです。

『全体主義の起源』「3　全体主義」

「3　全体主義」では、第一〇章は「階級社会の崩壊」というタイトルになっています。アーレント固有の議論ではなく、大衆社会論一般の前提ですが、一九世紀末から二〇世紀初頭にかけて、産業構造の変化に伴うホワイトカラー層の増大や、帝国主義政策の影響で、「ブルジョワジー vs. プロレタリアート」という二項対立図式が崩れ、階級の区別が曖昧になり、どの階級をどの党が代表しているのか分かりにくくなる。いわゆる、無色透明な大衆というものが生まれてきます。加えて、近代初期から進んでいた伝統的な共同体の解体が更に進み、人々は完全な根無し草、アトムになっていきます。アーレントはそれによって、モブが暗躍する余地が増えたと見るわけです。

二八〜三〇頁にかけて、ロシア革命に際してのレーニンの問題意識が述べられています。ツァーリとその中央集権的な官僚機構による統治体制が崩壊し、いかなる政治・社会組織もなくなった時、彼は、支配から解き放たれた大衆の行方に懸念をもっていた、ということです。

巨大な無構造な大衆をなしていたロシア住民の中では、封建的身分の残滓も、都市ブルジョワジーやプロレタリアートの育ちはじめたばかりの芽も、いかなる役割をも果たしていなかった。この状態は、古い秩序を支えていた専制が崩壊してしまった後では、今度は現代的な啓蒙的専制を——革命的独裁であれもっと別の形であれ——紛れもなく要求しているように見えた。レーニンは、権力の奪取がこれほど容易でその維持がこれほど困難なところは世界のどこにもないと言ったが、このとき彼の念頭にあったのは単にロシアの労働者階層の数的な弱さだけではなく、この本来無政府的な（アナーキー）、完全に無構造な状態でもあった。

無構造の大衆をそのままではうまく組織化することができなかったので、レーニンが何をやったかというと、ただこの目的のためにのみ、彼は自分のマルクス主義的確信に反して、およそ作り出せるかぎりの社会的、民族的、職業的差異を強化し制度化した。明らかに彼は、この方法によってしか、党は革命によって手にした権力を維持できないと考えていた。彼はこの政策のためにマルクス主義イデオロギーおよび彼自身の理論に対してかなり重大な譲歩を余儀なくされている。

民族別の隔離や職業制を固定化して、社会を構造化することで、ソ連国家をまとめ上げようとした。そのため、彼本来の理論に反して、党官僚機構を作り上げたというわけです。この箇所の少し後で、レーニンの死んだ直後はまだいろんな発展可能性があったけど、結局、レーニンが作り上げた構造をスターリン（一八七八－一九五三）が利用して、官僚的な一党独裁による全体支配が徹底化されることになり、少数民族の自治を認めた多元的な政治の可能性が失われていったということが述べられています。大衆社会が無構造であったからこそ、それに人工的な構造を与える党組織が必要になった、というわけです。第一二章「全体的支配」では、それを受けて、スターリン統治下のソ連と、ナチス時代のドイツでは、秘密警察や強制収容所を利用して、「人間」の条件、「人間」の意味が徹底的に破壊されたという論が述べられているのですが、この辺は直接にマルクスと関係しているとは言えないので、アーレントのマルクス観という脈絡では考慮に入れる必要はないでしょう。

政治の新しい可能性とマルクスの痕跡

『革命について』の最終章である第六章では、この辺りの事情を、「政治」の新しい可能性という視点から、理論的に突っ込んで論じています。初期のソ連に関してアーレントは、「プロレタリアート独裁」の名の下に一党独裁を行うようになった段階と、それ以前の評議会（ソヴィエト）による自治が試みられた段階をはっきり区別しています。日露戦争でのロシアの敗北の遠因になった一九〇五年の第一次ロシア革命では、工場のストライキが党の指導のようなものに拠らないで、自発的に広がり、運動全体を総括する全国的な「ソヴィエト」も結成されました。そもそもその当時は、ナロードニキと呼ばれる民衆に寄り添う知識人のグループと、一八九八年に結成されたばかりの社会民主労働党があるだけで、大規模に大衆を動員できるような政党はありませんでした。亡命先から帰国したレーニンは当初は「ソヴィエト」に懐疑的でしたが、臨時革命政府の萌芽として積極的に評価するようになりました。一七年も二月革命の段階では、それと同じ様相を呈し、メンシェビキ（社会民主労働党右派）や労働者たちのイニシアティヴで再び全国的な「ソヴィエト」が結成されました。

「プロレタリアート独裁」の名の下に一党独裁
一党による支配を意味する。一つの原理の下で、人民を一元的に管理し、複数制を破壊するものとして徹底的に批判

評議会（ソヴィエト）による自治
評議会制を、人々が古代のポリスのように活動できる政治の空間、積極的な意味での自由な空間を作り出す仕組みとして評価

トロツキー

レーニンも当初は、「全ての権力をソヴィエトへ」と言っていたけど、十月革命では、一党独裁へと舵を切った。

アーレントは評議会制を、人々が古代のポリスのように活動できる政治の空間、積極的な意味での自由な空間を作り出す仕組みとして評価する一方で、一党による支配を、一つの原理の下で、人民を一元的に管理し、複数制を破壊するものとして徹底的に批判しています。近代のヨーロッパ、特にロシアでは、共産党の官僚的組織化と評議会政治の試みが同時並行的に進んだので、混同されがちだけど、両者を区別することが大事だというのがアーレントのロシア革命観の基本です。この文脈でアーレントは、前衛党による支配を正当化しようとするレーニンやトロツキー（一八七九－一九四〇）のやり方を批判するローザの議論を好意的に参照しています。

最後に、『人間の条件』でのマルクスの痕跡を見ておきましょう。『人間の条件』では、人間を条件付けているものとして、「労働 labor」「仕事 work」「活動 action」が挙げられています。アーレントは、ポリス的な意味での人間の最も重要な本質は、「政治」に参加すること、「活動」と考えています。言論を通して他者に働きかける「活動」を通して、異なった視点から物を見ることのできる「複数性 plurality」が培われます。「仕事」というのは、テーブルとか机とか椅子、あるいは芸術作品とか、人間同士が一定の様式で関係し合うための媒介となる物を作り出す営みです。「労働」はあくまでも生物的ニーズを満たすだけのものです。マルクス主義で「労働」と呼んでいるものから、「仕事」を分離して、低い位置付けしか与えないようにしている感じですね。

第二章では、「労働 labor」は常に西欧史の中で、人間にとって絶え難いもの、苦痛なものとして見なされて

きた、その見方をマルクスも継承している、と論じています。九八〜九九頁にかけて、「財産 property」というのは元々、市民たちが公的な領域において「活動」するための足場であり、家の町である市民のアイデンティティを示すものと考えられていたが、近代においては単に生物的ニーズを満たすためになされる「労働」の産物としか見なされなくなったと述べています。

> 近代の財産概念によれば、財産とは、その所有者がいろいろな方法で獲得した、しっかりと一定の場所を占めている世界の固定した部分ではなかった。そうではなく、財産の源泉は、自分自身の中にあった。いいかえれば、それは、人間が肉体を所有していることの中に、そして人間がこの肉体の力をまちがいなく所有していることの中にあった。マルクスは、それを「労働力」と名づけた。

古代のポリスでは、財産、特に土地を持っていることは、その人が共同体の一角を占めていることであり、アイデンティティの基盤になっていましたが、ロックによって確立された近代の「労働＝所有」論では、自己保存のために必要なものを労働によって獲得し、それをためたものが「財産」だという、純物質的な理解が支配的になりました。アーレントに言わせれば、それは消費可能な「富 wealth」であって、「財産」ではありません。「財産」を物質的・生物的なものと捉えて、それの保障を政治の最重要課題とするロック＝スミス的な見方から、それを作り出す「労働力 labor-power」を人間の本質と見るマルクスの「人間＝労働力」論が生まれてきた、というのがアーレントの主張です。

初期マルクスは、人間が自らの類的本質から疎外され、苦しんでいることを直視し、それを解決しようとしたが、人間の本質を「労働力」と見なすことで、人間を「労働」で富を作りだす道具としか見ない、近代思潮をむしろ強化することになった。そうアーレントは見ています。アーレントからしてみれば、「労働力」を人間の本質と見たうえで、それを誰が支配するか、という話をしていたのでは、「活動」の意義は余計見失われていく。本来、「家 oikos」の中の私秘的な営みであった「経済 oikonomia ＝ economy」が、人間の生活全部を規定するようになったこと——この辺のことは拙著『ハンナ・アーレント「人間の条件」入門講義』をご覧下さい——が問題なのに、その前提の下で、私的所有権を廃止し、「労働力」を解放しようとする、倒錯した方

『人間の条件』⇒人間を条件付けているもの
・「労働 labor」：生物的ニーズを満たすだけ。常に西欧史の中で、人間にとって絶え難いもの、苦痛なものとして見做されてきた、その見方をマルクスも継承している。
・「仕事 work」：テーブルとか机とか椅子、あるいは芸術作品とか、人間同士が一定の様式で関係し合うための媒介となる物を作り出す営み。
・「活動 action」：ポリス的な意味での人間の最も重要な本質は、「政治」に参加すること、「活動」と考える。言論を通して他者に働きかける「活動」を通して、異なった視点から物を見ることのできる「複数性 plurality」が培われる。
※アーレント：「労働力」を人間の本質と見たうえで、それを誰が支配するか、という話をしていたのでは、「活動」の意義は余計見失われていく。「活動」という政治固有の領域を再確立することを考えねばならない。

針を打ち出したところにマルクスの問題があった、というわけです。「労働力」を取り戻すというのではなく、「活動」という政治固有の領域を再確立することを考えねばならない。アーレントから見て、マルクスとマルクス主義は、人間の条件の理解を余計に生物学的なものにし、結果的に「全体主義」の発生に貢献してしまったわけです。『革命について』でも、貧困問題の解決を、自由と同一視する、マルクス主義の生物学主義を批判しています。

■質疑応答

Q　モブの話が出ましたが、アーレントだったら、今の情報化社会におけるモブの情報化はどのように見るのでしょうか。

A　自由な意見交換の場がネットで、そこにしがらみなく、自由に参加し発言する人を、ネット社会のモブと見なすのであれば、アーレントはその面では好意的に評価するのではないでしょうか。

ただし、情報の共有化イコール意見交換ではありません。その情報を各人がちゃんと評価したうえで、他の人の意見を聴かないと意味がありません。自分が入手した情報を拡散するだけで、他人の話を一切聞かない人ばかりになったら、つまりアトム化・無構造化が進んでいることになります。現在は、そちらの方向の方が目立っているのではないでしょうか。

最初は、何のしがらみもないモブとして勝手なことを言うのでかまいませんが、ちゃんとした「活動」にしていくには、同じテーマで関心を持つ人のコミュニティを形成して、異なった意見でも排除しないで、とにかく相互の意見をよく聞いてから発言するようなルールを作る、大げさに言うと、自由の空間を〈constitute〉する必要がある。今の〝ネット論客〟には、自分ルール、自分基準、自分の気持ち、自分が共感するものを、問答無用で他人に押し付け、それを受け容れない人を、分かっていない奴、●●の手先扱いするような人が多すぎます。

［あとがき］――やっぱり危険な思想家

一昔前の日本では、「マルクス」はサヨクの神だった。

神を冒瀆すれば、呪いの言葉を投げかけられるのは当然のことだが、妄りに神の名を唱えても、「お前にマルクスを語る資格などない！」と罵倒される（モーゼ「十戒」の第三戒）。

私も、マルクスと初期フランクフルト学派やデリダとの関係についていろいろと書いていたので、これまでしばしば〝マルクス教〟各宗派の信者たちから言いがかりを付けられた。

彼らは恐ろしく偏狭だ。

最近は、ウヨクもかなりサヨク化しているが、宗派（セクト）的な振る舞いによって他人を不快にすることにかけては、かつてのサヨクの方が上をいっていたような気がする。今の日本のネット社会に蔓延している、他人を思想的に攻撃し、炎上したがる連中の「原型」はサヨクだったのではないか、と思う。

私の経験からすると、サヨク（＝マルクス教諸宗派の構成員）の嫌味な感じは、以下の諸要素の複合効果として生じる。

①：自分が覚えた教条に合わない他者の言説は、理解できない。

②：①に該当する言説を発する他者は、知的に劣っていると即断し、「全然分かっていない」「勉強不足」「基本がなっていない」といった決まり文句の罵言を浴びせる。

③：②の知的に劣っている理由を、女性、社会的・民族的マイノリティ、貧困層などに対する根強い「差別意識」あるいは、「苦労した経験の欠如」（→「激しい肉体労働をしたことがない」「社会運動に参加したことがない」「●●の実務経験がない」）に求める。

④：「敵」を責めている「味方」は絶対に間違えない。ゆえに、味方の間違いを指摘されても一切認めない。
⑤：間違いを指摘する相手を決まり文句であざ笑う。
⑥：「味方」が闘っているのを見ると、条件反射的に、とにかく参戦する。

この六つが徹底されると、相当嫌な奴になる。

しかし、本人たちは、自分たちの〝正義〟を疑わない。むしろ、自分たちを理解しない連中のせいで、社会の進歩が停滞し、日本あるいは世界が大きな損失を被っている、と嘆いてみせる。宗教的な偏狭性に他ならないが、それを指摘されると、「マルクスは宗教と徹底的に闘ったのだ。君はやっぱりマルクスが分かっていない」、などと見当外れのコメントをする。自覚がない分、本当の宗教よりたちが悪い。

周囲にこういう連中がいると、病的な気分になり、ニーチェが言いそうなことを口にしたくなる。しかし、一度それを口にすると、癖になる。自分自身が、ウヨクあるいは、別種のサヨクになり、〝鬱陶しい彼ら〟と同じような振る舞いをし続けることになりかねない。

「マルクス」はそういう病気を招き寄せる危険な思想家だ。中途半端に啓蒙され、自分は「真実を知った」と思い込んだ――ものの、後になって徐々に自信がなくなった――人間のコンプレックスが、「マルクス」という名にまつわる諸々のエピソードによって増幅されるのだろう。

まっとうな「知識人」とは、そういうコンプレックスを乗り越えた人ではないかと思う。

現代思想における「マルクス」を知るための読書案内

◎アーレント『カール・マルクスと西欧政治思想の伝統』

佐藤和夫編集、ハンナ・アーレント研究会訳（大月書店）2002年

「労働」をめぐるマルクスの議論と対比することで、古代ギリシア以来の西欧の政治思想の中心的課題を明らかにすることを試みた、五〇年代前半のアーレントの草稿。「労働」を人間の本質と見ると共に、「労働labor」からの解放を目指すマルクスの両義的な姿勢と、彼の「革命」への拘りの意味を思想史的に検討することを通して、古代の「ポリス」の空間において、自由人の営みである「活動action」が、ポリス的動物である人間の本質として重視されていたことが強調される。「仕事work」と「労働」の区別や、私的領域である「家」における「労働」と、公的領域における「活動」が対比されており、『人間の条件』の原型が、マルクスとの批判的取り組みを通して形成されたことが推測できる。第二草稿では、政治思想の伝統に対する挑戦としてマルクスと並んで、キルケゴール、ニーチェを挙げており、後に『精神の生活』にも繋がっていく、ハイデガー的な問題意識が、アーレントの政治哲学の隠れたモチーフになっていたことも窺える。

◎アルチュセール『マルクスのために』

河野健二、西川長夫、田村俶訳（平凡社ライブラリー）1994年

人間の行動を無意識のレベルで規定する「構造」をめぐる構造主義的な問題意識と、マルクスのイデオロギー（上部構造）批判や経済学批判の方法論を接続し、マルクス主義的構造論の可能性を示したアルチュセールの主要著作。バシュラールに由来する「認識論的切断coupure épistémologique」と、ジャック・マルタンの「問題系problématique」の二つの概念を用いて、『フォイエルバッハ・テーゼ』と『ドイツ・イデオロギー』を境にして（切断）、ヒューマニズム的なイデオロギーの「問題系」に囚われた初期マルクスから、科学的言語＝唯物弁証法によって思考する、後期の「問題系」へと移行したと主張する。この前提に立って、『経哲草稿』の「疎外論」に依拠してマルクス主義をヒュー

マニズム的に理解しようとする、「人間の顔をしたマルクス主義」を批判する。資本主義社会は、国家、支配的イデオロギー、宗教、組織された政治運動など、様々な審級の相互の絡み合いによって「重層的に決定」されているとしたうえで、それらの諸審級と、それらを、「最終審級 dernière instance」において規定している生産様式との関係を明らかにすることを、科学的マルクス主義の課題として設定した。直接の弟子であるバリバールやランシエールだけでなく、デリダやフーコー、ネグリにも影響を与えることになったフランス現代思想史の重要な著作。

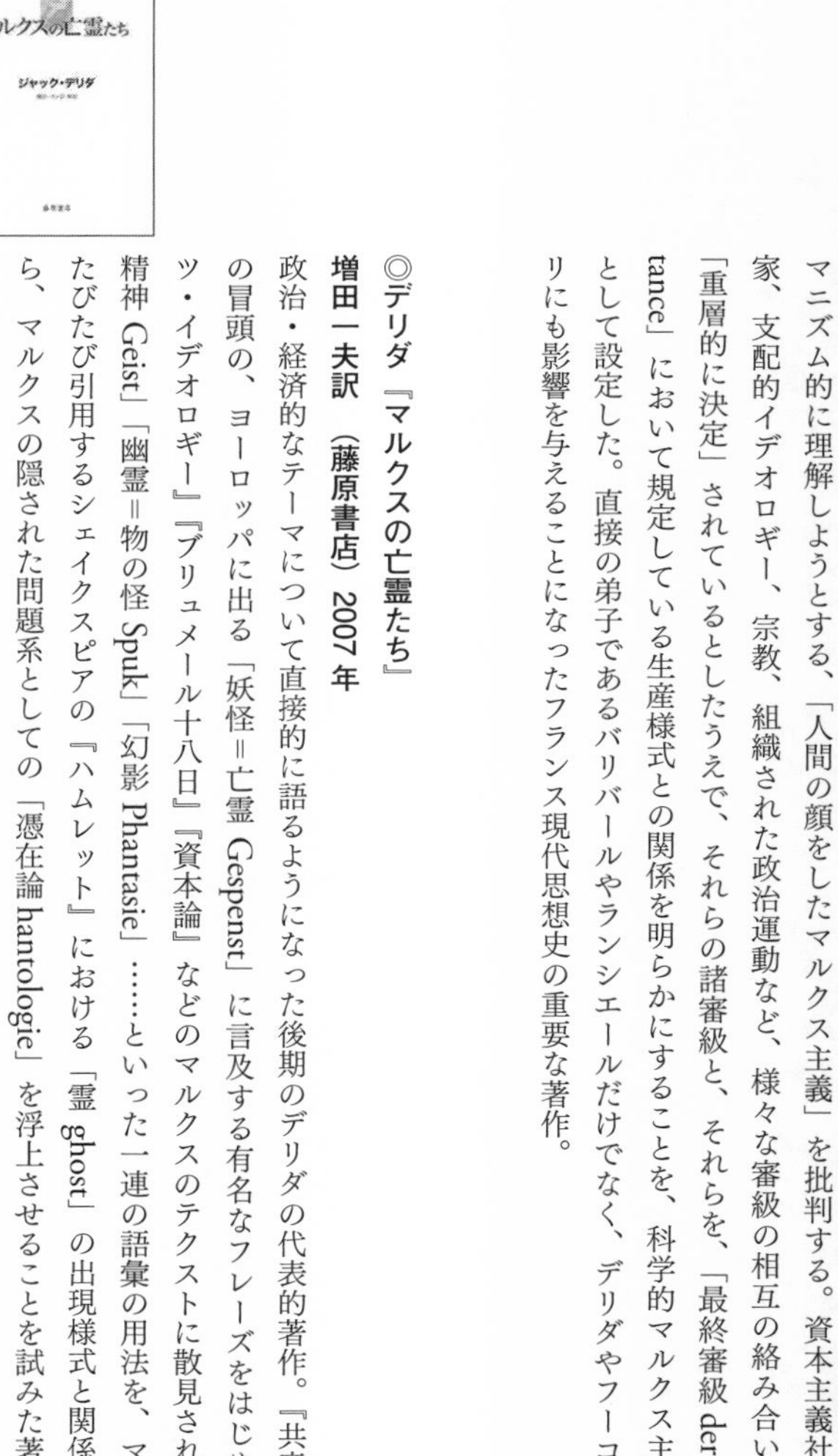

◎デリダ『マルクスの亡霊たち』
増田一夫訳（藤原書店）2007年

政治・経済的なテーマについて直接的に語るようになった後期のデリダの代表的著作。『共産党宣言』の冒頭の、ヨーロッパに出る「妖怪＝亡霊 Gespenst」に言及する有名なフレーズをはじめ、『ドイツ・イデオロギー』『ブリュメール十八日』『資本論』などのマルクスのテクストに散見される「霊＝精神 Geist」「幽霊＝物の怪 Spuk」「幻影 Phantasie」……といった一連の語彙の用法を、マルクスがたびたび引用するシェイクスピアの『ハムレット』における「霊 ghost」の出現様式と関係付けながら、マルクスの隠された問題系としての「憑在論 hantologie」を浮上させることを試みた著作。一見、マルクスの文学趣味を後付けしているかのような細かい文献学的な対照作業を通じて、西欧世界を規定する「存在論 ontologie」に不可避的に生じる綻びをめぐる問題意識が、シェイクスピアとマルクスを結んでいることを明らかにしていく。「商品」の感性的・超感性的性質をめぐるマルクスのファンタスマゴリー論と、「不気味なもの das Unheimliche」をめぐるフロイトやハイデガーの議論がどのように絡んでいるか示されており、脱構築的な読解の手法が存分に発揮されている。

◎**宇野弘蔵『資本論の経済学』（岩波新書）1969年**

独自の『資本論』理解によって、日本のマルクス経済学をリードした宇野弘蔵による『資本論』入門。最初に、価値法則、人口法則、利潤均等化の法則の三大法則を、『資本論』から読み取れる資本主義社会を特徴付ける経済法則として呈示したうえで、これらが経済学的研究を可能にするような純粋な形で現れるのは資本主義社会のみであることを明らかにしたことに、『資本論』の科学的な意義があると主張する。そうした原理的な議論が妥当するようになる前の諸段階、及び、経済法則がそのままの形では妥当しなくなる段階との関係を明らかにするのが、唯物史観の課題である。標準的なマルクス主義とは違って、『資本論』で描かれる経済法則の客観的分析と、政治や法など上部構造的なものも含んだ社会構造全体の歴史的変化の諸段階を追っていく唯物史観は、相互に補完する関係にあるものの、唯物弁証法のような一つの論理で統合的に説明することはできない、という立場を取る。その観点で、敢えて「法則」を与えようとしないレーニンの『帝国主義論』のスタンスを、理論と歴史の間で中途半端な態度を取るヒルファディングの『金融資本論』のそれよりも高く評価する。同じ著者による『経済原論』や『社会科学としての経済学』を併せて読むと、宇野理論の全体像が見えてくる。

◎**柄谷行人『マルクス　その可能性の中心』（講談社学術文庫）1990年**

学位論文、『経哲草稿』『ドイツ・イデオロギー』『ブリュメール十八日』『資本論』などのマルクスの主要テクストを、疎外論から経済学批判への発展史という従来型の読み方と異なった視座から捉え直し、史的唯物論の科学性を明らかにした意欲的な著作。デモクリトスとエピクロスの間の微妙な「差異」への拘りと、『資本論』における価値形態−貨幣論、『ブリュメール十八日』における「代表」論の三者を、「シニフィエ／シニフィアン」の一致とズレをめぐる記号論的な観点から一貫性をもって解釈し、ニーチェの『道徳の系譜学』における負債＝罪の問題とも繋げていく、アクロバティックなやり方は、多くのポストモダン系批評家に影響を与えた。同書に所収の武田泰淳論や漱石論では、唯物社会や階級闘争とはテーマ的に関係なさそうな文学テクストから、マルクス・記号論的な問題系を抽出するやり方が刺激的である。『ブリュメール十八日』（平凡社ライブラリー）の日本語訳に所収の柄谷の解説論文も、本書の問題意識と連続している。

◎熊野純彦『マルクス　資本論の哲学』（岩波新書）2018年

カント、ハイデガー、レヴィナスなどの哲学的テクストの精密な読解に定評のある倫理学者による『資本論』の読解。『資本論』の本論の冒頭の一文が、「資本主義的生産様式が支配している社会の富はひとつの『とほうもない商品のあつまり』としてあらわれて、個々の商品はその富の原基形態として現象している」となっており、「である ist」ではなく、「現われる＝現象する erscheint」という動詞を使っていることに着目し、「現象／存在」の区別をめぐるプラトンやカントの議論と関係付ける。更に、第二段落冒頭の「商品はさしあたり外的対象であって、その属性によってなんらかの種類の欲求を満足させる事物である」、という一見陳腐に見えるマルクスの「使用価値＝有用性」観を、アリストテレスの「可能態 dynamis／現実態 energeia」論に関連付けるなど、『資本論』の経済学的記述の中に、「存在」や「認識」をめぐる西欧哲学の議論の蓄積が含まれていることを暗示する。そうした哲学的な含蓄を示す一方で、価値形態論、貨幣－資本論、再生論、流通論、利潤論、利子論、信用制度論、原蓄論など『資本論』全体の主要な論点を押さえたうえで、『資本論』からコミューン主義への展望を示している。経済学と哲学の双方に関心がある人には、極めて刺激的なマルクス読解である。

	ラファルグ『怠ける権利』
1881	デューリング『ユダヤ人問題』 ニーチェ『曙光』
1882	バクーニン『神と国家』 ニーチェ『悦ばしき知識』
1883	ドイツ、疾病保険法成立 マルクス死去 ニーチェ『ツァラトゥストゥラはかく語りき』(〜85)
1884	ドイツ、労災保険法成立 エンゲルス『家族・私有財産・国家の起源』
1885	マルクス『資本論』第2巻
1886	エンゲルス『フォイエルバッハ論』
1889	第二インターナショナル設立
1890	社会主義鎮圧法失効
1894	マルクス『資本論』第3巻 エンゲルス死去

	デューリング『自然弁証法』『資本と労働』『生の価値』
1866	普墺戦争 北ドイツ連邦結成
1867	英国、第二次選挙法改正成立 オーストリア帝国、オーストリア＝ハンガリー二重帝国に改組 マルクス『資本論』第1巻 ベーベル＋リープクネヒト、ザクセン人民党設立
1868	バクーニン、国際社会民主同盟設立
1869	ザクセン人民党を基礎にドイツ社会民主労働者党設立、アイゼナハ綱領採択 スエズ運河開通
1870	普仏戦争→第二帝政崩壊
1871	ドイツ帝国成立 パリ・コミューン マルクス『フランスにおける内乱』 デューリング『国民経済学と社会主義の批判的歴史』 モーガン『人類の血縁と婚姻の諸体系』 ニーチェ『悲劇の誕生』 シュトラウス『古き信仰と新しき信仰』 メンガー『国民経済学原理』 ジェヴォンズ『経済学理論』
1872	第一インターナショナル、ハーグ会議でバクーニン派を除名 ブランキ『天体による永遠』
1873	デューリング『国民経済学と社会経済学教程』
1874	ワルラス『純粋経済学要論』（～ 77）
1875	全ドイツ労働者協会（ラサール派）とドイツ社会民主労働者（アイゼナハ派）の合同による、ドイツ社会主義労働者党設立、ゴータ綱領採択 マルクス『ゴータ綱領批判』 デューリング『哲学教程』
1876	第一インターナショナル解散 ニーチェ『反時代的考察』
1877	露土戦争勃発（～ 78） モーガン『古代社会』
1878	ドイツ、社会主義鎮圧法制定 エンゲルス『反デューリング論』 ニーチェ『人間的な、あまりに人間的な』
1880	ゲード、ラファルグ等によりフランス労働党設立 第一次ボーア戦争勃発（～ 81） エンゲルス『空想から科学へ』

	マルクス『経済学・哲学草稿』執筆 マルクス＋エンゲルス『聖家族』 マルクス＋エンゲルス『ドイツ・イデオロギー』執筆 シュティルナー『唯一者とその所有』 コント『実証精神論』 キルケゴール『不安の概念』
1845	マルクス「フォイエルバッハ・テーゼ」執筆
1846	プルードン『貧困の哲学』
1847	マルクス『哲学の貧困』 ロンドンで、義人同盟の後継組織として共産主義者同盟結成
1848	マルクス＋エンゲルス『共産党宣言』 フランス、二月革命→六月蜂起 ドイツ諸邦、三月革命→フランクフルト国民議会（～49） ミル『経済学原理』
1849	マルクス『賃労働と資本』 キルケゴール『死に至る病』 マルクス、ロンドンに移住
1850	エンゲルス『ドイツ農民戦争』
1851	ルイ・ボナパルトのクーデタ コント『実証政治学体系』（～54） スペンサー『社会静学』
1852	ルイ・ボナパルト、皇帝に即位 マルクス『ルイ・ボナパルトのブリュメール18日』
1853	クリミア戦争勃発（～56）
1856	アロー戦争（第二次阿片戦争）勃発（～60）
1857	マルクス『経済学批判要綱』執筆（～58）
1859	マルクス『経済学批判序説』 ミル『自由論』 ダーウィン『種の起源』
1860	スペンサー『総合哲学体系』
1861	アメリカ、南北戦争勃発（～65） ロシア、農奴解放令 ミル『功利主義論』『代議制統治論』
1862	ビスマルク、プロイセンの宰相に就任、「鉄血演説」 マルクス『剰余価値理論』執筆
1863	ラサールを中心に全ドイツ労働者協会設立
1864	第一インターナショナル設立
1865	マルクス『賃金、価格、利潤』

マルクス関連年表

1818	マルクス誕生
1820	エンゲルス誕生
1821	ヘーゲル『法哲学要綱』
1822	フーリエ『家庭・農業アソシアシオン論』 コント『社会再組織に必要な科学的作業のプラン』
1823	サン＝シモン『産業階級の教理問答』（〜24）
1825	サン＝シモン『新キリスト教』
1829	フーリエ『産業的・協同社会的新世界』
1830	フランス、七月革命 コント『実証哲学講義』（〜42）
1831	ヘーゲル死去
1832	英国、第一次選挙法改正
1834	ドイツ関税同盟結成 英国、オーウェン主導で労働組合大連合設立
1835	シュトラウス『イエスの生涯』（〜36） トクヴィル『アメリカの民主主義』（〜40）
1836	パリでドイツからの亡命者により義人同盟結成
1838	ヘーゲル『歴史哲学講義』 チャーティスト運動、『人民憲章』を採択
1840	阿片戦争勃発（〜42） プルードン『財産とは何か』
1841	バウアー『無神論者・反キリスト教徒ヘーゲルに対する最後の審判ラッパ』 フォイエルバッハ『キリスト教の本質』 マルクス「デモクリトスの自然哲学とエピクロスの自然哲学の差異」（学位論文）
1842	プルードン『有産者への警告』 シュタイン『今日のフランスにおける社会主義と共産主義』 マルクス、『ライン新聞』の編集長に就任
1843	ミル『論理学体系』 バウアー『暴かれたキリスト教』『ユダヤ人問題』 フォイエルバッハ『哲学改革のための暫定的テーゼ』『将来の哲学の根本命題』 キルケゴール『あれか、これか』『反復』
1844	マルクス、ルーゲと共に『独仏年誌』創刊 マルクス「ユダヤ人問題によせて」「ヘーゲル法哲学批判序説」 エンゲルス「国民経済学批判大綱」

【著者略歴】

仲正昌樹（なかまさ・まさき）

1963年広島生まれ。東京大学総合文化研究科地域文化研究専攻博士課程修了（学術博士）。現在、金沢大学法学類教授。専門は、法哲学、政治思想史、ドイツ文学。古典を最も分かりやすく読み解くことで定評がある。また、近年は、『Pure Nation』（あごうさとし構成・演出）でドラマトゥルクを担当し自ら役者を演じるなど、現代思想の芸術への応用の試みにも関わっている。

・最近の主な著作に、『ヘーゲルを越えるヘーゲル』（講談社現代新書）

・最近の主な編・共著に、『政治思想の知恵』『現代社会思想の海図』（ともに法律文化社）

・最近の主な翻訳に、ハンナ・アーレント著／ロナルド・ベイナー編『完訳カント政治哲学講義録』（明月堂書店）

・最近の主な共・監訳に、ドゥルシラ・コーネル著『自由の道徳的イメージ』（御茶の水書房）

マルクス入門講義

2020年1月30日第1刷発行
2022年6月10日第3刷発行

著　者　仲正昌樹

発行者　福田隆雄
発行所　株式会社作品社
〒102-0072　東京都千代田区飯田橋2-7-4
Tel 03-3262-9753 Fax 03-3262-9757
http://www.sakuhinsha.com
振替口座 00160-3-27183

装　幀　小川惟久
本文組版　有限会社閏月社
印刷・製本　シナノ印刷(株)

Printed in Japan
落丁・乱丁本はお取替えいたします
定価はカバーに表示してあります
ISBN978-4-86182-791-4 C0010

アントニオ・ネグリの著書

戦略の工場

レーニンを超えるレーニン

中村勝己・遠藤孝・千葉伸明訳

世界は、再び動乱と革命の時代を迎えた。20世紀を変革したレーニンの思想と理論を、21世紀変革の「理論的武器」として再構築する。解説：白井聡・市田良彦

マルクスを超えるマルクス

『経済学批判要綱』研究

小倉利丸・清水和巳訳

『資本論』ではなく『経済学批判要綱』のマルクスへ。その政治学的読解によってコミュニズムの再定義を行ない、マルクスを新たなる「武器」に再生させた、〈帝国〉転覆のための政治経済学。

野生のアノマリー

スピノザにおける力能と権力

杉村昌昭・信友建志訳

「ネグリが獄中で書き上げたスピノザ論は、私たちのスピノザ理解を多くの点で刷新した偉大なる書である。ネグリこそは、本物の、そしてもっとも深い、スピノジアンである」（ジル・ドゥルーズ）。現代にスピノザをよみがえらせた、ネグリの名高き話題作の待望の邦訳。

さらば、“近代民主主義”

政治概念のポスト近代革命

杉村昌昭訳

ネグリを批判する聴衆との激烈な討論をへて生まれた、政治概念の再定義。「主権」「市民権」「法」「自由」「抵抗」……、“近代民主主義”の主要な政治概念を根底から覆し、世界の変容に応じて、政治的語彙を再定義する。

ネグリ生政治的自伝

帰還

杉村昌昭訳

ネグリ自身によるネグリ入門。「赤い旅団」事件から、亡命生活、イタリア帰還まで。『マルクスを超えるマルクス』から『帝国』まで。その思想的核心と波乱の人生を、初めて赤裸々に語った話題の書。

不当な債務

いかに金融権力が、負債によって世界を支配しているか？

フランソワ・シェネ

長原豊・松本潤一郎訳 芳賀健一解説

いかに私たちは、不当な債務を負わされているか？ 世界的に急増する公的債務。政府は、国民に公的債務を押しつけ、金融市場に隷属している。その歴史と仕組みを明らかにした欧州で話題の書

〈借金人間〉製造工場

"負債"の政治経済学

マウリツィオ・ラッツァラート　杉村昌昭訳

私たちは、金融資本主義によって、借金させられているのだ！世界10ヶ国で翻訳刊行。負債が、人間や社会を支配する道具となっていることを明らかにした世界的ベストセラー。10ヶ国で翻訳刊行。

私たちの"感情"と"欲望"は、いかに資本主義に偽造されているか？

新自由主義社会における〈感情の構造〉

フレデリック・ロルドン　杉村昌昭訳

社会を動かす"感情"と"欲望"の構造分析。"怒れる若者たち"に熱狂的に支持される経済学者が、"偽造"のメカニズムを哲学と社会科学の結合によって解明した最先鋭の資本主義批判

なぜ私たちは、喜んで"資本主義の奴隷"になるのか？

新自由主義社会における欲望と隷属

フレデリック・ロルドン　杉村昌昭訳

"やりがい搾取""自己実現幻想"を粉砕するために——。欧州で熱狂的支持を受ける経済学者による最先鋭の資本主義論。マルクスとスピノザを理論的に結合し、「意志的隷属」というミステリーを解明する。

近代世界システムと新自由主義グローバリズム

資本主義は持続可能か？

三宅芳夫・菊池恵介編

水野和夫・広井良典氏らが徹底討論。近代世界システムの展開と資本主義の長期サイクルという歴史的視座から、グローバル資本主義の現在と未来を問う。話題の論者と新進気鋭25人による共同研究。